米軍提督と太平洋戦争

谷光太郎

序

太平洋戦争が終結して、はや半世紀以上が経過した。

この間に、夥《おびただ》しい数の日本海軍の提督伝（自叙伝を含む）が刊行された。文学的、歴史的に高い評価を受けているものも数多い。

ところが残念なことに、日本海軍の相手であった米軍提督に関する著述を、我々の周辺で見つけることは難しい。筆者の知る限り、ニミッツ、ハルゼー、スプルーアンスの伝記の翻訳本が刊行されているのみである。

古人も「彼を知り、己を知れば百戦殆うからず。彼を知らず、己を知れば一勝一負す」といっている。

すでに歴史の彼方に過ぎ去ろうとしている太平洋戦争ではあるが、この敗戦によって、我々は日本と日本人の限界を痛切に知らされた。この大戦で得た種々の教訓をさらに生かしていくためには、日本や日本海軍のリーダーたちを知るだけでは十分でない。これでは、古人のいう「一勝一負す」である。

太平洋戦争の理解のためには、米海軍と米海軍の主要リーダーたちを知る必要がある。そんな考えから、筆者は、太平洋戦争当時の米海軍のトップだったキング元帥の伝記を著した（『アーネスト・キング――太平洋戦争を指揮した米海軍戦略家』白桃《はくとう》書房、平成六年刊）。

さらに、「兵術同好会」（海上自衛隊幹部学校内）機関誌の「波涛《はとう》」に、「主要提督から見た米海軍史」と題する米海軍提督列伝を、平成四年五月より一一年一月まで六年間、四一回にわたり連載した。

この連載の中から太平洋戦争に関連した提督を選び、大幅な加筆修正を加えたものを中心にまとめたのが本書である。

本書は各章毎にある程度の独立性を持たせてある。読者は本書を初めから通して読む必要はない。興味のある章から読んでいただければよい。このため、各章には、わずかではあるが重複している記述もある。どの章から読み進めても、時代背景や前後関係を理解しやすいための配慮なので、諒とせられたい。

米海軍提督をよく知るためには、米海軍兵学校（アナポリス）や米海軍大学（ノーフォーク）の歴史紹介、主要海軍長官や、歴代海軍作戦部長、歴代合衆国艦隊司令長官の略伝、それに米海軍のみならず列強海軍に大きな影響を与えた海軍思想家のマハン大佐、米海軍の大艦巨砲化に尽力したシムズ提督、「米海軍航空の父」と呼ばれるモフェット提督の小伝も加えるつもりであったが、紙幅の関係であきらめざるを得なかった。

なお、提督ではないが、米海軍を統御したルーズベルト大統領、ノックス・フォレスタル両海軍長官を第一章にまとめた。彼らを抜いて、太平洋戦争中の米海軍を語ることはできないからである。

本書がきっかけで、より詳しいことを知りたくなった読者のために、巻末に「より深い興味を持つ人々への読書アドバイス」を加えた。英語で書かれた本が大部分ではあるが、いずれも容易に入手できるものばかりである。

最後に、長期にわたる「主要提督から見た米海軍史」の連載でお世話になった歴代海上自衛隊幹部学校校長、兵術同好会事務局長に御礼申し上げたい。

伊丹市の聴雨山房にて

谷光 太郎

米海軍組織図(1944年7月時点)

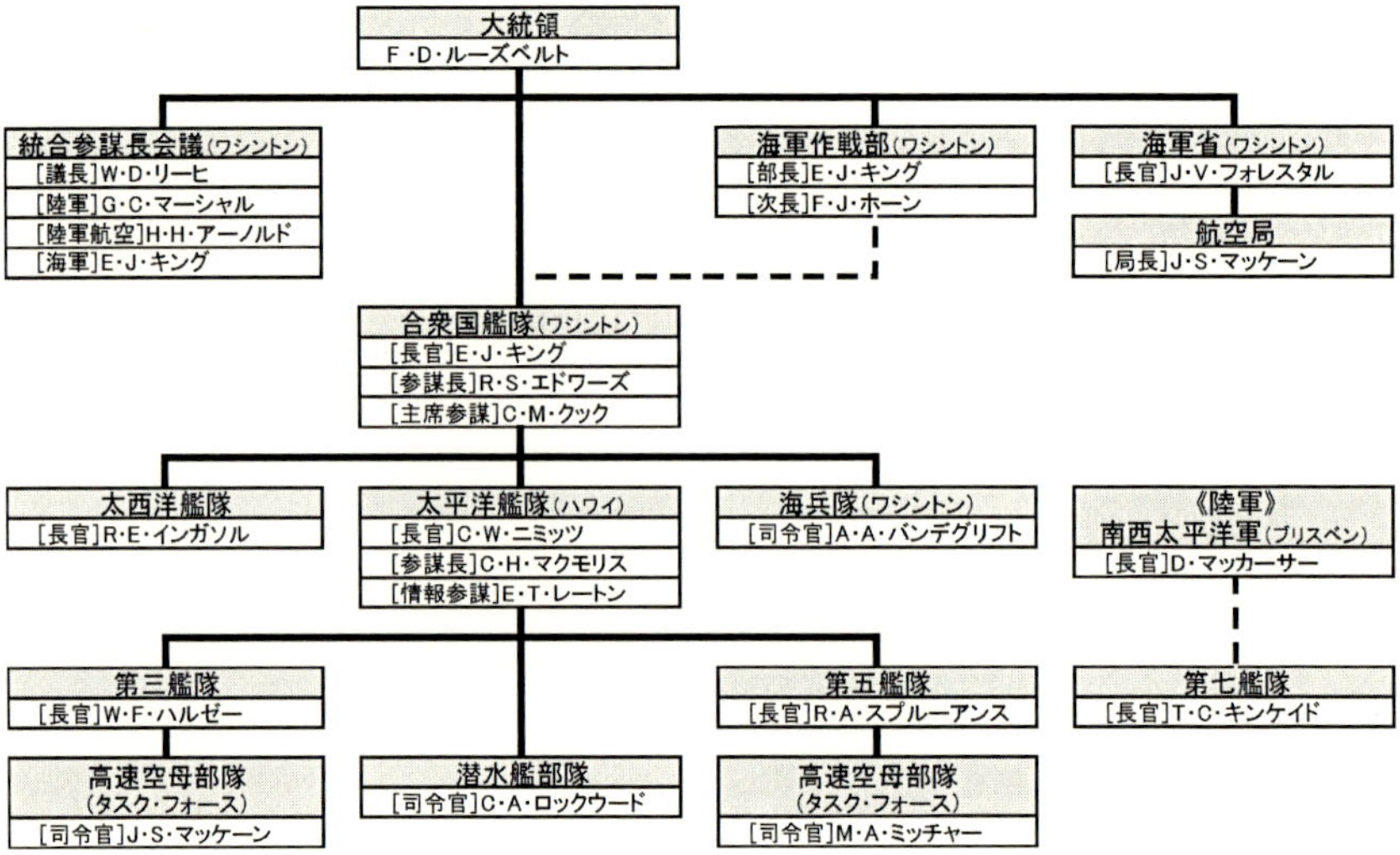

目次

第1章　大統領と海軍長官

ルーズベルト一族と米海軍

——大戦期の海軍の権力を握りつづけた一族

一八九〇年代の初めに海軍長官であったベンジャミン・F・トレーシーは、米近代海軍の父といわれている。トレーシーは、従来の沿岸防衛用のモニター艦（巨砲を搭載しているが、外洋巡航ができない小型艦）と敵商船攻撃用の巡洋艦中心であった海軍から、制海権獲得を目的とする外洋巡航戦艦中心の海軍への転換を図った。

一八九〇年のトレーシー長官による海軍省年次報告によれば、当時の米海軍は、オランダ、スペイン、トルコ、スウェーデンといった二流海軍国よりも兵力が劣っていた。

トレーシー長官の方向づけと努力を基盤として、三流だった米海軍の兵力を増強させ、日・独・伊・仏といった海軍列強と肩を並べるまでにした最大の功労者は、第二六代大統領（在任一九〇一～〇九年）セオドア・ルーズベルトだ。米海軍はルーズベルトが大統領になった一九〇一年には英・独・仏・日に次いで世界第五位だったが、彼が大統領を辞めるときには英海軍に次いで世界第二位にのし上がっていた。ルーズベルトは積極的な海外進出論者で、海軍増強論者として有名だった。アナポリス（海軍兵学校）のクラスは従来大体五〇人くらいだったが、それを一〇〇人、二〇〇人と倍増させたのはこの大統領である。一九〇四年組（キンメルやハルゼーのクラス）は六二人だが、翌年の一九〇五年組（ニミッツのクラス）が一一四人、一九〇七年組（スプルーアンスのクラス）が二〇九人と急増しているのは、ルーズベルトの政策によるものである。

第一次世界大戦時に海軍省を実質的に取り仕切ったのは、後に第三二代大統領（在任一九三三～四五年）になるフランクリン・ルーズベルト海軍次官だ。

第一次世界大戦後、ハーディング、クーリッジ両大統領の下で海軍次官（在任一九二一～二五年）を務めたのは、第二六代大統領の長男セオドア・ルーズベルト・ジュニア。この海軍次官はワシントン海軍軍縮会議の際、海軍部内をよく統率した。

米海軍提督の大部分は、軍縮会議の内容に強く反対した。これらの提督を一喝して、会議をまとめる方向に導いたのがこの次官である。ワシントン会議の結果、米海軍の主力艦の制限量は英海軍と対等になった。

一九三三年に大統領となったフランクリン・ルーズベルトは、一族のヘンリー・L・ルーズベルトを海軍次官（在任一九三三～三六年）に任命した。ゆくゆくは自分の後継者にと考え

セオドア・ルーズベルト（Theodore "Teddy" Roosevelt）１８５８-１９１９年

たのだろう。本人もセオドア・ルーズベルトも、海軍次官を経験してから大統領になっている。フランクリンが海軍次官のとき、海軍長官は無能と評されていたダニエルズ長官だったため、フランクリンは海軍行政を自ら取り捌《さば》いた。ヘンリー新次官の上司のクラウデ・A・スワンソン長官は高齢のうえに病弱だったから、ヘンリー次官に期待されるところは大きかった。

ヘンリーは三年後に現職のまま病死した。ちなみに、ヘンリー次官はアナポリスの一九〇一年組（キング元帥と同クラス）

セオドア・ルーズベルト・ジュニア（Theodore Roosevelt Jr./Theodore "Ted" Roosevelt III）１８８７-１９４４年

で、海兵隊に入り、第一次大戦では海兵中佐として働き、戦後は実業界に入っていた。

米海軍を「マイ・ネービー」と呼ぶフランクリン・ルーズベルト大統領は、大独裁者だった。海軍士官停年名簿を常に座右に置いて、感想やうわさを書き込んでいる。主要人事はすべて自分で決めた。海軍長官と作戦部長とによる人事案を、鶴《つる》の一声で大幅に変えさせる。米国史上異例の大統領連続四期というこの大統領の時代、米海軍は文字通り世界に冠たる海軍となった。

二〇世紀の第一年（一九〇一年）にセオドア・ルーズベルトが大統領となった。この年は昭和天皇の御誕生の年であり、第二次大戦で米海軍を率いたキングと終戦時に海軍大臣だった米内光政《よないみつまさ》が、それぞれアナポリスと江田島の海軍兵学校を卒業した年だ。

米海軍の隆盛期は、一九世紀末から二〇世紀前半の五〇年間である。

二〇世紀に入ってから第二次大戦終結までの四五年間、ルーズベルト一族は二〇年間大統領（二人）であり、一六年間海軍次官（三人）のポストを占めていた。民主主義国ではきわめて珍しい例であり、しかもいずれも海軍に強い関心を持ち、リーダーシップを発揮した人々である。この期間の大部分、米国と日本は互いに仮想敵国であり、米海軍と日本海軍はライバル関係にあった。

日本海軍を知るためには、日露戦争以降の仮想敵国の米海軍を知らなければならず、日露戦争以降より第二次大戦終結までの米海軍を知るためには、これらルーズベルト一族の理解が不可欠である。

◆一七世紀にオランダから移住

ルーズベルト一族の米国での始祖は、一六四九年にオランダからハドソン川河口のオランダ植民地ニューアムステルダムに移住したクラエス・M・ローゼンベルト。メイフラワー号で最初に清教徒が米国に移住したのが一六二〇年。英蘭戦争でオランダが敗れ、ニューアムステルダムがニューヨークと改称されたのは、クラエスが移住して一五年後のことである。

オランダのハーレム地方出身といわれるクラエスは、マンハッタン島のイーストサイドに四八エーカーの土地を買い農業を始めた。二代目のニコラスは、ハドソン川をさかのぼってインディアンと毛皮の交易をするとともに製粉業を営んだ。米国生まれのニコラスは、名字をローゼンベルト（薔薇《ばら》の野の意味）からルーズベルトに改めた。

ニコラスの息子の時代に、ルーズベルト家は二つの流れに分かれた。二人の息子のうちの一人はハドソン川を少しさかのぼった流域（現在のダッチェス郡）に土地を買い求めてここに住むようになり、もう一人はニューヨークに留《とど》まった。

ハドソン川家系（後にハイドパーク・ルーズベルト家と呼ばれた）の始祖から数えて五代目がフランクリン・ルーズベルトで、同様にニューヨーク家系の五代目がセオドア・ルーズベルト。

ルーズベルト一族は、農業や商業に従事し、勤勉なオランダ人の気風を伝える家系によって、徐々に資産を築いていった。純粋なオランダ人家系であったが、その後、アングロサクソン系やその他の血が入ってくる。なお、フランクリンの妻エレノアは、セオドアの二つ違いの弟エリオットの長女で、二人の結婚の媒酌人は当時大統領だったセオドアである。

◆肉体的劣等感を意志の力で克服したセオドア

ニューヨーク家系（後にオイスターベイ・ルーズベルト家と呼ばれた）の人々は、セオドアの代まで全員マンハッタン島内で生まれた。父セオドア・シニアと母マーサの間の長男がセオドア・ルーズベルトである。兄弟は四歳年上の姉アンナ（バミー）、二歳年下の弟エリオット、四歳年下の妹コニー。祖父コーネリウスは貨殖の才に長《た》け、一代で五〇万ドルの資産を築いた。一般男子の日給が五〇セントから七五セントの時代である。

セオドアの父の代でオランダ人以外の血が入った。祖母の血脈にはウェールズ人、イングランド人、アイルランド人、スコットランド系アイルランド人、ドイツ人の血が入っていた。父は貿易や銀行業に手を染めた。商売で南部のジョージア州に行ったとき、大農園主バロック家の娘マーサと知り合って結婚した。バロック家も由緒ある家柄で、始祖ジェームズ・バロックは一七二九年にスコットランドからチャールストンに移住している。子孫はフランス系ユグノーの家系と結婚したので、スコットランド人とフランス人の混血の家系である。セオドアの父は頑健な身体を持つ精力的活動家で、壮年以降はもっぱらニューヨーク市の慈善事業に精力を注いだ。財産家ではあるがブルジョア趣味のない人だった。

セオドアの生涯の特色は、肉体的劣等感を意志の力で克服しようとしたことにある。幼少時代は病弱でぜんそく持ち、このため学校へは行けなかった。視力も弱く、大統領の二期目には左目はほとんど見えなくなっていた。少年時代のセオドアは身体を鍛えることに熱中した。自宅に体育場をつくってもらい、ボクシング、レスリングをやり、乗馬や射撃に励んだ。二歳年下の運動神経抜群の弟エリオットに負けまいと必死になり、「男らしさ（manly）」を最大の徳目とするようになった。

南北戦争時、父は大部分の財産家がそうであったように、身代わりを雇って徴兵を避け、軍服を着ることはなかった。少年セオドアにとって、最も尊敬する父が軍服を着て戦場で戦わなかったことは痛恨の出来事だった。米西戦争（一八九八年）の際、狂ったように戦場に出て、危険な場所に身をさらそうとし続けたのは、セオドアの深層心理に贖罪《しょくざい》の気持ちが強かったからだと見る人もいる。

セオドアは次のように言っている。

「すべての資質の中で最も価値あるものは、軍人の美質だ」

米西戦争時には、海軍次官の地位をなげうって一陸軍中佐となり、義勇騎兵隊を率いてキューバでスペイン軍と戦った。

長女を産んだばかりの二二歳の若妻と五〇歳の母親を伝染病で一夜にして失ったとき、傷心のセオドアは一人西部に向かい、単身人煙稀《まれ》な山中で四七日間狩猟生活をして過ごした。カウボーイの群れに身を投じ、五頭の馬を乗り替えて、牛を追って一〇〇〇マイルを踏破した。荒々しい西部の大地で傷心の自分を鍛え直そうとしたのだ。このときの狩猟旅行やカウボーイ生活を後に本に書きベストセラーになったが、これを読むとセオドアが大変繊細な神経の持ち主であったことがわかる。

幼年時から母の愛を競い、スポーツに、乗馬に、射撃に、ライバルであった二歳違いの弟エリオットは、兄の克己心、意志力、磊落《らいらく》さ、学力、人望といったすべてに引け目を感じるようになり、財産家の令嬢を妻にした後も酒色に溺《おぼ》れ、身を持ち崩していった。兄同様繊細な神経を持ち、兄以上の才を持ちながら、妻に暴力を振るい続け、重度のアルコール中毒となり、三四歳で死ぬ。ライバル兄弟の悲劇だった。フランクリンの妻となるエレノアは、父エリオットの看病に疲れた母を八歳で失い、一〇歳で父を失った孤児であった。

ニューヨーク・ルーズベルト家もハドソン川・ルーズベルト家も、一家総出で欧州へ長期旅行をすることが多かった。セオドア・ルーズベルトも少年時、二度にわたって一年間の長期欧州旅行をしている。二度目のときは、ドレスデンに九か月間滞在してドイツ語を習った。学校には行かず、家庭教師に学んでハーバード大学に入学した。同級に金《かね》子《こ》堅《けん》太郎《たろう》（政治家。大日本帝国憲法の起草に尽力）がいた。卒業してすぐに共和党のニューヨーク州議会議員となり、二八歳のときにはニューヨーク市長選に出馬したが落選している。

ハリソン大統領（共和党）内閣では行政監査委員。その後、民主党のクリーブランドが大統領になるとニューヨーク市公安委員長となった。共和党のマッキンレー内閣では海軍次官をやり、米西戦争後、ニューヨーク州知事となる。マッキンレーが再選されると、副大統領。マッキンレーの暗殺で大統領になったのは四二歳のときであった。

◆海軍思想家マハンから受けた影響

セオドアに強い影響を与えた者が二人いる。アルフレッド・T・マハン大佐とヘンリー・C・ロッジ上院議員である。ロッジは、セオドアを大統領にすることに情熱を燃やしたボストンの名家の政治家。行政監査委員や海軍次官のポストはロッジが大統領に直談判《じかだんぱん》して得たものだし、大統領への早道だとして、ニューヨーク州知事の再選を考えていたセオドアに閑職の副大統領ポストを呑《の》ませたのもロッジだった。

セオドアは海軍史関係では、海軍思想家として雷名が轟《とどろ》いていたマハンの先輩だった。母の兄と弟は南軍の海軍士官として活躍したので、母は幼いセオドアに毎晩、船や海戦の話をして寝かしつけた。セオドアの心の底に、知らず知らずのうちに船や海戦への想いが築かれていった。

ハーバード大時代には、一八一二年戦争（第二次英米戦争）の海戦史資料を集めて書き始めていた。『一八一二年の海戦史(The Naval War of 1812)』として刊行したのは一八八二年、二四歳のときである。このとき、マハンは無名の一海軍中佐だった。『一八一二年の海戦史』は学術的に大変優れており、いくつかの大学でテキストとして使用された。米海軍大学校の創設者で初代校長のルース少将も激賞した。後に英海軍が公刊史を編纂《へんさん》する際、一八一二年戦争関連の執筆をセオドアに依頼していることから見ても、セオドアがこの本で海戦史研究家としての評判を得ていたことが分かる。

マハン大佐の雷名が轟くのは、一八九〇年に刊行した『海上権力史論（The Influence of Sea Power upon History 1660~1783）』によってだ。セオドアは直ちにこれを書店で求め、週末に一気に読み終え、マハン大佐に「古典になるべき本だ」と賞賛の手紙を送っている。

セオドアもマハンもペンの人だった。セオドアは三八冊の単行本と数多くの論評類を書き、残っているだけでも一五万通の手紙を書いている。マハンは二〇冊の単行本と一三七編の論評類と、恐らく一万通（残っているのは二九〇〇通）の手紙を書いた。

セオドア・ルーズベルトはチャーチルと似ている点が多い。ともに名家に生まれ、戦争が三度の飯より好き。ペンの人で両者ともノーベル賞受賞者だ。セオドアは日露戦争講和斡旋《あっせん》でノーベル平和賞。チャーチルは『第二次大戦回顧録』でノーベル文学賞。チャーチルは第二次大戦中の約三年半の間に、出張や休日を除いて連日のようにフランクリン・ルーズベルト大統領宛《あて》に九五〇通の手紙を書いている。この手紙はホットラインを通して極秘裏に電送されていた。

マハン大佐は欧州列強の歴史を研究して『海上権力史論』を

アルフレッド・T・マハン（Alfred Thayer Mahan）１８４０-１９１４年

書いた。マハンはこの本の中で、歴史を動かしてきたものは各国の海の力（軍艦、商船、造船能力、港湾など）、即《すなわ》ちシー・パワーであって、英国隆盛の原因は英国が営々と育て運用してきたシー・パワーである、とした。マハンはジャーナリズムの世界でペンによって、米国の発展にはシー・パワーの育成が何よりも重要だと世論に訴えた。

海軍に特別関心の深いセオドアは、マハン思想に共鳴した。両者は米海軍の増強と、海軍を外交に利用することに協力し合った。セオドアとマハンの往復書簡を読むと、両者の緊密な関係がよく窺《うかが》える。マハンは自らを「行動の人」ではなく「思考の人」とし、アイデアや情報をセオドアに提供しようと努めた。「行動の人」セオドアが、それの実現を図る。

もちろん、両者の考えがすべて一致したわけではない。帆船から蒸気船への移行時に船乗りとなったマハンは、近代的巨大艦の技術にはついていけなくなっていた。一九〇六年二月、英海軍のフレッチャー提督のイニシアチブによる、主砲のみで副砲を持たない高速全巨砲艦「ドレッドノート」が進水した。米海軍内にも全巨砲（オール・ビッグ・ガン）艦論争が起こった。マハンは全巨砲艦や艦の巨大化、高速化に反対の論陣を張った。副砲は必要であり、艦の巨大化は建造費の膨大化につながり、高速化は航続距離の短縮化をもたらす、というのだ。セオドアはマハンの考えを採らず、大統領海軍補佐官のシムズ中佐に老マハンへの反対論文の執筆を命じる。

◆セオドア・ルーズベルトの日本観

米国への日本人移民問題でも、両者の色彩に濃淡の差があった。幕末期に米艦の副長として二年間日本に滞在したことのあるマハンは、露骨な黄禍論者だった。「黒人問題を抱えているのに、このうえ黄色人問題などまっぴら」「ロッキー山脈の西に他民族（日本人）があふれて、果てしないトラブルが続くようなら、明日にでも（日米）戦争の方を選ぶ」「問題は人種の特色と同化という問題だ」とマハンは言う。「日本は貧しい小さな国」だから、日本に対し、明日にでも戦争に訴えてもよい、というマハンに対して、セオドアは異なった。

セオドアにとって、中国人は軽蔑《けいべつ》の対象だったが、日本人に対しては賛美して止《や》まなかった。それはセオドアの価値観からきていた。セオドアにとって、民族の優劣はその戦闘能力にある。中国人は武人を低く見、臆病《おくびょう》、非効率、腐敗の典型だ。自治能力もない。セオドアの日本への感情は、日本の国政の効率の良さ、戦争能力に対する賞賛と、強力な日本との戦争の恐れという、二つの感情が入り混じるものだった。「日本人は何という素晴らしい民族なのだろう」「（日本人は）生まれながらのファイティング・マン（戦者）だ。何という素晴らしさだ」と言う一方で、「我々の目標は日本艦隊だ」と言い、「日本は着実に太平洋での大海軍国になっている。太平洋では日本海軍は我が海軍に優《まさ》っている。我が太平洋艦隊は常に日本艦隊を上回っていなければならぬ」と言った。

セオドアは繊細な神経を持ち、豪気を衒《てら》う熱血漢だった。日本海海戦で大勝した東郷平八郎《とうごうへいはちろう》大将の「聯合《れんごう》艦隊解散の辞」の内容を聞き、感激した。自分の考えと同じではないか。この辞は参謀秋山真之《あきやまさねゆき》中佐の筆であったが、秋山中佐は米国留学中にマハン大佐にも会い、マハン思想を深く研究していた。マハン大佐とセオドアは唇歯輔車《しんしほしゃ》の間柄といってもいい。

セオドア・ルーズベルトは英訳を命じ、次のような文を加えて陸海軍に配布せしめた。

「合衆国の軍人、ないし軍人たらむと欲する者すべてに対し、また、不幸にして緩急の事態出来《しゅったい》に至らばアメリカの名誉にかけ、かく行動すべきと信ずるすべての者に対し、余は上記演説（「聯合艦隊解散の辞」）を推薦するものなり」

セオドアは白人が文明人であり、英語国民が最も文明化の進んだ国民であると信じつつも、有色民族であっても戦う民族には一目置くロマンチストであった。日本礼賛に近いような彼の言辞は、日本人が戦いに巧みで、戦いを恐れぬ男らしい民族というのが、その理由であった。「男らしい」ということを最も好んだことは前述した。ロマンチストであると同時に、力の絶対的信奉者でもあった。それは、彼の外交政策の基本である「太い棍棒《こんぼう》を持って静かに話す（Speak softly and carry a big stick）によく表れている。

日露戦争の講和斡旋でノーベル平和賞（賞金四万ドル）を得たセオドアは、ホワイトハウスを去ると、アフリカへライオン狩りの大狩猟旅行に出かける。アメリカの少年の夢は、カウボーイ、保安官、騎兵隊、大統領、ライオン狩りだ。セオドアはこのすべてをやった（西部でのカウボーイ生活時代、推されて副保安官になっている）。

大統領を二期やってもまだ五〇歳の若さだ。三度目の大統領選に打って出た。共和党はセオドアをコントロールできないことを恐れて、大統領候補に指名しなかった。このため、進歩党を結成した。この選挙演説中、暗殺者に狙《ねら》われピストルで撃たれる。右胸を血に染めたが、聴衆に静粛を求め、約五〇分にわたって演説を続けた。幸い生命は取り留めたが重傷だった。「男らしさ」を信条とする彼らしい行動であった。

第一次大戦が勃発《ぼっぱつ》すると、戦争が三度の飯より好きな彼は、義勇軍一個師団を率いて戦場に赴きたいと申し出る。ウィルソン大統領は断った。このウィルソン内閣には、一族のフランクリンがかつてセオドアが米西戦争時にそうであったように海軍次官として入閣していた。

第一次大戦後のハーディング、クーリッジ両大統領の下で海軍次官を務め、ワシントン海軍軍縮会議に大きな力を振るったセオドア・ジュニアは、一八八七年生まれでセオドアの長男である。軍縮条約に猛反対する提督たちを三四歳のセオドア・ジュニア次官が抑えたことは前述した。

海軍将官会議に乗り込んだセオドア・ルーズベルト・ジュニア次官は、卓を叩《たた》いて、提督たちが軍縮案に反対し続けるなら、「諸氏の海軍に対する我らの熱意は引きちぎられるに至らん」と一喝し、ために一座は粛然となったと伝えられている。米海軍省の歴史で最も驚くべき事件であったと歴史書は書く。ワシントン軍縮会議の表の立役者がヒューズ国務長官とすれば、陰の立役者はセオドア・ジュニア海軍次官であった。

◆大資産家に生まれたフランクリン・ルーズベルト

フランクリンはハドソン川・ルーズベルト家に生まれた。米国へ渡った始祖から数えて八代目だ。四代目と五代目（曾祖父《そうそふ》）は、製糖業や銀行業をやった。曾祖父はマンハッタン島の中心部に四〇〇エーカー（約一六〇ヘクタール）の土地を購入し、農場経営を考えたが、森林を伐採してみると岩が多く、土地はやせている。このため農場をあきらめて、ニューヨークの資産家アスター家に二万五〇〇〇ドルで売却した。この地一帯は五〇年後にはニューヨークの中心地となった。そのまま所有していれば莫大《ばくだい》な資産となっていただろう。ちなみに、セオドアが『一八一二年の海戦史』を、マハンが『海上権力史論』を書くときによく利用した図書館が、アスター家寄贈によるアスター記念図書館だった。この曾祖父はハドソン川上流のダッチェス郡に広大な土地を購入した。曾祖父は妻を次々と失い三人の妻を娶《めと》ったが、いずれもイングランド人の血統で、ルーズベルト家に初めて英国人の血が入った。祖父は医者になったが開業せず、曾祖父の三番目の妻の姪《めい》のレベッカ・アスピンウォールと結婚した。アスピンウォール家は有力な海運業者で、レベッカの兄は大資産家だった。

父ジェームズは一八二八年の生まれ。ハーバード法律学校を出て弁護士になった。二五歳でレベッカ・ホーランドと結婚。二年後、ジェームズ・R・ルーズベルト（ロージー）が生まれた。フランクリンの兄である。父ジェームズはその後、前述の大資産家の伯父（母の兄）の経営する鉄道業に参画した。

父は州議会や連邦議会の議員に推されたり、クリーブランド大統領時代には外国公使にと望まれたこともある。いずれも断ったが、息子のロージー（フランクリンの兄）は前述のニューヨークの資産家アスター家の娘を娶り、ウィーン駐在公使になった。

父は春と秋はハドソン川渓谷に臨むハイドパーク村で、冬はマンハッタン島で過ごした。毎年夏は、英国とドイツで過ごすのが常であった。一八七六年、妻レベッカが病死した。父は四年間のやもめ暮らしの後、サラ・デラノと再婚する。フランクリンの母である。

デラノ家も由緒ある家系で、始祖は一六二一年にプリマス植民地に入ったユグノーのフィリップ・ノイ。米国に渡ってからはデラノと改名した。サラの曾祖父も祖父も捕鯨船の船乗り。父は中国から茶を輸入し資産をつくった。特に南北戦争中は陸軍医務局から麻酔用の阿片《あへん》の大量注文があり、これを独占的に扱って巨利を得た。サラは八歳のとき、二年間父とともに中国に住んだ。

ジェームズとサラの出会いは、ニューヨーク・ルーズベルト家であった。一八八〇年の春、セオドア・ルーズベルトの母マーサは自宅でディナー・パーティーを開いた。セオドアの姉バミーの子供時代からの友達だったサラが招かれ、ハドソン川・ルーズベルト家の五二歳の男やもめのジェームズも招かれていた。このときサラは二六歳。紆余《うよ》曲折はあったが、サラは父親ほどの年齢のジェームズと一八八〇年秋に結婚する。一八八二年一月にフランクリンが生まれた。サラは子供は一人だけと考え、その後、夫が死ぬまで夫とは接せずに過ごした。その分、フランクリンへ愛情を注いだ。溺愛《できあい》といってよかった。父にとっても孫のような子だ。異母兄ロージーとは親子ほどの年齢差（二七歳）がある。

少年時代は毎夏、両親とともに欧州で暮らした。名門グロートン校からハーバード大学に入り、卒業後はコロンビア法律学校に学んで弁護士資格を取った。民主党から政治活動に入り、ニューヨーク州議会議員になった。このときの選挙運動に協力したのが、太平洋戦争中に海軍次官・海軍長官だったフォレスタルの父である。

◆海軍次官として海軍行政を牛耳る

ウィルソン内閣のとき、三一歳の若さで海軍次官のポストを得た。大統領選挙の論功行賞だった。歴代海軍長官も全部といっていいくらい、大統領選挙の功績によってそのポストに就いている。

海軍次官は長官を補佐し、長官が出張などで不在の際は長官心得となって海軍行政を統轄する。年齢が倍ほど上の提督が艦を訪れても四発（少将）の礼砲だが、海軍次官が訪れると一七発の礼砲とともに一六人の衛兵がつく。セオドア・ルーズベルト大統領の雷名の余韻が残っている頃だから、よく、「元大統領の一族ですか」と聞かれた。答えは、「はい。遠縁です(Yes, distantly)」だった。

第一次大戦になると、海軍省の仕事は膨大なものとなる。これを一手に捌いたのがフランクリンだった。大戦時の過酷な時期を含めて、八年間という長期間、実質的に海軍行政を牛耳ったという経験は、フランクリンを海軍のエキスパートに育て上げた。第一次大戦中の英海軍大臣（First Lord of Admiralty）はチャーチルである。

後にルーズベルト・サークルと呼ばれる海軍内の人脈は、このときに作られた。リーヒ、スターク、キンメルといったお気に入りの軍人は、次官時代の接触から生まれている。海軍作戦部長（CNO：Chief of Naval Operations）が創設されたのも、フランクリンが次官だったときだ（一九一五年）。駆逐艦「ダイヤー」に乗って英国にも渡っている。チャーチル海軍大臣は多忙ということで会ってくれなかったが、大統領になってからは「ダイヤー」の油絵をホワイトハウスに飾った。

海軍次官を辞めて後はニューヨーク州知事となり、一九三三年には大統領となって、米国史上異例の四選大統領となる。

◆性格は大きく違ったセオドアとフランクリン

セオドアとフランクリンのキャリアには共通点が多い。ハーバード大学、コロンビア法律学校、ニューヨーク州議員、海軍次官、ニューヨーク州知事、そして大統領だ。二人は海軍に深い関心を持ち、海軍行政に強力なリーダーシップを振るった。大統領になってからも、自信があるから海軍長官に頼るということはない。セオドアは任期八年の間に海軍長官を六人取り替えた。フランクリンも老齢で病弱のスワンソン上院議員を海軍長官に据え、スワンソンが病死するまで六年間もそのまま置いた。一族のヘンリー・ルーズベルトを次官として補佐させたが、実権は離さなかった。

経歴はよく似ていたが、性格は大いに異なる。セオドアは豪放磊落を衒う熱血漢タイプ。フランクリンは複雑な性格で、容易に本心を表さない。

ワシントン駐在武官の谷口尚真《なおみ》中佐が東郷平八郎軍令部長宛報告書（一九〇八年）でセオドアを評して、「氏ハ有邁《ゆうまい》正大ナル大政事《（ママ）》家ナルト同時ニ、甚ダ正直ニシテ事ニ当テ激シ易ク、時トシテ頗《スコブ》ル神経過敏ナルヲ注意ヲ要ス」と書いているのは、的確な人物評といってよかろう。

セオドアは自己の信念を直言して憚《はばか》らぬ、剛直の士を容《い》れる広量大度の人であった。

フランクリンは違う。富豪の実質的な一人息子（二七歳年上の異母兄がいるが）として、母親の溺愛の中で使用人にかしずかれる幼少年時代を送ったフランクリンは、直言の士を嫌った。自分の気持ちを忖度《そんたく》して動いてくれる者を好んだ。フランクリンに引き立てられたリーヒ元帥などは、フランクリンの言動から彼が何を望んでいるかを推測して、その腹中の希望の実現に精励する典型的タイプだった。

フランクリンは、海軍次官時代に自分の意に沿う行動をしなかった者を、終生忘れなかった。

次官時代のロバート・クーンツ作戦部長がそうだ。セオドア・ルーズベルト海軍次官の発案で、米駆逐艦には海軍史上の著名士官の名前がつけられている。作戦部長歴任者の名は例外なく艦名となったが、クーンツは駄目だった。新造駆逐艦の艦名案がフランクリン・ルーズベルト大統領に提出されるが、クーンツ案は何度提出してもバツがついて返ってくる。

次官時代、フランク・タウシッグ大佐から間違いを指摘され撤回させられたことがあった。後にスタンドレー作戦部長は、信頼し、高く評価していた次長のタウシッグ少将を重要艦隊の主要ポストに就けようとしたが、フランクリン・ルーズベルト大統領が許さなかった。昔の些事《さじ》を根に持っていたのだ。

魚雷工廠長のハート少佐は、選挙対策で魚雷工廠の労働組合に甘い言動をとるフランクリン・ルーズベルト次官のやり方に

ロバート・クーンツ（Robert Edward Coontz）１８６４-１９３５年

疑問を持った。このためフランクリンの心証を害し、これが後々までハートのキャリアに影響した。

以下は、フランクリンが大統領になって後の逸話である。

ジェームズ・O・リチャードソン航海局長は、主要提督の意見が次期合衆国艦隊司令長官にハートということで一致しているのを確かめ、ホワイトハウスに出向いた。主要人事案のリストを一瞥《いちべつ》したフランクリンの顔色が変わった。怒気を含んで、

「この名前（ハート）をリストから消せ」

と、リチャードソンに命じた。これはリチャードソンの回想にある。

リチャードソンは後に合衆国艦隊司令長官となり、演習で西海岸のサンジエゴからハワイの真珠湾に太平洋艦隊を移した。このとき、フランクリンからの指示で、艦隊は真珠湾に駐留せよ、との命令を受ける。フランクリンは日本への睨《にら》み、圧力として、艦隊の真珠湾駐留を命じたのだ。真珠湾は艦隊の補修、補給などで不備な点が多く、しかも日本軍に襲われる危険もサンジエゴより格段に高い。剛直のリチャードソンは疑問点をフランクリンに直言し、即座に首にされている。

リチャードソンの後任には先任順位を何十人も越えて、フランクリンが次官時代に副官だったキンメルが指名された。序列や海軍部内の意見を無視して、海軍次官当時よりのお気に入りの士官を次々と枢要の地位に就けるフランクリンのやり方を批判する者が出てくるのも当然だった。

セオドア・ジュニア海軍次官に協力してワシントン軍縮会議の調印成立に尽力したプラット作戦部長は、フランクリンについて次のように書いている。

「この男が海軍次官の頃から知っている。好感は持っていた

ジェームズ・O・リチャードソン（James Otto Richardson）１８７８-１９７４年

が、決して信頼は置かなかった。……決して偉大な男ではなく、信頼のできない男で……自分の思い通りにならないといらいらする男だ」

前述のハートも日記に、「ルーズベルトは私の上官（大統領は三軍の指揮官）であるが、個人的には忠実になり得ない。（これでは）宮廷政治（Palace Politics）だ」と書いた。

フランクリンはどんなに有能の評があっても、自分が知らない者には冷淡だった。海軍部内では次官時代に眷顧《けんこ》にあずかった者が、隠然たるルーズベルト・サークルをつくった。セオドアが陽性、男性的であったのに比べ、フランクリンは陰性、女性的といってよかろう。

名家の出、名門大学卒で若くして枢要の地位に就き、性格が複雑だったことでは、日本の近衛文麿《このえふみまろ》と似ている。漁色家の点も共通している。ただ近衛は、華冑《かちゅう》界出身者に多い弱志薄行型であった。皇室の藩屏《はんぺい》として君国に尽くすべき公爵家に生まれながら、社稷《しゃしょく》を全うするための気迫に欠けていた。

セオドアがペンの人であるのに対し、フランクリンの趣味は切手収集と地理の研究だった。第二次大戦中はホワイトハウスにマップ・ルームを作り、大地図の上に毎日の戦況を書き込ませた。ホワイトハウスで最も警戒が厳重なこの部屋に、一日に一度は入室した。

大人になってから小児麻痺《まひ》にかかり歩行が困難となったが、強い意志でリハビリに励んだ。長軀巨顔、精力が顔面に漂っている。フランクリンに会った日本のある記者は、「偉大な政治家というより大ボスといった感じで、悪くいえばギャングの親分みたいな顔つきだ」と言った。

しかし、一二年間に及ぶ激務は頑健なフランクリンの身体を蝕《むしば》んでいった。一九四五年一月のヤルタ会談に臨んだフランクリンは、誰の目から見ても重態の病人そのものだった。

三か月後、ジョージア州の別荘で死去。最期を看取ったのは賢夫人の誉れ高いエレノアではなく、長年の愛人ルーシーだった。ルーシーはエレノア夫人の秘書時代に大統領と親しくなり、エレノア夫人に迫られて大統領と別れたものの、その後も大統領としばしば密会を続けていたのである。

セオドア・ルーズベルトはワシントン駐在の外国公使と率直な付き合いを持ち、書信のやりとりも多かった。英、独、日の外交官のセシル・S・ライス、スペック・フォン・シュテルンブルグ、高平小五郎《たかひらこごろう》、金子堅太郎といった人々である。フランクリン・ルーズベルトは次官時代より英仏の外交官を中心に接し、独や日本の外交官と親しく接することはなかった。

セオドアは少年時は病弱で、学校に行かずに四人の兄弟と過ごす時間が多かった。年齢が近く酒に溺れるようになった弟の面倒を、最後まで見た。一族のことで姉に頼ることも多かった。若くして先妻を失い、妹の幼なじみと再婚した。一族の長として骨肉の情の人であった。

フランクリンは前述のように大富豪の実質的な一人息子。よく知っていて自分に尽くしてくれる人以外には、甚だ冷淡であった。

フランクリン・ルーズベルト大統領

――海軍を「マイ・ネイビー」と呼んでいた〝大独裁者〟

ハーバード大学を出たフランクリン・D・ルーズベルトは、セオドアと同じようにコロンビア大学の法律学科に入り、弁護士資格を取った。その頃から、セオドアのようなキャリアを自分も、という気持ちが強くなっていた。

一九一〇年、ニューヨーク州議会議員にハイドパーク村のあるダッチェス郡から立候補しないか、という誘いがあった。この地区は共和党が圧倒的に強く、民主党から立候補を希望する者が少なかった。ルーズベルトなら、地元の名家で選挙費用を自分で出すだけの資産がある、という理由だった。誰も勝てるとは思っていなかった。オイスターベイ・ルーズベルト家は代々共和党系で、選挙区はマンハッタンを中心とする地区だったが、ハイドパーク・ルーズベルト家は代々民主党を推してきた。

二八歳のルーズベルトは選挙区をしらみ潰《つぶ》しに巡ることを決めた。立候補第一声の夜、民主党応援者の家に泊まったが、これは第二次大戦中、海軍次官、海軍長官として活躍したフォレスタルの家だった。フォレスタルの父がルーズベルトの選挙運動参謀で、フォレスタル自身も少年だったが民主党系の地方紙「マテワン・ジャーナル」の編集を手伝っていた。フランクリンは当選した。

一九一二年の大統領選挙では、民主党の大統領候補にウィルソンを推し、選挙運動でもウィルソンのために働いた。選挙後の閣僚ポストは大統領選挙の論功行賞として与えられることが多い。昔も現在も同じで、海軍長官のポストも全く同じである。ウィルソンは海軍長官に新聞人のジョセフス・ダニエル

フランクリン・デラノ・ルーズベルト（Franklin Delano Roosevelt）１８８２-１９４５年

ズ、海軍次官にルーズベルトを指名した。

◆消極的な海軍長官に代わり辣腕を振るう

ダニエルズはノースカロライナ出身。父は船大工だったが南北戦争で戦死。一八歳で新聞記者となり、その後、次々と町の小新聞を買収し、ノースカロライナ第一の新聞社をつくり上げた。一代で大きな新聞社をつくり上げたという点では、第二次大戦中のフランク・ノックス海軍長官とよく似ている。

根っからの平和主義者で、海軍の増強には消極的。士官の艦内禁酒（一九一四年七月）を決めたのはダニエルズで、これは現在も続いている。「軍人は国家政策に参画してはならない。海軍は国務省がつくった政策を実行するだけの機関だ」というのが、ダニエルズの考えだった。海軍行政をぐいぐい引っ張るというタイプではない。このため、ダニエルズは海軍近代化、増強派の士官たちに不人気だった。

長官の決裁箱には未決裁の書類が山をなしている。海軍省の部局長は、仕事にならないので次官のところへ行く。ルーズベルト次官は長官室に行き、未決裁の書類の山の中から必要な書類を見つけて代理決裁する。必要に応じてホワイトハウスへ行き、説明して了承を得る。長官が登庁してきたときに事後説明するが、ダニエルズは何も言わない。部局長は次官を頼りにするようになった。

由来、米海軍省の各部局は独立王国の観があった。各部局がばらばらに仕事をするのだ。

一例を軍艦の建造について見よう。どのような艦種による、どのような構成の艦隊をつくり上げるか、を責任を持って考える部門がない。必要に応じて海軍大学校や将官会議に諮問されるだけだ。艦の建造は建艦局、兵器類は兵備局が独自にやる。二つの局を調整するところはない。もちろん、長官ないし次官がやればよいのだが、どちらも大統領選挙の論功行賞によって選任された人々だ。健全な大局的判断はできるとしても、専門的問題の判断を委《ゆだ》ねるのは難しい。ドイツの参謀本部のような、海軍長官への軍事専門事項の統合調整補佐機関が必要だ、という声が高くなっていた。

ダニエルズ長官は、そのような考えには反対した。一九一四年八月、欧州で第一次大戦が勃発する。米国がこの戦争に巻き込まれた場合、海軍の準備はできているのか。ダニエルズの強い反対にもかかわらず、議会からの要請で海軍作戦部長制度が発足したのは一九一五年のことである。ダニエルズは、初代作戦部長に意識的に凡庸なウィリアム・S・ベンソン大佐を指名した。

一九一七年二月、独外相チンメルマンが駐メキシコ独大使

ウィリアム・S・ベンソン（William Shepherd Benson）１８５５-１９３２年

に宛《あ》てた、「メキシコが独と組んで米国と戦い、米墨戦争で奪われたテキサス、ニューメキシコ、アリゾナ、カリフォルニアを、元のメキシコ鎖に取り返すよう勧めよ」という機密電報が、英国の諜報《ちょうほう》機関に解読された。また、独のUボートによる米船の被害も多くなり、一九一七年四月、米国は独に宣戦を布告する。

ルーズベルト次官の推薦で、海軍大学校長のウィリアム・S・シムズ少将が海軍代表として英国に駐在することになった。出発に際して訪れたシムズに対して、ベンソン作戦部長は「英国人にだまされてはいかんぞ。火中の栗《くり》を拾うのは我々の仕事ではない。やがて我々は独と同じように英国と戦うのだ」と言った。ダニエルズ長官は徹底した平和主義者で、ベンソン作戦部長は大の英国嫌いだった。

米国が参戦すると、燃料、食料、労働力、貿易の国家管理が始まり、各種軍需産業へも国家管理の手が及んだ。これらは、後にルーズベルトが大統領になったときに実行されるニューディールのリハーサルといってもいいようなものだった。

海軍省に膨大な仕事の波が打ち寄せたとき、これを捌いたのがルーズベルト次官だった。「何でもやった。（次官がやってはならないという規則や）法律は何もなかった」と、後に語っている。Uボート対策のため、スコットランドとノルウェーとの間の機雷原設置のアイデアを出したのもルーズベルトで、これは実行された。

一九一八年七月には駆逐艦「ダイヤー」に乗って大西洋を渡った。初の閣僚級の訪英ということで大歓迎を受けた。国王ジョージ五世とも会い、フランスではクレマンソー首相と会談し、イタリアでは海軍大臣、軍令部長とも会った。ベルギーの前線も訪問した。

一九一八年一一月、第一次大戦は終了する。

ウィルソン内閣での海軍次官としての八年間は、血気と精力にあふれる三〇代のルーズベルトに大きな活躍の場を与えた。

第一次世界大戦中に建造されたアメリカ海軍のウィックス級駆逐艦「ダイヤー」（ＤＤ-84）

ルーズベルトの精力的な仕事への取り組みを認めない人はなかった。海軍行政のトップマネジメントにどっぷり漬かっての八年間は、ルーズベルトをして海軍の権威者にし、大きな自信を持たせるようになった。後年、米海軍を「マイ・ネービー」と豪語する基盤はこのときにできた。海軍省の仕事をやりたいようにやらせてくれたダニエルズに対しては、後に大統領になると、直ちにメキシコ大使のポストを以《もっ》て報いている。

◆海軍次官時に形成された「ルーズベルト・サークル」

後にルーズベルト・サークルといわれ、ルーズベルト大統領から特別目をかけられた提督たちは、この時代にルーズベルトの知遇を得ている。

航海局長、作戦部長と出世階段をかけ登り、太平洋戦争中は統合参謀長会議議長としてルーズベルトの軍事参謀長になり、ホワイトハウスにオフィスを与えられたリーヒ元帥は、ルーズベルト・サークルのナンバーワン。リーヒは少佐時代、人事担当海軍長官補佐武官としてルーズベルト次官と接触することが多く、ワシントンでの住居もルーズベルト次官の家のすぐ近くだった。次官はリーヒ少佐の誠実さ、判断の健全さ、常識を買った。その後、リーヒは長官用ヨット「ドルフィン」の艇長になったが、このヨットをよく利用したのがルーズベルト次官だった。

リーヒの後に作戦部長のポストに座ったのはスタークだ。スタークが駆逐艦「パターソン」の艦長時代、ルーズベルト次官が座乗したことがあり、操艦を指導した。次官は、このときのスターク艦長の応対が気に入った。スタークは中庸で控え目な性格。リーヒと同様、権門に取り入るのに巧みだった。

ルーズベルト次官の副官となって気に入られたのがキンメルだ。太平洋艦隊のサンジエゴから真珠湾への移駐というルーズベルト大統領命令に対して、疑問を直言したリチャードソン合衆国艦隊司令長官は即座に首になったが、ルーズベルトがその後任に先任者四六人を飛び越えて指名したのはキンメル少将だった。

大富豪の実質的な一人息子として大勢の使用人にかしずかれて育ったルーズベルトには、いわゆる「貴人に情なし」のところがあった。

下の者の感情とか気持ちを思いやることに乏しいのだ。意思を示さなくても、自分の希望を忖度して、その実現に動いてくれる者を望んだ。自分に諫言《かんげん》するような者は許せなかった。リーヒ、スターク、キンメルといった提督は前者のタイプである。後者のタイプでルーズベルト次官に嫌われたのは、次官時代のクーンツ作戦部長やタウシッグ大佐だった。自信家のクーンツ大将には、若輩の政治屋次官を軽んずるような態度がないこともなかった。タウシッグ大佐は次官の誤りを指摘したことがある。魚雷工廠長のハート少佐は、選挙の票目当ての次官の労働組合への甘い対応を疑問に思った。これが次官の心証を害した。これは前述した。

フランク・タウシッグ（Frank William Taussig）
１８５９-１９４０年

ルーズベルトの性格は複雑だった。容易に心の中を他人に知られるような態度を取ることがない。酷薄で執念深かった。

◆副大統領候補となるが、共和党ハーディングに敗れる

一九二〇年の大統領選挙で、民主党は大統領候補にオハイオ州知事ジェームズ・M・コックスを選び、コックスは副大統領候補にルーズベルトを指名した。ルーズベルトは全国各地を列車で遊説して回り、演説回数は一〇〇〇回以上に及んだ。共和党の大統領候補はハーディング。両党の政策の違いの一つは、第一次大戦後新たに設立された国際連盟に米国が加盟するかどうかだった。民主党は加盟に賛成、共和党は反対である。大統領選挙の結果はハーディングの勝利となった。

一九二一年三月、ハーディング内閣が発足した。ハーディングは大統領選挙で活躍したデンビーを海軍長官に、セオドア・ルーズベルト・ジュニアを次官に任命した。セオドア・ジュニアは、セオドア・ルーズベルト元大統領の長男で、オイスターベイ・ルーズベルト家の嫡男。フランクリンより五歳年下だ。ルーズベルト一族は、ウィルソン内閣に続いて海軍次官のポストを握ったことになる。

ハーディング内閣の最初の大きな仕事は、世界列強の海軍軍縮だった。ワシントンに各国代表が集まり協議した。第一次大戦後、太平洋を挟んでの日米の海軍軍拡は両国の財政を大きく圧迫していた。第一次大戦で世界の金《きん》の多くが米国と日本に流れ込んでいたが、海軍軍拡の負担はあまりにも大きい。英国は日米と建艦競争をする力を失っていた。

米、日の全権はヒューズ国務長官、加藤友三郎《かとうともさぶろう》海軍大臣。軍縮に制服組は大体反対するが、米海軍も例外ではない。海軍将官会議は猛烈に反対した。某日、三四歳のセオドア・ルーズベルト・ジュニア次官は、海軍将官会議のメンバーを招集し、卓を叩いて一喝したため、反対論の強硬メンバーも粛然となったと伝えられている。その分、次官とともに働いたプラット作戦部次長（後に作戦部長）に提督たちの非難が集中した。プラットは国際関係の中で海軍を考えなければならないと考え、次官を補佐した。

日本の加藤友三郎全権も、次のような考えから軍縮案を呑んだ。

「平たく言へば金が無ければ戦争は出来ぬと云ふことなり。……日本と戦争の起こるProbability（公算）のあるのは米国のみなり。仮に軍備は米国と拮抗《きっこう》する力ありと仮定するも、日露戦役のときの如き少額の金では戦争は出来ず。然《しか》らば其の金は何処より之を得べしやと云ふに、米国以外に日本の外債に応じ得る国は見当らず。……斯《か》く論ずれば結論として日米戦争は不可能といふことになる」

ワシントン軍縮条約調印とともに忘れてはならないことは、これと同時に日英同盟が廃棄されたことだ。米国にとって、こ

の日英同盟は重大な事項だった。当時、カリフォルニアでは日系人移民が厳しい差別と迫害を受け、これに日本人が激しく反発、日米間の緊張が高まっていた。仮に日米間で戦争となれば、日英同盟により米英戦争に発展する可能性が大きく、米国は太平洋と大西洋の双方から挟撃されることになる。マハン大佐は、日系人移民問題で日米戦争辞せずの強硬論者だったが、この日英同盟を大変気にしていた。日英同盟廃棄後、米国は安心してストレートに日本叩きができるようになった。

米国の国策は西への前進である。メキシコからカリフォルニアを強奪した後は、海のフロンティアの時代となり、ハワイ、グアム、比島を自国領として併呑《へいどん》しつつ西進してきた。次の標的が中国大陸であることは明らかだ。中国大陸では英国の衰退とともに英国の影響力が漸減しつつあったが、日本の影響力は減る兆しがない。中国大陸を巡って日米が衝突するのは自然の流れともいえた。

ワシントン軍縮条約直後の日本の帝国国防方針（一九二三年）には、次のような日米激突必至の筆調が見られる。

「米国ハ輓近《ばんきん》国力ノ充実ニ伴ヒ、無限ノ資源ヲ擁シテ経済的侵略政策ヲ遂行シ、特ニ支那ニ対スル共経営施設ハ悪辣《あくらつ》ナル排日宣伝ト共ニ、帝国ガ国運ヲ賭シ幾多ノ犠牲ヲ払ヒテ獲得シタル地位ヲ脅カシ、遂ニハ帝国ノ隠忍自重ヲ許サザラントシ（略）。加州（カリフォルニア）ノ邦人排斥ハ漸次諸州ニ波及シテ（略）布哇《ハワイ》ニ於ケル邦人問題亦《また》楽観ヲ許サザルモノアリ。是等経済問題ト人種的偏見トニ根ザセル多年ノ紛糾ハ其解決至難ニシテ、利害ノ背馳《はいち》感情ノ疎隔ハ将来益々大ナルモノアラン。（略）早暁帝国ト衝突ヲ惹起《じゃっき》スベキハ蓋《けだ》シ必至ノ勢ニシテ、我国防上最重大視スベキモノナリトス」

一九二〇年の大統領選挙に敗れたルーズベルトは、ニューヨークで法律事務所を開業した。週末にはハドソン川を望むハイドパークで過ごし、夏にはメイン州のキャンポベロ島にある別荘で過ごした。

◆小児麻痺で障害が残るも、大統領選に勝利

一九二一年の夏、この別荘で小児麻痺に罹病《りびょう》した。九月にニューヨークの病院に入院し、一〇月に自宅に帰った。以降、補装具と松葉杖《まつばづえ》を使わなくては歩行できない身体となったが、強い精神力でリハビリに励み、人前では快活に振舞い、松葉杖は見せないようにした。大統領に当選したとき、国民の多くは大統領が自分の脚を動かせないのを知らなかった。

一九二四年、ルーズベルトはニューヨーク州知事スミスを民主党の大統領候補とするための選挙運動責任者となった。演説するときは演壇までは長男ジェームズ（一六歳）に頼って進んだ。スミスは大統領候補者にはなれず、大統領選挙では共和

党のクーリッジが当選した。

リハビリには温泉プールがいいと聞いたので、ジョージア州の温泉ウォーム・スプリングに行き、毎日プールで数時間を過ごした。この地が気に入り、自分専用の別荘を建てた。第二次大戦終結の直前にルーズベルトが生涯を閉じるのはこの別荘である。

一九二八年の大統領選挙で、民主党はスミスを立てて戦ったが、共和党のフーバーに敗れた。

ルーズベルトはニューヨーク州知事選に立候補し、大接戦の末に当選する。この選挙では列車と車で州内をくまなく巡った。立って演説するときは脚に補装具をつけなければならなかったが、一日に平均六回演説した。

一九二九年一〇月二四日、ニューヨーク株式取引所の株価が大暴落し、世にいう大恐慌が始まった。株券は紙屑《かみくず》同然となり、工業生産は半分になり、四人に一人が失業した。

一九三二年の大統領選挙で、ルーズベルトは民主党の大統領候補となった。大不況のどん底だった。共和党の候補はフーバーだったが、ルーズベルトが圧勝した。大統領になると、公開記者会見と国民向けのラジオ放送「炉辺《ろばた》談話」を始めた。ルーズベルトが大統領に就任したのは一九三三年三月。日本でいえば昭和八年、今上《きんじょう》天皇ご誕生の年である。以降、ルーズベルトは大統領選挙に四回連続で打って出、いずれも当選して米国史上異例の大統領となった。

組閣にあたって、海軍長官には上院議員のスワンソンを指名した。スワンソンは、苦学して弁護士となり上院議員となった人物だ。一九一四年から上院海軍軍事委員会のメンバーとなり、時のルーズベルト次官と知り合った。しかし、スワンソンは七〇歳を超え、病弱であった。ルーズベルトは次官に一族のヘンリー・L・ルーズベルトを任命する。病弱高齢のスワンソンを補佐させ、実質的に海軍を取りまとめさせ、ゆくゆくは自分の後継者にと考えていたのかも知れない。

ヘンリーは、アナポリスの海軍兵学校では、後に太平洋戦争中の海軍トップとなるキングと同じクラス（一九〇一年組。日本の米内光政大将のクラス、海兵二九期に相当）で、アナポリスを中退し、第一次大戦では海兵隊に入隊、中佐で退役していた。一九三六年二月、ヘンリーは心臓発作で死に一族を落胆させた。セオドア・ジュニアを海軍長官に、という手もなくはなかったが、オイスターベイ・ルーズベルト家のセオドア・ジュニアは共和党で、フランクリンとはしっくりいっていなかった。セオドア・ジュニアは、父と所縁《ゆかり》の深い米西戦争時の義勇騎兵隊の戦友会で、「フランクリン・ルーズベルトは我が一族の異分子で、我が一門の家名を継ぐ者ではない」と公言していた。

高齢病弱のスワンソンは、エネルギーが枯渇しかけていた。

ハート提督は、「スワンソンは何も読まないし、決して書かない。声が小さく、かすれていて、何をしゃべっているのか分からない。海軍を実質的に動かしているのは精力絶倫のＦＤＲ（ルーズベルト大統領）だ」と日記に書いている。

一九三六年、スワンソンが死去する。ルーズベルトはしばらく海軍長官を置かず、自身で政務を執った。一九四〇年に、有名な発明王エジソンの長男チャールズ・エジソンを海軍長官に任命する。

◆共和党の大物を取り込み挙国一致内閣をつくる

一九三九年九月、欧州で第二次大戦が始まった。第一次大戦時と同様、いずれこの大戦への参戦は不可避と考えたルーズベルトは、挙国一致内閣を名目に共和党の大物を閣僚として取り込み、共和党を分断して大統領選挙に臨もうとした。目をつけた共和党の大物とは、前回の大統領選挙で副大統領候補だったノックスと、共和党内閣で陸軍長官や国務長官をやったことのあるスチムソンだ。両者はルーズベルトの求めに応じて、それぞれ海軍長官と陸軍長官に就任する。怒った共和党は、二人を除名処分にした。

ノックスは、一代でシカゴ・デイリー・ニュースを大新聞に育て上げた新聞人である。その後、ウォールストリートの投資信託会社社長のフォレスタルが、ホワイトハウスで仕事をしたいという希望を申し出、ルーズベルトは海軍次官に任命する。フォレスタルの父はニューヨーク州ダッチェス郡では名の知られた民主党員で、ルーズベルトが二八歳でニューヨーク州議会議員に立候補したとき、遊説の第一夜をフォレスタルの家で過ごしたことは前述した。

ルーズベルトには四人の息子がいたが、いずれも第二次大戦では軍務に就いている。長男のジェームズは海兵隊に入り、開戦早々のマキン島奇襲（日本軍の暗号書強奪が目的であったようだ）では副指揮官を務めた。次男のエリオットは陸軍航空隊に入り、准将にまで昇進した。三男のフランクリン・ジュニアと末っ子のジョンはいずれも海軍士官となった。

米大統領は期限付きの帝王といわれることがある。絶大な権力を持っているからだ。国家元首、行政府の長、三軍の最高指揮官という権力の集中ぶりである。これは、戦前の日本の首相と比べるといっそう明らかになる。日本の首相は、国家元首でもなければ三軍の指揮官でもなく、閣僚の任意の任免もできなかった。特に、陸海軍大臣は現役の中将、大将という内規があったから、陸海軍の推す候補者にせざるを得ない。この陸海軍大臣ですら、統帥権の独立という体制の中で軍の作戦関係にはタッチできなかった。

ルーズベルトは、陸海軍長官だけでなく軍の主要人事を独裁した。海軍の主要提督人事も直接指示した。合衆国艦隊司令長官は、海軍長官ではなく、三軍の最高司令官としての大統領に直属している。ルーズベルトは、従来陸海軍長官の諮問機関であった統合会議（Joint Board）を、一九三九年に大統領への直接補佐機関とした。

第二次大戦に参戦すると、実質的な統合参謀本部である統合参謀長会議（ＪＣＳ：Joint Chiefs of Staff）をつくり、軍事作戦を直接指導できるようにする。議長に側近のリーヒ海軍大将（後に元帥）を充て、大統領と統合参謀本部との橋渡し役とし、リーヒのオフィスをホワイトハウスに設置させ、毎日会えるようにした。リーヒはルーズベルトを「ミスター・プレジデント」と言い、ルーズベルトはリーヒを「ビル」と呼んだ。リーヒは英軍首脳との合同参謀長会議（ＣＣＳ：Combined Chiefs of Staff）関連、統合参謀長会議関連、前線からの報告、前線への命令などの文書を色分けさせ、前夜までに届いたものを整理して大統領に報告する。

ルーズベルトはホワイトハウス内に「マップ・ルーム」と呼ぶ部屋をつくって、大地図に刻々入ってくる軍の状況を書き入れさせた。ホワイトハウス内で最も厳重に警備されたこの部屋に、毎日一回必ず入った。

◆天才だが問題の多いキングを海軍司令長官に据える

軍の指導に関しては、チャーチルとルーズベルトでは大きな差があった。

チャーチルは両次大戦で海軍大臣の経験がある。陸軍士官学校を卒業し、職業軍人としてキャリアの第一歩を歩み始めている。ボーア戦争に出陣し、捕虜になり、単身脱走したという経験もある。戦争が三度の飯より好きで、自己顕示欲が強く、すべて自分でリードしようとする。毎日のように軍のトップと会い、指示し、演説の原稿も自分で書く。戦時のリーダータイプだ。

ルーズベルトは、陸軍関係はスチムソン長官とマーシャル参謀総長、海軍関係はノックス長官とキングに委ねて、軍の作戦関係に口を出すことは少なかった。ただし、必要に応じて大統領の独裁的権限を発揮した。たとえば、キング合衆国艦隊司令長官（ＣＩＮＣＵＳ）とスターク作戦部長（ＣＮＯ）の権限に重複する点があったため、スタークを更迭してキングにこの両職務を兼務させることで問題の解決を図った。キングが自分の権限遂行に都合がいいように海軍省内の機構を変えようとしたときには、ノックス長官を通してはっきりと不同意を示し、海軍のボスは大統領と海軍長官だと念を押している。

キングは強い意志と実行力を持ち、戦時海軍のトップにふさわしい提督であったが、人間関係の対処に問題が少なくなかった。ノックス海軍長官やフォレスタル次官を無視するような態度をとったり、情報を伝えなかったりする。ノックスもフォレスタルもキングの更迭を真剣に考えたが、ルーズベルトが許さなかった。キングの戦略家としての頭の冴《さ》えと実行力を買い、その欠点に目をつぶったのはルーズベルトだった。ルーズベルトのバックアップがなければ、キングはノックスないしフォレスタルから更迭されていただろうことは間違いない。

太平洋戦争が始まったとき、リーヒはルーズベルトに、この大戦をリードする海軍のトップとしてまず第一にハートを推し、続いてキングとニミッツを推した。ハートは温和中正の人、ニミッツは人物眼を持つ明哲保身の人である。双方ともキングのような荒々しさ、明快な戦略眼、酷烈な実行力には乏しい。もし、ハートかニミッツが海軍のトップになっていたとすれば、ワシントンの政治屋や英軍トップ、スチムソンやマーシャルとの妥協は多くなっただろう。

キングは精力絶倫。「レキシントン」艦長時代、大声をあげると風の強い日でも、広い甲板の隅々まで声が届いた。酒と女への関心は人並外れて強く、大戦中酒はあまり飲まなくなったが、週末には愛人のところで過ごした。これは妻も含めて、ワシントンではかなり公然の事実だった。この愛人が、一九四〇年にルーズベルトと大統領選を争った共和党のウェンデル・L・ウィルキーの妹だったから、人々は好奇の眼を向けた。彼女はネルソン提督の愛人ハミルトン夫人と比べられることもあった。キングにはこの他、部下の妻君との間の情事もうわさされていた。

キングのように類《たぐ》い稀《まれ》な才幹を持ちながらも人望がなく、非難されやすい人間的欠陥を持つ者は、上に大きな権力を持つ者が控えて、保護者の役目を果たしてやらなければ、そのポストに留まり続けることは難しい。その意味で、ルーズベルトなくしては戦時のキングはあり得なかった。ルーズベルトは、長男のジェームズにはっきりとそのことをいっている。

第二次大戦中の米海軍と米陸軍のトップは対照的といえた。海軍長官のノックスは、一代で自分の新聞を大新聞に育て上げた新聞人だ。次官のフォレスタルも元々はジャーナリスト志望で、少年の頃から父の友人が所有するダッチェス郡を中心とする民主党系の「マテワン・ジャーナル」の編集を手伝い、プリンストン大学時代には校内紙「デイリー・プリンストニアン」の編集長になった。苦学生のフォレスタルにとって、この編集長手当は有難かった。

この長官と次官は、海軍関係のことは何でも知ろうとするし、一般国民への広報活動にも熱心だ。二人とも精力的に仕事に取り組むタイプだが、キングは二人に作戦関連のことは決して知らせようとしない。ノックスは知っていることは何でもしゃべると、キングは心配した。キングは人前で話すのは苦手で、議会関係へはほとんど出ようとしない。長官、次官とキングの関係は悪かった。何とかノックスの雅量《がりょう》でもったが、ノックスの死後フォレスタルが長官になると、二人の間は険悪なものとなった。

キングは、ニミッツ以下の提督たちに対しても独裁者として臨み、すべて自分で決定する態度を貫いた。米英首脳会議には必ずルーズベルトに同道した。二〜三か月毎《ごと》に太平洋艦隊司令官のニミッツと面談して指示を与えるとともに、細かい点まで念を押した。

陸軍長官のスチムソンは、すでに陸軍長官は経験済みで二度目だ。国務長官のキャリアもある。七〇歳を過ぎ、政界にも実業界にも、もう欲はない。有能なマーシャル参謀総長に思う存分腕を振るわせてやろうと考えている。

マーシャルは、陸軍主流のウェストポインターでないにもかかわらず陸軍のトップにまで登り詰めた男だ。日本の参謀本部の「機密作戦日誌」にすら「思慮周密人望あり（一九四四年六月二日付）」と書かれている。スチムソンに対して細かい報告を怠らず、議員と会うことも億劫《おっくう》がらない。こういうマーシャルだから、陸軍航空隊トップのアーノルド中将（後に元帥）は文句なしにマーシャルに従う。

ノルマンディー上陸作戦の連合軍最高司令官を誰がやるか、となったとき、ルーズベルトはマーシャルにそのポストを与えてやりたかった。花形ポストだ。参謀総長などという裏方でない、国民的英雄になるポストだ。なりたくないはずがない。ところが、リーヒによると、マーシャルは自分自身に関する希望などおくびにも出さなかった。結局、このポストはアイゼンハワーとなり、アイゼンハワーが英雄となって後に大統領になった。

マーシャルは、キングのように配下に独裁者然として臨んだことはなかった。特にマッカーサーには気を遣い、マッカーサーの希望は大体聞く態度をとった。マッカーサーはマーシャルにとって大輩である。マッカーサーが陸軍大将の参謀総長だったとき、マーシャルは田舎の連隊長で陸軍中佐だった。

◆一見フランクだが、気難しくて複雑だった内面

一族のセオドア・ルーズベルトが直情径行の熱血漢タイプであるのに対し、フランクリン・ルーズベルトはこれとは対照的だった。

公衆の前では陽気で磊落、フランクに振舞っていたので国民はそのようなイメージを持っていたが、ルーズベルトの近くで仕事をした者にとってはそうでなかった。

イッケス内務長官は「一緒に仕事をする人としてルーズベルトほど難しい人はいない」と思った。

「率直に考えを出そうとしないし、腹中の思いを決して知らせない」からだ。自分が望む政策への支持を得るため、わざと反対することもある。同じ懸案事項を別々の人間に何も知らせずにやらせ、彼らの報告を個々に聞いて決断することもある。古い友人は言う。「ルーズベルトは少なくとも三つか四つの異なった人格を持っている」。パーキンス労働長官も、「ルーズベルトは自分の知る限り最も複雑な人間だった。気どりのない素朴さとは正反対だ」と評した。

「ノー」というのを大変嫌い、自分の気持ちは決してストレートに表さない。こういうルーズベルトの性格を知悉《ちしつ》し、その考えを忖度して、希望の実現に尽力する者が側近として重用されるようになる。軍事面でのリーヒ海軍大将であり、政治・外交面でのハリー・ホプキンスである。この二人は大戦中、ホワイトハウスにオフィスを持つようになった。

リーヒがいかにルーズベルトの腹中の希望の実現に尽くそうとしたか、エピソードを一つ挙げておこう。

一九四四年七月のある日、突然、リーヒが合衆国艦隊司令部のあるオフィスにキングを訪れた。前代未聞のことにキングは驚いた。要件は合衆国艦隊司令長官の名称（Commander in Chief US Fleet）であるCommander in ChiefをCommanderに変えられないだろうか、というのだ。話を聞くと、四選目の大統領選挙を控えて、ルーズベルトはこの大戦を指揮しているのは最高司令官（Commander in Chief of the Army and Navy）である自分だ、ということを国民にアピールしたい、と考えているらしい。だから、海軍のトップがCommander in Chiefの名称を使用するのはどうかな、とルーズベルトが思っているようだ、というのだ。ルーズベルトがそういったのではない。リーヒがルーズベルトの考えを忖度してやってきたのだ。キングは大統領の指示があればもちろん従うと答えたが、結局そのままになった。

国民の前では気さくな笑顔と気取らないジェスチャーとオープンな性格。しかし、接触の多かった人はルーズベルトに別の人間を見た。老母に仕え、貞淑な妻と五人の子供たちに囲まれた理想的家庭と国民には映ったが、本当のところは違った。若くして父親ほどの年齢の夫を失い、一人息子を溺愛して育てた母は、息子が大統領になってからも下着や靴のことにまで口を挟んだ。エレノア夫人の秘書ルーシーに手を出して愛人関係になったとき、夫人は怒り狂い、その後エレノアとフランクリンの仲は冷たかったというのが本当のようだ。

米国史上例のない四選大統領となり、第二次大戦を勝利に導いたルーズベルトは、ワシントンとリンカーンは別格として、米国史上最も影響力のあった大統領の一人といっていい。彼は国民にとって、風貌《ふうぼう》、育ち、家庭生活のいずれの面でも頼りがいのあるリーダーに映った。いつも楽観的で、笑顔を絶やさなかった。精力絶倫で、決して疲れた顔や悄然《しょうぜん》とした態度を見せることはなかった。激することがなく、バランス感覚に優れ、事柄の判断に関しても、一面からだけでなく、多方面から検討し判断することができた。

大恐慌の荒波の中で、社会主義的政策のニューディールを導入、実施するという、柔軟さと実行力を持っていた。ニューディール政策の是非については未《いま》だに決着がついていない。米国経済の回復は〝戦時需要が興って後〟というのが実態のようである。

もちろん、素直でないこと、情を解さない冷たさ、執念深さなどの欠点はあったが、ルーズベルトの政治家としての力量と実績に疑問を持つ人はいないだろう。

一九四五年、ジョージア州ウォーム・スプリングの別荘で息を引きとったとき、最期を看取ったのは長年の愛人ルーシーだった。

就任日も浅い鈴木貫太郎《すずきかんたろう》首相はルーズベルトの死を悼む声明を発表したが、この声明はドイツから米国に亡命していたトーマス・マンに大きな感銘を与えた。敵国のトップの死を悼む心情はサムライの国日本の武士道からくるものだ。ナチス・ドイツ政府の態度とは大きな差がある。マンは言った。

「あの東方の国には、騎士道精神と人間の品位に対する感覚が、死と偉大性に対する畏敬《いけい》が、まだ存在するのです」

ノックス海軍長官

——共和党員ながらルーズベルトを支えた海軍トップ

第二次大戦以前の一四一年間の米海軍省の歴史を振り返ると、海軍省関係者で海軍長官になった者はほとんどいない。四六人の長官のうち、海軍次官経験者はニューベリー（在任一九〇八～〇九年）ただ一人で、かつて海軍省勤務の経験があったのは、ポールディング（在任一八三八～四一年）、ウェールズ（在任一八六一～六九年）、チャンドラー（在任一八八二～八五年）の三人だけである。

海軍長官の任命は、すべて政治的思惑からの任命であった。ずばりいえば、大統領選挙でよく働いてくれた人や、共和党ないし民主党の勢力状況を考えて、ある地域の出身者を選ぶ、というやり方で指名された。海軍次官の任命もほぼ同様であった。

第一次大戦以降の主要海軍長官といえば、まず第一次大戦中に海軍長官だったダニエルズを挙げなければならないだろう。彼の時代に海軍作戦部（CNO：Chief of Naval Operations）が創設された。次官はフランクリン・D・ルーズベルトだった。禁酒主義者のダニエルズは艦内での飲酒を禁じ、これは現在の米海軍にも引き継がれている。

太平洋戦争時の海軍長官はフランク・ノックスとジェームズ・フォレスタルであるが、前任の海軍長官として、それなりに影響力のあったスワンソン長官とエジソン長官を参考までに簡単に紹介しておきたい。

フランク・F・ノックス（William Franklin Knox）
１８７４-１９４４年

◆第二次大戦前の二人の海軍長官

一九三三年、ルーズベルト大統領はバージニア州選出のクラウデ・A・スワンソン上院議員を海軍長官に指名した。スワンソンはこのとき七一歳。バージニアの小農民の子として生まれ、バージニア農工大学を学資が続かず中退、苦学して法律学校に通い弁護士となった。下院議員、バージニア州知事、上院議員のキャリアを持ち、上院議員時代の一九一四年から海軍軍事委員会のメンバーとなり、当時の海軍次官であったルーズベルトと知り合った。

ルーズベルトが高齢で病弱のスワンソンを海軍長官に指名した理由は、次の二点だった。

まず、スワンソン上院議員を内閣の一員とすることによってバージニア州上院議員に空席ができ、ルーズベルトの古くからの友人である前知事のバードに上院議員のポストを得る機会を与えられること、次に、八年間に及ぶ海軍次官の経験で、誰よりも海軍を知悉《ちしつ》しているとの自負があるルーズベルトには、誰が長官になっても自分がコントロールできるという考えがあったことである。

ルーズベルトは、新長官の次官として一族のヘンリー・L・ルーズベルトを指名した。ヘンリーは海軍兵学校に入学したが、米西戦争の折りに中退して海兵隊に入り中佐にまで進んだ。一九一九年に退役して実業界に入り、将来を嘱望された人物だった。スワンソンが病弱のため海軍省を取り仕切ることができず、代わりに次官がその任に当たっていたが、ヘンリー・L・ルーズベルト次官は、一九三六年二月に心臓発作で死去。スワンソン長官が病弱のため、後任次官は早急に決めなければならなかった。

クラウデ・A・スワンソン（Claude A. Swanson）
1862-1939年

新次官にはチャールズ・エジソンが任命された。エジソンは有名な発明王トーマス・エジソンの息子で、ＭＩＴ（マサチューセッツ工科大学）を卒業後、直ちに父の創設したエジソン電灯会社に入社し、一九一六年、二六歳で会長となった。父トーマスがウィルソン大統領時代に戦時海軍協議会議長に就任すると、チャールズは父のアシスタントとしてこの協議会の仕事に参画し、海軍次官だったフランクリン・ルーズベルトと知り合った。

エジソンは父の科学技術的天才の血はあまり受け継がなかったが、管理的才能に長けており、海軍工廠管理、建艦スケジュール、諸契約、資材、基地運営、広報、労働問題などに力を発揮した。その中でも、海軍省の建艦局と保修・機関局を一つにまとめて艦船局とし、行政の簡素化と効率化を図ったことは特筆されるべきことであった。

ルーズベルト大統領はスワンソン海軍長官が病弱のため、海軍の制服組と好んでコンタクトするようになり、それにつれて制服組の作戦部長や海軍行政の要《かなめ》である航海局長の発言力が増していった。一九三九年七月七日、スワンソン長官が死去。エジソンは海軍長官心得となり、六か月後に海軍長官に指名された。

エジソン長官は、次官時代から主として建艦行政に携わってきた。艦隊の現状に疎かったので一九四〇年三月、六週間の予定で艦隊視察に出た。ルーズベルト大統領は長官の視察案内役に将官会議のメンバーであるアーネスト・Ｊ・キング少将を指名した。

真珠湾での艦隊視察の結果、艦隊対空砲の弱体が明らかになり、キングはエジソン長官の指示を受け、その対策を立てることとなった。すべての艦船を調査し、艦の砲のうちどれを省き、どこに対空砲を据えつけるかまで考え、三億ドルの経費を算出した。このように艦隊全体にかかわり、必要資金が大きく、議会へ提出するような調査は、二年から三年かかるのが普通だった。討議に時間を費やし、結局うやむやになることも多い。キング少将の調査は三か月の迅速さだったから、エジソン長官は彼の職務への熱心さと勤勉さに舌を巻いた。

一九四一年一月、下院海軍軍事委員会（カール・ビンソン委員長）は、最優先予算としてこれを認めた。カール・ビンソンは一九三一年に下院海軍軍事委員会委員長に就任以来、海軍増強論者としてすでに一〇年間にわたってこの軍事委員会に君臨しており、その後も影響力は衰えず在任期間は通算四分の一世紀に及んだ。

ワシントンに帰ったエジソン長官は、六月二四日、ルーズベルトにキング少将の有能ぶりを讃《たた》え、合衆国艦隊司令長官への任命を推薦している。

チャールズ・エジソン（Charles Edison）１８９０-１９６９年

◆かつてセオドアの義勇騎兵隊にも志願した熱血漢

一九四〇年七月一一日、フランク・ノックスがチャールズ・エジソンの後を継いで海軍長官となった。

ノックスは一八七四年一月一日にボストンで生まれ、少年時代をこの地で過ごした。ボストンの水産市場で働いていた父が、ミシガン州のグランド・ラピッツへ移って食料品店を開いたので、ノックスもここへ移る。高校へ入学したが中途退学し、田舎巡りのセールスマンになった。

しかし、当時の大不況で失職。苦学しながらミシガン州の小さなアルマ・カレッジに入学した。在学中に米西戦争が勃発。ノックスは、セオドア・ルーズベルト海軍次官の「太い棍棒を持って静かに話す」という外交姿勢や進歩主義的考え、周辺の未開地へ文明を広げるのはアメリカの「明らかな運命(Manifest Destiny)」だとする思想に共鳴した。もともと熱血漢で頑健、何事にも興味を示す彼の性格は、大学を休学し、ルーズベルトの率いる義勇騎兵隊に志願させた。

米西戦争が勃発するや否や、ルーズベルトは海軍次官を辞め、志願兵による騎兵隊（通称ラフ・ライダース）をつくって自ら副部隊長（陸軍中佐）となっていた。ルーズベルトはその後大統領になるが、大統領を辞した後は「ミスター・カーネル（陸軍大佐殿）」と呼ばれるのを好んだ。戦後、中佐から大佐に昇進していたのである。日本人の感覚では、海軍次官から陸軍中佐への転進や、大統領から陸軍大佐というのは理解しにくい点だ。

この戦争中に書いたノックスの多くの手紙が、郷里のグランド・ラピッツ・ヘラルドに掲載された。記者にならないかと誘われ、新聞記者の道を歩むこととなった。以降、小さな町の新聞社を買収して大きくし、印刷関係で終生のパートナーとなるジョン・ミューリングと出会う。第一次世界大戦が始まったのはノックスが四三歳のときだった。直ちに陸軍に志願、士官訓練所に入所し、陸軍大尉としてヨーロッパ大陸で戦い、少佐に進級した。第一次大戦終了後は予備役の陸軍中佐から陸軍大佐となった。帰国後、新聞王ハーストに招かれるが、意見が対立して一九三〇年に辞めた。翌年、多くの借金をしてシカゴ・デイリー・ニュースを買収し、これを大きく育て上げた。もともと政治に関心の深かったノックスは、一九二四年にはニューハンプシャー州の知事選に共和党から立候補しようとしたこともある。

一九三二年の大統領選挙は、共和党のフーバーと民主党のフランクリン・ルーズベルトの対決となった。ノックスはフーバー候補の広報担当選挙参謀として選挙戦に臨み、シカゴ・デイリー・ニュースはルーズベルト候補のニューディール政策を厳しく批判した。選挙の結果はルーズベルトの圧倒的勝利だった。

ルーズベルトは就任後の一〇〇日間に、大不況の危機的状況に対処する政策を次々と議会に提案し、承認を得て実行に移した。何人もの専門家を集めて政策立案グループをつくっていたので、就任早々、対応策を次々と提案することができたのである。これらの専門家の立場は一様でなく対立もあったが、それぞれの意見を取り入れた折衷案をつくらせた。

ルーズベルトの最初の一〇〇日間のニューディール施策の骨子は、①銀行・通貨の統制、②財政危機の会社・財産所有者への信用供与と援助、③農民の救済、④公共事業と開発事業の調整と促進、⑤組織労働者側の団体交渉権の整備、⑥社会保障制度の実施、などだった。これらは、選挙遊説中の、禁酒法の撤廃、失業者の救済、関税の引き下げ、農業の救済と鉄道の復興、消費者と投資者の保護などの公約を実行に移すためのものであった。

ノックスは一九三六年の大統領候補者指名選挙に立候補したが、カンザス州知事のアルフレッド・ランドンに敗れ、副大統領候補となった。共和党は主として、ニューディールが無駄な官僚機構をつくり上げたと批判してきた。しかし、この選挙でもルーズベルトが再び勝利した。

◆共和党員ながらルーズベルトの外交政策に共感し、入閣

ノックスはニューディールの時代を「歴史上最も無駄遣いの多い素人の時代」と非難したが、ルーズベルトの外交政策は応援した。ことに一九三七年一〇月五日、日・独の侵略国家を非難したルーズベルトのいわゆる隔離演説には感銘を受け、ルーズベルトの海軍大拡充政策にも賛成した。

一九三九年九月一日、独陸空軍はポーランドに進撃を開始し、九月三日には英・仏が対独宣戦布告。この年一一月にルーズベルトは中立法修正案に署名した。これは武器禁輸を撤廃し、交戦国への輸出を現金・自国船に限り認めるというものだった。翌一九四〇年五月、英ではチェンバレン内閣が総辞職し、保守党、労働党、自由党の連立によるチャーチル内閣が成立した。

ルーズベルトも連立内閣を考え、共和党のランドンとノックスを入閣させてはどうかとイッケス内務長官と相談し、ランドンとノックスをホワイトハウスに招いて懇談した。ノックスはルーズベルトに個人的に好感を持った。ランドンはルーズベルトが大統領三選に出馬しないことを入閣の条件とした。ルーズベルトはランドンの入閣はあきらめ、ノックスには海軍長官のポストを示して入閣を要請した。

ノックスは、国民の間に危機感がないのに共和党から入閣すれば共和党を裏切ったものと見られるので、共和党員を二人以上入閣させるべきだ、とルーズベルトに自分の考えを伝えた。一九四〇年一月、エジソンが正式に海軍長官に任命されたのでノックスはこの件は忘れることにした。エジソン次官は、スワンソン長官が死んだ後は一時長官心得（Acting Secretary）となっていた。

ルーズベルトは有力な共和党員の入閣をあきらめなかった。ノックスを入閣させれば、欧州戦局への対外政策の支持が増大するだろうし、国内政治への批判が弱まるだろう。一九四〇年は大統領選挙の年で、ルーズベルトは異例の三選を狙っている。共和党のリーダーがルーズベルト内閣に入閣すれば、共和党への打撃は大きい。

一九四〇年の四月から五月にかけて、ルーズベルトは共和党員に内閣ポストを二つ用意しようとした。エジソン海軍長官をニュージャージー州知事選挙候補へと調整し、併せてハリー・ウードリング陸軍長官の辞任を求めた。陸軍長官には、最高裁判所判事フランクフルターの助言により、ヘンリー・L・スチムソンの就任を考えた。スチムソンはタフト大統領の下で陸軍長官、フーバー大統領の下で国務長官を務めた共和党のベテランである。ただ当時七二歳の高齢であった。

スチムソンは一八六七年にニューヨーク市で生まれ、エール大学とハーバード大学で学び、さらにハーバード・ロー・スクールを卒業して弁護士となった。一九一〇年には共和党からニューヨーク州知事選挙に出て落選したが、一九一一年から一三年までタフト大統領内閣で陸軍長官を務めた。第一次世界大戦時には第三一野砲連隊の連隊長で陸軍大佐だった。陸軍長官だった人が連隊長の陸軍大佐になるのは、日本人の感覚からすればやはり理解しにくいかもしれない。一九二七年には

ヘンリー・L・スチムソン（Henry Lewis Stimson）１８６７-１９５０年

比島総督。一九二九年から三三年にかけてフーバー大統領内閣で国務長官を務め、一九三〇年のロンドン海軍会議と三二年のロンドン海軍軍縮会議では米国の首席代表を務めている。

◆門外漢と批判を浴びながらも海軍トップに就任

一九四〇年五月一一日付の「シカゴ・デイリー・ニュース」は第一面で、独軍のオランダ侵入は米国の決断を促す、と書き、軍備の拡充、特に強力な艦隊の建造を訴えた。これは社主のノックスの意見といってよかった。

一九四〇年六月一九日、ルーズベルトはノックスとスチムソンにそれぞれ海軍長官、陸軍長官のポストを提供し、翌二〇日に公表した。

共和党は外交政策として孤立主義を採っており、米国は欧州やアジアの戦雲に巻き込まれてはならない、と主張していた。上院海軍軍事委員会のデービッド・I・ウォルシ委員長は孤立主義者として鳴らしていて、ノックスの海軍長官就任に反対した。一般の共和党員も怒り、共和党全国大会はノックスとスチムソンの共和党員除名を決定する。「このような緊急の情勢の中で、真の共和党員なら、あんな内閣には入らないだろう」という意見が一般的であったし、共和党の声明文も、「(民主党の)内閣に入った以上、スチムソンとノックスはもはや共和党員として、あるいは共和党のためにものをいう資格はない」とした。

当時の米国は、欧州戦線へのかかわりを持つべきだ(ヒトラーのナチスに対抗して英仏を援助すべきだ)とする考えと、欧州での戦争に巻き込まれてはならないという孤立主義の考えが対立していた。孤立主義政策を採ってきた共和党も、この年の全国大会では孤立外交政策の採択は否決され、ウェンデル・ウィルキーが大統領候補に選ばれた。ウィルキーの外交・軍備に対する考え方は、ノックスやスチムソンとよく似ていた。

閣僚の就任には上院の承認が必要である。ノックスとスチムソンの海陸軍長官就任の承認は、欧州戦争への参戦を早めるのではないか、というのが上院の空気だった。アイダホ州出身のクラーク上院議員は、「金持ちで老齢の（欧州戦争への）干渉主義の政治屋をこんな地位に就けるとは」と嘆いたが、これは上院の空気をよく表していた。スチムソンの上院陸軍軍事委員会での証言は二時間で済んだが、ノックスの上院海軍軍事委員会での証言は、孤立主義者のウォルシ委員長の議事進行もあり、七月二日、三日の両日にわたった。ノックスは第一次世界大戦時、陸軍少佐で戦ったが、三年前の一九三七年に予備役の陸軍大佐になっていた。陸軍大佐が海軍長官になるのを揶揄《やゆ》して、議員たちは皮肉っぽい質問を浴びせる。

「陸軍大佐《ミスター・カーネル》殿。あなたは海軍のご経験はありますか」

「いいえ、ありません」

「あなたは海軍の艦船建造のご経験はありますか」

「いいえ、ありません」

「大統領がなぜ、あなたを海軍長官にしようとしているのですか」

「我が国の運命にとって重要な海軍力その他の問題で、大統領と私の考え方が大変よく似ているからだと思います」

「あなたの海軍長官任命の理由の四分の三が政治的理由であることはご存じのはずだ。あなたはそれを知らないほど馬鹿ではない」

ノックスの上院での証言は次のようなものであった。

(1)海軍の現状と将来について大統領と意見が一致したこと。
(2)どのような国からの侵入にも対処し得る世界最強の海軍が必要。
(3)欧州へは兵力を派遣せず。集団安全よりも自国の安全が大事。
(4)英艦の米国の港の使用は認めない。
(5)米艦による船団護衛はやらない。

ルーズベルトと同様、ノックスが大変な親英家であることは周知の事実だった。結局、ノックスの海軍長官就任は六二対一六で承認された。スチムソンの場合は五六対二八での承認だった。

共和党員ノックスの民主党内閣への海軍長官就任は、南北戦争時のギデオン・ウェルズ海軍長官の場合とよく似ていた。共和党のリンカーン内閣だったが、反奴隷主義者の民主党員として、ウェルズはリンカーンからの海軍長官就任要請に応じたのである。

なぜノックスは海軍長官就任の招きに応じたのだろうか。

ノックス夫人は後に、それは愛国心によるものだと語っている。一八九八年の米西戦争の際には大学卒業をなげうって義勇騎兵隊に馳《は》せ参じたし、一九一七年の第一次大戦のときには職を辞して軍隊に志願した。

◆テキパキと海軍長官の仕事を采配する

上院での承認を得て後、ノックスは、「国家防衛の事項は党略で論ずべき事柄ではない。我々は危機に直面しているのだ」と新聞発表した。ノックスが海軍省入りしたのは一九四〇年七月一一日。二か月半後の九月二七日にはベルリンで日独伊三国同盟が調印される。

当時の海軍の規模は、艦船二〇〇〇隻、航空機一七五〇機、将兵一六万一〇〇〇人、シビリアン一二万四五〇〇人、海兵隊二万八三〇〇人であった。

ノックスが海軍長官に就任して八日後の七月一九日、「両洋海軍（Two Ocean Navy）」法案が議会を通過した。これは艦船一三二万トン、補助船舶一〇万トン、航空機一万五〇〇〇機を認め、海軍兵力をほぼ倍増する予算であった。

少なくとも二年間職務に没頭しなければ海軍省のことは分からない、とある元海軍長官がいったほど、海軍長官の仕事の範囲は複雑かつ巨大である。ノックスの仕事のやり方は、裏表のない、率直、積極を旨とし、時間と闘うジャーナリスト時代の習慣から、スピードを重視した。精力を方針決定に集中し、細部は部下に委ねるやり方で、これもシカゴ時代と同じだった。

八時半に海軍省に出勤。午後は会議などがなければゴルフを一ラウンドというのが日課である。その他、週一回の省内会議、記者会見があり、記者会見は、朝刊紙、夕刊紙にえこひいきがないよう朝夕二回行った。金曜日の二時からはホワイトハウスで閣議。なお、この年の一〇月から、国務長官ハル、陸軍長官スチムソン、海軍長官ノックスの三者による防衛・外交問題を議題とする会合が週に一回開催されることになった。

国務長官のコーデル・ハルは、一八七一年にテネシー州の片田舎で生まれた。法律を学んで弁護士となり、二一歳でテネシー州議員に当選。一九〇七年から途中二年間を除いて三一年まで下院議員。一九三一年から上院議員となり、三三年にはルーズベルト内閣の国務長官となった。この経歴を見ても分かるように、生涯の大部分を議員として過ごし、スチムソンやノックスのような華やかな経歴はない。

ノックスのワシントンでの生活は、初めはポトマック川に浮かぶ海軍長官用ヨットのセコイア号を宿舎としていたが、後にはワードマン・パーク・ホテルに夫人と住むようになった。海軍省からセコイア号に帰ると、自分が社主である「シカゴ・デイリー・ニュース」を時間をかけて読み、シカゴから連れてきた個人秘書のジョン・オキーフとよく討論した。

海軍長官直属としてそれぞれ七人ずつ補佐文官と補佐武官がいて、補佐武官の長はデーヨ大佐、海兵隊関連の武官はジョン・ジロン軍曹。ジロン軍曹は、他の武官との兼ね合いもあり後に士官待遇とし、大尉、さらには少佐に進級させた。契約関連の特別補佐官としてアーサー・J・バルガーがいた。

次官にはニューヨークの投資銀行家ジェームズ・V・フォレスタルを選んだ。作戦部長はハロルド・R・スターク大将。海軍行政の要となる航海局（後に人事局と改称）長はチェスター・W・ニミッツ少将。合衆国艦隊司令長官はジェームズ・O・リチャードソン大将。

作戦部長（CNO：Chief of Naval Operations）は、合衆国艦隊司令長官（ＣＩＮＣＵＳ：Commander in Chief,US,Fleet）に一般的指示を与えるとともに作戦計画全般を策定する。九月二七日、ベルリンで日独伊三国同盟が調印されると、陸軍長官のスチムソンはノックスを自分のオフィスに招き、極東における海軍の状況を尋ねた。そして、その後の対日交渉の基準となる、次のようなメモを書いている。

「日本は昔から米国の平和的政策をその弱さの故だと誤解することがあった。また、米国が極東での明快で確固たる方針・実行の意図を明確・大胆な行動で示すときには、日本は自国のアジア政策や考慮中の利益と反することがあっても妥協しようとした。現在の米国にとって、明快で具体的な極東政策がないことを示すようなソフトな言葉や首尾一貫しない行動は、日本の大胆な行動を鼓舞させるだけである」

ちなみに、スチムソンは満州事変時（一九三一～三二年）にはフーバー内閣の国務長官として厳しい対日姿勢をとっていた。

翌一〇月から、ノックス、スチムソン、ハルは極東情勢分析のため毎週国務省で会合を持つこととした。また翌年一月からは、日本の外務省からワシントンの日本大使館に送られてくる電報の解読文を、毎日のようにルーズベルト、ハル、ノックス、スチムソンは受け取るようになる。ノックスは日本の機密電報の解読文、いわゆるマジックについて誰にも話さなかったが、海軍内では情報部長、戦争計画部長、作戦部長にこのマジックが配布されているのを知っていた。

一九四〇年九月中旬から大統領選挙が始まり、ルーズベルトは異例の三選を目指した。民主党全国大会に「三選は望まない」とのメッセージを寄せたが、民主党全国大会ではルーズベルトを望む声が圧倒的だった。欧州におけるナチスへの危機感と、ニューディールを継承するにふさわしい後継者を見出《みいだ》せなかったことが、ルーズベルトに三選を決意させた。

ノックスはルーズベルトの三選を望んだ。共和党の孤立主義志向の強さに幻滅していたのである。ノックス自身は中立を守ったが、所有している「シカゴ・デイリー・ニュース」は昔からの政治論調を変えることができず、共和党のウィルキー候補を応援した。ただし八月一二日から出版者・編集者としてのノックスの名前は消え、ノックス以外の三人の編集者によって運営されていくことが公示された。

真珠湾奇襲により米国は第二次大戦に参戦する。ノックスはルーズベルトに、合衆国艦隊司令長官にキング大将を推し、その後、作戦面はもっぱらキングに委ねた。その後、キングは作戦部長を兼務する。この異例の兼務は、CNOとCINCUSの職務間のあいまいさを兼務によって解決しようとするルーズベルトの決断だった。ノックスは海軍長官として、国民に向けての広報や対議会活動に精力を割き、膨大な軍需品の調達関係は、その多くを次官のフォレスタルに委ねた。第一次大戦時の海軍長官ダニエルズも第二次大戦時の海軍長官ノックスも、奇《く》しくも新聞社経営者出身であった。

一九四四年四月二八日、ノックスは心臓発作のため対日戦の勝利を見ることなく死去。後任には次官のフォレスタルが任命された。

フォレスタル海軍長官

――ノックスの跡を継ぎ国防省設立に尽力した元新聞社主

ジェームズ・V・フォレスタルは一八九二年二月一五日、ニューヨーク州のマテワンに生まれた。ハドソン川をニューヨーク市から五〇マイルさかのぼると、陸軍士官学校のあるウエストポイントに至る。さらに一〇マイルさかのぼったところがマテワンである。ハドソン川鉄道により、南はニューヨーク市、北は州都オールバニーとつながっている。

ハドソン川は運河により五大湖と結ばれ、河口のニューヨーク港は米国一の商港だ。背後のフィッシュキル山脈からハドソン川に注ぐ渓流を利用して多くの水車が動き、帽子（羊毛、絹、麦わらなどによる）の製造や製材が、当時のこの町の主要な産業だった。フォレスタルが生まれるちょうど一〇年前に、マテワンからさらに一〇マイルさかのぼったハドソン川沿岸のハイドパーク村でフランクリン・ルーズベルトが生まれている。

◆インテリ中流家庭に生まれ、記者となる

フォレスタルの父はアイルランド人。一八五〇年代後半のアイルランド大飢饉《ききん》の際、九歳の父は米国に移住していた母（フォレスタルの祖母）を頼って米国に渡った。祖母はフォレスタルの祖父が死んだ後、再婚して米国に移っていた。

父は大工となって建築を請け負い、ドアや窓枠などの製造販売をした。一八七八年、同じアイルランド系のマリー・トーヒーと結婚。マリーの父親もアイルランドからの移住者であった。マリーは五歳で父を亡くし、親類に育てられて高校の教師をしていた。聡明《そうめい》で意志が強く、カトリックへの信仰は特に篤《あつ》かった。フォレスタルは三人兄弟の末っ子。長兄は繊細な性格で、生涯独身で母と過ごし、地方ピアニストとして生きた。次兄は父の家業を継いだ。

米国は英国人により開拓が進められてきた国だけに、ワスプ（アングロサクソン人で宗教はプロテスタント）と俗称される人々が主流を占める。アイルランド人は、宗教（カトリック）、人種（ケルト）の違いもあり、米国では黒人を除いて、ドイツや北欧、イタリアからの移住者が大量に入ってくるまで最下層階級を形成していた。英国系から蔑視《べっし》され続けてきたため、後

ジェームズ・V・フォレスタル（James V. Forrestal）
1892-1949年

から入ってきた者を自分たちよりも低いものとして、排除しようとする傾向が強かった。米国内で日系人移民を最も排斥したのがアイルランド系移民だったといわれている。

フォレスタル家はアイルランド系とはいえ、父は陸軍将校のキャリアもあり、事業もまずまずで、母は当時のインテリ婦人である。米国風にいえば、下級中産階級《ローワー・ミドルクラス》の家であった。父は民主党の活動家でもあった。州知事選挙で働き、州知事に当選したクリーブランドの指名でマテワンの郵便局長にもなった。一九一〇年一〇月には民主党系新聞「マテワン・ジャーナル」の社主とともに、フランクリン・ルーズベルトのニューヨーク州議員選挙候補者指名に貢献した。ルーズベルトの州議員選挙の第一声はマテワンで行われ、選挙キャンペーン中はフォレスタル家に何度も泊まった。

フォレスタルは、幼少の頃から神童の誉れが高かった。マテワン・ジャーナルの社主は「あの歳で、あれほど慧敏《けいびん》な少年は見たことがない」と言った。

当時の高校は地方の最高学府だった。クラスは六人で、フォレスタルは歴史と英語に優れていた。母はカトリックの僧侶《そうりょ》になることを強く望んだが、フォレスタルはこれを嫌って、高校卒業後、「マテワン・ジャーナル」の編集を社主の息子のフィリップスとともに手伝った。フィリップスは一年後、プリンストン大学に入る。プリンストンは当時から金持ちの子弟の学校として有名で、学資が年に六〇〇ドルは必要だった。年収が二五〇〇ドルに満たない家のことを考えると、プリンストンに入りたいとはいえなかった。「マテワン・ジャーナル」で二年間を過ごし、その後、大学入学の学資をかせぐため、二つの地方紙の編集を手伝った。

一九一〇年の州議員選挙では、民主党系の「ニュース・プレス」紙でルーズベルト応援の記事を書き、ルーズベルトとも会っている。

一九一一年秋、ニューハンプシャー州のダートマス大学に入り、一年後あこがれのプリンストン大学に編入学した。父からは、一年間に授業料一五〇ドル、下宿代一五〇ドルを出してもらい、残りの三〇〇ドルは貯金とアルバイトで賄《まかな》った。夏休みは「マテワン・ジャーナル」の編集を手伝い、学校では校内紙の「デイリー・プリンストニアン」の記者となった。プリンストンへの編入学の際、将来の希望職務欄には「新聞記者」と書いた。「デイリー・プリンストニアン」に熱中し、後には編集長になった。編集長としての年一二〇〇ドルの手当は、経済的余裕のないフォレスタルには有難かった。

ルーズベルトも、ハーバード大時代、校内紙「クリムゾン」関連で、一日六時間以上も新聞部の部屋で過ごしたことがあり、編集長にもなっている。

「デイリー・プリンストニアン」には多くの人材が集まっていた。フォレスタルは、後に「フォーリン・アフェアーズ」誌の編集長となるアームストロング、ＡＰの社長となるマックリーン、刎頸《ふんけい》の交わりを結ぶようになるエバーシュタットといった人々と知り合った。この時代、フォレスタルは、東部大学新聞協会会長のジェームズ・ブルースと共著で「カレッジ・ジャーナリズム」を書き、プリンストン大学出版部から出版した。

◆社債のセールスマンから社長に上り詰める

卒業を間近に控え、フォレスタルは突然退学する。原因ははっきりしないが、不仲であった英語の教授が落第点をつける恐れがあったため、自尊心の強いフォレスタルは自ら退学したのだ、という人もいる。卒業はしなかったが、プリンストンと「デイリー・プリンストニアン」の人脈は、その後のフォレスタルのキャリアに欠かせないものとなった。

退学後は、ニュージャージー鉛会社、アメリカ・タバコ会社に入ったが長続きせず、少年時代からの夢だった新聞記者として「ニューヨーク・ワールド」に入社。記者として、ウォールストリートの多くの証券・社債販売業者、銀行家とつき合うようになる。彼らの多くはプリンストン大卒者で、フォレスタルは多くの利便を得た。

社債販売会社ウィリアム・Ａ・リード社の販売部長ディーン・マシーは、「デイリー・プリンストニアン」編集長の経歴があり、フォレスタルの先輩。「デイリー・プリンストニアン」編集長の経験者はウォールストリートの社債販売営業に向いているという、体験からくる人物評価眼で、フォレスタルに自社への入社を勧めた。新聞記者は少年の頃からの夢だったが、収入が少ない。その点、社債販売は、売り上げ歩合で収入は莫大なものとなる。フォレスタルはマシーの勧めに応じ、プリンストンの人脈を頼って社債販売活動に入った。分析力・複雑な事柄の理解力・正確さ・整理力に秀で、精励恪勤《かっきん》のフォレスタルは、説得力にも長じていたからめきめきと力を発揮していった。

フォレスタルがプリンストンを卒業直前に退学した一九一五年には、すでに欧州大陸で第一次大戦が始まっていた。時の大統領はプリンストンの学長だったウィルソン。一九一七年四月、米国も参戦する。

何事にも形式主義な陸軍を好まなかったフォレスタルは、海兵隊を志願する。オールバニーの海兵隊募集事務所に行ったが、最下位の下士官になるのも難しいことを知る。海軍航空隊に入隊すれば士官への道があることを知り、プリンストン時代の友人一二人と海軍航空隊に入ることとした。入隊までの期間、民間飛行学校に入った。この学校のレッスン料は高かったが、資産家の友人の父が一二人分のレッスン料を支払ってくれた。

一九一七年七月五日の入隊までにパイロットの資格は取れなかった。操縦が下手で着地に失敗、二度も飛行機をこわす有様だった。入隊後、カナダのロイヤル・カナダ飛行隊に入って飛行訓練を受けパイロットの資格を取得し、少尉に任官した。その後、各地の航空隊を回り、ワシントンの海軍作戦部航空課にも籍を置いた。上役には後に米海軍航空の実力者となるジャック・タワーズ大尉がいた。理解力に富み、文章が書け、管理業務が得意なフォレスタルは、もっぱらデスクワークで過ごした。欧州へは行かず、戦争が終わるとフォレスタル中尉は元のウィリアム・A・リード社（後にジロン・リード社と改称）に戻った。

オールバニー地方での社債のセールスマンから出発したフォレスタルは、一九二三年にはこの会社の共同出資者（パートナー）となり、さらに三年後には副社長、三八年には四六歳で社長となった。

◆政府と経済界の仲立ち人を期待され、海軍次官に

一九三九年、独軍のポーランド進攻により第二次大戦が始まる。翌年四月にデンマークとノルウェーが占領され、五月にはオランダ、ベルギー、フランスが攻撃を受けて瞬く間に独軍の軍門に下った。

米国内では欧州の戦禍に巻き込まれてはならないという意見が強かったが、英国を援助するために、やがては参戦せざるを得ないだろうと考える人も少なくなかった。ルーズベルト大統領の考えもそうだった。戦争に備えて実業界から政府に人材を集め、挙国一致内閣をつくるため、民主党、共和党の連

立内閣を強く望んでいた。

フォレスタルはウォールストリートでの仕事はやり遂げたと考えた。第二次大戦の戦雲の動きを見るにつけ、第一次大戦の際に海軍を志願したように、ワシントンでの仕事を考えるようになった。ウォールストリートの知人に希望を伝えると、知人はルーズベルトに近い最高裁判事のウィリアム・O・ダグラスに話を持ち込んだ。ダグラスは、有価証券売買委員会委員長としてウォールストリートの改革にあたっていた頃、フォレスタルの協力を得たことがあって彼をよく知っていた。

ルーズベルト人脈にフォレスタルの知人は多かった。ルーズベルトの懐刀といわれたハリー・ホプキンス、補佐官トーマス・G・コーコラン、内務長官ハロルド・L・イッケス、それに最高裁判事のダグラスといった人々だ。

ダグラスは、直接ルーズベルトにフォレスタルを推挙した。ルーズベルトは、自分が知らない人物に対してはどんなに有能であっても冷淡だったといわれている。彼の人脈は、①ハイドパーク人脈、②グロートン校、ハーバード大学人脈、③海軍次官時代の人脈、が中心だった。フォレスタルは①の人脈に入れる要素を十分持っていた。

ルーズベルトが生まれ育ったハイドパークは、フォレスタルの郷里マテワンの隣だ。フォレスタルの父は、ルーズベルトの初陣ともいうべきニューヨーク州議員選挙に多大の応援活動をし、ルーズベルトはフォレスタルの家にも泊まっている。フォレスタル自身もルーズベルト応援の記事を書いたことは前述した。

ルーズベルトは、三〇年前の選挙のことなどを思い出したに違いない。念のため、補佐官のコーコランにフォレスタルの人物を調査させると、大会社の組織を動かすのに巧みで、活動的な精力家だという。ルーズベルトは、縦割りの官僚機構の壁を越えて、自分の目、耳、手足となってくれる行政補佐官制度を一九三九年に議会の承認の下につくっており、フォレスタルをこれに任命した。

フォレスタルのホワイトハウス入りは、一九四〇年六月二九日。フォレスタルのホワイトハウス入りに関して、「ニューズウィーク」誌は、ニューディーラーたちの動きを阻止する第一歩となるだろうと書き、タイム誌は、軍備拡大が不可避となれば有能な実業界の人物が政府には必要と書いた。

ルーズベルトは、すでに六月二〇日に政敵である共和党員のスチムソンとノックスをそれぞれ陸海軍長官に任命しており、その後、七月一八日には民主党全国大会で次の大統領選の候補に指名されていた。ルーズベルトは当時、有能な実業界の人々を政府に導入しようとしていた。その第一は金融、投資に明るい人、政府と経済界の仲立ちとなり軍需生産部門への資金の流れを増やしてくれる人だ。第二は軍需生産の効率的運営に力量を持つ人で、産業界に顔の広い人である。

第一次大戦中、ウィルソン大統領は、戦時産業委員会（WIB：War Industries Board）を設立し、その委員長に、プリンストン大出身でウォールストリートの証券会社社長バーナード・バルチを任命した。戦後、この戦時産業委員会は廃止された。一九二〇年の国家防衛法で、陸海軍軍需委員会（ANMB：Army Navy Munitions Board）が設置され、陸海軍の軍需品の調達や運輸、貯蔵の効率化と調整が図られるようになった。バルチは欧州大陸で第二次大戦が始まると、マーシャル参謀総長に助言して、実業界の人々を雇い、陸軍軍需品の契約や調達に彼らの才能を発揮させるべきだと説いた。

スチムソン陸軍長官は、実業界から次々と人を引き抜いた。次官のロバート・パターソン（弁護士、裁判官）、次官補のロバート・ロベット、同じく次官補のジョン・マックロイらだ。

ルーズベルトは新設の海軍航空担当次官に、ニューヨークの弁護士出身で、ニューディール時代にルーズベルト政権に入り、その後補佐官になっていたコーコランをと考えたこともある。ノックス海軍長官は海軍次官候補者として、後に戦略事務局長（OSS、後のCIAの前身）となるウィリアム・J・ドナバンをと望んだが断られ、次にシカゴの銀行家で友人のラルフ・バードに声をかけたが、これも辞退される。

結局、フォレスタルが指名され、八月二二日に次官に就任した。

◆多岐にわたる海軍長官・次官の仕事

米海軍は大きく分けて、次の三つの部分から成り立っていた。①艦隊、②海軍省部局と海軍工廠や海軍基地、③シビリアンによる管理部門である。
②の海軍省部局の双璧《そうへき》は、航海局（後に人事局と改称）と「ガン・クラブ」と俗称された兵備局である。その他、建艦局、航空局、施設局、主計局がある。また、各局の調整や長期計画を担当する海軍作戦部もある。
これらを取り仕切る歴代海軍長官は、大別して次の三種類に分けられた。①単なるお飾り的存在、②議会や他の政府部門への連絡役、③実質的な実力者。米国では大統領選挙毎に海軍の初歩的事項も知らない素人のシビリアンが海軍長官に任命されるから、平時は①か②の長官がほとんどだ。日露戦争当時に大統領だったセオドア・ルーズベルトは、七年間の任期中に六人の海軍長官の首をすげ替えた。ナポレオンの一族ということだけで任命されたボナパルト長官もいる。また、メトカーフ長官は、航海局長が書類を持参し、指さすところに自分のサインをするだけの長官だったともいわれた。

しかし、戦時になれば、トップがリーダーシップをとらないと、巨大な組織体は惰性でしか動かず、戦はできない。普通、長官が政策の大綱を決めるとともに、新聞・ラジオなどの広報を受け持ち、閣議の一員としてホワイトハウスへの連絡役となる。次官は膨大な管理事務を捌く。

米国の特色は、広報を重視し、長官が自らこれに当たることである。何事をやるにも国民や議会の理解が必要だからだ。予算案も一括審議ではない。議会でかなり細かい点まで個別に審議され、個別に諾否が決められるから、上院や下院の海軍軍事委員会は強大な影響力を持っている。

ノックス海軍長官からフォレスタル次官への職掌指示は、「(軍事物資調達関連の)契約、税務、法律事項、陸軍省・予算局・労働省以外の各省庁への連絡協議事項」であった。軍需物資の調達事項が主任務である。

戦時の海軍急増大に対して、誰がこれをコントロールするか。次の三つの案による対処が考えられた。①海軍作戦部長の権限増大、②海軍省経理局長の権限増大、③海軍次官に権限を委ねる。

結局、ルーズベルトもノックスもフォレスタルも、この③案で合意した。

フォレスタルが次官に就任した一九四〇年から四五年六月までに、海軍の艦船は一〇九九隻から五〇七五九隻と五〇倍になり、将兵の数も一六万人から三三八万人と二〇倍になった。新造艦だけ見ても、戦艦八隻、空母九二隻、巡洋艦三五隻、駆逐艦一四八隻、対潜護衛艦三六五隻、潜水艦一四〇隻、上陸用関連舟艇四万三〇〇〇隻が建造された。

当時の陸軍の首脳は、長官に共和党の大物で、すでに陸軍長官や国務長官の経験もあるスチムソン。次官は第一次大戦に陸軍大尉として参戦し、戦後はニューヨーク連邦裁判所判事となっていたロバート・P・パターソン。参謀総長はマーシャル。

一九四四年四月二八日、ノックス長官の死去に伴い、フォレスタルは海軍長官に昇進した。

◆苦難の道程だった国防省の設立

空軍の独立、陸海空軍を統合する国防省や国防参謀本部の設立は、太平洋戦争中から問題になっていた。戦後もこの問題に取り組み、悪戦苦闘したのがフォレスタルである。フォレスタルを語る場合にこの問題は避けて通れないし、戦後の米軍を知るうえでも重要なので、戦後も含めて国防省問題とフォレスタルについて記述したい。

陸海軍を国防省の下に統一し、陸海軍の作戦指揮機能も一人の参謀総長の下に統合しようとする試みは、第二次大戦中、常に陸軍から主唱された。その理由は、陸海軍並立のため、教育訓練、医療、軍需品調達関連の機能や施設に重複投資、重複経費がかさみ、非効率なこと、両軍が各自ばらばらのやり方では整合のとれた戦略や作戦ができない、ということだった。これには、陸軍航空部隊の拡大とその重要性の増大に伴う、空軍独立論も含まれていた。

この問題では、日米ともに陸軍が積極的で海軍が消極的だった。海軍の消極さの理由は、陸軍の陰謀ではないかと考えたことである。人員も予算も陸軍の方が大きい。結果的に海軍が陸軍に吸収されるのでは、という危惧《きぐ》である。

海兵隊の問題もあった。陸軍の首脳部は、陸軍の機能と類似している海兵隊が海軍に属していることを快く思っていない。統合化によって海兵隊が陸軍に吸収される恐れがあった。海軍の航空部隊も空軍に吸収されかねない。いずれにせよ、統合化することによって、陸軍系の機能と発言力が増すだけではないか、と海軍関係者は考えた。

海軍は建前として、陸軍と海軍ではその歴史や機能、役割が異なるのだから、無理に一つにしてしまうことはよくないというのだが、本音は自分たちの力や発言力が低下するのを恐れたのだ。作戦部門で一人の統合参謀総長が、陸海空軍の作戦指揮を執ることは、その専門分野の広範囲さからいって手に負えない、一人の職業軍人にこのような大きな権能を持たすことは米国の国体にそぐわない、というのも海軍の反対の理由だった。

陸軍は、米西戦争時のあまりの不手際の反省から、一九〇三年、時の陸軍長官エリフ・ルートの改革によって参謀本部が創設され、参謀総長は作戦遂行に強大な権限を持つようになっていた。海軍部内でも当時から海軍作戦部の創設が問題になっていたが、シビリアン・コントロールを乱す恐れがある、ということでなかなか実現に至らず、創設されたのは陸軍に遅れること一二年目の一九一五年だった。しかも、当時の海軍長官ダニエルズは作戦部設立反対論者で、創設された海軍作戦部長の権限もきわめて小さいものだった。第二次大戦時の海軍長官のノックスもフォレスタルも、海軍作戦部長が陸軍の参謀総長のような権限を持つことには疑問を持っていた。

陸海軍の統合問題では、常に陸軍がリードした。参謀総長のマーシャルは統合論者で、陸軍長官スチムソンの了承を得て、参謀次長のジョセフ・T・マックナーニーに陸軍案を作成させた。マックナーニー案は、国防長官が陸海空軍を指揮し、国防長官の主要補佐官として、陸海空をそれぞれ担当する三人の次官を考えた。また、国防参謀総長を置き、三軍の戦略計画、軍事予算案の策定に当たるとともに、国防長官を補佐して直接三軍を指揮する。これは一九四四年三月、下院での統合問題委員会公聴会に参考案として提出された。海軍側は、フォレスタルも作戦部長のキングも陸軍案に反対だった。キングは例によって陸軍の悪巧みと考え、マーシャルが国防参謀総長になりたがっていると見た。

陸軍案が出ているのに、海軍側の公式意見がいつまでも出ないということは許されなくなった。ウォルシ上院海軍委員会委員長は、一九四五年五月一五日、フォレスタルに海軍案を出すよう要請する。フォレスタルは、ウォールストリート時代からの親友エバーシュタットに海軍案の策定を依頼する。エバーシュタットは、第二次大戦中にルーズベルトの指示で創設された戦時国家生産局（ＷＰＢ：War Production Board）の副議長として、また、第一次大戦後につくられた陸海軍軍需局（ＡＮＭＢ：Army Navy Munitions Board）の局長として、陸海軍のロジスティクスの統合運用で力量を発揮していた。

エバーシュタットはユダヤ・ドイツ系の貿易商の子として生まれ、プリンストン大ではフォレスタルの二年先輩。「デイリー・プリンストニアン」の編集長としても先輩だった。プリンストン大卒業後は、フォレスタルと同じようにウォールストリートの社債販売会社で腕を振るった。第二次大戦中は陸海軍軍需局長として、軍需品生産の最大化、最適切化にリーダーシップを発揮するとともに、対立することの多い陸海軍のロジスティクス関連の調整に腐心した。

陸海軍軍需品の生産・調達・運搬などの調整に関しては、第一次大戦中、ウィルソン大統領が戦時産業局（ＷＩＢ）をつくっていたが戦後廃止され、一九二〇年に陸海軍軍需局が永続的機関として法制化された。実際に創設されたのは一九二二年で、陸軍の直属下に置かれた。軍需品の生産・調達などに関するマネジメントを学ぶ陸軍産業大学（Army Industrial College）が創設されたのは一九二四年、海軍士官の入学が許されたのは三一年からである。

第二次大戦中、ルーズベルトが軍需品関係の統合計画と調整機関として設立したのは、戦時経済局（ＢＥＷ：Board of Economic Warfare）と戦時国家生産局。前者は輸出・輸入政策と戦略物資の調達を扱った。後者は戦時における産業組織、物資の優先順位づけと分配、国内産業総動員化を担当し、ニューディーラーの巣窟《そうくつ》といわれていた。ＢＥＷとＷＰＢは総合調整機関であったが、実務を担当していたのはＡＮＭＢで、ルーズベルトは一九三九年七月、陸軍次官に直属していたＡＮＭＢを大統領の直轄下に置くこととした。また、陸海軍次官のパターソンとフォレスタルの了解の下に、一九四一年八月、ＡＮＭＢを陸海軍にまたがる事項の直接的調整機関とし、軍と産業界・製造業界・金融界をリンクさせる機関とした。主な仕事は陸海軍にまたがる鉄、銅、アルミニウムなどの重要金属や重要部品・製品の分配で、生産のボトルネック、供給の問題点、陸海軍の利害対立なども調整した。

一九四二年、エバーシュタットは、シビリアンとして初めてＡＮＭＢの長に就任するとともに、ＷＰＢの副議長にもなった。ただ一九四三年、ＷＰＢの副議長ポストはもう一人いた副議長との間が気まずくなり辞任している。

　陸海軍の統合問題に対する海軍案は、フォレスタルとエバーシュタットの二人三脚でき上がっていく。プリンストン大出身で、両者とも「デイリー・プリンストニアン」編集長経験者、ウォールストリートの社債販売会社出身。一方がアイルランド系、他方がユダヤ系で、ワスプでないという共通点がある。性格的には、前者が注意深く早急な決断をしないのに対し、後者はリスクも敢えて辞さない決断と実行の人だった。

　エバーシュタットは問題点の核心をつかむ能力に長けている。問題解決のための理論づけを行い、実現のための方法や機構の提示を行う。フォレスタルはエバーシュタットの答申を責任者として実行する立場だ。フォレスタルは、生産のボトルネック問題や部局間の縄張り問題、陸海軍間にまたがる問題でどうしようもなくなると、夜間ニューヨークのエバーシュタットの自宅に電話をかけ、すぐにワシントンへ来て相談に乗ってくれと頼むことがよくあった。

　一九四五年の夏、エバーシュタットはスタッフを集めてこの陸海軍統合問題に取り組んだ。

　第二次大戦終結直後の一九四五年九月二五日、次のような内容のエバーシュタット案がフォレスタルに提出された。

(1)陸海軍省はそのまま存続。
(2)空軍省の創設。
(3)統合参謀長会議に法律上の裏付けを行い（従来は法律の裏付けがなかった）、職務内容はそのままとする。
(4)外交、軍事の最高政策検討機関として国家安全保障会議（ＮＳＣ：National Security Council）を創設し、新しく設置する中央情報局（ＣＩＡ：Central Intelligence Agency）の上部機関とする。
(5)国家資源の総動員政策機関として、国家安全資源局（ＮＳＲＢ：National Security Resources Board）の設置。

　エバーシュタット案は、三軍の統合のみに目を向けた陸軍案に対し、政治、外交、経済、情報という広い視野から国家の安全を考え、そのための国家機構を整備していこうとするものだった。

　エバーシュタットには、民間企業の経営者らしく、組織の巨大化には不経済化が伴うという考えが強い。各組織が互いに独立して自主性を発揮し、大企業の取締役会のような組織が、相互間の調整や重要政策の決定を行う。しかも、軍事面だけに限らず、外交面、経済面から国家安全問題を統合化する、というものである。真の国家安全は、経済の健全さ、強さ、国際的経済安定によると考える。また、三軍の統一軍化は、国防長官を飾り物にしてしまい、背後の軍人集団が実際に軍を動かすことになりかねず、大統領の特権を奪う恐れがあると考える。

エバーシュタット案は海軍側の一つの案となり、一九四五年一〇月二二日、戦後の国防組織改革案として上院海軍軍事委員会に提出された。委員会は、海軍長官フォレスタルと陸軍長官パターソンを参考人として呼び、意見を聴いた。

フォレスタルの意見は、①事を急いでやってはならない、②現機構の健全さは第二次大戦遂行で実証されている、③現機構の欠点は徐々に取り除いたらよい、④統合化軍の管理は一人の人間の能力を超えている、であった。パターソンは、陸海軍の並立体制に伴う補給、医療、調達、空輸の各システムの重複と無駄につき証言した。

トルーマン大統領や予算局関係者は、パターソン証言のように、陸海軍並立からくる二重投資や無駄遣いを問題にしていた。戦争前の一九四一年三月、上院は生産のボトルネックと動員問題調査委員会をつくったが、トルーマンはこの委員会の長だったこともあり、特別の関心を持っていた。前大統領のルーズベルトが海軍びいきで統合軍問題に関心を示さなかったのに対し、トルーマンは第一次大戦時に自身が陸軍砲兵大尉だったこともあり、陸軍びいきでこの問題には特に熱心だった。

トルーマンの熱意がなければ、陸海軍統合の国防省の設立がずっと遅れただろうことは間違いあるまい。

◆予算に対する権限に問題があった国防長官

トルーマンは副大統領候補に指名された直後、一九四四年七月号の「コリアーズ」誌に「我が軍は統合軍化されるべき」という論文を発表している。トルーマンは論文の中で、米西戦争や第一次大戦で、陸海軍並立のためにいかに無駄なことが行われたかを説いた。真珠湾の悲劇も、ハワイ防空問題その他で陸海軍が無用な対立にあったことが一因であると断じた。二重、無駄、非効率を、陸海軍の統合軍化で打ち破るべきだ、とトルーマンは訴えた。

陸軍、トルーマン、予算局長ハロルド・スミス以外の統合軍論者に、官僚組織内のニューディーラーといわれた人々がいた。ニューディーラーは、何よりも大きな政府の支援者であり、大統領の力の増大に賛成する人々だ。

トルーマンは、三軍を統御する国防省と国防参謀総長案に執念を持っていた。現在の統合参謀長会議は陸海軍の自主的協議機関に過ぎない。トルーマンは、国防長官と国防参謀総長による、単純明快な指揮命令系統の陸海軍統合軍を望んでいた。

一九四五年一二月一九日、トルーマンは議会で、軍予算の健全な運営の促進と、戦後の米国の責任遂行効率化の所信演説をする。

このような流れの中で、上院陸軍軍事委員会は陸海軍の統合問題を検討する小委員会をつくって、答申書の提出を求めた。この委員会には陸軍側からノースタット中将、海軍側からラドフォード中将が代表として出た。一九四六年四月九日、委員会は答申書を提出したが、陸海軍双方の意見がまとまらず、決定的なものとはならなかった。

五月一三日、トルーマンはパターソン陸軍長官とフォレスタル海軍長官を呼び、案件の促進を直接指示する。両長官は、それまで合意に至っていなかった一二点中八点の合意に至り、五月三一日、合意できなかった次の四点をトルーマンに報告した。

(1)国防省として統一の省をつくるかどうか。
(2)空軍を独立させるかどうか。
(3)海軍の基地航空部隊をどうするか。
(4)海兵隊の役割と任務について。

六月一五日、トルーマンは、(1)は国防省として統一、(2)は空軍の独立、他は現状継続という意見を示した。

この日、トルーマンは上院の陸海軍軍事委員会の委員長に書簡を送った。そこには、パターソン、フォレスタルに示した意見を報告し、エバーシュタットの考えをしぶしぶ認めて、この案とほぼ同様の①国家安全保障会議（NSC）、②国家安全資源局（NSRB）、③中央情報局（CIA）、④軍需品調達補給機関、⑤軍事研究開発統合局、⑥軍事教育訓練局、の設置が書かれていた。トルーマンが執念を持っていた国防参謀総長は、統合参謀本部のリーヒ元帥の勧告で、現状継続となった。

トルーマンのこのような妥協にもかかわらず、海軍側では単一の国防省案に反対が強かった。このためフォレスタルは一一月七日、自宅に陸海軍の代表者を招き、妥協案の作成を要請、陸軍のノースタット中将と海軍のシャーマン中将による妥協案作成が行われた。この答申はいわゆる「パターソン・フォレスタル合意」と呼ばれるもので、翌一九四七年一月一六日、トルーマンに提出された。

「パターソン・フォレスタル合意」は、国防省問題に関して、陸海空軍省は並立させ、これら三軍に対し、「統合化された運用のための共通の方針、共通の計画」を策定するため国防長官を置く、というものだった。「パターソン・フォレスタル合意」は法制化の手続きがとられ、上院でも下院でも特に問題化することなく審議され、「一九四七年国防法」として大統領に提出された。トルーマンは直ちに署名、発効した。

この法律の内容は、大別して次の二つであった。

(1)国家安全保障会議（NSC）、国家安全資源局（NSRB）、中央情報局（CIA）、統合参謀本部（JCS）の新設。

(2)国防長官の新設。国防長官の任務は次の四点。

①国家安全保障機関の活動に対して、総合的な「全般的方針と計画」の樹立。

②三軍に対して「全般的な指示、権限、コントロール」の実施。

③「調達、供給、運輸、貯蔵、医務、研究の分野での重複の無駄」の排除。

④予算局へ提出する予算案の調整と策定。

④の予算案関連に関して、陸海空軍省長官は国防長官に対しほぼ独立的な存在であり、各省内の内部統制に関しては、陸海空軍省長官が一〇〇パーセント近いコントロール力を持っていた。しかも、議会は国防長官の力が強くなるのを恐れ、業務遂行のための次官や次官補を置くことを認めず、国防長官の補佐官を三人認めたに過ぎなかった。結果的に、これがこの法案の最大の欠点となった。

◆トルーマンに厭われ、精神を病む

新設の国防長官は誰もが陸軍長官のパターソンと思っていたが、パターソンは断った。国防長官の権限が少ないことを知っていたし、六年間の役人生活で経済的にも余裕がなくなっていた。妻もストレスの多い公務から離れることを望んでいた。パターソンが辞退となると、やはりフォレスタルとなるが、トルーマンはフォレスタルにいい感情を持っていなかった。トルーマンの軍事機構改革に反対し続けたのは海軍で、その代表者はフォレスタルだった。トルーマンは新しい国防体制として、フォレスタルが策定を依頼したエバーシュタットの案をしぶしぶ呑んだという経緯《いきさつ》もあった。

トルーマンは、前任のルーズベルトとは対照的なキャリアの人だった。ルーズベルトが名門の資産家に生まれ、一直線に政治家の道を進んだのに対し、トルーマンはミズーリ州の片田舎に生まれ、新聞記者、鉄道の路線保守、銀行の事務員、農業と転々とし、第一次大戦では野戦砲兵隊学校に入って砲兵大尉として戦った。三五歳で六歳のときからの知り合いの初恋の女性と結婚、小間物屋を開業しつつ法律学校で勉強した。この間、自動車のセールスマンや建設会社の支配人も経験し、裁判官を経て上院議員になった。

フォレスタルとの仲が冷淡だったトルーマンは、陸海空軍長官指名の際もフォレスタルの意見は聴かなかった。一九四八年の大統領選挙は、予想に反してトルーマンが善戦し再選される。翌年一月早々、トルーマンはフォレスタルとの間が良好だったマーシャル国務長官（元帥、元陸軍参謀総長）を更迭し、後任にディーン・アチソンを据えた。

ルーズベルト時代、フォレスタルは陸軍のパターソン（次官、後に長官）やマックロイ（次官補）、国務省のハリマン（後に駐ソ大使）、ホワイトハウスのホプキンスらと緊密だったが、トルーマンの時代になると政府内の人脈とパイプを失っていた。ホワイトハウスのスタッフもフォレスタルを嫌っていた。トルーマンも、自分の三軍統合案に反対し続け、大統領選挙でも冷淡だったフォレスタルにいい感情を持っていない。

ホワイトハウス・スタッフのフォレスタルへの敵意は、次の事項が原因だった。

①フォレスタルが海軍長官として、トルーマンの陸海軍統合化案に一貫して反対したこと、②国防予算に関し、トルーマンによる軍事費のセイリング（上限額の設置）に抵抗したこと、③フォレスタルが国家安全保障会議をコントロールしようとしている、と彼らが考えたこと。

トルーマンの再選が決まったとき、友人のエバーシュタットはフォレスタルに辞任を勧めた。今なら、戦時の功績と三軍統合化の初代国防長官という栄誉を手にして辞めることができる。しかし、新しい国防体制の不備の改革を考えるフォレスタルは、友人の忠告に耳を傾ける余裕を失っていた。戦時の海軍次官、長官、戦後の三軍の統合化問題と初代の国防長官という激務下での八年間は、フォレスタルの心身を徐々に蝕んでいた。

一九四九年一月一一日、トルーマンはホワイトハウスにフォレスタルを呼び、国防長官を辞めてもらうこと、後任にルイス・ジョンソンを任命するつもりであることを伝えた。これはフォレスタルにとって寝耳に水だった。米ソ対立を控え、創設されたばかりの国防省の運営と改革は、海軍次官、海軍長官、国防長官のキャリアを持つ自分が最適任だ。フォレスタルにとって、ジョンソンはあまりにも不適任だと思われた。

ウェストバージニアの弁護士だったジョンソンは、一九三〇年代の一時期、陸軍次官補だったが、時の陸軍長官ウーディングと衝突し、ルーズベルトによって首にされている。トルーマンの大統領選挙で資金担当主任として活躍し、選挙中、トルーマンは再選されれば、国防長官のポストを与えるとジョンソンに密約していたともいわれる。

ショックと今までの激務の疲れが、フォレスタルの神経を混乱状態に陥れた。身体から精力が失われたようになり、集中力がなくなり、精神的に不安定となった。フォレスタルをよく知る友人たちの目には、顔色を失い、肩を落とし、うつろな目のフォレスタルが映った。

　ジョンソンとの交代は五月か六月と思われていたが、三月一日、トルーマンはフォレスタルを呼び即座に辞任を求めた。これは、フォレスタルの異常な言動がトルーマンの耳に入ったことや、ジョンソンがトルーマンの心変わりを心配して、ホワイトハウス関係者やトルーマンに早期の国防長官就任を盛んに働きかけたためと見る人も多かった。

　一九四九年三月二八日、ジョンソンの国防長官就任式があり、ホワイトハウスではフォレスタルの送別会が行われた。送別会から国防省の自室に帰ったフォレスタルの言動の異常を心配した秘書は、ワシントンに滞在中のエバーシュタットに電話で状況を伝えるとともに、フォレスタルを自宅まで送った。フォレスタルの自宅に急行したエバーシュタットの目に映ったフォレスタルは常人ではなかった。フォレスタルが長期間にわたって激しい不眠症にかかっていたことも知った。フォレスタルは直ちに専門医の診察を受け、ベセスダ海軍病院に入院した。

　精神障害者治療用の平屋の病棟へ入ったが、ここでは人目につきやすいと心配したホワイトハウス筋により、すぐに高層病棟一六階のＶＩＰ専用室に移された。これは問題だった。自殺衝動のある患者は、平屋病棟で治療するのが鉄則である。

　五月二二日、フォレスタルは一六階の給食室の窓から身を投じた。

日米主要提督兵学校卒業年次一覧

アナポリス（卒業年）	米国主要提督（　）内は卒業席次	江田島（期）	日本主要提督
1890	W・A・モフェット（31/34）	一七	秋山真之（1/88）
1894	J・M・リーブス（38/47）		
1897	H・E・ヤーネル（4/47）	二五	松岡静雄（1/32）
	A・J・ヘップバーン（6/47）		山梨勝之進（2/32）
	J・C・ハート（13/47）		
	W・R・セクストン（23/47）		
	W・D・リーヒ（35/47）		
1898	J・ハリガン（1/39）	二六	野村吉三郎（2/59）
1899	C・C・ブロック（14/53）	二七	末次信正（50/113）
	E・C・カーブフス（18/53）		
	F・J・ホーン（41/53）		
1900	田村丕顕（61/61）	二八	永野修身（2/105）
1901	E・J・キング（4/67）	二九	高橋三吉（5/125）
	A・アンドリュース（18/67）		藤田尚徳（15/125）
	W・S・パイ（32/67）		米内光政（68/125）
1902	J・O・リチャードソン（5/59）		
	W・ブラウン（44/59）		
1903	H・S・スターク（30/50）	三一	寺島健（4/187）
			長谷川清（6/187）
			及川古志郎（76/187）
1904	H・E・キンメル（13/62）	三二	堀悌吉（1/191）
	W・F・ハルゼー（43/62）		山本五十六（11/191）
			吉田善吾（12/191）
			嶋田繁太郎（27/191）
1905	R・E・インガソル（4/114）	三三	豊田貞次郎（1/169）
	H・F・レアリー（5/114）		豊田副武（26/169）
	C・W・ニミッツ（7/114）		
	A・B・クック（36/114）		
	H・R・グリーンリー（109/114）		
1906	R・L・ゴームリー（12/116）	三四	古賀峯一（14/175）
	R・ウィルソン（14/116）		住山徳太郎（24/175）
	F・J・フレッチャー（26/116）		
	J・H・タワーズ（31/116）		
	M・F・ドラエメル（34/116）		
	J・S・マッケーン（80/116）		
	W・フィッチ		
1907	R・A・スプルーアンス（21/209）	三五	近藤信竹（1/171）
	P・N・L・ベリンガー		高須四郎（10/171）
1908	R・K・ターナー（5/201）	三六	佐藤市郎（1/192）
	T・C・キンケイド（136/201）		沢本頼雄（2/192）
			南雲忠一（7/192）
1909		三七	井上成実（2/179）
			草鹿任一（21/179）
			小沢治三郎（45/179）
1910	F・C・シャーマン（24/131）	三八	三川軍一（3/149）
	C・A・パウノール（81/131）		栗田健男（28/149）
	M・A・ミッチャー（108/131）		
	C・J・ムーア		
1911	J・W・リーブスJr（74/193）	三九	伊藤整一（15/148）
			西村祥治（21/148）
			角田覚治（45/148）
			岡敬純（52/148）
			志摩清英（69/148）
1912	A・E・モントゴメリー（29/156）	四〇	山口多聞（2/144）
	C・A・ロックウード		福留繁（8/144）
	D・C・ラムゼー（125/156）		宇垣纒（9/144）
	L・E・デンフェルト		大西瀧治郎（20/144）
	C・H・マクモリス		
1913		四一	中原義正（4/118）
			草鹿龍之介（14/118）
1914		四二	山田定義（5/117）
			加来止男（43/117）
			石川信五（45/117）
1915	R・W・クリスティー（74/193）	四三	中沢祐（19/95）
			高木惣吉（28/95）
			有馬正文（33/95）
1916	G・F・ボーガン（26/177）	四四	黒島亀人（34/95）
	A・W・ラドフォード（59/177）		
	R・B・カーニー		
	L・F・サフォード		
1917	D・B・ダンカン（24/182）	四五	富岡定俊（28/89）
1918	F・P・シャーマン（2/199）	四六	高田利種（1/124）
	T・スプラーグ（19/199）		山本親雄（2/124）
	C・スプラーグ（43/199）		
	J・J・クラーク（47/173）		
	M・ブローニング（53/199）		

第2章　ワシントンとハワイの最高司令部指揮官

リーヒ統合参謀長会議議長

——ルーズベルトから絶大の信頼を受けた調整型

ウィリアム・D・リーヒは、米西戦争（一八九八年）時のマニラ湾の英雄で、米海軍史上三人目の海軍大将となったジョージ・デューイに似ている点が多い。両者とも際立った戦略家でも戦術家でも思想家でもなく、頭の切れる軍事行政家でもないが、常識に富み、中庸な性格で、時の大統領からの信頼が厚く、軍人として位人臣を極めた。

リーヒは七代目の海軍作戦部長。退役後はルーズベルト大統領の指名でドイツ占領下（ビシー政権）の駐仏大使（一九四一年一月〜四二年五月）を務め、帰国後は統合参謀長会議議長として、またルーズベルトの軍事参謀長として、ホワイトハウスと統合参謀長会議の連絡役となった。この間、ホワイトハウス内に事務所を持ち、常にルーズベルトと接触して、その意向の実現に尽力し、一九四四年一二月には新しく創設された元帥（海軍はFleet Admiral、陸軍はGeneral of the Army）の最先任元帥に指名された。ルーズベルトの死後も同じポストでトルーマンに仕え、外交・軍事に経験の乏しいトルーマンはリーヒに頼ることが多かった。

一九四九年五月退任であるから、七年間の長期にわたって大統領の軍事参謀長を務めたことになる。一九五〇年には回想録『私はそこにいた（I was there）』を出版した。第二次大戦における米軍のトップからみた米軍戦略や、ルーズベルト、統合参謀長会議の動き、数度にわたる米英首脳会談、スターリンと米英首脳とのヤルタ会談などを知るのに、不可欠の書である。一九五九年七月死去。

◆陸軍軍人だった父に憧れ、軍人を志す

米国が本国の英国と戦って独立したのは一七七六年。大西洋岸の一三州が独立時の米国であった。七年後、英国よりミシシッピ川の東岸を割譲された。さらにその二〇年後の一八〇三年、ミシシッピ川西岸のルイジアナと呼ばれた流域を一五〇

ウィリアム・D・リーヒ（William Daniel Leahy）
1882-1945年

〇万ドルでフランスから購入した。ルイジアナより西の現在のテキサス、カリフォルニア、アリゾナ、コロラドといった土地は、メキシコとの戦争で割譲させたものである。テキサスの併合は一八四五年、カリフォルニアなどのメキシコからの割譲は一八四八年だ。

フランスから購入したルイジアナのほぼ中央、ミシシッピ川とその支流のミズーリ川に囲まれた州がアイオワ州である。州都はデモイン。一八七五年、ウィリアム・D・リーヒは、このデモインの南九〇マイルの眠ったような田舎町ハンプトンで生まれた。父マイケル、母ローズとの間の長男である。父は南北戦争でウィスコンシン歩兵三五連隊の大尉として戦ったことがあり、町で小さな弁護士事務所を開いていた。

父方の祖父母は一八三六年に英国からアメリカに移住。移住二年後に長男マイケルが生まれた。祖父母はマサチューセッツからニューハンプシャー、ウィスコンシンと移り、次男ジョン、三男ステファン、四男バーソロミューが生まれた。父マイケルは弁護士事務所に徒弟で入り、弁護士資格を得た後にハンプトンで弁護士事務所を開き、ローズと結婚してリーヒが生まれた。しかし、小さな田舎町では弁護士業は成り立たない。父は弟のジョンが材木店を営むウィスコンシンのウォーサンに移り少年時代のリーヒはここで育った。その後、家族はスペリオル湖の南にあるアッシュランドに移り、リーヒはこの地の高校に入った。

父は息子がウィスコンシン大の法学部に進むことを望んだが、リーヒは、父の南北戦争時の話や南北戦争記念祭に出掛けていく父の軍服姿にあこがれて軍人を志した。ウェストポイントの陸軍士官学校に入るためには連邦議員の推薦がいる。父の知っている議員に推薦を頼んだが、この議員は自分の持っている推薦枠を全部使っていた。アナポリスの海軍兵学校なら推薦枠が一人余っているのでどうだ、ということになり、アナポリスへの推薦を受けることになった。リーヒはそれまで海軍などは全く考えたこともなかった。

これはリーヒより八期下のニミッツも同じだった。ドイツ人移民三代目のニミッツは、親類の経営するテキサスの田舎宿に演習で泊まっていた青年士官の軍服姿にあこがれてウェストポイントを希望したが、推薦してくれる議員の推薦枠が完了済みで、余っていたアナポリスに推薦を頼んだ。当時はウェストポイントの方がアナポリスよりも人気が高かったのである。

一八九三年の夏、アナポリスに入校。眠ったような静かなアナポリスの町の一隅にあるこの学校は、全校生徒二六三人の小ぢんまりとした学校だった。アナポリス卒者は、日本海軍の江田島卒者のように何期生とはいわず、卒業の年で年次を表す。リーヒの卒業年は一八九七年だから一八九七年組だ。このクラスからは一人の元帥（リーヒ）、四人の大将（ヤーネル、ヘップバーン、ハート、セクストン）が輩出した。リーヒの卒業席次は四七人中三五位。学業優秀の模範生徒ではなかった。

太平洋戦争時にアジア艦隊司令官だったクラスメートのハートは、次のような想い出を書いている。

「ビルは少し変わっていた。アナポリスの生徒としていい生徒ではなく、少々物ぐさだった。しかし、クラスメートの間で問題が起こり議論などがあると、誰かが言ったものだ。『ビルのところへ行って尋ねよう。ビルは我々よりいいセンスを持っている』。このように、生涯を通して彼の常識のセンス、知恵には深いものがあった」

アナポリスを卒業して二年間は少尉候補生（Passed midshipman）である。六人のクラスメートと戦艦「オレゴン」乗組となり、太平洋岸に向かった。「オレゴン」はサンフランシスコに駐留している。一万トン、一三インチ、八インチ、六インチの各砲がそれぞれ四、八、四門の「オレゴン」は、米国が保有していた最も有力な戦艦の一つだった。

◆米海軍の命運を握っていたパナマ運河

卒業翌年の一八九八年二月、キューバのハバナ港で米戦艦「メイン」が爆沈したことが直接の原因となって、米西戦争が始まった。キューバ方面での海戦のため、「オレゴン」に米国東海岸への航行が命ぜられた。三月一九日、サンフランシスコ出航。四月一七日、マゼラン海峡通過。フロリダのジュピター入江に着いたのは五月二四日。六六日間の航海であった。「オレゴン」の航海は米国人の関心を集めた。この強力艦が大西洋艦隊に加われるかどうかで、戦力は大きく違ってくる。

米国は「オレゴン」の航行が一つのきっかけとなり、太平洋岸と大西洋岸の間の艦隊移動迅速化の必要性を強く感じるようになった。パナマ運河は、この米海軍の必要性が強い契機となって、米国主導により工事が進められ、一九一四年に開通する。

米西戦争の結果、比島が米国の植民地となった。リーヒは少尉任官後マニラに赴任し、一〇〇〇トンの砲艦「カスチーヌ」に乗り組む。その後、北清事変（義和団の乱）では米国人の財産と生命を守るため、香港、上海へも行った。また、二五〇トンの砲艦「マリベレス」の艦長も経験した。一九〇二年九月、中尉昇進。帰国命令を受け、香港、長崎、神戸、横浜、ホノルルを経由してサンフランシスコに帰る。

翌年一月、サンフランシスコを基地とする「ペンサコーラ」乗組。このサンフランシスコで後に妻となるルイスと知り合った。ルイスの姉は、マニラの「カスチーヌ」時代の上官の妻で、これが縁でルイスと知り合ったのである。一九〇四年一月、大尉昇進。二月、ルイスと結婚。この年には、グッドリッチ少将指揮下の「ボストン」に乗り組み、ハワイ、パナマ方面を巡航した。

当時、パナマ地峡運河の必要性が米国にとって重大な問題となっていた。米国は西部開拓を進め、太平洋岸に達し、大西洋と太平洋の二つの大洋に面する国となったが、この二つの大洋に常駐させる艦隊を持つことは財政が許さなかった。大西洋に艦隊を集めておくと、太平洋岸は無艦隊状況となる。いざというときに太平洋に艦隊を送るには、「オレゴン」のケースと同じように、マゼラン海峡を経由して六〇日間も必要だ。艦隊を分割して大西洋と太平洋に置くことは、戦力集中使用の原則に反し艦隊の力を弱めてしまう。もしパナマ地峡に運河ができれば、迅速な艦隊移動が可能となり、米艦隊の積年の心配の種は消える。

ヘンリー・T・メイヨー（Henry Thomas Mayo）１８５６-１９３７年

一九〇七年二月、アナポリスの物理・化学担当教官に、一九〇九年には装甲巡洋艦「カリフォルニア」乗組員となる。艦長は一八七六年組のヘンリー・T・メイヨー大佐で、当時最も将来を嘱望されていた米海軍の星であった。メイヨーの影響を強く受けた者に、太平洋戦争で活躍するゴームリーやキングがいる。

◆日露戦争後に高まりを見せた黄禍論

この年、日米親善を目的に「カリフォルニア」を含む八隻の装甲巡洋艦が日本へ巡航することになった。当時、カリフォルニアの日本人移民問題で、日米間は緊張状態にあった。この巡航は、名目は親善となっていたが実質は日本への示威が狙《ねら》いで、セオドア・ルーズベルト大統領の決断で決まったものだった。だから、リーヒも日本人の大歓迎の裏に何か冷たいものがあるのを感じた。日本海海戦の英雄アドミラル東郷にも会ったが感銘を受けず、「金ピカの軍服を着て、どこにでもいるジャップと同じような顔つき」と日記に書いている。日本海海戦の直後、八期後輩のニミッツが東郷元帥と会って感激しているのと比べると、その後の日米間の緊張状態の発生が両者の東郷元帥への感情に大きく影響したのかも知れない。

一九世紀後半になっても、ヨーロッパ大陸から大量の白人が米大陸に移っていった。彼らはヨーロッパで最も貧困と迫害に悩んだ人々である。

たとえば英国の植民地アイルランドでは、住民は英国のアングロサクソン人から収奪し尽くされ、一九世紀の中頃、人口九〇〇万の島で二五〇万もの人口減が起こる大飢饉《ききん》が生じた。二五〇万人のうち、半数は餓死者で、残りは難民同然となって米国に渡った。米国に移住しても、東海岸にはすでにアングロサクソン人を中心とした人々が住みついており、ここに住むことはできない。彼らの多くは、西へ西へと進んでカリフォルニアに至った。しかし、ここにも日本人移民が住み始めており、西海岸の良好な農地の多くが日本人移民のものになっていた。

常日頃からアングロサクソン系住民に差別を受けていた彼らは、黄色人種を劣等民族視し、日系人移民の排斥運動の先頭に立った。選挙の票を狙う地方政治家が、激烈な演説をして回り、排日運動を煽《あお》る。黒人や中国人移民が容易に白人たちの圧迫に屈するのに対して、日本人移民が屈しないことが彼らの怒りをかきたてた。

日系人移民の背景には、強国ロシアの陸海軍を打ち破った日本政府がいる。日系人移民には、「日本は、英国と対等の関係（日英同盟）を持ち、ロシアを破った。英国植民地のアイルランド人やロシアの属国の東欧系移民が何だ」という気持ちがある。

日系人移民排斥運動の先頭に立った者の一人に、リーヒの大先輩で、『海上権力史論』で有名なマハン大佐がいた。マハンは、「このままではロッキー山脈から西は日本人のものになってしまう。そうなるなら、むしろ明日にでも日本と戦争になった方がいい」と考え、ジャーナリズムで盛んに黄禍論を訴えていた。

◆ルーズベルト海軍次官の信頼を得る

メイヨー艦長は、リーヒ大尉を砲術士官として大いに鍛えた。リーヒはその後、砲術のエキスパートとしてのキャリアを進む。一九〇九年八月、少佐へ進級。翌年、太平洋艦隊（司令官トーマス少将）の砲術参謀。一九一二年、ニカラグアで内乱が起こり、米国人の生命、財産を守るためにコリントに航行。反乱軍に対抗して、鉄道防衛の任に当たった。

海軍省は一八四二年の開設以来、部局システムをとっており、それぞれの部局は独立王国の観があった。この弊害を除き、海軍全体としての統制と効率的運用のための参謀本部制度の導入が、マハンをはじめ多くの識者により主張されていた。陸軍は米西戦争時の作戦指揮の不効率の反省から、参謀本部制度を導入した。

セオドア・ルーズベルト大統領は、海軍にも参謀本部制度の導入を図ったが失敗した。タフト大統領時代の海軍長官ノイヤーは、長官を補佐する組織として、作戦、兵器、人事、検閲の四部を作り、それぞれの長を長官補佐とした。

一九一三年、海軍長官補佐（人事担当）のメイヨー少将は、自分のアシスタントとしてリーヒ少佐を呼んだ。一九一二年の選挙でウィルソンが大統領となり、海軍長官はジョセフ・ダニエルズ、次官はフランクリン・D・ルーズベルトになった。

メイヨーが海軍兵学校の校長となってワシントンを去ると、海軍長官人事補佐部門の士官はリーヒ少佐一人となり、リーヒとルーズベルト次官との接触が多くなった。また、ワシントンでのリーヒの家とルーズベルトの家はごく近くだった。ルーズベルト次官はリーヒの誠実さ、判断力、常識を高く評価した。一九一五年の初めにリーヒは海軍長官用ヨットのドルフィン号の艦長となったが、このヨットをよく利用したのがルーズベルト次官だった。

一九一六年、リーヒ中佐は大西洋艦隊司令官ウィリアム・B・カパートン少将の参謀長となり、西インド諸島のハイチ内乱事件の処理に当たった。ハイチの役人との連絡や交渉にはフランス語が必要で、この仕事のためリーヒのフランス語は大いに上達し、これは後年フランスのビシー政権下の駐仏大使となったときに役立つこととなった。パナマの内乱のときもそうだったが、ハイチのような小国は、米国の領土になることが、豊かな資源を生かし民主主義が根づくために必要で、これは大いに望ましいことだとリーヒは考えていた。いわば、国際的家父長主義とでもいうべき考え方である。続いてドミニカのヒスパニョーラ島でも内乱が起こり、艦隊はサントドミンゴへ行く。

第一次世界大戦に米国が参戦すると、リーヒは「プリンセス・マトリカ」の艦長として三五〇〇人の陸軍兵を乗せ大西洋を横断した。帰国後は、一九一五年に創設された海軍作戦部の砲術演習課長に任命され、初代作戦部長のベンソンから英仏の海軍砲術研究を命じられた。一九一八年七月にはロンドンに赴き、ヨーロッパ派遣米国艦隊司令官シムズ中将の下で、英仏海軍の砲術に関する調査を行った。ロンドン滞在は約一か月。八月に、帰国途上の船上で大佐進級の電報を受け取る。

一九二一年にワシントン海軍軍縮会議があった。三万三〇〇〇トンの巡洋戦艦として建造が予定されていた「レキシントン」と「サラトガ」が、航空母艦として建造されることになった年である。この年にはトルコ・ギリシャ間に戦争があり、各国は自国民の安全と利益を守るためコンスタンチノープルへ艦船を派遣した。米国は九五〇〇トンの巡洋艦「セント・ルイス」を派遣することとし、リーヒ大佐は艦長に選ばれ、五月三〇日にコンスタンチノープルに赴いた。一一月中旬、任務を終えフィラデルフィアへ帰港。このとき、海軍大学校に入学予定だったが種々の任務で行けず、機雷敷設分艦隊の旗艦「シャウムート」（四二〇〇トン）の艦長となり、翌年一月から四月までのキューバ沖演習に参加。サンファン、プエルトリコへも巡航した。

一九二三年の夏、海軍省航海局勤務となった。航海局は、日本海軍でいうと軍務局と人事局を一緒にしたようなところで、太平洋戦争中に人事局と改称された。リーヒは海軍士官のキャリア管理を担当した。海上勤務、陸上勤務、技術関係、甲板勤務、関連学校入学、実務経験と、士官のキャリアを考えながらローテーションを図っていく仕事を、実質的に一人で切り盛りした。また、各大学で一定の選抜者に軍事教育を行い、士官任官資格を与える、予備士官制度（ROTC:Reserve Officers' Training Corps.）設立に尽力した。リーヒ大佐は何か一つに徹底的に打ち込むタイプではなく、洒落《しゃれ》やユーモアを好み、野球、釣り、ハイキング、ゴルフ、フットボールと何でもたしなむタイプだった。また、妻ルイスの影響で絵画や音楽も鑑賞するようになった。

◆海軍軍縮の流れには懐疑的で、平和主義者を軽蔑する

一九二六年六月、三万三四〇〇トンの新鋭戦艦「ニューメキシコ」の艦長となる。「ニューメキシコ」は、一四インチ砲一二門、五インチ砲一二門、速力二一・五ノット。士官は七〇人、下士官・兵は一三〇〇人。「ニューメキシコ」艦長時代は副長が有能で、リーヒ艦長はもっぱら艦内のモラール向上と指

揮関係だけに専念した。

一九二七年一〇月、海軍省兵備局（ガン・クラブと俗称された）長に就任。当時、海軍で出世すには兵備局長か航海局長が登竜門といわれていた。兵備局長としてリーヒが力を入れたのは、戦艦のボイラー石油燃焼化、対魚雷補強、対空砲増設、砲の射程距離の長距離化といった戦艦の近代化と、航空母艦建造計画だった。

一九二九年一〇月に大恐慌が始まり、一九三〇年にはロンドン海軍軍縮会議が開かれた。米国代表は国務長官のヘンリー・L・スチムソンである。

この時期、フーバー大統領の平和主義の考えを海軍方面にも浸透させようとしたのが、海軍作戦部長のプラットだった。プラットは、ロンドン軍縮会議が海軍という狭い世界だけでなく、大局的に米国にプラスになると考えた。米英の対立は日本を利するだけで、海軍将官会議が英国を潜在敵国と考えている点を改めようとし、将来の最もあり得る敵は日本であると考えていた。リーヒはプラットの海軍軍縮への動きを、フーバーの平和主義を売り込み、英国と日本を利するものだと思った。

リーヒとプラット作戦部長との間がまずくなり始めた頃、「ニューメキシコ」艦長当時、同艦を旗艦とする第四戦闘艦隊司令官だったチェースが合衆国艦隊司令長官となっていて、参謀長にならないかとの打診があった。このままワシントンに留《とど》まっていれば、プラット作戦部長との衝突は目に見えている。しかし、チェースは更迭され、プラット案によってショーフィールドがチェースの後任となったため、合衆国艦隊参謀長に移る夢は消えた。

一九三一年六月に駆逐艦偵察艦隊司令官、一一月末には駆逐艦戦闘艦隊司令官となり、偵察艦隊の司令官も兼ねた。当時の

ウィリアム・V・プラット（William Veazie Pratt）
1869-1957年

リーヒの考え方はいわば孤立主義的なもので、米国は外国での紛争に巻き込まれるべきではないと考え、また一方では、いわゆる平和主義者を嫌っていた。

一九三一年は大恐慌が最も猛威を振るった年であった。海軍では全士官が一か月の無給休暇を取らされ、給与一割カット。燃料費節約のため艦は動けず、サンジエゴに停泊したままだった。一九三二年には公務員の給与が一五パーセント削減された。

◆海軍組織で問題となっていた作戦部長の地位

一九三二年の大統領選挙では、民主党のルーズベルトが未曾有《みぞう》の経済危機を乗り切るための「ニューディール」政策を提唱し、共和党のフーバー候補を破って当選した。ルーズベルトは大統領に就任すると、最初の一〇〇日間に次々とニューディールの施策を打ち出した。

この最初の一〇〇日間のほぼ半分が経過した一九三三年五月、リーヒは航海局長に任命された。ルーズベルトが海軍次官当時からよく知っているリーヒを指名したことは間違いない。新海軍長官はスワンソンで、海軍省の構造を変え、経費の削減を図ろうとしていた。海軍次官は大統領の一族ヘンリー・L・ルーズベルト。

海軍省には、航海局、兵備局の他に、航空、建艦、技術、医務、工廠、主計の各局があり、第二次大戦中に米海軍のトップとなるキングは航空局長のポストにいた。

当時、海軍組織で問題になっていたのは作戦部長の地位だった。一九一五年に設置されたこのポストは職務内容がはっきりせず、一九二四年の海軍規定第四三三条では、「艦船の修理・交代、人員の補充に関して、常時、戦争に備えて艦隊の準備を最大限にするための調整をする」と規定されていたが、これは抽象的に過ぎた。プラット作戦部長は、「(私は)部局長と同じテーブルに着く。各人は独立した各部局の王様だ。ああやれ、こうやれというのではなく、一緒に仕事をする。私は示唆するだけで、各部局長はちゃんとやってくれる。やってくれないのなら誰かに替えればよい」という現状肯定の意見だったが、後任のスタンドレー作戦部長は自分の職務について明快な定義を求め、各部局長を部下のように扱った。部局長にはリーヒやキングのような鼻っ柱の強い者もいて反抗する。結局、作戦部長の地位については大統領の判断を仰ぐこととなり、一九三四年三月二日付の書信でルーズベルトは次のような判断を下した。

「海軍規定第四三三条はそのままにするのが、この問題に関する私の考えだ。これにより、作戦部長は各部局長と常時接触して、艦船その他のすべての修理・交代の調整をすべきだと思う。作戦部長は各部局長との会合において、計画に関しては九九パーセント、実際の仕事に関しては全員一致で実行できるだろう。『調整』が期待するのはこのことである。一パーセント、ないしそれ以下の問題では反対や不一致がある場合があるだろう。この場合は海軍長官が、自由で十分な議論を尽くすための委員会を設置し、最終的決定はもちろん長官が行う」

しかしスタンドレーは、作戦部長は任務は負わされるが、権限はないと思った。一般的にいって、やる気のある作戦部長は大体スタンドレーと同じ不満を持っており、後にキングは作戦部長の地位を高めるため、ルーズベルトの許可を得て、ある範囲内で各部局長へ指示できる権限を規定化している。

リーヒの航海局長当時は、海軍にとって厳しい時代だった。士官の給与は一五パーセント削減、昇進は凍結、平和主義者による執拗《しつよう》な海軍軍備増強反対運動といったなかで、リーヒはまず人材確保のための努力をした。数年後に増強される新しい艦船に必要な人材は、今の兵学校卒業者だけでは足りなくなる。兵学校の人員増を目指し、一九三六年には議員による推薦枠を三人から四人にし、翌年には四人から五人に増やした。海軍予備士官制度の拡充も図った。一般大卒者の飛行士官への道もつくった。ペンサコーラの飛行学校で一年間訓練し、三年間飛行士官としての軍務を義務づける制度だ。

航海局長の職務の一つに将官昇進リストの作成があった。これは辛気臭い仕事だった。議会工作もしなければならない。当時は大不況のため、将来的に下級士官が不足することが分かっていても、兵学校卒業者の上位半分しか任官できず、下位半分は就職難の世間へ放り出されていた。リーヒは議会工作を通じて、一九三四年の卒業者を全員任官させることに成功した。

一九三四年七月、戦艦戦隊司令官（中将）となり、旗艦「ウエストバージニア」に座乗。合衆国艦隊司令長官リーブスは、ワシントン軍縮条約の有効期限は一九三四年で、日本は恐らくこの条約を破棄するだろうと考え、太平洋方面の戦闘艦隊にリーヒを、航空母艦艦隊にキングを充てようとした。長官のスワンソンは同じ時期に有能な局長が二人も抜けることに反対し、キングが航空艦隊司令官となるのは一年後のこととなった。

◆航空母艦作戦を学ぶため空母に乗り組み、演習に参加

一九三六年三月、リーヒは戦闘艦隊司令長官となり、海軍大将となった。当時の戦闘艦隊は次のような構成であった。

(1)航空艦隊（「サラトガ」、「レキシントン」、「レンジャー」、「ラングレー」の四隻の航空母艦からなり、司令官はキング中将）

(2)戦艦艦隊一四隻（四戦隊に分かれる）
(3)巡洋艦隊八隻（二戦隊に分かれる）
(4)駆逐艦隊四三隻

艦艇は総数七八隻、士官数二七〇〇人、下士官・兵は三万人であった。

当時、米海軍は職務に応じて、作戦部長、合衆国艦隊司令長官、アジア艦隊司令長官、戦闘艦隊司令長官の四つを海軍大将のポストとしていた。

リーヒは戦闘艦隊司令長官として真珠湾に赴任。ハワイでのリーヒの印象の一つは日本人移民だった。日露戦争後、最も日本人移民排斥運動の激烈だった当時のサンフランシスコで結婚し、そこに住んでいたリーヒは、日本人移民に深い問題意識を持っていた。どんな点に関しても劣等民族視されることを決して許さず、同化しようとしない日本人移民の増大は、必ず深刻な人種問題を引き起こすだろうというのが、リーヒの考え方だった。これは、リーヒの先輩マハン大佐がジャーナリズムで主張したことと同じだった。

リーヒは根っからの大砲屋であるが、戦闘艦隊司令長官は空母部隊も指揮する。航空母艦作戦を学ぶため「レンジャー」に乗り組み、演習に参加し、航空作戦の進歩を身をもって体験し、併せて英空軍の轍《てつ》を踏まないことを肝に銘じた。英軍は効率性と経済性を旗印に、航空母艦の飛行士をすべて空軍に編入してしまった。陸軍に比べて海軍の飛行関係者の数は少なかったから、空軍内の主流は陸軍関係者が占め、海軍関係飛行士も立身を考え、自分たちの意見を主張しなくなった。このため、艦載機の運用や海上航空戦術までが陸上航空戦術の亜流となってしまっていた。リーヒの反省はキングにも引き継がれ、第二次大戦後の米空軍独立後も海軍は独自の航空兵力を持つこととなる。リーヒもキングも、海上の航空戦力は海軍の指揮官によってのみ効果的に活用できると考えた。

◆ルーズベルトと軍の橋渡しを担う

一九三六年の大統領選挙は民主党はルーズベルト（副大統領候補ジョン・ガーナー）、共和党はアルフレッド・ランドン（副大統領候補フランク・ノックス）を立てて争ったが、ルーズベルトの大勝に終わった。ちなみに、共和党大統領候補のランドンはその後一〇〇歳の長寿を保って一九八七年まで生き、副大統領候補のノックスは後にルーズベルト政権の海軍長官として第二次大戦を戦った。

一九三七年一月、リーヒはルーズベルトの指名で作戦部長に就任。「ニューズウィーク」誌は、リーヒを次のように伝えている。

「荒々しい声の、自他ともに訓練を求める厳しい訓練主義者。演習中に高級士官は常に任務に就かなければならないが、リーヒの途方もない頑健さは若手の補佐士官をダウンさせたほどである」

部下たちは、「親父のビルなら六週間でも不眠不休で艦橋に立ち続けられるさ」と言っていた。

海軍長官には再びスワンソンが任命されたが病弱で、職務は次官のチャールズ・エジソンが捌《さば》くことが多くなった。

議会関係では、下院海軍軍事委員会委員長は、一九一四年の初当選以来、海軍力増大に尽力してきたジョージア州選出のカール・ビンソン。上院海軍軍事委員会委員長は、大海軍主義者のマサチューセッツ州選出のデービッド・ウォルシだった。

海軍省での有力局長である兵備局長と航海局長を務めてから作戦部長になった者は、今までリーヒ以外にいなかった。一九三九年八月、リーヒは後任にルーズベルトがよく知っているスタークを推薦して退任。ルーズベルトはリーヒをそのままにせず、プエルトリコ総督に任命した。さらに、ドイツに占領されたフランスのビシー政権下の駐仏大使。真珠湾奇襲後、米国の対独戦突入とともに米国に召還した。

当時、陸軍参謀総長のマーシャルは、統合参謀長会議に議長ポストを設け、議長を大統領との窓口にすれば、大統領と統合参謀長会議との関係がより緊密となり、事務処理スピードも速まると考えていた。ルーズベルトも海軍作戦部長のキングも議長が必要とは考えていなかったが、マーシャルの強い希望によってこのポストがつくられることとなり、マーシャルの推薦とルーズベルトの承認でリーヒが議長に指名された。

議長は参謀長会議のメンバー（陸軍参謀総長マーシャル、海軍作戦部長キング、陸軍航空隊司令官アーノルド）を指揮する権限はなく、あくまで他のメンバーと対等の地位だった。リーヒの職務は大統領と統合参謀長会議との日々の連絡であり、大統領の基本的な考え方を統合参謀長会議に伝えることであった。

リーヒは、ホワイトハウス内に設けられた自分のオフィスに朝八時半過ぎに出勤する。前夜までに届いた機密電報が、まとめてデスクの上に整理されている。これらの文書は、わかりやすさと整理のために色分けされている。前線の指揮官からの電報はピンク、前線指揮官への電報は黄色、統合参謀長関連書類は緑色、連合参謀長会議（米英の軍事首脳会議）関係は白、統合計画委員会関係は青である。リーヒは、これらの書類の山の中から大統領に見せる必要があると思われるのを選んで、一〇時一五分にルーズベルトの執務室に行く。

ホワイトハウスにはマップ・ルームと呼ばれる、戦況が一目で分かるように米軍の位置などが記入された大地図のある部屋がある。ルーズベルトは少なくとも毎日二回この部屋に入る。リーヒは急ぐときは大統領の寝室や洗面所へ行くこともある。

ルーズベルトは海軍次官時代を除いて、ニューヨーク州議員、ニューヨーク州知事、大統領と、人に仕えたことがなかった。そのためか、自分に反対したり直言するタイプを嫌い、いちいち説明や指示をしなくても自分の考えを忖度《そんたく》して行動してくれる者を好んだ。軍事面での腹心のリーヒや、政治面での腹心のハリー・ホプキンスは、私心なくルーズベルトの考えを忖度し、こまめに動いてルーズベルトの希望の実現に忠実に励んだから、信頼は大きかった。

スターク海軍作戦部長

――基本戦略をまとめた大戦勃発時の作戦部長

ホワイトハウスでストレスや疲れがたまると、ルーズベルトはハドソン川渓谷を望むハイドパーク村の広大な自宅へ帰り、自慢の収集切手を眺めたり、恵まれた自然の空気を吸って英気を養った。ルーズベルトはクルージングを好んだ。海へ出ると、騒がしいワシントンの雑音から逃れることができる。少年時代はヨットに夢中になったこともある。

第一次大戦終了以来、米海軍の眼は太平洋に注がれており、毎年の海軍大演習は太平洋で行われるのが恒例となっていた。しかし、ナチスの台頭により欧州での大戦が不可避と考えるようになったルーズベルトは、一九三九年二月の第二〇回海軍大演習を大西洋とカリブ海で行うよう指示し、自身も参加する旨を伝えた。

リーヒ作戦部長は、演習観閲艦の重巡「ヒューストン」艦内で毎日ルーズベルトと顔を合わす機会を利用して、後任にハロルド・R・スタークを推薦した。ルーズベルトはすぐに賛意を示した。スタークをよく知っていたからだった。スタークがルーズベルトの知遇を得るようになったのは、駆逐艦「パターソン」艦長時代（一九一四年）、当時のルーズベルト海軍次官がこの艦に乗ったことが機縁だった。ルーズベルトは、どんなに有能の評があっても個人的に知らない者には冷淡だ。リーヒは大統領の性質をよく知っていたので、有力なキングやリチャードソンといった提督ではなく、スタークを推したのである。

スタークはアナポリス一九〇三年組。卒業席次は五〇人中三〇位。中庸、控え目な性格で、航空母艦や潜水艦のキャリアはないが、海軍省のガン・クラブと称せられた兵備局長の経験がある。卒業成績といい、性格といい、キャリアといい、リーヒと共通点が多かった。

一九三九年八月一日、リーヒの後任としてスタークが作戦部長に任命された。

◆戦闘指揮官としては迫力不足と評価される

第一次世界大戦に米国が参戦すると、アジア艦隊に所属していたスターク中佐は欧州戦線への参陣を熱望した。アジア艦隊の一部を欧州に派遣せよとの命令を受けるや、旧式小型艦船五隻を率いてモンスーン期のインド洋を渡り、一万二〇〇〇マイル先のジブラルタルへ向かった。マニラ港を出港したのは一九一七年八月一日、作戦部長になるちょうど二二年前のことだった。第一次大戦終了まで、欧州派遣米海軍司令官ウィリアム・S・シムズ中将の幕僚となり、パトロール、船団護衛、米英海軍共同作戦の調整などに当たった。

一九二三年、海軍大学校に入校。一九三〇年に大佐に進級し、アダムス海軍長官の補佐官となった。一九三三年には戦艦「ウェストバージニア」艦長。一九三四年から三七年まで海軍省兵備局長。一九三七年から三九年に作戦部長になるまで、第

ハロルド・R・スターク（Harold Rainsford Stark）
1880-1972年

三巡洋艦隊司令官の職にあった。

スタークは一九一四年以来、ルーズベルトの知遇を得ており、愛想のよい外面の裏に、大統領側近サークルのメンバーとしての抜け目のない処世術を持っていた。ピンク色の頬《ほお》とふさふさの白髪で、年をとった少年のように見えるスタークは、優れた行政手腕と説得力で、増大する海軍予算に関して議会の支持を得るのに力があった。しかし、戦闘指揮官に必要な断固とした厳しさに欠けている、と見る人もいた。スチムソン陸軍長官は、「あの職務にある者としては気が小さくて役に立たない」と評していた。

スタークが作戦部長時代の合衆国艦隊司令長官は、ジョン・O・リチャードソン大将。リチャードソンはスタークの一期上で、卒業成績が良く（五九人中五位）、思ったことをずけずけというタイプの提督だ。リーヒやスタークがルーズベルト・サークルの一員で、常にルーズベルトの意を忖度して行動するのに対して、リチャードソンはそういうことができなかった。

作戦部長（CNO）と合衆国艦隊司令長官（CINCUS）との関係は、はっきりしていない点が多かった。CNOは海軍長官の首席補佐官で、CINCUSに一般的指示を与えるとともに作戦計画一般を策定するが、CINCUSは大統領の直属下にある。

合衆国艦隊は従来カリフォルニア州のサンジエゴとサンペ

ドロ（ロサンゼルス）に駐留していたが、一九四〇年五月の大演習で真珠湾に赴いて以来、ルーズベルトはそのままハワイ駐留を命じていた。二〜三か月の真珠湾滞在でサンジエゴとサンペドロに帰港する予定だったリチャードソンは困った。真珠湾は艦隊の保修・維持施設が貧弱で、燃料、弾薬、部品の補充も難しい。

ノックス海軍長官は就任直後の九月、米海軍の主力が駐留する真珠湾を訪問した。このときの感想は、艦隊の「戦時気分」のなさであり、司令長官リチャードソン大将も第一四海軍区司令官クラウド・ブロック少将も、社交気分が濃厚過ぎた。また、リチャードソンがルーズベルトによる艦隊ハワイ駐留命令に不満なことも知った。リチャードソンは艦隊の配置がワシントンのどこで決まるのかに疑問を持ち、ホワイトハウス、国務省、陸軍省、海軍省のトップレベルでの調整の乏しさについてのメモを残している。

リチャードソンは一〇月にワシントンに行き、ルーズベルトに直接会って自分の考えを伝えた。貧弱な施設と防御力の乏しい真珠湾で混み合っている艦隊よりも、日本海軍は施設の完備した西海岸に駐留する艦隊の方を恐れるだろうと、大統領に自分の考えを開陳した。ルーズベルトが不賛成なのを知ると、海軍の高級士官は太平洋での戦争に関して文官のリーダーシップには信頼を置いていないと話し、ルーズベルトの不興を買った。三か月後、リチャードソンは合衆国艦隊司令長官を更迭される。

後任にはキングより三期、リチャードソンより二期、スタークより一期下のハズバンド・E・キンメルが指名された。ノックスは、憤懣《ふんまん》やるかたないリチャードソンへ、「リチャードソン。君が去年の一〇月ワシントンに来たとき、君は君の言葉で大統領の感情を損ねたのだよ。このことをよく知るべきだ」と告げている。

キンメルは一八八二年二月、ケンタッキー州のヘンダーソンで生まれた。父はウェストポインターの陸軍少佐だった。アナポリスの同期にハルゼーが、一期下にニミッツがいた。

もっぱら砲術畑で戦艦乗組を重ねた。第一次大戦時にはルーズベルト海軍次官の副官を務め、ルーズベルト・サークルの一員となった。戦艦艦隊の砲術参謀を務めた後、一九一九年、戦艦「アーカンサス」副長となる。一九二六年、海軍大学校卒業。その後、戦艦「ニューヨーク」艦長、戦艦艦隊参謀長を務め、一九三七年、海軍少将となり巡洋艦隊司令官となった。リチャードソン大将がルーズベルト大統領の怒りを買って首となり、その後任のＣＩＮＣＵＳに就任したのが一九四一年二月一日。四六人の先任者を飛び越してのルーズベルトの露骨な直々の指名だった。

ハズバンド・キンメル
(Husband Edward Kimmel)
1882-1968年

米海軍を「マイ・ネービー」と呼び、海軍次官時代に知った者を次々と枢要なポストに就けるルーズベルトのやり方に、疑問を持つ高級士官はもちろんいた。ルーズベルトが大統領に初当選した当時の作戦部長プラットは、妻への手紙で次のように書いている。

「この男が海軍次官の頃から知っている。好意は持っていたが決して信頼は置かなかった。現在では温和な仮面をかぶっているが、決して偉大な男でも強い男でもなく、信頼のできない男で……、自分の思い通りにならないといらいらする男だ」

ルーズベルトに首にされたリチャードソンも、自分が航海局長(士官の人事を扱う局)時代の次のような秘話を公にしている。微妙な人事のことは公にしないのが普通なのだが、よほど腹に据えかねたのだろう。

一九三九年、リチャードソン航海局長は海軍部内の意見をとりまとめ、人望の高かったハート(後に海軍大将、アジア艦隊司令官)を次期CINCUSに推す書類を持参してホワイトハウスに赴いた。ルーズベルトは、この人事案リストを見るや怒気を含んでリチャードソン局長に、「この名前をリストから外せ!」と命じたというのである。ルーズベルトが次官時代、魚雷工廠長だったハート少佐が、ルーズベルト次官の選挙票目当ての労働組合懐柔策に批判的だったのを根に持っていたのだ。ハートも、ルーズベルトの一連のやり方を宮廷政治(Palace Politics)と呼び憤慨している。

◆「まず最初にドイツを叩く」

一九四〇年の夏、議会は「両洋海軍法案(Two Ocean Navy Bill)を通過させて海軍予算を大幅に増やし、「選択軍役法(Selective Service Act)」を通過させて、兵役や軍需産業への労働力行政の確立に協力した。

一九四一年早々には米英軍首脳会議が計画され、この会議のために統合参謀長会議の前身である統合会議(Joint Board)は、スターク作戦部長が中心となって研究した「合衆国国防方針」を検討した。この国防方針は、同時に独伊日の枢軸国と戦争になった場合に、次の四つの選択肢を挙げていた。

(a)西半球（南北米大陸）の防衛に集中しつつ、英を助け、英が極東に軍事力を補強できるように図る。

(b)英蘭と共同して全力を挙げ日本を攻撃する。独に対しては防衛的とする。

(c)全力を挙げ、独・日に同時に当たる。

(d)太平洋は防衛的戦略、大西洋は攻撃的戦略。

スタークはこの四つの選択肢のうちの(d)案、すなわち、太平洋方面では防衛的戦略、大西洋方面では攻撃的戦略を採るべしと考えた。理由は、米の防衛には同盟軍としての英の生存が必要であり、独は英と西半球への脅威であるから米にとって最大の危険であり、太平洋の利害は重要であるが米大陸の安全にとって死活問題ではない、という点にあった。

まず最初にドイツを叩《たた》く、という考えである。このスターク案は、(d)案のdをとってドッグ・プランと称された。この計画以前の対日戦争計画はオレンジ・プランであった。オレンジ・プランは、日米戦争になれば米艦隊は中部太平洋を進攻する案で、この計画の根底には英海軍が大西洋方面で攻撃的戦力を保つ、という前提があった。しかし、フランスが敗れて見直しが必要となり、従来のオレンジ・プランに替わるものとしてスタークの「合衆国国防方針」が出てきたのだ。

統合会議はこのプランのまず(a)を採り、戦争になれば(d)を採ることを了承した。陸・海軍長官、大統領にも提出されたが、ルーズベルトはコメントしなかった。この時期、国民がどのような外交政策を支持するか見極めかねていたのである。

いずれにせよ、英との共同戦略を確かめるためには、米英の責任者による意見交換の場が必要である。スタークは、ノックス長官に米英参謀長会議の開催を進言した。ノックスは一九四〇年一一月二九日の閣議で、この件につきルーズベルトの意向を確かめた。ルーズベルトは反対せず、会議は実現されることとなった。

この米英参謀長会議は、翌一九四一年一月二九日から三月二九日にかけて、ワシントンで極秘裏に開かれた。米国は戦争に巻き込まれるのを恐れ、約束や共同宣言的なものは発表されなかったが、将来有事の際の、両国共同作戦の基礎はできた。米英参謀長会議はABC-1（American-British Conversation-1）で知られる、ドイツ攻略を第一とする戦略を確認し合った。ルーズベルトは何の反応も示さなかったが、スチムソン、ノックスの陸・海軍長官、マーシャル、スタークの陸・海軍参謀長はいずれも了承した。

このABC-1を基に、スタークは、①ドイツ打倒が第一、②太平洋では防衛戦略、③大西洋では攻撃戦略、を米海軍の戦略として採用し、一九四一年五月に各艦隊司令官に通知した。これが、米国が一九四一年一二月に戦争に突入して以降の基本戦略となった。

米英参謀長会議での英の考えは、極東地区における英の利害は歴史的に長くかつ大きなものであるが、極東方面までは手が出せないから、米に極東方面へ兵力を割いてほしい、というものだった。しかし、米側は兵力の分散を嫌った。英の最大の関心はシンガポールの防衛で、米艦隊のシンガポール駐留を希望した。米は、極東の防衛地区は南西太平洋全体にわたり、シンガポールの一地点ではないとしてこの要求を蹴る。最終的には、「太平洋方面の事情が許せば、米は戦艦三隻、航空母艦一隻、巡洋艦四隻、駆逐艦一三隻、パトロール用水上機一二機をジブラルタルへ派遣し、英がインド洋と極東地域に兵力を割けるようにする」という内容が盛り込まれた。

極東地区における米の関心は比島にあり、英の関心の中心はシンガポールだった。これは、それぞれが自国の植民地であるのだから当然のことだ。

当時のスターク作戦部長の対日戦観は、次のようなものだった。

(1)英、蘭、米の利益に対立するような、日本の太平洋地域での行動に反対する。米は英の生き残りのために全力を注ぐべきである。太平洋で事が起これば兵力を太平洋方面に割かなければならなくなるから、太平洋方面では事を起こさないことが賢明である。

(2)太平洋艦隊の一部を豪、ニュージーランド方面に移すというルーズベルト案には反対。

(3)一九四一年七月の対日石油輸出禁止にも反対。日本が蘭領東インドへ石油を求めて進出し、戦争になる恐れがある。

(4)マーシャル陸軍参謀総長とともに、グアム島、比島の防衛体制整備には力を注ぐ（しかし一九四〇年後半、議会はグアム島防衛増強案を認めなかった）。

(5)太平洋艦隊の兵力分散には反対。このためマニラ駐留のアジア艦隊（トーマス・C・ハート司令官）の強化はしない。

いずれにせよ、日本の外交暗号文解読により、スタークは日本の意向をよく知っていた。一九四〇年以降、艦隊司令官への個人的私信で、米国が戦争に突入するのは時間の問題だと知らせていた。一九四一年七月三日には極秘信で、「無線情報分析により、日本政府は近い将来米国と戦争になるような政策を選択した」と、キンメル合衆国艦隊司令長官に伝え、また一一月七日には、「はっきりと何日かは誰にも分からないが、間違いなく一か月後には日本は攻撃を仕掛けてくるだろう」と伝えている。

一一月二五日、ルーズベルトとハル国務長官はスタークに、日本の奇襲は間違いあるまい、どこに来るかが分からないだけだと伝えている。スタークは、直ちにこれをキンメルに伝えた。

◆本当は、真珠湾攻撃より前に参戦していた米海軍

七月二六日の日本資産凍結令発令の日、元陸軍参謀総長ダグラス・マッカーサーが、マニラに司令部を置く極東合衆国陸軍の司令官に任命された。八月には、カナダ領ニューファンドランド島のアーゼンチアでルーズベルトとチャーチルの両首脳会談が開かれ、大西洋憲章が発表された。この会談の成果は、両国の軍事関係高官が顔見知りとなり、その後の個人的コンタクトができるようになったことだった。

一九四一年四月、スターク作戦部長はルーズベルトの命令によって、太平洋艦隊から戦艦三隻、空母一隻、巡洋艦四隻、駆逐艦二隻を引き抜いて大西洋艦隊に編入させた。

独潜水艦隊は英国の海上交通線切断にやっきとなっており、米船や米国人の損害も出始めた。指揮官や艦長にとって、対独潜水艦作戦に関する一般的指示が必要だった。ルーズベルトの指示はあいまいで、スターク作戦部長はこの点で苦労した。米駆逐艦がUボートを見つけたときどうするのか、攻撃される恐れがあるときどうするのか。スタークはこの年の七月、ある友人に次のように苦衷を訴えている。

「我々がどうしても答えてほしい緊急の問題点に、(大統領は微笑するだけか、『ベティ(スタークのアナポリス時代からの愛称)、この件では尋ねないでほしい。方針は決して固定してはならず、常に柔軟に変えていくものだ』という返事が返ってくる」

九月四日、米駆逐艦「グリーア」がUボートにより二本の魚雷攻撃を受けた。ルーズベルトが「Uボートを見つけ次第撃て」と命じたのは、それから一週間後であった。大西洋での実質的な米海軍の参戦が始まったのは、この日からといってよい。

ルーズベルトは実質的な宣戦通告をしても、正式の宣戦布告は相手からやらせ、米国はあくまで受動的に参戦するポーズをとろうとする狡猾な政治家だった。日本との関係においても、対日禁油やハル・ノートの通告は実質的な宣戦布告であった。

真珠湾奇襲後、キンメルは責任を取らされ、CINCUS後任にはキング、太平洋艦隊司令官にはニミッツが任命された。戦時になると、戦闘指揮官としてのCINCUSの役割は大

きくなる。英国との軍首脳会議で米国海軍を代表するのはCNOかCINCUSか。両者間の権限はあいまいな点が多い。結局、ルーズベルトはスタークを真珠湾の責任も含めて更迭することとし、キングにCNOとCINCUSを兼ねさせることにした（一九四二年三月二六日）。船乗りには縁起かつぎが多い。キングは、CINCUSはsink us（我々を沈めよ）に通じるので、この名称をCOMINCHと改めさせた。

スタークは駐英の米海軍代表としてロンドンに赴任する。戦後、キングは戦争で精力を消耗し尽くして脱け殻のようになり、そのほとんどを海軍病院で過ごして死ぬが（享年七八歳）、中庸、控え目で激することのないスタークは、九二歳の長寿を保って平穏に死んでいった。

キング合衆国艦隊司令長官兼海軍作戦部長

――人間性に難があるも、能力で周囲を黙らせた天才

太平洋戦争に少しでも関心がある人なら、ニミッツ、ハルゼーの名前は知っている。開戦時の軍令部第一課長で終戦時には第一部長だった富岡定俊《とみおかさだとし》少将（兵四五期）は、「彼（ニミッツ）こそ夢寐《むび》にも忘れぬ敵主将であった。いつも彼の写真を作戦室に掲げて今度はどういう手に出るか、どんな戦略で来るかと明け暮れ、睨《にら》めっこして頭を悩ました相手であった」と言っている。

スプルーアンスも比較的知られている。昭和一九年六月一九日のマリアナ沖海戦の前夜、軍令部の作戦室では中沢佑《なかざわたすく》（兵四三期）第一部長、山本親雄《ちかお》（兵四六期）第一課長以下、第一課の課員はほとんど詰め切りで状況の推移を注視していた。中沢部長がつぶやいた。

「小沢（治三郎《じさぶろう》、兵三七期）対スプルーアンスか。よもやスプルーアンスに引けを取るようなことはあるまい」

ところが、ニミッツ太平洋艦隊長官やスプルーアンス第五艦隊長官の上官である、アーネスト・J・キング合衆国艦隊司令長官兼海軍作戦部長については、日本ではほとんど知られていない。同様にマッカーサーの名を知らない人がいないのに比べ、マッカーサーの上官のマーシャル陸軍参謀総長もほとんど知られていない。

キングとニミッツ、マーシャルとマッカーサーの関係はだいぶ異なる。マーシャルにとってマッカーサーは陸軍の大先輩だった。マッカーサーが陸軍参謀総長の大将時代、マーシャルは陸軍中佐で田舎の連隊長だった。また、マーシャルは米陸軍主流のウェストポインターではない。マッカーサーに遠慮するところがあり、マッカーサーのいうことは大体聞く態度をとるとともに、スチムソン陸軍長官に対しても鞠躬如《きっきゅうじょ》として仕える態度を崩さなかった。

キングはアナポリスでニミッツより四期上。戦略家を自負し剛愎《ごうふく》。中国の戦国時代なら梟雄《きょうゆう》と呼ばれただろうと思われるキングは、ニミッツに対して独裁者として臨んだ。キングは、ほぼ二か月毎《ごと》にニミッツをハワイからサンフランシスコに呼び、自身もそこに飛んで細かい指示を与える。ニミッツが自主判断で行動することを決して許さない。明哲保身型のニミッツは、決してキングに逆らわなかった。

◆太平洋戦局のために孤軍奮闘

キングは作戦関係に関しては、一切ノックス海軍長官やフォ

アーネスト・J・キング　(Ernest Joseph King)
1878-1956年

レスタル次官（後に長官）に相談もせず報告もしない態度をとった。

真珠湾奇襲により米国が参戦した後も、ルーズベルト大統領やマーシャル参謀総長、アーノルド陸軍航空隊司令官の主な関心は欧州戦局にあった。これは、開戦前の一九四一年一月から三月末にかけて、極秘裏にワシントンで開催された米英軍首脳会議の結論に基づくものだった。この結論によれば、枢軸国との戦争になれば、(1)ドイツ打倒が第一、(2)太平洋では防衛戦略、(3)大西洋では攻撃戦略、を採る。キングの前任スターク作戦部長はこの戦略を採用し、五月に各艦隊司令官に通知していた。

開戦後、苦しい戦いの最中にあった英国側は、米国の眼が太平洋に移るのを恐れた。チャーチルは、必死になって欧州戦局の重大性を訴えた。米英連合参謀長会議で、英国側は欧州戦局を中心に議論を重ねようとした。

このような中で、太平洋戦局のために孤軍奮闘したのがキングだった。米国の兵力、軍需物資、軍事予算の八五パーセントが欧州戦局に向けられている。キングは太平洋方面に現状の二倍の三〇パーセントを振り向けなければならないと考えたから、陸軍や英軍は反発した。

マーシャルの下で戦争計画部長のポストにあったアイゼンハワーは、「太平洋での戦いはキングのプライベートな戦いだ」と言った。ワシントン駐在英海軍代表ジョン・デイルは、「キングにとって戦争とは対日戦のことだ」とチャーチルに書き送っている。

また、チャーチル付首席武官イズメイ中将は回想記で、「対日戦は、キングが生涯をかけて研究したものをすべて注いでの課題である。日本打倒以外の目的で、米国の国力を使うという考えに強く反発していた」と書いている。英陸軍参謀総長ブルークも、「キングは何物をも犠牲にして、太平洋方面の戦争に没頭している。キングの太平洋方面の見解のため、欧州方面の大部分の作戦がいつも反対される」と憤慨した。

太平洋戦争中、キングは自分の時間の三分の二を英軍との連合参謀長会議、米軍の統合参謀長会議関連に費やし、米海軍戦略の実現に尽瘁《じんすい》した。このようなことを考えると、太平洋戦争の推移はキングの戦略観を抜きにしては考えられない。

◆長身美男型で成績も抜群

キングは一八七八年一一月二三日、オハイオ州の州都クリーブランド近くのロレインで生まれた。ロレインは、五大湖の一つエリー湖中央部南岸にある港町。キングの生家は、エリー湖から一〇〇ヤードほど離れたハミルトン通りに今も保存されている。新潟県長岡市に山本五十六元帥の生家が保存されているのと同じだ。

父ジェームスはスコットランドの寒村に生まれ、九歳で父を失った。ジェームスの母は六人の子供を連れ、自分の弟とともに米大陸に渡り、クリーブランドに住むようになった。父ジェームスはエリー湖を航行する船の水夫となった。冬期は湖が凍結して失職するので、この間は橋梁《きょうりょう》建設の仕事に雇われ、各地の工事現場を渡り歩いた。母エリザベスは英国の軍港プリマスで生まれた。母の父は造船所の木工職人だったが鉄船の出現で職を失い、米国に渡って石油採掘会社に職を求め、精製作業の班長となりクリーブランドに住んだ。

父は結婚すると危険な橋梁建設の仕事をやめ、鉄道関連の修理工場に職を見つけ、後には班長となった。父は勤勉で自立心が強く、実務の習得に熱心、正直で強い性格の持ち主だった。キングの性格はこの父から受け継いでいる点が多い。父も母方の祖父も班長として実務・現場のリーダーを務めたが、キングはそれを誇りにしていた。

ニミッツの父は、母が強烈な母性本能を感じて結婚したような、弱々しい恥ずかしがり屋。ニミッツが母の胎内にいるときに父は死んだ。ニミッツが生まれてすぐに母は父の兄と再婚し、この伯父が義父となった。義父も、「俺の懐に一ドル銀貨が無限に入ってきたとしても、一個五〇セントで売って損をするだろうな」と自嘲するような、生活能力のない人だった。ニミッツの実父も義父も、自分で生活を切り開いていけない社会的弱者だった。スプルーアンスの父も、気の強い母と結婚後は、やる気を無くして、世捨て人同然の生涯を送った人である。

キングがアナポリスに関心を持ったのは、一〇歳のときに「ユースス・コンパニオン」誌で海軍兵学校の記事を読んで以来だった。当時、この雑誌は米国各地の青少年に広く読まれていた。キングの家は高校へ入学するのが精いっぱいの家で、それ以上の上級学校となると、学資のいらないところでなくては駄目だった。米内光政、山本五十六、井上成美《しげよし》といった人々も、同様の理由で海軍兵学校へ入学している。母は高校時代に死んだ。

キングはアナポリス一九〇一年組。日本では海兵何期という いい方をするが、アナポリスでは卒業時の西暦を使う。二〇世紀最初の年の卒業で、この年の江田島の海軍兵学校卒業者（兵二九期）には米内光政、高橋三吉《さんきち》、藤田尚徳《ひさのり》といった人々がいる。

キングの一期上に日本人の田村丕顕《ひろあき》がいた。米海軍兵学校史によれば、田村は「タム」「マイク」と愛称され人気者だった。アナポリスで有名な名家の令嬢と恋に陥った田村は、米国籍を取り、米海軍士官への道を考えたこともある。田村家は奥州一関藩主の家柄で、江戸城中で刃傷沙汰《にんじょうざた》を起こした播州赤穂藩主浅野長矩《ながのり》は、この田村家屋敷内で切腹している。由緒ある子爵家の嫡男である田村の夢は実現できなかった。後に日本海軍で子爵海軍少将。こんなさばけたところのある田村だが、中佐時代には高松宮の御付武官として、役目柄、固いことばかりいって高松宮に煙たがられている。

戦前のアナポリス卒業の最後の日本人は田村だ。一九〇六年に松方金次郎子爵が入学しているが、在学中に病死した。元老松方正義《まさよし》の本家の当主が松方金次郎だ。松方が卒業していれば一九一〇年組で、米高速空母群を率いたマーク・ミッチャー大将のクラスとなる。

アナポリスの日常の制服はネービー・ブルーの詰め襟で、日曜にはダブルの金ボタンの礼服を着る。夏は白の制服となる。土曜日の午後はアナポリスの街への外出が許される。一年生生徒には月に一ドル五〇セントの小遣いが支給された。当時の熟練工の日給が一ドル弱。小学校の教師や銀行の事務員はもっと低い。一年生生徒は年に数回のダンスパーティーには参加を許されない。

入学の翌年に米西戦争が始まった。四年生は繰り上げ卒業となり、三年生は夏期休暇が取りやめとなって海上勤務に就いた。二年生と一年生には、帰省して家で命令を待つよう指示があった。一八九九年、海軍人事法が議会を通過し、兵科と機関科が合体された。従来は、四年生になると兵科コース（生徒数の約九割）と機関科コースに分けられていたが、キングが四年生になってからその区別がなくなった。日本海軍で、機関科将校が兵科将校になり、階級名称から機関の文字が取れたのは昭和一七年（一九四二）。舞鶴の機関学校と江田島の兵学校が合併され、両校とも兵学校となったのが昭和一九年である。

キングの卒業式には、セオドア・ルーズベルト副大統領がやってきて長広舌を振るった。同期生は六七人。同期生のうち何人かは海兵隊に入った。海兵隊に入ると直ちに少尉（second lieutenant）に任官する。海軍では士官候補生を二年経験して、ようやく少尉任官となる。

キングは常に成績が上位で、記憶力が抜群に良かった。長身の美男型でニックネームは「ビューティー」。卒業席次は六七人中四番。米海軍でトップクラスまで昇進した者は大体卒業席次は中以下。この点でキングは例外である。日本海軍はハンモック・ナンバーと俗称される卒業席次を重視し、主要提督は卒業席次優良者がほとんどなのに対し、米海軍はキングまでの海軍作戦部長歴任者を見ると日本海軍と対照的である。

◆日本を見物した際の嫌な思い出

キングのキャリアの特色の一つは、上官と衝突を繰り返したことだ。対人関係をスムーズに対処することが苦手だった。後にニトログリセリンと仇名《あだな》されたように、感情を爆発させる直情径行型だ。

士官候補生時代には、乗組の戦艦「イリノイ」の副長から嫌われた。副長から嫌われていることを知った司令部幕僚の計らいで、巡洋艦「シンシナチ」に移った。「シンシナチ」はアジア艦隊に編入され、極東方面の各地を巡航した。日露戦争前後の時代である。浦賀に入港したとき、鎌倉の大仏見物に出かけた。見物を終え鎌倉駅に戻って財布をすられたことを知る。外套《がいとう》を質に置いて、横須賀までの汽車賃と横須賀から浦賀までの人力車賃を借りた。一週間後、再び鎌倉駅に行き駅員から外套を取り戻したが、駅員の態度に不快感が増幅した。若いときの初めての外国体験は、その国への感情として長く残るものだ。

日露戦争となり、「シンシナチ」は米国人保護のため朝鮮の仁川に向かった。仁川で見たものは、転覆した巡洋艦「ワリヤーグ」、炎上して悲惨な姿をさらす砲艦「コレーツ」、炎上して沈んだ輸送船「スンガリ」の姿だった。上海には米国からの新聞が届いている。日本軍の連戦連勝の記事ばかりで、ロシア軍の勝った戦いは何一つ書いていない。日本の宣伝の巧みさに驚くと同時に感心した。

山東半島の芝罘《チーフ》に停泊していたとき、ロシアの水雷艇「レシテルニ」が逃げ込んできたのを目撃した。その日の深夜、日本の水雷艇「朝潮」、「霞」が入港して「レシテルニ」に乗り込み、抵抗する乗員を射殺し、ロープで港外に曳航していった。「シンシナチ」から日本水雷艇の動きは見えなかったが、約二〇発の銃声が聞こえてきた。その後、上海でロシア艦が二隻逃げ込んでいるのを見た。マニラ湾では、日本海海戦に敗れて生命からがら逃げたロシア艦「オレーグ」、「オーロラ」、「ゼムチユーグ」の三隻が、気息奄々《えんえん》として入ってきたのを見た。このとき、太平洋戦争終戦時の首相鈴木貫太郎は第四駆逐隊司令、海相の米内は駆逐艦「雷」に乗っていた。

「シンシナチ」乗艦二年半で帰国。帰国のとき、先輩士官が言った。「キング君。君の部下は、君は厳しいが公平だったことを知っているよ」。キングは後に、「厳しいが公平、というのが私が生涯心掛けたことだった」と言っている。

「シンシナチ」時代も副長や航海士、通信士と職務上のことで対立し、オステルハウス艦長から三度目の謹慎命令を受けている。前の二回は飲酒による帰艦の遅れだった。キングを語る場合、酒とギャンブルと女は欠かせないが、魔都上海ですでにその徴候が表れている。上海では競馬場に足繁《しげ》く通った。

帰国の途中、横浜に寄った。キングの眼に映った日本人は、日露戦争に勝ったためか態度が大きかった。街路でも白人が日本人に道を譲らされる。他のアジアでは考えられないことだった。太平洋戦争中、大統領の軍事参謀長で統合参謀長会議議長だったリーヒ元帥は、他のアジア人と比べ日本人を嫌っていた。少しでも劣等民族視されることを許さない、決して誇りと文化を捨てないというのが、リーヒの日本人観だった。ハワイで多数の日本人移民を見て、リーヒはいずれ人種間の相違による戦争があるだろうと思った。

帰国してすぐに、アナポリス時代から結婚を約束していたマーサ・エガートンと結婚した。キングとマーサの間には女六人、男一人の子供ができた。末っ子はアナポリスに入って海軍士官となった。マーサは女の仕事は家事と育児という考えが強く、夫の仕事や夫の海軍内での昇進については関心を示さない人だった。娘六人は、父の職務一途《いちず》の余裕のなさや、母への冷淡な態度を嫌って、父に親愛の情を示さなかった。

熱血漢のネルソン提督と病弱で陰気だったネルソン夫人、デリケートな神経の持ち主で激情家の山本五十六元帥と男性的な性格の山本夫人、職務以外は酒、女、ギャンブル以外知らないキングと育児、家事以外に関心を示さないキング夫人。この英日米の著名な提督は、いずれも夫人と琴瑟《きんしつ》相和すという仲ではなかった

◆感情を爆発させ、上官と衝突を繰り返す

帰国後はアナポリス教官となったが、ここでも砲術科主任としばしば対立した。校長はキングの傲岸《ごうがん》な態度と不服従を叱《しか》り、砲術科主任にわびを入れるよう厳命した。

アナポリス教官の後は第三艦隊の参謀となる。司令官は「シンシナチ」艦長として仕えたことのあるオステルハウス少将だった。司令部参謀は参謀長の他に三人で、戦務担当がキング、砲術はダッドリー・W・ノックス少佐、機関はハリー・E・ヤーネル少佐。三人とも後に著名な提督になる。三人はいずれも軍事史に関心が深く、多くの軍事書を読み、盛んに討議した。第三艦隊参謀の後、海軍技術試験所副長。キングは技術系士

ウィリアム・シムズ（William Sowden Sims）
1858-1936年

官の道を歩んでもいいくらい、機械に関心が深かった。当時としては、まだ珍しかった自動車の中古を二五〇ドルで買い、自分でエンジンを分解したりした。

第一次大戦が始まった年、駆逐艦「カシン」艦長。「カシン」は大西洋駆逐艦隊に属し、司令はシムズ大佐（後に海大校長）。シムズは少壮時より大変なやり手として、また歯に衣着せない発言でも知られていた。キング少佐は参謀も兼ねた。シムズ大佐が決めたある案件に、キング少佐が反対したことがある。列席していた艦長たちは肝《きも》を潰した。自信過剰で何事も独裁するシムズ大佐が決めたことに反対する者は、今まで誰もいなかった。キングは兼務の参謀職を直ちに外された。

駆逐艦「カシン」艦長の後は大西洋艦隊司令部の機関参謀となる。司令官はメイヨー中将。メイヨーは決して出しゃばらず、思慮分別が深く、常識に富み、常に冷静である。絢爛《けんらん》たる才能を誇示し、移り気で芝居がかった言動が多く、感情の起伏を抑えられないシムズとは対照的な提督だった。キングはメイヨーに心服し、シムズには反発した。

ただし、キングはメイヨー型でなくシムズ型である。参謀時代、軍服は仕立代が特別高いので有名だったニューヨークの洋服店で誂《あつら》えた。「カシン」艦長時代、激務とやかまし屋のシムズ司令に仕えながら、海軍大学校の通信教育講座を数コース受講していた。レポート作成には多くの時間がかかる。キングの意志の強さと体力の頑健さを示す一例である。

一九一九年、海軍高等課程学校（Naval Post Graduate School）校長。一九二一年、給糧艦「ブリッジ」艦長となる。

一九二二年に制服が変わり、詰め襟・蛇腹装飾式から英海軍式のダブル背広式になった。日本海軍でもこの一〇年後に、第一種軍装を英海軍式にし、短剣を廃止する案があったが採用されなかった。東郷平八郎元帥の反対のためともいわれている。

一九二二年七月、コネチカット州ニューロンドンの潜水艦学校の四か月コースを修了して、第一一潜水艦戦隊司令。この年、太平洋艦隊、大西洋艦隊に分けられていた艦隊が、①戦闘艦隊（Battle Fleet）、②偵察艦隊（Scouting Fleet）、③基地艦隊（Fleet Base Force）、④潜水艦艦隊（Control Force）に編成替えとなる。①と③が太平洋岸に駐留し、米海軍の主力が太平洋に移った。第一次大戦の終結で、独海軍は消滅し、英海軍には昔日の面影はない。米海軍の仮想敵の第一は、日本海軍となった。

キング大佐は、乗組員が自宅から通勤していた勤務方法を改めて艦内居住を命じるなど、厳しい規律を課した。潜水艦隊司令官のテイラー少将から、規律を緩めるよう指示があったほどだった。この時期、海軍大学校の通信教育受講コースを三か月間に一二単位取ったが、これは大変な努力が必要だった。相変わらずの強い意志力と体力である。副官フード中尉は、キング大佐が海軍のトップになってみせるといっているのを二度聞いた。

当時からキングは大変な自信家で、上層部に自分を売り込むことにも熱心だった。一九二五年、キングはヒューズ作戦部長から忠告の手紙を受け取った。

「貴下の評判がどんなものかを知れば、貴下はきっと驚くでしょう。目立たない地味な海上勤務も嫌ってはなりません」

キングのキャリアは、今までは目立つ華やかなものばかりだった。出世意欲が人一倍強く、経歴を常に計算していたキングにはショックだった。すぐに礼状を出した。

「私は将来を見てやってきました。私の同期生に求められるどんな仕事でもできると思っています。仕事の選《え》り好みをしたことは、今までに一度たりともありません」

第一次大戦時、メイヨー大西洋艦隊司令部の参謀勤務で人々の嫉妬《しっと》を買っているのだと思い、「私は決して参謀勤務を希望したり、求めたりしたことはありません」とも書き加えた。

◆人並み外れた体力があり、酒と女に目がない

ワシントンの海軍省に出向き、リーヒ航海局長に次の任務の件で希望を申告した。海軍省の廊下でモフェット航空局長と出会った。モフェット少将は米海軍航空の父といわれる。航空局創立以来、飛行船での殉職まで一二年間、航空局長のポストにあった提督である。海上勤務に出ていれば合衆国艦隊司令長官にもなれたといわれた提督だ。海軍航空隊は設立以来日が浅く、空母艦長や基地司令になれる大佐クラスがいない。モフェットから、君どうだと持ちかけられ、承諾した。

一九二六年、水上機母艦「ライト」艦長。翌年、ペンサコーラの飛行学校学生となる。四八歳のキング大佐は、息子のような少尉、中尉と一緒に操縦訓練を受けた。このときの飛行学生

にリッチモンド・ケリー・ターナー中佐もいた。リンドバーグが大西洋を単独飛行で横断したのはこの年である。

一九二八年、モフェット局長はキングを竣工したばかりの空母「レキシントン」艦長に推薦し、内定していたが、航海局が取り消した。同情したモフェットはキングを航空局次長に据えた。これは失敗だった。モフェットは部下に絶対服従を求めるタイプで、自分の長年の考えにキングが異を唱えたことに激怒して、すぐにノーフォークの海軍航空基地司令に移した。

一九三〇年、「レキシントン」艦長。このときに空母「サラトガ」艦長となったのが、キングより二期上のフレデリック・J・ホーン大佐だった。ホーンは太平洋戦争中、一貫して海軍作戦部次長としてキングを補佐した。

キングは人並外れた絶倫の精力家だった。演習中は艦橋を離れず徹夜が続く。帰港すると、直ちに町に飲みに繰り出す。強風下でも飛行甲板の端から端までキング艦長の大声が届き、メガホンもいらない。キングの酒好きは有名で、初級士官時代に酒のため何回も謹慎処分を受けている。酒以上に好きなのが女だった。パーティーでは婦人たちはキングの近くに席を取りたがらなかった。キングの手がテーブルの下から伸びてくる。キングは言った。

「酒も飲まず、女にも関心を示さない男は要注意だ」

一九三二年、海軍大学校入学。日本海軍の海軍大学校が二年間の就学期間で大尉、少佐クラスを対象とし、将官登竜門的なのに対し、米国のそれは大佐クラスを対象として自学自習的要素が濃く、期間は一〇か月だ。卒業レポートが要求され、テーマは学校側が指定する三つの中から一つを選ぶ。

この年の指定テーマは、①「戦時の戦略に与える国家方針の影響」、②「戦時戦略における経済的圧力の利用」、③「戦時における海軍戦略、戦術、指揮の相互関係」だった。②は対日戦を考えたうえでの研究テーマに違いあるまい。キングは①を選んだ。

最初の二か月は、ユトランド海戦の分析が徹底して行われた。これが済むと対日戦研究となる。占領された比島を米国がどう再占領するかが課題だ。これには①北方コース、②中部コース、③南部コース、からの比島への進撃が考えられた。キングは③を最悪の案と考えた。日本軍に横腹から攻撃を受ける恐れが十分にあり、ニューギニア、モロタイ、ミンダナオといった大きな島々を占領するには、強力な日本陸軍と戦わなければならず、犠牲が大き過ぎる。キングは②を最善と考えた。

太平洋戦争中、キングの②案とマッカーサーの③案が対立し、結局②案と③案が併行して行われた。

日本の海軍大学校では、艦隊決戦の戦術研究を盛んに行った。しかし、戦艦による艦隊決戦のなかった太平洋戦争では、海軍大学教育はあまり役に立たなかった。米海軍大学校は、日本をどう屈服させるか、太平洋西進をどうするかといった、戦略問題やロジスティクス（兵站《へいたん》）関連の研究が主体だった。戦術はテクノロジーの発達で大いに変わっていくが、戦略やロジスティクスはそう大きな変化があるものではない。

ニミッツは戦後、「太平洋戦争は海軍大学校で研究した通りに進んだ。海軍大学校で研究したこと以外はカミカゼを除いて何も起こらなかった」といっている。第二次大戦後、米海軍の提督たちは一様に海軍大学校での研究成果を高く評価している。日本海軍の指導者だった人々が、海軍大学校での研究をあまり評価していないのとは対照的である。

◆〝制服組トップ〟作戦部長の座をタワーズと争う

一九三二年、少将に昇進。当時の大部分の海軍士官の最終的な目標は少将だった。恒常的な最高階級が少将で、ある重要なポストに就くと臨時的に中将や大将になる。ポストを外れると元の少将に戻る。少将に進級した者が最終目標が達成されたと大喜びしている中で、キングの望みはもっと大きかった。ニューポートのお気に入りのバーのバーテンに、「いつかきっと海軍作戦部長になるよ」と心の内を語ったのはこのときだった。

「ニューディール」を掲げてルーズベルトが大統領に当選した翌年の一九三三年、航空局長となる。

このポストを巡って五期下のジャック・タワーズ大佐と激しく争い、猟官活動を行った。米海軍では、議員や軍事専門誌記者を使っての猟官活動は珍しくない。戦後、ニミッツは海軍作戦部長のポストでトルーマン大統領やその他の有力者巡りをしている。日本海軍は人事に関して神経質だった。郷土色が濃厚という理由で、薩摩、肥前、土佐出身者は人事局長や人事局第一課長（士官人事を扱う）にはしないという、人事局長口頭中継事項があったほどである。猟官運動など論外だった。

タワーズ大佐は生粋のパイロット育ち。親分肌で航空界の実力者だ。自分の周辺に有能な将校を集めて閥をつくった。キングは本質的に群れを作れない一匹狼。己を恃《たの》んで孤高。飲み友達も凡庸な人物ばかりだった。

二年後、マーク・ミッチャー中佐が飛行課長として赴任してきた。ミッチャーのキング評は、「あまりに冷たい」だった。長身のオハイオ人キングは、人間の弱さというものが理解できない。部下はキングの考えを実行するための道具に過ぎず、キングの指示に全力を尽くすことのみを要求される。

誰かと角突き合いをするのがキングの性癖だ。航海局長のリーヒ少将とはうまくいったが、作戦部長のスタンドレー大将との間柄はすぐに悪くなった。

一九三四年五月、東郷元帥が死ぬ。米海軍のリーヒ、ニミッツ、ハルゼー、スプルーアンスといった太平洋戦争中に米海軍を率いた人々は、青年士官時代に東京でアドミラル東郷に会っているが、キングにはその機会がなかった。

米海軍将官の停年は六四歳。停年までに合衆国艦隊司令長官か海軍作戦部長になりたい。そのためには、以降のキャリアで三年間の海上勤務が必要だ。航空局長から海上勤務になるには、航空艦隊司令官（中将）と航空基地司令官（少将）の二つのコースがある。

スワンソン海軍長官は病気のため、スタンドレー作戦部長が長官心得となっている。人事を扱う航海局長はキングと同期のアンドリュース。アンドリュースは出世意欲が露骨で、誰彼となく有力政治家に取り入り、特に大統領へのごますり振りが同期生の顰蹙《ひんしゅく》を買い、同期生は誰も近づかなかった。スタンドレーはキングを嫌い、アンドリュースがキングのために一肌脱ぐことは考えられなかった。結局、キングが望んだ航空艦隊司令官就任は実現しなかった。

◆権限委譲を嫌い、トップダウンで〝完璧な〟指示を出す

一九三六年、航空基地司令官。キングの仕事のやり方は、権限委譲を嫌い、部下からの進言を受けようとしないことだった。航空基地のある飛行長は、次のような想い出を語っている。

「キング少将は一人で仕事をした。幕僚会議を開いたり、訓練計画などで主要指揮官を集めて会議をやるということはない。厳格で何々をやれというタイプだ。部下への対処は仕事をよく知っているか、仕事をしているかだけだ。無能と見れば、部下の前でも指揮官を叱りつけた」

一九三八年一月、航空艦隊司令官。幕僚に頼ることはほとんどない。自分の案を幕僚に回覧して意見を求めることはなく、幕僚の意見で自分の案を変更することなどない。文書作成も幕僚に委《ゆだ》ねず、正確な読み易い字で発信文や命令書を書く。十分考え抜いてから筆をとるので、指示メモ類には加筆や削除の跡がない。命令書は簡潔、明快で、あいまいな言辞はない。

航空艦隊旗艦は空母「サラトガ」。キング司令官は、何事も自分で判断して指示を与える。「サラトガ」艦長タワーズ大佐は、司令官の意図が分からないことが多い。参謀長のベリンガー大佐に司令官の意図を尋ねるが、参謀長も分からない。キングの幕僚は、キングのメッセンジャーボーイの集団みたいなものだった。

一九三九年二月の第二〇回大演習は、大西洋とカリブ海で行われた。キングはこの演習でちょっとしたことで脚に怪我をしたが、無理をして艦橋に出た。キャビンで酔っ払って艦橋へ出てこない、といううわさが流れるのを恐れたのだ。キングの

酒好きはそれほど有名だった。このときの演習でも、命令文は一字一句自分で筆をとり、幕僚や配下司令官からの助言は全く聞かない態度をとった。

ルーズベルトは、巡洋艦「ヒューストン」に大統領旗を掲げてこの大演習を観閲した。演習が終わると二〇人近くの将官が「ヒューストン」を訪れた。この夏にはリーヒ作戦部長が辞める。作戦部長を決めるのはルーズベルトだ。それぞれの提督は大統領に会える機会がほとんどないので、自分の売り込み場として最大限に活用しようとした。

幕僚任せにせず、最初の起案から自分で筆をとり、幕僚はメッセンジャーボーイのようなもの、とか、大統領へ自分を売り込むといった米海軍の特色は、日本海軍とは大いに異なっている。

自信家のキングは、次期作戦部長には自分か最適任だと思っていた。理由はキャリアの豊富さである。水上艦、潜水艦、航空関係のキャリアだけでなく、参謀勤務、海軍省勤務のキャリアもある。体力・気力は人並外れるほどだ。アナポリス卒業時の席次が示すように、頭の冴《さ》えは自他ともに許すところ。海大を卒業し、通信教育コースも数多く修了している。青年士官時代、海軍協会誌への投稿論文が、その年の最優秀論文賞を受賞したこともある。

しかし、この大演習の直前にリーヒ作戦部長とリチャードソン航海局長の連名で、次期作戦部長候補者のリストがルーズベルトの手元に提出されており、キングの名前は入っていなかった。キングは、ルーズベルト・サークルの海軍次官当時から目をかけていた、いわゆるルーズベルト・サークルの海軍士官ではなかった。キングには大酒飲みの評があり、独善的振舞いから敵も多かった。当時七四人いた将官で、航空関係者はキング、ハルゼー、ブレークリーの三人だけだった。大艦巨砲に関連している提督が当時の主流である。キングには戦艦艦長のキャリアはなく、海軍省最有力局の航海局や兵備局（ガン・クラブと俗称された）の経験もなかった。

一九三九年、将官会議（General Board）のメンバーとなった。停年直前の提督や、次の新ポストへ待機中の提督が配置される部署である。

当時の海軍長官は、有名な発明王エジソンの息子のチャールズ・エジソン。エジソン長官はキング少将を連れ、ハワイ真珠湾の合衆国艦隊の観閲を行った。その結果、艦隊の対空砲の弱体が明らかとなり、キングはエジソン長官の指示を受け、その対策を立てることになった。普通、このような調査や予算額検討は議会提出までに二年から三年かかり、討議に時間を費やし結局うやむやになることが多い。キングは三か月で調査と対策案（予算案を含む）作成をやり遂げたから、エジソン長官はキング少将の職務遂行への熱心さと勤勉さに舌を巻いた。

調査と対策などは完璧に近かったから、下院海軍軍事委員会委員長のカール・ビンソンは一九四一年一月、最優先予算としてこの対策（三億ドル）を認めた。カール・ビンソンは、海軍増強論者としてすでに一〇年間このポストにあった。このとき、ビンソンはルーズベルトにキングを合衆国艦隊司令長官に推薦したが、大統領は動かなかった。

一九三九年九月一日、ポーランド領となっていたプロイセンの旧ドイツ領の返還をポーランド政府に求めていたドイツは、ポーランドに軍事進駐。第二次大戦が始まった。

一九四〇年七月、ルーズベルトは米海軍大増強法案の両洋海軍法案（Two Ocean Navy）に署名。太平洋で日本海軍、大西洋で独海軍に備えようとする海軍増強法案である。

一九三〇年四月のロンドン軍縮会議以降、米海軍の主力は太平洋岸に駐留していた。仮想敵国第一の日本に備えていたことはもちろんだ。ところが、ナチス・ドイツの活発な動きにより、欧州方面がきな臭くなってきた。これに対処するため、一九三八年にルーズベルトの命令で、大西洋分艦隊が臨時的艦隊として編成された。戦力は巡洋艦七隻、駆逐艦七隻である。

一九四〇年九月、スターク作戦部長、ニミッツ航海局長は同席のうえでキングを呼び、大西洋分艦隊司令官はどうだと意向を尋ねた。米海軍の主力は太平洋岸にいて、少将のこのポストはキングの過去のキャリアを考えると低過ぎるともいえたが、キングは受けることにした。

当時の米海軍では、大将ポストが作戦部長、合衆国艦隊司令長官、戦闘艦隊司令官、アジア艦隊司令官の四つ。中将ポストは戦艦艦隊、航空艦隊、偵察艦隊の司令官で三つしかなかった。その後、大西洋分艦隊は大西洋艦隊となり司令官ポストは大将となった。

◆上陸作戦に海兵隊を使うことに固執する

大西洋分艦隊には、さらに旧式戦艦四隻と小型空母二隻が加えられた。一九四〇年一二月、キングは司令官として戦艦「テキサス」に少将旗を掲げた。

一九四一年二月、従来の戦闘艦隊、偵察艦隊、潜水艦隊、基地艦隊の四艦隊による合衆国艦隊が廃止され、太平洋艦隊、大西洋艦隊、アジア艦隊の三艦隊に三分割された。司令官はそれぞれキンメル、キング、ハートで、海軍大将の資格が与えられた。

この二月には、第七回艦隊上陸演習がプエルトリコで行われ、海兵隊第一師団と陸軍第一師団が参加した。師団単位の上陸作戦には、経験を積んだ高度の技量が必要だ。キングはこの演習を見て、陸軍は上陸作戦の経験が乏し過ぎると感じた。陸軍の新編成師団が上陸作戦をやるのは難しい。このときの経験から、キングはその後の太平洋戦争での各地の上陸作戦に海兵隊を使うことに固執した。陸軍ならば自分の指揮外であるが、海兵隊だと自分の配下で、自由に指揮し得る点があったことはもちろんだが、第七回上陸演習での印象がキングの脳裏に強く残っていたのである。

四月になると再びルーズベルトの命令で、太平洋艦隊から戦艦三、空母一、巡洋艦四、駆逐艦一二が割かれ、大西洋艦隊に移された。ルーズベルトは、英国救済を本気で考え始めていた。

一九三九年九月、チャーチルは英国海軍大臣に就任。翌年五月に首相となり、必死でドイツの攻撃に耐えていた。チャーチルの頼みは米国の巨大な軍需品だった。当時、チャーチルがのどから手が出るほど欲しがったのは、対Uボート作戦用の中古駆逐艦四〇～五〇隻、それに新鋭飛行機と対空砲だった。チャーチルはこれらをいずれも米国から手に入れる。

ルーズベルトは一九四一年三月に武器貸与法を成立させ、米国が「民主主義の兵器工場」になることを決意した。五月には英国へ五〇隻のタンカーを譲与し、六月には独・伊の在米資産凍結を命じていた。九月一一日、「Uボートを見つけ次第撃て」と命じる。在米日本資産凍結と石油の対日輸出を禁じたのは、それぞれ七月と八月である。

すでにルーズベルトは一九三九年七月、日米通商航海条約を破棄し、翌年六月には工作機械の対日輸出を禁じ、九月にはくず鉄の輸出も禁じていた。工作機械や鉄鋼生産に不可欠のくず鉄の大半を米国に頼っていた日本にとってこれは大きな痛手で、徐々に国力に響いてくる。

八月の対日石油輸出禁止と、九月の「Uボートを見つけ次第撃て」というルーズベルトの命令は、ルーズベルトが実質的に独日に宣戦を布告したのと同じであった。

キングは、真珠湾奇襲をノーフォーク軍港の旗艦「オーガスタ」艦上で知った。

真珠湾奇襲直後、キングはノックス長官から海軍省へ登庁せよとの命令を受け、一二月一六日にノックス長官と会った。ノックスは太平洋艦隊司令官キンメルの更迭、後任にニミッツの任命、合衆国艦隊司令長官にキングの任命を伝えた。いずれもスターク作戦部長とは相談せずノックス自身が決めたことで、ルーズベルトの了承も得ていた。その日の午後、ノックス、スターク、キングの三人はホワイトハウスに赴いた。キングはルーズベルトに次の三点の要望を伝える。

(1)合衆国艦隊司令長官（Commander in Chief, US Fleet）の略称は従来ＣＩＮＣＵＳであったが、これはsink us（我々を沈めよ）に通じよくない。ＣＯＭＩＮＣＨと改称すべき。
(2)記者会見や議会工作はやりたくない。

⑶海軍省各部局への指揮命令権を与えてほしい。各部局は独立王国的存在である。

ルーズベルトは、⑴と⑵は了承したが、⑶は法律の改正が必要で現状を変えるつもりはない、ただし、キングに協力しない部局長の更迭を約束する、といった。

海軍作戦部長（ＣＮＯ：Chief of Naval Operations）とＣＯＭＩＮＣＨとの職掌をはっきりさせるため、一二月一八日、次のような大統領命令八九八四号令が公布された。

⑴ＣＯＭＩＮＣＨは米艦隊のすべてを指揮する。

⑵ＣＯＭＩＮＣＨは大統領に直属する。海軍長官から全般的指示は受けるが、あくまで大統領の直属である。

⑶ＣＮＯは海軍長官に属し、長期的戦争計画に携わる。ＣＯＭＩＮＣＨは短期的戦争計画を担当する。

⑷ＣＯＭＩＮＣＨ司令部は海軍省内に置く。

⑸その他

これでもＣＯＭＩＮＣＨとＣＮＯとの間で不明な点があった。大統領への首席補佐官はＣＯＭＩＮＣＨかＣＮＯか、英軍との連合参謀長会議（ＣＣＳ：Combined Chiefs of Staff）のメンバーにはＣＯＭＩＮＣＨがなるのか、それともＣＮＯか。

ルーズベルトはスタークを更迭し、キングにＣＮＯも兼務させてこの問題の解決を図った（一九四二年三月二六日付）。

①ＣＯＭＩＮＣＨ、②ＣＮＯ、③海軍長官、の職務関係はどうだったのか。簡単にいうと、①は⒜全艦隊を指揮すると同時に、⒝将来作戦計画を立てる。②は⒝に基づき、艦船、航空機、軍需品、人員などの種類や量や時期を詳細に算出する。③は②の算出を具体的に予算化し、調達作業を行うと同時に人員の募集や訓練を行う。③が議会、産業界、広報の窓口となることはもちろんだ。

◆日米の参謀職の違い

合衆国艦隊は太平洋と大西洋の両艦隊を指揮する。このため、司令部はワシントンの海軍省の三階に置かれた。二階にノックス長官の部屋がある。キングは司令部の主要幕僚の人選から始めなければならなかった。参謀長にはアナポリスの校長だったラッセル・ウィルソン少将を指名した。キングからの電話を受け取ったウィルソンは、「Yes, sir. It's a great honor sir.」と答えたものの、失望と不満で泣き出しそうな顔になった。直前にニミッツから電話で、太平洋で暴れてみないかという誘いがあり、大喜びしていたからだ。電話を取り継いだウィルソンの娘の回想にある。

ラッセル・ウィルソン（Russell Wilson）１８８３-１９４８年

先任参謀にはsavvy（知恵）クックのニックネームのあるクック大佐を望んだ。戦艦「ペンシルベニア」艦長のクックは何度も辞退した。なぜ戦艦艦長の自分が、ワシントンの御殿女中のような連中に囲まれたところへ行かなければならないのだ、という思いがあったからだ。

　ウィルソンやクックの言動からも分かるように、米海軍では才能と気概のある将校は参謀職を望まなかった。参謀は指揮官の頤使《いし》に甘んじる補佐役に過ぎないと考えられていたためだ。

　対照的に日本海軍では華やかな出世コースだ。金色燦然《さんぜん》たる参謀飾緒を軍服の右肩につけると、偉くなったような錯覚を起こす者さえ少なくなかった。連合艦隊の参謀長や先任参謀のポストを不満に思う海軍将校など考えられなかった。日本ではトップには高貴な血筋の者や人望家を充て、実際の仕事の切り盛りは裏方の参謀的な者がやる、という伝統がある。ただし、実力と実力がぶつかり合った戦国時代の名将たちは例外だ。

　ウィルソンは参謀長になったもののすぐに更迭された。慎重型のウィルソンが熟慮に熟慮を重ねた成案を、キングはろくに見もしないで「No」となぐり書きして突き返す。これが重なってウィルソンの健康に影響を及ぼした。キングは参謀副長のエドワーズ少将を参謀長に昇格させる。このエドワーズが、大戦中一貫してキングの女房役（政策・管理担当）であった。先任参謀のクックも同様に一貫してキングを作戦面から補佐した。両参謀とも海軍大将に累進しているが、米国民は両提督の名前を知らない。日本で、参謀ポストにあった宇垣纏《うがきまとめ》、草鹿龍之介《くさかりゅうのすけ》、黒島亀人《くろしまかめと》、源田実《げんだみのる》といった人々がよく知られているのとは対照的である。

　キングの部屋は簡素で絵も飾っていない。机の上には書類やメモ類がうず高く重なっていて、お世辞にも整理されているとはいえない。部屋に入るのはエドワーズ参謀長とクック先任参謀で、他の幕僚を呼ぶことはまずない。幕僚に頼る態度は微塵《みじん》も見せない。自分宛《あて》の書類は一枚にまとめることを厳命し、二枚以上のものがあると直ちにごみ箱にぶち込んだ。書類には「Yes」か「No」を書くだけ。稀《まれ》に「??」の印がついて戻ってくる。一度でもしくじった幕僚は即座に更迭する。

毎水曜日の昼食から始まる統合参謀長会議には、エドワーズもクックも同席させないし、懸案問題を幕僚に説明させることも一切やらない。これはキングに限らず、マーシャル参謀総長、アーノルド陸軍航空隊司令官も同じだった。文字通り、キング、マーシャル、アーノルド、それに議長のリーヒの四人によって、米軍の軍事戦略がここで形成された。

この辺も日本と対照的だ。海相の嶋田繁太郎《しまだしげたろう》は、「まことに円満な人格者だが、自分で仕事のできる人ではない。よい幕僚をつけることが必要だと思われた」（中沢佑中将）と評された。軍令部総長の永野修身《おさみ》は、会議での居眠りで有名だった。敷島（タバコの銘柄）の両切りを下唇に乗せたまま、こんこんと眠る。「総長はイニシアチブを持ち、気力、体力が必要である。ロボットでは駄目だ。永野さんは若さが足りなかった」（富岡定俊少将）とも言われた。参謀総長の杉山元《すぎやまげん》も、大佐、中佐クラスの中堅幕僚の意のままに動くロボット的存在だった。押した方に動くというので、「便所のドア」と酷評された。彼らに共通するのは、佐官級の下僚に頼って任務を遂行する態度である。

キングは、統合参謀長会議や二〜三か月毎に行われた英軍首脳との連合参謀長会議に海軍のトップとして参加した。この二つの仕事に時間の三分の二を取られた。残りの時間は合衆国艦隊司令長官の仕事に割いた。二〜三か月毎に自らサンフランシスコへ飛び、ニミッツをハワイから呼び寄せた。戦略や高級人事の意見交換が中心である。

このようであったから、海軍作戦部長としての時間は割けず、次長のホーン中将に委《ゆだ》ねざるを得なかった。ホーンはキングより二期上だ。そのためもあったのか、両者は反りが合わなかった。キングは、次長の上に副部長を置いてエドワーズに兼務させたり、海軍作戦部内の航空部長にお気に入りのマッケーン中将をつけたりして、コントロールしようとした。

◆キングの対日戦の戦略

キングはＣＯＭＩＮＣＨとＣＮＯを兼務していたが、この他、米英軍首脳による連合参謀長会議（ＣＣＳ：Combined Chiefs of Staff）のメンバーであると同時に、米軍首脳による統合参謀長会議（ＪＣＳ：Joint Chiefs of Staff）のメンバーであった。

前者は米英軍の戦略調整を目的として、ルーズベルトとチャーチルによる首脳会議の都度開かれ、一九四三年には四回も開催されている。英軍は自国の存立に精いっぱいだ。太平洋方面などにかかわっている余裕はない。米軍としては太平洋方面で力を抜けば、この間日本軍の進攻と進攻地の要塞化《ようさいか》が進むから、放っておけばおくほどその後の反撃が難しくなる。当初、米軍戦力の一五パーセントが太平洋方面に注がれていたが、これを二倍の三〇パーセントにまで持っていくべきだ、というのがキングの持論で、このため英軍首脳と激論を闘わした。

統合参謀長会議は週に一回会合が持たれた。メンバーはキングの他、議長のリーヒ、陸軍参謀総長のマーシャル、陸軍航空隊司令官のアーノルドである。リーヒは大統領との連絡役に徹しており、アーノルドはマーシャルの意見に逆らうことはしない。統合参謀長会議をリードしたのは、キングとマーシャルだった。

マーシャルの持論は、①強力な統合参謀本部と統合参謀総長の設置による陸海軍統合作戦の効率化、②空軍の独立、③陸海軍組織の見直し、であった。キングはマーシャルのこの考えに対し、①は陸軍主体による作戦指導になる恐れがあり、マーシャルが統合参謀総長になりたいためのもの、②は陸軍航空隊による海軍航空隊の吸収をねらうもの、③は海兵隊を陸軍に吸収しようとする陰謀と考え、いずれも反対した。

対Uボート作戦がきわめて重大な時期には、大西洋艦隊（司令官インガソル大将）の下に対Uボート作戦専従の第一〇艦隊を創設して、キング自らが司令官になった。

キングは連合国を、①軍需品パワー国、②マン・パワー国、③軍需品やマン・パワーを運ぶことのできるシー・パワー国の三つに分けた。米国は①と②と③を兼ねている。英国は①と③で、ソ連と中国は②だ。対独戦ではソ連軍、対日戦では蔣介石軍の存在が不可欠だが、いずれも①ではないので、米国は軍需品を惜しみなく提供する必要がある。シベリア方面にソ連軍が、中国大陸に蔣介石軍がいる限り、日本陸軍の戦力は満州と中国大陸に釘付《くぎ》けにならざるを得ない。蔣介石軍が潰《つぶ》れれば、中国大陸の日本軍は太平洋方面に移動され、この方面に巨大な要塞と陣地ができあがるだろう。そうなると米軍の反攻は困難になる。蔣介石軍への援助を惜しんではならない。惜しむとその分だけ米兵の流す血の量が多くなる。

キングの対日戦初期の戦略は、①米本土とハワイ、②ハワイと豪州、との交通・通信線の確保であった。キングがガダルカナル戦に全力を投入したのは②のためだった。中期以降の作戦は、ニューギニアや比島といった大きな島々で強力な日本陸軍と戦うのを避け、中部太平洋の小さな島々を米軍の大兵力で迅速に攻め、太平洋を一直線に西進し、日本と南方との連絡線を切断して、短期間のうちに日本に降伏を強いる、というものだった。

陸軍のマーシャルやマッカーサーは、何を好んで迂回《うかい》してニューギニアや比島のジャングルで長時間かけて日本軍と戦い、米兵の血を流すのか。

米国の対日戦戦略として三〇年以上にわたって練り上げられてきた「オレンジ計画」は、一貫して強力な日本陸軍と戦うことは避け、海上交通線の切断によって日本に降伏を強いる戦略である。キングは「オレンジ計画」に忠実であった。これはキングに限らず、ニミッツの考えでもあり、スプルーアンスの考えでもあった。キングは、戦力を集中して中部太平洋を西進することを主張し、比島攻略作戦には反対した。

米国が比島攻略作戦を決断するのは、親子二代にわたって比島に深いつながりがあるマッカーサーの執念が、マーシャルやルーズベルトを動かした結果といってもよかった。政治家ルーズベルトにとっても、米国植民地比島の米軍による解放は政治的意味合いのあるものだった。キングは軍事戦略一本槍の軍人だから、できるだけ迅速に、できるだけ味方の損害を少なくして、敵をやっつけることが第一だと考える。

キングは、機密の保持には特別厳格に臨み、ノックス海軍長官が新聞界出身で広報活動に熱心なことを苦々しく思っていた。ノックスの後任フォレスタル長官も、少年時代から新聞社でアルバイトを続け、ジャーナリスト志望で、プリンストン大学の学生新聞の編集長だった。キングは機密保持の点から、新聞記者を敵視してはばからなかった。

ノックスやフォレスタルにとって、米国内で議会対策を含めて広報活動を円滑に進め、国民の士気を高め、陸軍や陸軍航空隊の宣伝活動に負けないためには、キングのやり方ではまずかった。その点、陸軍航空隊は広報活動に巧みで、ハリウッドのスター俳優を盛んに使って国民にその活動を宣伝していた。このままでは、米国民や議会は、第二次大戦は主として陸軍や陸軍航空隊によって戦われていると思うようになるだろう。

キングはこういうことが理解できなかった。後に、トルーマンはキングをこちこちの甲殻類のような古色蒼然《そうぜん》とした軍人だと評したが、確かにそういう点はあった。ノックスもフォレスタルも、作戦事項を全く報告せず、広報活動に消極的なキングをワシントンから放逐することを考え、ルーズベルトもその気になりかけたが、結局、ルーズベルトはキングを手元に置き続けた。

一九四五年四月、ルーズベルトが脳出血で死に、後任に副大統領のトルーマンが就任した。第一次大戦中に陸軍砲兵少佐だったトルーマンは、陸軍を好み、海軍のことに疎く、海軍の提督たち、特にキングを嫌った。戦争は終結に向かっており、トルーマンやフォレスタルがキングに頼ることはなくなっていた。

◆キングの人物評

ノックス海軍長官との間は微妙だった。キングの職務への打ち込みぶりに感心して、スターク作戦部長にも相談せずＣＩＮＣＵＳに推挙したのはノックスだ。しかし、徐々にキングのやり方を不快に思うようになった。作戦関係をキングが一切報告してこないからだ。キングは新聞屋のノックスに話したら、すぐにノックスの口から洩《も》れると思った。新聞記者に知っていることを全部しゃべるのがノックスだ。フォレスタル次官も同様の理由でキングを嫌い、後に両者は犬猿の仲になった。二人はキングのワシントンからの放逐を考えた。ノックスは直接キングに、「海軍のトップは太平洋の前線で指揮を執るべきではないか」と暗示的に言ったこともある。キングは、ホーン次長が自分が作戦部長になりたいために動いたのだと邪推した。

キングがＣＯＭＩＮＣＨとＣＮＯのポストを保ち得たのは、ルーズベルトのお蔭である。ルーズベルトは長男のジェームズ（海兵大佐）の質問に答えて、「キングのような戦略家はワシントンの手元に置いておかなければならない」と言った。

キングとニミッツとの間もそう良好ではなかった。キングは航海局（戦争中に人事局と改称）、出身者を信用しないところがあった。航海局出身者は部下の才能を買いかぶる傾向があり、部内のもめ事を隠してもみ消そうとする。航海局出身者は連絡を取り合って、互いにかばい合う傾向がある。キングはニミッツを、航海局出身者に多いこのような傾向の典型的人物と見た。ニミッツの更迭を考えたこともあるが、替わる者がいないのでできなかった。

ハルゼーに対しては、「頭が悪い奴」として全く評価しなかった。キングが評価したのはスプルーアンスと英海軍のマウントバッテン。それに幕僚のエドワーズとクック、第七艦隊司令官のキンケイドも評価した。航空畑のマッケーンも気に入っていた。若いところでは、ニミッツの作戦参謀シャーマン少将の発言には聞く態度をとった。

キングから嫌われたのは海軍航空の実力者タワーズ中将。個性の強いタワーズは、航空局長のポストをキングと争ったことがある。タワーズはキングを「情け容赦のない無情の男」と見、キングはタワーズを「子分を集めて閥をつくる男」と考えた。また「タワーズはできる男だが、一緒に仕事のできる男ではない」と言った。タワーズは生粋のパイロット育ちで、太平洋戦争中は空母機動部隊司令官を強く望んだが、キングが許さなかった。

太平洋戦争初期に空母群を率いたフレッチャー中将も、キングから嫌われた提督の一人だ。攻撃精神不足ということで霧と氷のアラスカに左遷され、終戦まで流謫《るたく》状態にあった悲劇の提督である。

フレッチャーはドイツ系の裕福な家系出身で、伯父は著名な提督（海軍大将）。政治家やワシントンの上流階層との付き合いも巧みであった。人と競ったり争ったりすることがないから、同期生から衆望が集まり、部下からの人望も厚い。子供はいなかったが、夫婦仲も円満である。

対照的な育ち、性格、家庭生活から、キングはフレッチャーに複雑な感情を持っていたという歴史家もいる。キングは貧しい鉄道工夫の家に生まれ、若くして母を失った。出世意欲が人一倍強烈で、性格は傲岸不遜《ごうがんふそん》で剛愎。部下に酷薄で情け容赦なく、上官とはトラブル続きのキャリアだ。人と融和することができず、人望がない。妻との間は冷たく、家庭には七人の子供がいるが、子供たちは甘えることもできず、職務一途で母に冷たい父を憎んでいる。

確かにフレッチャーとは対照的だった。キングの取り柄は頑健な体力と抜群の精力、職務への献身、シャープな頭脳と軍事文献読破で培った戦略眼、それに果断な実行力だ。戦時海軍のトップとして適していたことは間違いない。織田信長のスケールとは比べようもないが、信長に似て冷酷非情の鬼の要素がある。

他人への評価も厳しかった。リーヒ統合参謀長会議議長は、物の本質を見極めようとしないで足して二で割る、事のもみ消し屋だ（リーヒはキングの嫌った航海局出身者）。マーシャルはできる男かも知れないが、愚鈍。アーノルドはマーシャルのイエスマンで、自分で何をしゃべっているのか分からない男。マッカーサーは海軍戦争の原理を全く理解していない。ニミッツは事を荒立てないことばかり考え、部下の能力を買いかぶり過ぎる。

「人に対する好悪が断定的で、自分の計画に反対されることは我慢できなかった。軽率で苛酷《かこく》で執念深く、年とともにますます独裁的となった。彼に同意できない人は、とても付き合っていけなかった」と評された某英海軍有名提督への評をキングに当てはめて、キングを評する歴史家もいる。

人間関係処理の不得手なキングは、英海軍のトップともうまくいかなかった。元々英国嫌いである。戦時中、米海軍の黒ダブル金ボタンの英式制服が気にくわず、灰色シングルの制服に変えさせたほどだ。これは評判が悪く、元の黒ダブル制服に戻った。

英海軍軍令部長のカンニンガム元帥は直情径行型で、キングとは事毎《ことごと》にぶつかった。最初にワシントンのキングのオフィスを表敬訪問したとき、キングは木で鼻をくくるような応対をした。英米軍首脳会議でのキングの甚だ冷淡な態度にカンニンガムが興奮して卓を叩《たた》き、キングも瞬間湯沸かし器のように頭を熱くして立ち上がり、「英海軍が七つの海を支配したのは昔の話だ。今は違う」と怒鳴ったこともある。

米側のリーヒ元帥すらキングを、「爆発するタイプで、英側との論争ではすぐに怒り出し、外交的でなかった」と書いている。英国側はマーシャル参謀総長を高く評価したが、キングに対しては懐疑的だった。カンニンガムは、「お世辞にもよい共同実行者とはいえない。そのやり方は全く情け容赦がない。しばしば粗暴になり威張り散らす。敵と戦うだけでなく、いつも味方と喧嘩《けんか》ばかりしていた。それでも適材適所ではあった」と言った。

英統合参謀本部事務局長のヤコブは、カサブランカ会議でのキングの印象を次のように書いている。「活動的で長身、やせ型。油断のない自信に満ちた態度。圭角《けいかく》があり、堅苦しく、打ち解けさせることは不可能とはいわないまでも難しそうだ」

キングは、米軍内でも陸軍の意向には厳しい態度を貫いた。陸海軍の統合問題や空軍独立の動きに対してである。国家資源の陸、海、空への配分に関しても、陸軍側を辟易《へきえき》させるほど強硬に海軍の主張を固持した。

キングは戦時のリーダーだった。戦争が終わると無用者扱いを受けた。「狡兎《こうと》死して走狗《そうく》烹《に》らる」だ。トルーマンはキングを古色蒼然のこちこちの職業軍人と嘲《あざけ》り、フォレスタル海軍長官も上司として厳しい態度でキングに接し始めた。

戦争での激務はキングの身体を蝕《むしば》んでいった。終戦二年目の一九四七年に脳出血を患《わずら》い、以降海軍病院で寝た切りの状態で一〇年近くを過ごして死んだ。戦時中の相棒マーシャルが、国務長官や国防長官といった顕職で戦後も活躍したのとは対照的だった。

ニミッツ太平洋艦隊司令官

――キングと現場指揮官を間を取り持った巧みな緩衝役

米国は建国以来の伝統で、ワスプ（アングロサクソン系のプロテスタント）が支配階層をつくっている。社会の上流層ではワスプ以外は強く排除されてきた。

米国は独立以前は英国領だった。さらにさかのぼるとオランダ人も数多く移住しており、第二次英蘭戦争（一六六五〜六七年）以前、ニューヨークはニューアムステルダムと呼ばれ、オランダ領だった。オランダ人家系で支配階層になった家もある。ルーズベルト一族がその代表だ。ガダルカナルの激戦を戦ったバンデグリフト海兵第一師団長も、オランダ人家系の出身。ドイツ系で支配階層になった者もいる。アイゼンハワーがそうである。

太平洋戦争中の著名提督では、本稿の主人公であるチェスター・W・ニミッツ、それにフレッチャー、ミッチャーがドイツ系だ。北部ドイツのアングル、ザクセン地方の人々が、五世紀中頃にブリタニア島に侵入し、先住のケルト人を追い払って住みついたのがアングロサクソン人の先祖。オランダ人も北部ドイツ人と同じ人種だ。だから、アングロサクソン人もドイツ人もオランダ人も元々は同根ともいえる。

チェスター・ニミッツ（Chester William Nimitz）１８８５-１９６６年

ドイツ人や北欧系人はさほど甚だしい差別は受けなかったが、他は厳しい差別を受けた。太平洋戦争時、海軍情報部次長で対日情報を専門としたザカリアス大佐はユダヤ系で、海軍内での兵科将校としての昇進は断念し、情報畑一筋のキャリアを目指した。原子力潜水艦の父と呼ばれたユダヤ系のリコバーも、若い頃に兵科将校から技術専門士官へとキャリアの転換を図っている。戦後、米海軍内での少数民族（マイノリティー）

問題に積極的に取り組んだズンワルト作戦部長は、少壮士官時代に人事局勤務となったとき、先任者から、マイノリティーの士官は昇進の望みのないどん詰まり部署へ配置するよう、申し送りをされている。

兵科将校を育成するアナポリスへ入学するためには、連邦議員の推薦が必要だった。このため、米海軍将校はほとんどがアングロサクソン系（ないし北欧系白人）で、有色人（黄色人、黒人）の将校はきわめて例外的だった。明治時代には数多くの日本人がアナポリスに学んだが、日系人移民排斥問題で日米間が対立するようになってからは、日本人の入学は許されなくなった。

◆ドイツ人移民の家に生まれ、働きながら成長する

ニミッツの家系は前述のようにドイツ系。祖父がドイツ人移民集団の一員としてチャールストンに移住した。ドイツ移民団の一部は、さらにテキサスに移って自分たちの町をつくり、プロイセン皇太子フレデリックの名にちなんで、この町をフレデリックスバーグと名付けた。

テキサスは元々メキシコ領だったが、ここに米国人が住みつくようになり、やがて米国に併合された（一八四五年）。これに怒ったメキシコとの間に米墨戦争（一八四六～四八年）があり、敗れたメキシコは、現在のカリフォルニア、ネバダ、ユタ、アリゾナ、それにコロラド、ニューメキシコの一部といった広大な地を米国に割譲させられた。

フレデリックスバーグでホテル業を始めた祖父は、派手ないたずらや馬鹿話が好きな陽気な人物で、テキサス州議員になったこともある。父は病弱で恥ずかしがり屋の弱々しい人だった。二九歳のとき、同じ町のドイツ系の娘と結婚した。ニミッツの母は強い意志と性格を持っており、この母の性格をニミッツは受け継いだ。テキサスが米国に併合されてちょうど四〇年後の一八八五年二月二四日、ニミッツは生まれた。

第二次大戦中の米軍の英雄で、テキサス生まれが二人いる。ニミッツとアイゼンハワーだ。しかし、アイゼンハワーは生まれるとすぐにテキサスを離れている。

ニミッツが生まれる前に父は死んだ。ニミッツは父を知らず、祖父のひざの上で育った。母は父の兄と再婚。義父はフレデリックスバーグから二四マイル離れた田舎町のホテルの経営を姉から委ねられ、一家はこの町に移った。ホテルといっても、下宿屋に毛が生えた程度のホテルだ。ニミッツは八歳のときから、週一ドルで母の兄が経営している食肉工場の配達小僧になって働かなければならなかった。

ニミッツはドイツ語と英語の中で育った。父方の祖母は死んでいたが、母方の祖母から可愛《かわい》がられた。この祖母はドイ

ツ語しか話せなかった。高校に入ると、義父が経営を委ねられているホテルで働いた。午前九時から午後四時までは高校。ホテルへ帰ると、掃除、芝生の手入れ、薪《まき》割り、暖炉の準備、夕食後は午後一〇時までフロント業務をした。

一九〇〇年の夏、野砲連隊の砲兵中隊が演習でこの町へやってきて、砲兵少尉二人がニミッツのホテルに泊まった。ニミッツは、自分と年齢のそう違わない、ウェストポイントを卒業したばかりの二人のりりしい態度や、真新しい軍服にすっかり感心してしまい、陸軍士官学校へ入学したいと思うようになった。ここなら、家族からの仕送りを受ける必要もない。

ウェストポイントに入るためには連邦議員の推薦がいる。テキサス州選出の下院議員に推薦を依頼したが、この議員は手持ちの推薦枠を全部使ってしまっており、アナポリスなら手持ち枠があった。ニミッツはアナポリスのことなど全く知らなかったが、家族の経済的援助なしにいける軍関係の学校であれば不満はいえない。推薦をもらい、この地区の予備試験を受けて合格した。

一九〇一年九月七日、アナポリス入校。彼のクラスは一三一名で、アナポリス創立以来最大のクラスだった。生徒数が増えたのは、米西戦争の結果、士官が不足しているのが分かったこととと、セオドア・ルーズベルト大統領が海軍拡張計画を考えていたからである。

ルーズベルト大統領の艦隊拡張政策に伴う下級士官不足を補うため、卒業の予定が六月から繰り上げられて一九〇五年一月三〇日卒業。卒業できた同期生は一一四名。ニミッツの卒業席次は七番。四番にロイヤル・E・インガソルがいた。インガソルは、ニミッツが太平洋艦隊司令官になった翌日、大西洋艦隊司令官に就任している。五番はハーバート・F・レアリーで、後に太平洋戦争初期の空母部隊の指揮官となる。キングの後任の航空局長となったアーサー・B・クックも同じクラスだ。

◆東郷平八郎に深い感銘を受ける

ニミッツ候補生の最初の乗艦は、戦艦「オハイオ」。「オハイオ」はアジア艦隊の旗艦となるため東洋に向かう。この年の五月に日本海海戦があり、東郷平八郎率いる日本艦隊は、ロジェストウェンスキー率いるバルチック艦隊を完膚なきまでに撃破した。

日露戦争を勝利で終えた日本は東京で祝賀会を開いた。横浜に滞留していた「オハイオ」にも招待状が寄せられ、ニミッツを含む六人の候補生がパーティーに参加した。宴《うたげ》が終わりに近づく頃、ニミッツは東郷を自分たち仲間の席に招き、話をする機会を得て、東郷から深い感銘を受けた。

一九〇七年一月、少尉に任官。以降、比島で小型艦艇の艇長をやり、一九〇九年一二月、旧式砲艦「レインジャー」でボストンへ帰国。帰国後、戦艦乗組を希望したが、海軍省からの辞令は潜水艦勤務。当時、海軍の華は戦艦で、潜水艦はまだ海のものとも山のものとも分からなかった。

一九一一年、二六歳のニミッツ大尉は、第三潜水戦隊司令兼潜水艦「ナツール」の艦長を務め、後に新式潜水艦「スキップジャック」の艦長となった。

一九一二年一月には、海軍大学校で「潜水艦の攻撃と防衛作戦」と題する講演を行い、その内容はこの年一二月に海軍協会誌に掲載された。当時の大部分の海軍士官と同様、ニミッツも潜水艦は港湾・沿岸の防御兵器で、補助艦艇だと考えており、海上通商破壊用の恐るべき兵器になるとは思っていなかった。いずれにせよ、二七歳の大尉が海軍大学校での講演を依頼されるのはあまり例のないことだった。

一九一三年四月、ボストンの船舶ブローカーの娘キャサリンと結婚。フレデリックスバーグのニミッツ一族は、一族の伝統に従ってドイツ系移民の子孫と結婚してくれるとの期待が外れて大いに不満だった。

一九一三年五月、潜水艦用ディーゼル・エンジンの研究のためドイツに派遣される。潜水艦のエンジンには、毒性のガスを出すうえに爆発しやすいガソリン・エンジンよりも、ディーゼル・エンジンの方が適している、という認識が海軍部内で強くなっていた。ディーゼル・エンジンの先進国はドイツだった。

帰国後はニューヨーク海軍工廠配属となり、ディーゼル・エンジンの製作担当官となった。この頃、あるディーゼル・エンジン製作会社から年俸二万五〇〇〇ドルで引き抜きの話があった。当時、ニミッツ大尉の年俸は二八八〇ドルである。

少佐に進級したニミッツは、一九一七年八月、大西洋艦隊潜水艦部隊司令サミュエル・S・ロビンソン大佐の参謀を命じられ、翌年二月にロビンソン大佐とともに英・仏の潜水艦造船所や潜水艦視察のため欧州へ派遣された。

一九一八年から一九年にかけては、海軍作戦部の潜水艦設計委員会の委員を務め、一年後、戦艦「サウスカロライナ」副長となる。このように、ニミッツの青年士官時代は潜水艦とともに明け暮れた。

一九二〇年六月、真珠湾の潜水艦基地建設主任となる。

一九二二年、海軍大学校入学。一日の大半を海軍大学校で過ごし、兵棋演習に参加し、研究課題に取り組んだ。夜は、戦術・戦略・戦史・伝記といった文献の読破に没頭した。他のどんな体験よりも、海軍大学校での一一か月が太平洋戦争の指揮に役立ったとして、四〇年後、ニミッツは海軍大学校長のメルソン中将への書簡で次のように書いている。

「図上演習の敵は常に日本で、教程が完全無欠であったため、第二次大戦中の太平洋で、どうにも説明のつかない事柄や予期に反した出来事は何一つ起こらずに終わりました。当時、学生は太平洋を前進していくための補給関係の支援について計画を求められました。この結果、作戦を支援するのに必要になった途方もない補給問題に関して、我々は十分に準備ができていたのです。……わたしが平時と戦争を通じて戦略と戦術の両面で成功を収められたのは、海軍大学校のおかげという他ありません」

◆技術や戦略ではなく人事を得意とする

艦隊用石炭運搬船「ジュピター」が小型空母に改造され「ラングレー」と改名されたのは、ニミッツが海軍大学校へ入校した一九二二年である。航空母艦が偵察に有効であるだけでなく、攻撃用兵器としても強力な力を持つものであることに気付き始める人もいた。当時の海軍大学校長シムズもその一人で、兵棋演習に初めて航空母艦を参加させたのもシムズだった。

一九二三年六月、ニミッツは太平洋岸に駐留する戦闘艦隊の先任参謀として着任。司令官はサミュエル・S・ロビンソン提督だった。

一九二五年一〇月、ロビンソンの合衆国艦隊司令長官就任に伴い、ニミッツ中佐も合衆国艦隊の先任参謀に横滑りとなった。

海軍予備士官訓練隊（ROTC：Reserve Officers' Training Corps.）は、指定大学から候補者を選び、所定の教課を受講させたうえで、士官の資格を与える制度である。一九二五年に議会の承認を得て、翌年に予算がついた。対象は、ハーバード、ノース・ウェスタン、ワシントン、エール、カリフォルニアの各大学と、ジョージア工科大学の六校だった。各校から五〇ないし六〇名の学生が採用となり、運用術、航海術、砲術、軍法、国際法、戦略、戦術、電気学、機関学が教授される。夏には巡航訓練もあった。

一九二六年、ニミッツ中佐はカリフォルニア大学バークレー校で予備士官訓練隊を創設した。ニミッツ中佐の下には、少佐一名と下士官四名が加えられ、学生の募集、選考、教課、訓練を行い、予備士官訓練隊第一期生の育成に励んだ。

日本海軍の場合は、技術系以外の士官の供給源は海軍関連学校（兵学校、機関学校、経理学校）卒業者に限るという、純血主義の傾向が強かった。主計科（糧食・被服の調達・供給、会計、文書管理などの担当）士官を一般大学・高等商業卒業者から採用し始めたのは、一九三八年一二月、短期現役主計科士官制度が発足してからである。この制度を発足させたのは、米内光政海軍大臣と山本五十六次官だった。米海軍のROTCに相当する、兵科将校（飛行、航海、通信、砲術などの担当）を一般大学、高等商業卒業者から採用する海軍予備学生制度が発足するのは、太平洋戦争開戦直後の一九四二年からである。

ニミッツのその後の主要な経歴は、次の通り。


一九二七年九月、大佐昇進。

一九二九年、第二〇潜水艦戦隊司令。

一九三三年、アジア艦隊旗艦の重巡洋艦「オーガスタ」艦長。アジア艦隊は通常、春と秋は上海、冬はマニラ、夏は青島《チンタオ》に駐留した。

一九三四年、日本訪問、東郷元帥の国葬に参列。

一九三五年四月、海軍省航海局次長。局長はキングと同クラスのアドルフス・アンドリュース少将。

一九三八年五月、第二巡洋艦戦隊司令官。

一九三八年九月、戦艦戦隊司令官。

一九三九年八月、航海局長に就任。このとき、ニミッツは五四歳だった。


米海軍省が創設されたのは独立後の一七九八年。海軍省は、長官と海軍委員会（五人の海軍大佐がメンバー）と書記官によって構成されてきたが、一八四二年に恒常的な五つの局が創設された。施設局、建艦局、兵備・水路地理局、主計局、医務局である。この基本的構成は現在まで続いている。

南北戦争勃発《ぼっぱつ》後、①装備局、②建艦局、③蒸気機関局、④航海局、⑤兵備局、⑥主計局、⑦施設局、⑧医務局の八局制となった。①、④、⑤、⑦の局長には兵科士官、②、③の局長には技術士官、⑥の局長には主計士官、⑧の局長には医務士官が就任した。

このときに創設された航海局は、名称の通り当初は航海関係の科学部門を担当し、海軍天文台、水路地理部、海軍暦編纂《へんさん》部、海軍兵学校を管轄した。航海局が海軍士官の人事を担当し始めたのは、南北戦争時のウェルズ海軍長官が、自分のオフィスにつくった庶務室（Office of Detail）を一八六五年四月に航海局に移してからである。以降、軍務関連事項の窓口機関的職務を担当したが、徐々に人事関連職務に純化されていき、太平洋戦争中に人事局（The Bureau of Personnel）と改称された。

ニミッツが航海局長に就任した当時の航海局の任務は、「海軍将兵の募集、訓練、昇進、勤務、処分」に関する事項であった。

ニミッツは元々潜水艦乗りで、青年士官時代には潜水艦用ディーゼル・エンジンに関して米海軍内で不可欠の人物だった。ディーゼル・エンジン・メーカーから高給で引き抜かれそうになったことは前述した。スプルーアンスも若い時分には電気技術関係に深くかかわり、海軍を辞めて電気系の実業界に転職しようかと悩んだことがあった。スプルーアンスが電気技術系方面よりも、海軍大学関係でその才能を発揮したように、ニミッツもディーゼル・エンジン関係よりも人事事項関連の職務に深い関心を示した。息子のチェスター・ジュニアは、後に次のような意味のことを言っている。

「父は人間を扱うのに優れていた。航海局長はうってつけのポストだった。兵器を扱う兵備局のことなど眼中になく、大砲や海軍の技術関係方面には全く関心がなかった」

「潜水艦勤務やディーゼル・エンジンの仕事は、父が高級指揮官になるためにはさほど役に立たなかった。父にとって合衆国艦隊先任参謀や航海局長のポストは、海軍の全体像把握に有意義だった。父がいちばん関心を寄せ、上層部から高い評価を受け、後年の成功をもたらすことになったのは、この二つのポストだった」

なお、ニミッツのチェスターというかなり珍しい名前は、父の名前でもあり、一人息子の名前でもあって、三代同じ名前となった。

◆ルーズベルトからも信頼された人事情報

ニミッツが航海局長になった直後（一九三九年九月一日）、第二次大戦が欧州で勃発した。米国がこの大戦に巻き込まれる公算は大きく、前年に海軍増強のための大規模予算が議会で承認されていた。海軍の大増強は艦船や兵器の増強だけでは済まない。これらを動かす人的パワーが不可欠だった。

航海局には、人的増員対策の諸計画策定とその実行が求められた。問題は航空関係要員の採用、訓練、配置だった。航海局は人事担当局だから、海軍人事をすべて担当して当然と思っている。これに対し航空局は、航空関係要員の育成は水上艦や潜水艦乗組員の訓練とは異なるから、同じような教育訓練は金と時間の無駄遣いだと主張する。パイロット要員は、アナポリス卒業後すぐにペンサコーラの飛行学校でパイロットとしての訓練を受け、その後は航空基地や空母勤務にすべきだ。普通の水上艦要員と同じような、戦艦や巡洋艦の初級勤務の必要はない。これが航空局の考えだ。

これは、創設以来の航空局の主張だった。ニミッツが航海局長時代の航空局長は、生粋のパイロット育ち第一号提督のタワーズ少将。ニミッツとタワーズはこの件で何度もぶつかった。ニミッツは、タワーズの連邦議員や新聞などを使っての政治的動きに不愉快な目にあった。タワーズは太平洋戦争中期以降、ニミッツ太平洋艦隊司令官の下の太平洋航空部隊司令官や太平洋艦隊副司令官になる。このとき、ニミッツがタワーズに全面的な信頼を置かなかったのは、航海局長時代に味わった苦い体験からだった。

人的戦力を増やすためには、予備兵力の増大が必要だ。反対が大きかったが、ニミッツは予備役軍人にも現役将兵と同じ軍服を着用させることにした。

フランクリン・ルーズベルト大統領は海軍を「我々」、陸軍を「奴ら」と呼ぶほどの海軍びいき。ホワイトハウスの執務机の上に海軍士官名簿を置き、感想やうわさを書き込み、主要人事は自分で決めている。そのため、人事を扱う航海局長と接触することが多い。海軍の主要人事を決定する際、ルーズベルトは高級士官の資質、特性を熟知しているニミッツ航海局長を頼りにした。大統領を除けば、海軍の最終的人事決定者は海軍長官である。ノックス長官との接触も多く、信頼を得ている。

真珠湾奇襲後、太平洋艦隊司令官に任命されるきっかけは、航海局長時代にルーズベルトやノックスの面識を得ていたことにあった。

真珠湾が奇襲を受けた日、ニミッツはワシントンの自宅におり、潜水艦乗りの一人息子は比島方面にいた。

午後三時、ラジオの臨時ニュースで真珠湾奇襲を知り、すぐに海軍省に登庁した。ノックス長官の部屋に行くと、ノックスは電話で海軍第一四区（ハワイ）のブロック司令官から被害状況の報告を受けている最中だった。ニミッツの長女が犬の散歩でマサチューセッツ通りに行くと、日本大使館の庭で火が燃え盛っている。大使館員が、公文書の入った箱を燃やしていたのだ。大使館の周辺は、警官と群衆に取り囲まれていた。

一二月九日、ノックス長官はハワイへ飛び、一五日にワシントンに帰ってきた。記者会見の後、夜になってノックスはホワイトハウスでルーズベルトと会い、①真珠湾奇襲に関する査問委員会の設置、②キンメルの解任、③合衆国艦隊司令長官が全艦隊の指揮を執る体制、の提案を行い、ルーズベルトの了承を得た。③の司令長官にはキングを据えることにしたが、キンメルの後任はこのときは決まらなかった。翌朝、ノックスは再びホワイトハウスを訪れて協議し、後任はニミッツと決まった。ルーズベルトは、「真珠湾に急行し、戦争に勝つまでそこで頑張っていろ、とニミッツに伝えてくれ」とノックスに指示した。海軍省に戻ったノックスはニミッツにこのことを伝え、航海局長の後任にはランドール・R・ヤコブス次長が昇格することになった。

太平洋戦争中、オランダ系のペンシルベニア人ヤコブスは、一貫して人事局（航海局が改称されて人事局となる）長のポストにあった。ヤコブスは海軍省内で「キングの子分」と見られるようになるが、実際はそうではなかった。キングは、ニミッツをはじめとする航海局出身者を、何事も事が起こるともみ消そうとし、部下の能力を買いかぶり過ぎ、航海局出身者同士の閥をつくるとして嫌っており、ヤコブスに対しても同様に信頼しない態度をとっていたからだ。

太平洋戦争中、ヤコブスは気の重くなるような将官人事問題を抱えていた。キングが大きな力を持ってはいたが、形式的には海軍長官が人事権者だ。ルーズベルトは大戦に突入すると多忙となり、海軍人事にはあまり口を挟まないようになった。ノックスは当然意見をいう。

主戦場の指揮官となったニミッツにはずるいところがあった。主要提督の人事に関して、キングとヤコブスに下駄を預ける態度をとったのだ。自分で選択すると、うまくいかないときに首を切りにくいし、友情に傷がつく。キングやヤコブスに選ばせれば、この二人のせいにすることができる。ニミッツの本領は明哲保身で、これに冷静・沈着・中庸の衣を外面に重ねていた。

ヤコブスは、諸記録を書き入れた大部の将官名簿や古参大佐名簿を常時持参し、キングを補佐して適材適所の任命を心掛けた。

◆太平洋艦隊司令官に就任し、各方面の調整に力を発揮

一二月一七日にキンメルの後任がニミッツとの発表があり、翌日の新聞に掲載された。軍令部第一課所属の高松宮中佐は、二〇日の日記に次のように書いた。

「米国は太平洋艦隊長官に潜水艦屋をもってきた。潜水艦戦に当分は出るのであろう」

一二月一九日、フリーマンの偽名を使う背広姿のニミッツと副官は、ワシントン発の急行列車で太平洋岸に向かった。サンジエゴからクリスマスイブの夕刻、飛行艇でハワイに飛び、翌早朝、被害艦で埋《うず》まっている真珠湾に着水した。

大晦日《おおみそか》の午前一〇時、潜水艦「グレイリング」の甲板で太平洋艦隊司令官の就任式が行われた。キンメルの参謀長だったウィリアム・W・スミス大佐は少将に進級し、巡洋艦戦隊司令官となって司令部を離れた。

ニミッツは、参謀長にミロ・F・ドラエメル少将を選んだ。真珠湾奇襲時、ドラエメルは駆逐艦隊司令官だったが、パイ中将がキンメルの臨時後任となり、パイの参謀長になっていたのをそのまま引き継ぐことにした。キンメル司令部の作戦参謀と情報参謀もそのまま引き継いだ。前者はチャールズ・H・マクモリス大佐、後者はエドウィン・T・レイトン中佐である。

マクモリスはアナポリス一九一二年組。アナポリス時代より頭の良さからソック（ソクラテス）の異名があり、特異な容貌《ようぼう》と気の強さで知られていた。ニミッツの作戦参謀を短期間務めたマクモリスは、巡洋艦艦長として海上に出た後、再びニミッツ司令部に戻り、参謀長となる。

レイトン中佐は日本留学組で対日情報一筋の男だ。真珠湾奇襲後は駆逐艦艦長を望んだが、ニミッツから情報参謀として協力してくれと要請された。主要参謀の中では唯一、太平洋戦

争中、一貫して太平洋艦隊司令部でニミッツを補佐した。戦後、少将に昇進。情報畑のみを歩み、小型艦艦長のキャリアすらなく将官になった米海軍史上最初の人である。

ドラエメルは、真珠湾奇襲後の激務で心身ともに消耗した。ニミッツはその消極的な作戦指導を評価せず、ミッドウェー海戦後に更迭、後任にはスプルーアンスを据えた。ドラエメルは参謀や副官勤務が長く、有能の評が高かったが、戦時の野戦攻城の人ではなかった。その後、実戦に出ることなくフィラデルフィアの海軍第四区司令官となり、終戦までその職にあった。

スプルーアンス参謀長は、一九四三年八月に中部太平洋艦隊（第三艦隊）司令官として転出するまで、一三か月間ニミッツの下にいた。このときのニミッツとスプルーアンスについて、ある参謀は次のように言った。

「ニミッツは、どちらかというと呑気《のんき》で温情ある好々爺《こうこうや》ともいうべきタイプ。スプルーアンスは、手際のいい厳正な仕事一点張りの実務家タイプだった」

ニミッツが素朴で親しみやすい態度を示すのに対し、スプルーアンスは無口で下僚にとっては取っ付きがよくなかった。

兵力増大と戦局拡大によって増員を余儀なくされたニミッツ司令部は、大世帯になっていた。司令部の膨大な業務を捌《さば》くには、紳士的で人と衝突することを好まないスプルーアンスよりも、厚かましさと向こう意気の強さでは右に出る者がない、といわれたマクモリスの方が適していた。マクモリスは、日常業務や自分でできることではニミッツを煩わせないよう、大量の仕事を引き受けた。このため、業務が彼のところで滞ってしまう。参謀長室は「ボトルネック湾」と呼ばれたこともある。

ニミッツの真骨頂は、人間的欠陥が多く、情け無用の酷薄なキング合衆国艦隊司令長官に仕え、ブルと仇名《あだな》されたハルゼー、テリブル（鬼）の異名をとるターナー、ホーリング・マッド（ほえる狂人）と恐れられたスミスといった、個性の強い連中をよく統御したことだろう。キングとこれら部下との緩衝役を務めたのがニミッツだ。戦いに強い猛将は温厚、篤実とは限らない。個性が強いからといって猛将を指揮官から外せば、戦いに勝つことはできない。

終戦時、軍令部第一部長だった富岡定俊少将は、「ミズーリ」艦上での降伏調印式に海軍を代表して参加した。このとき、ニミッツは二人の幕僚を連れてきていた。一人は大戦中一貫して情報参謀だったレイトン中佐、一人は一九四三年末より作戦参謀としてニミッツを補佐してきたシャーマン少将（後に海軍作戦部長）である。そのときに見たニミッツの印象を、富岡は次のように書いている。

「ニミッツ提督が、第三八機動部隊司令官マッケーン中将を従えて米軍代表の列から出てきた。彼こそは夢寐《むび》にも忘れぬ敵将であった。いつも彼の写真を作戦室に掲げて、今度はどういう手に出るか、どんな戦略で来るかと明け暮れ、睨《にら》めっこして頭を悩ました相手であった。(昭和)一七年の夏、戦備の整うまでじっと我慢した粘り、ガダルカナルの激戦に次から次に兵力を繰り出して、とうとう根負けさせた頑張り、その後の押しと終始合理的で強靭《きょうじん》無比な戦いぶりを見せた猛将で、どんな凄《すご》い風貌かと思えば、これまた意外にもレファイン(洗練)された紳士である。態度は丁重謹厳で地味な様子だった」

ニミッツを一口で評するとすれば、「有能な調整型軍事官僚」といえるのではなかろうか。

米海軍の先輩マハン大佐のような軍事思想家ではない。マハンは、海軍史の研究の中から現代にも通用する多くの教訓を抽出した第一級の海軍軍事思想家だった。海軍参謀本部設立の必要性を説き、これは海軍作戦部の誕生となって実を結んだ。外交政策に関しても積極的に発言した(米国のハワイ王国奪取や日系人移民排斥の言論など)。

シムズ大将のように米海軍の近代化に邁進《まいしん》した提督でもない。シムズは、米海軍の大艦巨砲化や全巨砲(オール・ビッグ・ガン)艦の誕生に論陣を張った。建艦局の技術士官のイニシアチブで造られていた戦艦に、兵科士官の意見をもっと採り入れるべきだと動いたのは、セオドア・ルーズベルト大統領の海軍補佐官だったシムズだ。シムズは第一次大戦後、海大校長になると、「海大の存在価値は『海軍保守思想』に対するビッグ・ガンになることだ」として、航空戦力重視を説いた。アナポリスの教育内容にも激しい苦情を申し込んだ。

ニミッツは、潜水艦用ディーゼル・エンジンの技術に深くかかわり、潜水艦のキャリアが長いが、技術に関心は薄く、潜水艦乗りとして卓抜した腕を振るったこともない。

モフェットやタワーズ、あるいは山本五十六のように、海軍航空に情熱を注ぐということもなかった。スプルーアンスのように、海軍大学のキャリアが長く、教育畑にいて戦略、戦術の研究に打ち込むタイプでもない。ハルゼーのように砲煙弾雨の中、最前線で部下を叱咤《しった》激励し、士気を鼓舞する野戦攻城型でもない。かといって、帷幄《いあく》に謀を運《めぐ》らし勝を千里の外に決する軍師型でもない。

戦略家でもない。太平洋戦争での戦略の大綱は、稀有《けう》の戦略家と自他ともに認めるキングがすべてワシントンで独裁的に決めており、ニミッツの容喙《ようかい》を決して許さない。ニミッツはほぼ二か月毎にハワイからサンフランシスコに呼び出され、キングから戦略について細かい駄目押しをされる。ニミッツはキングの策定した戦略を忠実に実行したに過ぎなかった。

◆キング戦略の忠実な実行者

開戦直後の一九四二年三月五日付で、キングは米国が採るべき戦略として一二項目にわたるメモをルーズベルトに提出している。これがキング戦略の基本である。このメモを要約すると次のようになる。

(1)米国の主要な同盟国は英国とソ連であり、これら同盟国への第一の貢献は武器、弾薬の援助である。
(2)連合国への武器、弾薬の供給国は米、英であり、マン・パワーの供給国は中国、ソ連、米国である。武器、弾薬、マン・パワーを輸送するシーパワーを受け持つのは米、英である。
(3)豪州とニュージーランドは白人国であり、有色人種間の反響を考えれば両国が日本に占領されることは避けなければならない。
(4)我々の主要な関心は、ハワイと米国西海岸との連絡線の確保であり、またハワイとミッドウェー間の連絡線を奪われないことである。
(5)次の注意は豪州の保持であり、このためにはハワイ・豪州間の連絡線の確保が必要で、サモア、フィジー、ニューカレドニアに強力な基地をつくる必要がある。
(6)これらの強力な基地ができれば、ここから日本が占領しているソロモン諸島やビスマルク諸島へステップ・バイ・ステップで進攻することができる。
(7)結論として、当面の米国の太平洋方面での軍事的努力は次の三点に絞るべきである。
①ハワイの確保
②豪州への援助
③ニューヘブライズ諸島方面より北西方面への進出

キングは戦局の推移を次の四段階に分け、戦略指導の目安とした（一九四四年四月、ノックス海軍長官への報告書）。

(1)防御段階――自軍の通信線や海岸線を敵の攻撃から守る段階。
(2)防御・攻撃段階――自軍の作戦は主として防御的であるが、ある種の攻撃方法もとることができる段階。
(3)攻撃・防御段階――作戦の主導権は自軍が持つようになるが、まだまだ防御しなければならない面も多い段階。
(4)攻撃段階――自軍の前進基地が敵に脅かされることはなくなり、自軍の選定で敵への攻撃ができるようになった段階。

米国の戦力の八五パーセントが欧州に振り向けられ、太平洋方面には一五パーセントしか投入されていないことを指摘して、太平洋方面への戦力を倍の三〇パーセントまで増やすべく懸命の努力をしたのもキングだった。このまま太平洋方面を放っておくと、太平洋の島々が日本軍によって要塞化され、奪回するときに米兵の血が多く流れることを恐れたのである。

キングの戦略は中部太平洋方面の島々を経由しての反撃西進作戦であり、ニューギニアや比島といった大きな島々で強力な日本陸軍と戦って北方へ進む戦略を下策とした。

いずれにしても、ニミッツはキング戦略の忠実な実行者であった。太平洋方面での海軍主要人事もキングが握っており、ニミッツはキングに忠実に従う態度をとった。

ルーズベルト・チャーチルの巨頭会談とそれに伴う連合参謀長会議は九回にわたり、ワシントンでの二回を除いて外国のカサブランカ、ケベック、テヘラン、カイロ、ヤルタ、ポツダムで行われたが、キングは最後のポツダム会談を除いて全部出席した。毎週一回、定例の統合参謀長会議もある。対Uボート戦担当の第一〇艦隊司令官も兼ねている。この多忙な激務の中で、ほぼ二か月に一回、サンフランシスコへ飛び、ニミッツを呼び寄せ、作戦や人事の細かな指示を行った。

ニミッツは、キングが書き上げた五線譜の曲を演奏するオーケストラの指揮者だった。しかも、コンサート・マスターをはじめとする主要演奏者はキングの指名者だ。

ニミッツは、海軍の新しい技術には関心を示さなかった。太平洋戦争で主力となった航空兵力に深い見識を持っているわけでもない。フォレスタル次官のように軍需品調達業務に行政能力を振るったわけでもない。ニミッツが関心を示したのは航海局長（人事局長）の職務だった。このことが彼の特色をいちばん表している。

個性の強い酷薄無情の上官と配下の荒武者との間の巧みな緩衝役として、ニミッツは抜群の才能を示した。ニミッツは有能な官僚軍人だった。

官僚の特色は、安全、無難に職務をこなすことである。一つの事柄に情熱を燃やしてのめり込んだりはしない。技術問題に深入りはしない。行動基準は、前例と安全と世間の常識である。上に従順で精励恪勤《かっきん》でないと認められない。自己主張はほどほどにしないと弾《はじ》き飛ばされる。

ニミッツは、能吏に共通の狡猾さも多分に持っていた。前述したように、主要人事に関して、キングや人事局長のヤコブスに下駄を預ける態度をとった。能吏に共通の明哲保身の処世術を持っていた。戦後、合衆国艦隊司令部は解散となり、海軍制服組のトップは作戦部長になった。大戦中キングにほとほと手を焼いたフォレスタル海軍長官は、戦後の作戦部長は御しやすい人物にしたかった。英雄のニミッツ元帥では大物過ぎる。だが、ニミッツは巧みにトルーマンへの猟官運動を行い、思惑通りキングの後任作戦部長となった。

戦後の米海軍の重要問題は、空軍独立と三軍統合による国防省の創設だった。この問題に海軍は一貫して反対した。かつて陸軍士官だったこともあるトルーマンは心情的陸軍派で、海軍びいきのルーズベルトとは対照的だった。トルーマンは、陸軍のイニシアチブによる空軍の独立と国防省設置への方向を推し進めた。悪戦苦闘するフォレスタル海軍長官に対して、明哲保身のニミッツは淡々と動向を見つめる態度をとった。

一九四七年一一月、二年間の任期を終えて退任。後任には、人事局育ちで実戦経験のないルイス・E・デンフェルトを推したが、これは結果として問題だった。軍人間の発言力は、実戦のキャリアによる。陸軍、空軍の参謀総長は、歴戦の勇士ブラッドレー元帥とスパーツ大将だ。二人は事毎にデンフェルトを実戦のキャリアがない人事屋として小僧扱いした。ニミッツが作戦部長時代の陸と空のトップはアイゼンハワーとノースタットで、二人はもちろん、ニミッツの貫禄《かんろく》をよく知っていた。

第二次大戦終了とともに、米国の差し迫った敵はソ連となった。ソ連との戦争が現実となる可能性が十分あった。対ソ戦略をどうするか。ソ連は大陸の陸軍国だ。海軍は問題にならない。強力なソ連の戦車群と欧州平原で決戦を行えば、勝つ見込みはない。頼れるのは長距離重爆撃機による原爆攻撃であるとする空軍戦略が、空軍の巧みな広報活動によって国民に支持されるようになった。

海軍はデンフェルト作戦部長の貫禄のなさ、広報活動や議会対策のまずさもあり、空軍や陸軍に押されっ放しの状況となった。フォレスタル海軍長官は初代国防長官に移った。後任海軍長官が無名のサリバンやマシューズになると、海軍の影はますます薄くなり、多くの提督たちが不満を公にするようになった。マスコミはこれを「提督たちの反乱」と呼び、海軍の士気は地に堕ちるようになった。キングは脳出血で海軍病院に入院している。

本来なら海軍長老のニミッツが作戦部長や海軍長官を助けるべきなのだろうが、ニミッツは動こうとせず、傍観者的態度を崩さなかった。

終戦後、息子のチェスター・ジュニアは海軍大佐（少将に名誉進級）で海軍を辞め、実業界に入った。一九六一年まで半導体の有名会社であるテキサス・インスツルメンツ社で働き、後にＩＣ製造用の精密機械をつくるパーキン・エルマー社に移り、ここで社長になった。

退役後、ニミッツは数多くあった名誉職的なポストの要請をすべて断り、サンフランシスコで引退生活に入った。一九六六年二月、死去。八一歳だった。

タワーズ太平洋艦隊副司令官

――パイロット出身者として新しい海軍像をつくった初の提督

大空を鳥のように飛ぶのは、人間の昔からの夢だった。欧州でも日本でも、空を飛ぶことに情熱を燃やした人々はいた。しかし、石油エンジンとプロペラを使って空を飛んだ第一号は、米国のライト兄弟だった。兄ウイルバーと弟オービルの父は伝道牧師で、母はドイツ系。二人の兄と妹は、当時としては珍しく大学に進学している。ウイルバーとオービルは高等教育とは無縁で、先端の乗り物だった自転車製造工場の経営の傍ら、飛行機の夢の実現に取り組んだ。兄弟は生涯独身を通した。

兄弟が、年収三〇〇〇ドルの三分の一を投入して製作したフライヤー一号を使い、ノースカロライナ州キティーホークで初めて空を飛んだのは、一九〇三年一二月一七日である。翌々年の一九〇五年には、フライヤー三号を使って五〇回の飛行を行った。合計飛行時間は三時間。一回の最長飛行時間は三八分三秒だった。このフライヤー三号によって、飛行機の原型が固まった。

ジョン・ヘンリー・タワーズ（John Henry Towers）１８８５-１９５５年

◆砲弾の着弾観測に飛行機を用いることを思いつく

米海軍での生粋のパイロット出身第一号提督はジョン・H・タワーズだ。

一八八五年、ジョージア州の小さな農機具製造会社を営む家に生まれたタワーズは、土木技師を夢見てジョージア工科大へ入学した。しかし寄宿舎の同室者が年上の乱暴者だったのでたまらず退学。父と相談して、学資のいらないアナポリスに入学した。当時はセオドア・ルーズベルト大統領による米海軍大増強期で、アナポリスの入学枠も大幅に増えていた。タワーズ家は、祖父が南北戦争時に南軍のジョージア歩兵第八連隊の連隊長だったし、父も少年の身で騎兵隊に入隊して南北戦争を戦ったから、軍人一家といってよかった。

一九〇六年にアナポリスを卒業。卒業席次は上位といってよい一一六人中三一位。三期上にスターク、二期上にキンメルやハルゼー、一期上にニミッツ、一期下にスプルーアンス、二期下にリッチモンド・K・ターナーがいた。タワーズと同時期に江田島を卒業した日本海軍士官に古賀峯一《みねいち》元帥がいる。

一九一一年、米海軍初のドレッドノート級戦艦（副砲なしの全主砲艦）「ミシガン」の着弾監視士官となった。タワーズ中尉の任務は、水面から一三〇フィート上にある籠型マストの頂上から、一二インチ主砲の着弾を観測することだった。籠型マストは神戸港の中突堤にあるポートタワーと同じような形で、その後建造される米海軍戦艦の外見上の特色となった。高さ一三〇フィートから観測するとはいえ、水平線の彼方《かなた》に飛ぶ砲弾の着弾観測は難しい。飛行機を使用しての観測はどうだろうかという考えが、タワーズに飛行機への関心を持たせた。

タワーズは、航海局へ飛行機パイロットへの希望申告を提出する。この年（一九一一年）、議会が海軍用に三機の飛行機（一機はライト兄弟社製、二機はカーチス社製）の購入を認めたため、三人のパイロット志願者と三人の飛行機技術士官志願者が求められていた。

二六歳のタワーズ中尉は、カーチス社のあるニューヨークのハモンズポートに赴き、海軍航空一号機のカーチスA1トリアード機（水上機）のパイロットとなった。トリアードとは〝三つ一組〟という意味の普通名詞だが、空中、水上、陸上の三つを行くという意味でつけられた名前だ。専任の教官はいない。カーチス社の社長が教官となり、社長と同乗して操縦を習うのである。

一九一三年には海軍で初めての水上機による敵艦隊捜索演習があり、タワーズはパイロットとして参加した。このように、米海軍における飛行機は、着弾観測と敵艦隊捜索が目的で導入された。

一方、陸軍はどうだったのか。一九〇七年、セオドア・ルーズベルト大統領は「サイエンティフィック・アメリカン」誌に載ったライト兄弟の記事を読んで、陸軍に調査を命じた。調査をし、この導入に当たったのは陸軍通信隊だった。陸軍は迅速性という点から、飛行機を通信に使うことを考えた。陸軍航空生みの親ともいえるビリー・ミッチェル准将のキャリアも、陸軍通信隊で飛行機に関連したことから始まっている。

タワーズと同様、生粋のパイロット育ちで、太平洋戦争中に高速空母群を率いて日本海軍と戦った提督がマーク・ミッチャーだ。

一八八七年一月、ウィスコンシン州で生まれたミッチャーは、タワーズよりも二歳年下だが、アナポリスの卒業は六年後の一九一〇年。ニミッツと同様、ドイツ系米国人である。一九一五年にフロリダ州のペンサコーラに海軍飛行学校が創設され、ミッチャーは第一期生として入校。以降、タワーズと同じく海軍航空一筋で進んだ。

◆航空課長モフェットに気に入られる

海軍省内に海軍作戦部が創設されたのは一九一五年。この作戦部内に航空課が設置されたのは一九一九年八月である。初代課長はクレーブン大佐で、二代目はウィリアム・A・モフェット大佐。モフェット大佐は、名前だけで実質のほとんどない航空課を、航海局や兵備局と同等の力を持ち、航空行政すべてを扱う航空局にまで育て上げるため、持ち前の政治力を発揮した。

財産家のモフェットは、海軍を首になっても経済的には少しも困らないから、大胆な政治行動をとることもできたし、その方面の才能もあった。目的達成のため、連邦議員に盛んに接触するし、新聞記者や雑誌関係者を利用することも辞さない。その点では、資産家の息子で、空軍万能を歯に衣着せないやり方で主張した陸軍航空のビリー・ミッチェルと似ている。

ウィリアム・A・モフェット（William Adger Moffett）１８６９-１９３３年

ミッチェル准将は、その過激な発言がたたって軍法会議により陸軍を追われる。モフェットは一九二一年七月、航空局設立と同時に初代局長となり、以降一〇年以上にわたり飛行船で事故死するまで海軍航空行政のトップにあった。モフェットは一八九〇年のクラス。秋山真之がこの年江田島を卒業している。卒業席次は稀有《けう》の秀才だった秋山と正反対で、三四人中三一位。このモフェットが目に入れても痛くないほど可愛《かわい》がり、後継者として航空局長のポストを譲ろうと考えたのがタワーズだった。

飛行機が、着弾観測や敵艦隊捜索だけでなく、攻撃力も侮れないことは、一九二一年七月二一日、バージニア沖九〇キロの洋上で、実験艦の旧ドイツ戦艦「オストフリースラント」(二万二八〇〇トン)がビリー・ミッチェルの陸軍機に撃沈されたことで実証された。「飛行機で戦艦が沈められる」というミッチェルの主張が証明されたのだ。「オストフリースラント」の爆撃実験は、多数の者が輸送船「ヘンダーソン」に乗って見学した。その中には、デンビー海軍長官やセオドア・ルーズベルト・ジュニア海軍次官もいた。

モフェット航空局長は、デンビー長官やルーズベルト・ジュニア次官、クーンツ作戦部長、シムズ海大校長らのバックアップを受け、海軍航空の充実に力を発揮した。一九二二年の夏、モフェットはデンビー長官に次のように進言している。

「海軍は攻撃の最前線に立つ。この最前線の防御陣としての海軍航空は、攻撃の最も重要なところに振り向けられるべきだ。海軍航空は陸上からは攻撃に出られない。艦隊とともに進撃しなければならない」

モフェットの考えは、航空母艦の建造とその戦力化だった。米海軍の空母第一号は、石炭輸送船「ジュピター」を改造した「ラングレー」である。完成は一九二一年。排水量一万一五〇〇トンで、速力は一五ノット。本格的空母ではなく、実験を目的とする簡易艦だった。この「ラングレー」から得た各種の教えにより空母の本格化が始まる。

米海軍初の本格的空母は、一九二七年に完成した「サラトガ」と「レキシントン」である。三万三〇〇〇トンの巨艦でありながら、三三ノットの高速性をもっていた。巡洋戦艦として建造中だったものを、空母に改めて竣工したもので、日本海軍の「赤城」、「加賀」のライバル艦だった。その後の太平洋戦争までの米海軍の空母には、一九三四年完成の「レンジャー」(排水量一万四五〇〇トン、速力二九ノット)、一九三七年から四一年にかけて完成したヨークタウン級の「ヨークタウン」、「エンタープライズ」、「ホーネット」の三艦(一万九九〇〇トン、三四ノット)、一九四〇年完成の「ワスプ」(一万四七〇〇トン、三〇ノット)がある。

一九二六年、タワーズ中佐は「ラングレー」の副長となった。タワーズはそれまでパイロット一筋だったが、搭乗機は水上機だった。副長になると、普通機での着艦の練習を繰り返し、自ら操縦桿を握って「ラングレー」への着艦に成功した。当時の着艦実施パイロットでは最も年長で、最も階級が高いパイロットだった。

この「ラングレー」時代のパイロットたちが、太平洋戦争時の空母指揮官クラスになった。ドナルド・ダンカンやマイルズ・ブローニングらである。前者は合衆国艦隊の航空参謀となり、ドーリットルの東京奇襲作戦案を作り、空母「エセックス」艦長として太平洋で暴れた。後者はハルゼーの参謀長として活躍、ノックス長官とキングに嫌われて参謀長を首になり、空母艦長や陸大教官を務めた。

ダンカン大尉やブローニング大尉の他に、デューウィット・ラムゼー少佐（一九一二年組）もいた。ラムゼーは太平洋戦争中は第一空母群司令官、航空局長、第五艦隊参謀長を務めた。

サンジエゴを母港とした「ラングレー」は、一週間のうち四日は、朝早く出航して発着艦の訓練を続け、夕方に帰港する。当時、米国は禁酒法の時代だったが、サンジエゴから南へ三〇マイルのメキシコ領ロザリタビーチへ行くと酒が飲めた。サンジエゴから北のシアトル、サンフランシスコへの訓練巡航もある。このときは通常の搭載機数の倍の二〇機を搭載し、一日に一二七機の着艦記録をつくった。

◆政治力と野心ゆえにキングから警戒される

親分肌のタワーズの下には、多くのパイロットが慕い寄ってきた。タワーズは政治的動きにも長《た》けていたので、いわゆるタワーズ・チームができ上がっていった。当時のパイロットには一種独特の雰囲気があり、海軍内では少数派だった。勢い、タワーズを先頭に押したてて団結する傾向ができていく。

一九二七年一月、「ラングレー」艦長となる。「ラングレー」は実験艦としての要素が大きかったので、タワーズはガソリン給油システムなど多くの改良を重ねた。この年には第七回艦隊大演習がカリブ海であり、パナマ運河経由でカリブ海へ出、ニューヨークにも寄った。

四八歳のキング大佐が、ペンサコーラにある海軍飛行学校で息子と同じくらい若い海軍士官と机を並べて飛行訓練を受け、パイロットの資格を取ったのもこの年である。リッチモンド・ケリー・ターナー中佐も四二歳で、キングと一緒にこの飛行学校でパイロットの資格を取った。ちなみに、山本五十六大佐が霞ヶ浦の海軍航空隊教頭として、航空キャリアの第一歩を踏み出すのが一九二四年九月である。このとき、霞ヶ浦航空隊には大西瀧治郎《おおにしたきじろう》大尉や三和《みわ》義勇《よしたけ》中尉がいた。

一九二八年の第八回艦隊大演習はハワイ沖で実施された。「レキシントン」のハワイ急行実験が行われ、「レキシントン」は平均三一ノットのスピードで、七二時間でサンフランシスコからハワイに到着した。

一九二八年八月、航空局の計画課長。局長のモフェットは、航空局創設以来六年以上そのポストに座っている。モフェットもタワーズも、航空兵力を艦隊攻撃力の中核にすることが夢だった。モフェットとタワーズは一心同体といってもよかった。モフェットは、緻密《ちみつ》、正確な能吏型ではなかった。細かいことはすべて部下にやらせ、政治的問題に全力を注ぐタイプだ。

この年、モフェットはキングを「レキシントン」の艦長に推したが、航海局の反対で駄目になった。落胆するキングに同情して航空局次長に据えた。しかし、これはモフェットの誤算で、鼻っ柱の強い二人は角突き合いを始めた。両雄並び立たず。キングは辞任を申し出、ノーフォークの海軍航空基地司令に去っていった。キングは計画課長のタワーズとも反りが合わなかった。キングは、「タワーズはできる男だが一緒にはやっていけない」と言い、タワーズも同じ考えだった。キングが去ると、一九二九年四月、タワーズが次長となった。海軍省始まって以来の若い次長で、これがキングのタワーズへの警戒を深めた。タワーズの野望の強さを感じたのである。

タワーズは航空行政に深くかかわり、航空諮問委員会をはじめ多くの委員会の委員となった。海軍行政の方向を決めるのに大きな影響力を持つ海軍将官会議に呼ばれることも多かった。ここには、キャリアの途中で航空畑に入ったリーブス（一八九四年組）、バトラー（一八九五年組）といった提督がいた。海軍将官会議のメンバーに、最新魚雷のデザイン、飛行機製造業、急降下爆撃戦術、爆撃機、対空砲といった、最新の航空関連事項の説明をした。

タワーズは、これはと思う士官を航空局へ集めた。計画課長の後任にはリッチモンド・ターナー中佐（一九〇八年組）を呼び、この課にマーク・ミッチャー（一九一〇年組）を、機材課にはチャールズ・A・パウノール（一九一〇年組）やドナルド・ダンカン（一九一七年組）を入れた。人を集めるにあたっては、人事を扱う航海局のリチャードソン次長と緊密な連携をとった。

一九三一年六月、航空艦隊司令官がブル・リーブス（一八九四年組）からハリー・E・ヤーネル（一八九七年組）に交代し、タワーズ大佐は航空艦隊の参謀長に任命された。ヤーネルの副官はアーサー・ラドフォード少佐（一九一六年組、後に統合参謀本部議長）、航海参謀はフォレスト・シャーマン少佐（一九一八年組、後に海軍作戦部長）。航空艦隊旗艦は「サラトガ（シスター・サラの愛称）」。艦長はフレデリック・ホーン（一八九九年組）からアーサー・B・クック大佐（一九〇五年組）。「レキシントン（レディー・レックスの愛称）」の艦長はキングとなった。

この年の艦隊大演習は、航空兵力を使ってのハワイ奇襲だった。演習が終わると「サラトガ」はシアトル近くのブレマートン軍港でドック入りしたため、旗艦は「レキシントン」となり、司令部は「レキシントン」に移った。「レキシントン」艦長のキング大佐、航空艦隊参謀長のタワーズ大佐はともに野心満々、緻密、正確、精力的でよく似たタイプだけに、両者は事毎に火花を散らした。タワーズをはじめ航空艦隊司令部幕僚は、キング大佐とうまくやっていくことの難しさを痛感した。

◆痛恨だった〝後ろ盾〟モフェットの事故死

当時、モフェットは二つの問題を抱えていた。空軍独立のための議会工作と、自身の後任問題だ。

航空畑士官には二つのグループがあった。生粋のパイロット育ちと、中年以降にペンサコーラの飛行学校で学んで航空畑に入った者である。後者にはリーブス、ヤーネル、ホーン、バトラー、キング、ハルゼー、ターナーといった人々がいた。前者は、自分たちこそが海軍航空の主流になるべきだと考えており、後者をキウイ（ニュージーランド特産の羽の退化した鳥）とか後参者（ＪＣＬ：Johny Comes Lately）と呼び、嘲《あざけ》っていた。彼らにとってタワーズはクラウン・プリンスであり、モフェットにとってもタワーズは秘蔵っ子だった。

モフェットは後任にタワーズを据えるつもりで運動を始める。唯一の気掛かりは自分とタワーズの間が一六期も離れていて、タワーズが若過ぎることだった。モフェットはタワーズをワシントンへ呼び、議会の有力者カール・ビンソン（下院）、ジョン・コーヘン（上院）と懇意になるよう勧めた。キングも次期航空局長を狙《ねら》って、その旨よろしくとの手紙をモフェットに書く。第一候補にタワーズを考えている、というのがキングへの返事だった。

作戦部長のプラットが後任にキングを考えているのではないかとモフェットは心配し、運動を始めた。議会の有力者カール・ビンソンには「すべての航空関係者はタワーズを望んでいる」と伝え、アダムズ海軍長官にも、後任はパイロット出身者に限るとしてタワーズを推薦した。タワーズに、ビンソンやコーヘンをはじめ多くの有力者に手紙を書いて助力を頼めと忠告した。コーヘン上院議員はタワーズのために動いてくれた。

一九三二年秋の大統領選挙ではフランクリン・ルーズベルトが当選し、海軍長官はスワンソン、次官は大統領一族のヘンリー・L・ルーズベルトとなった。ヘンリーは、キングと同年にアナポリスに入校、ここを卒業せずに海兵隊に入り、第一次大戦では海兵隊中佐として軍務に就いていた。

キングも、航空雑誌「バージニアン・パイロット」誌のハリス編集長に頼んで大統領への推薦状を書いてもらった。バージニア州のバード上院議員にも同様の動きをしてもらった。米海軍では局長以上のポストへの猟官運動は盛んに行われ、非難されることはなかった。

タワーズの痛恨事は、後ろ盾のモフェットが一九三四年四月、飛行船「アクロン」の事故で死んだことだった。

海事王流の砲術畑のプラット作戦部長やアップハム航海局長は、生粋のパイロット育ちに固執せず、順序を重んじた。タワーズ大佐では若過ぎる。局長には少将クラスが選ばれるのが通常だ。キングは前年一二月に少将に昇進している。プラットとアップハムは、航空キャリアのある少将クラスのリーブス(一八九四年組)、ヤーネル(一八九七年組)、ハリガン(一八九八年組)が航空局長に食指を動かさないことを確かめ、キング(一九〇一年組)を推すことに決めた。

スワンソン長官はタワーズを望んでいたのだが、制服組トップの意向は無視できない。スワンソンはルーズベルトにキングを推薦し、ルーズベルトは了承する。キングにはハリス編集長から航空局長決定の電報が届く。翌日は祝電の山となった。次期作戦部長が内定しているスタンドレーは、傷心のタワーズの肩を叩《たた》いて「次の機会の幸運を祈るよ」となぐさめた。

キングとタワーズは互いに野心家で精力家だったが、異なる点も多かった。

タワーズは有力議員に取り入ることに巧みで、彼らの支援を得ていたし、議会活動に熱心だった。航空機産業のトップ層にも知人が多い。有力な後ろ盾のモフェットもいた。部下から頼られ、人望もあるから閥ができ、ラドフォード、シャーマン、ラムゼーといったタワーズ一家が形成される。生まれたばかりの航空兵力を大きくするにはどうしても必要だから、政治的動きもした。

キングは議会での活動経験は全くないし、有力な議員とのコネもない。人望がないから人が近寄らない。一匹狼で後ろ盾もいない。職務への献身と、遂行能力と、頑健な体力で、海軍のピラミッドを登ってきたから、タワーズの政治的動きと子分を集めて閥をつくることを嫌悪した。

タワーズは、陸軍航空隊司令官フロイス少将に次のような手紙を書いている。

「海軍の古い連中は、モフェット提督の死という機会を使うのに時間を失わなかった。そして、後任に自分たちの仲間を据え、自分たちの立場を強化した。私に対する反対の理由は、私が彼らの仲間でなく、彼らのやり方をとらないからだ。キングが何をやるかはわからない。というのは、彼は全く政治的保護者に欠けているからだ」

一九三三年、タワーズは、リーヒ航海局長やスタンドレー作戦部長の配慮で海軍大学へ入学した。ここでは「海軍戦略・戦術への航空機の影響(The Influence of Aircraft on Naval Strategy and Tactics)」という論文を書いた。タイトルはマハンの有名な『海上権力史論(The Influence of Sea Power upon History)』を真似《まね》ている。卒業すると、サンジエゴの海軍航空隊基地司令となる。

タワーズをはじめパイロット出身者は、ペンサコーラの飛行学校で初歩の訓練を受けただけの者が、大型空母の艦長、航空艦隊司令官、航空局長をやっていることが不満だった。タワーズはキングの後任の航空局長を狙い、スタンドレー作戦部長と航海局のリチャードソン次長に、航空局長就任への尽力を頼む手紙を書いた。リチャードソンへの手紙には次のようなことも書いた。

「貴官もご存じの通り、K（＝キング）は自分のやり方に割り込む者には、情け容赦のない非情な男です。彼は私がその職務に適していて、資格があることも知っています。しかし、彼が私を排除するのに全力を尽くすことは間違いないでしょう」

◆フォレスタル下で航空行政を牛耳る

一九三六年六月、キング航空局長の後任は「レキシントン」艦長のアーサー・B・クックとなり、タワーズは二度目の航空艦隊参謀長となった。航空艦隊司令官はフレデリック・ホーン。キングより二期上の一八九九年組。敬虔《けいけん》なクリスチャンで、自宅に若い士官を招いてもてなすのが楽しみという提督だった。司令部幕僚は、航海参謀がダンカン、作戦参謀はラドフォードで、タワーズが鍛え上げた連中だ。

合衆国艦隊司令長官は戦艦乗りのヘップバーン大将（ヤーネルやリーヒと同期の一八九七年組）。航空艦隊の運用はよくホーンに委ね、ホーンはタワーズ参謀長にその力量を十分に発揮させた。ホーンは太平洋戦争時、一貫して海軍作戦部次長として主に米艦隊の後方関係業務に尽力した。クック航空局長は、次の異動でタワーズを「サラトガ」艦長にとスワンソン長官に進言する。

一九三七年六月、「サラトガ」艦長となる。前任はハルゼー大佐（一九〇四年組）。生粋の駆逐艦乗りだったハルゼーが航空畑に入ったのは、キング、ホーン、クックと同様に中年からのキャリア変更で、五〇歳を過ぎてペンサコーラの飛行学校に入校して以降だった。ホーンの後任はキングとなった。

一九三八年一月、キングは旗艦「サラトガ」に中将旗を掲げた。「サラトガ」艦橋三階には司令部幕僚がいて、二階には艦長以下が陣取っている。両者間の連絡は文書でされる。司令部の意向がよく分からないタワーズ艦長は、パット・ベリンガー参謀長（一九〇七年組）にしばしば司令官の意向を尋ねる。ベリンガーもキングの意向が分からず、おたおたすることが多かった。司令部と艦長艦橋との間はとげとげしい雰囲気となり、互いに目を合わせるのを避けるようになった。幕僚に頼ることのないキングの問答無用式命令のやり方と、断片的で一方的な命令に反発する自信家タワーズの態度が原因だった。

一九三八年七月、二度目の航空局次長。

一九三九年三月、航空局長就任と同時に少将へ昇進する。当時の作戦部長はスターク、航海局長はニミッツだった。

太平洋戦争突入と同時に、航空兵力の増大は喫緊の事柄となった。飛行機の増産、航空要員の育成、空母の建造などである。これらを一手に引き受けるのが航空局だ。作戦関連は合衆国艦隊の作戦参謀が担当する。作戦参謀は知恵者（Savvy）といわれたクック大佐。もちろん司令長官のキングが最高責任者だが、キングの時間の三分の二は、英軍首脳との戦略調整や、陸軍参謀総長マーシャルとの陸海軍作戦の調整に費やされている。

合衆国艦隊の作戦案に基づき、必要兵力を具体的な形や数にまとめるのが海軍作戦部で、中心は次長のホーン中将である。海軍作戦部長はキングだが、キングは残った時間の三分の一は合衆国艦隊関連に費やしているので、海軍作戦部長としての時間をとることは難しかったし、その主任務の一つである議会への説明や議会工作は苦手だった。海軍作戦部策定の航空兵力案を、具体的な人、物、金にしていくのが航空局の役目である。軍需品全体の調達関係の責任者はフォレスタル次官。航空関係はゲーツ次官補（航空担当）だった。

フォレスタル次官は、第一次大戦中に海軍のパイロットだったこともあり、タワーズの力を存分に振るわせるようにした。フォレスタルは、直截《ちょくせつ》的に命令するタイプではなく、部下のアイデアを評価し、問題について、できるだけ意見を聞き、討論するやり方を望んだ。タワーズは、こういう上役に仕えると水を得た魚のように力を発揮するタイプだ。彼のゴッドファーザー的存在だったモフェット提督も、自分は政治的関連事項だけに動いて、他はタワーズに委ねるタイプの提督だった。

◆キングに〝昇進〟の形で追放される

キングはこのようなフォレスタル次官のやり方を、馬鹿げたおしゃべりに時間を費やすとして嫌い、両者は犬猿の仲となった。戦時の航空行政を海軍作戦部長の下に置こうとしたキングにとって、フォレスタルの下にいて航空行政を牛耳っているタワーズの存在は我慢できなかった。ワシントンからの放逐を考えたが、パイロット間に声望の高いタワーズをあからさまに追放することはできない。

一九四二年九月、キングは太平洋艦隊に航空後方補給を担当する航空部隊司令部が創設されたのを奇貨として、タワーズを中将に昇進のうえ、ニミッツの下の航空部隊司令官としてハワイに送った。

ニミッツも航海局長時代、タワーズ航空局長の強い個性と野心、政治的動き（フォレスタル次官や議会有力者、飛行機産業界トップや新聞記者との接触など）にいい感情を持っていなかった。タワーズは中部太平洋方面艦隊（後に第五艦隊）の指揮官を強く望んで、ニミッツに希望申告した。駄目ならその配下の高速空母群による任務部隊（タスク・フォース）の指揮官になりたいとも希望した。ニミッツは、太平洋方面作戦をパイロット出身者で固めて、その強い個性でコントロールしようとするタワーズの野心を嫌って、これを許さなかった。ニミッツはキングがタワーズを嫌っていることを百も承知だったから、決してタワーズを第一線に出さなかった。

ニミッツが選んだのは、スプルーアンスとパウノールだった。パウノールはミッチャーと同期の一九一〇年組。三九歳で航空畑に転じたキャリアで、タワーズの眼から見れば飛行機乗りではなかった。先祖がクエーカー教徒であったためか、パウノールは野戦攻城タイプの指揮官ではなく、キングに戦意に乏しいとの厳しい評価を受けて前線指揮官から外され、一九四四年一月、タワーズの後任となった。このとき、タワーズは太平洋艦隊副司令官となる。パウノールの後釜はマーク・ミッチャー。ミッチャーは生粋のパイロット育ちだ。戦後、フォレスタル海軍長官はミッチャーをキングの後任の作戦部長にしようと考えたこともある。

タワーズは太平洋戦争中、艦隊を率いて日本軍と戦うことはなかった。太平洋戦争の作戦の基本を握っていたのはキング、ニミッツ、スプルーアンス、ハルゼーだったが、前三者はいずれもタワーズに好感を持たず、むしろ嫌っていた。ハワイ駐留の航空部隊司令官としてタワーズは、太平洋艦隊に空母、飛行機、搭乗員を準備し、後方関連に力を振るった。戦後、タワーズは短期間、高速空母群指揮官や太平洋艦隊司令官になったが、このときは平時で、力の振るいようがなかった。

戦後に改編された海軍作戦部の幹部は、タワーズの育てたパイロット出身者が多数を占めた。海軍作戦部長のニミッツはパイロット出身ではなかったが、次長のラムゼー、作戦部長のシャーマン、航空部長のラドフォードはそうである。パイロット出身でないのは、後方、人事、管理の三部長だけだった。戦後の太平洋艦隊司令官はタワーズ、大西洋艦隊司令官はミッチャーで、ともに生粋のパイロット出身だ。これはフォレスタル長官の、航空兵力を中心とした海軍という考えに基づいたものだった。

戦後の海軍はどうあるべきか。ソ連との対決の時代を迎え、海軍長官のフォレスタルは、従来は停年五分前の提督のポストと見られていた将官会議の活用を考え、一九四七年三月、タワーズを議長に任命し、メンバー選任をタワーズに一任した。タワーズが現役を去るのはこの年の一二月である。

一九四九年、タワーズはパンアメリカン航空の副社長に就任。一九五〇年六月の朝鮮戦争勃発《ぼっぱつ》に際してはハワイに飛び、同社のＤＣ４型機二七機を運用して、米兵の米大陸から日本への輸送を指揮した。

一九五五年四月三〇日死去。享年七〇歳。ニューヨーク・タイムズ紙は、「彼の名前は彼の属した海軍というよりも、米航空史上に常に関連しており、この方面での貢献は大きかった」と書いた。

《コラム》統合参謀長会議とそのメンバー

第二次世界大戦中、ルーズベルト大統領は統合参謀長会議（JCS）の補佐を受けつつ、軍事作戦にリーダーシップを振るった。米国の主要作戦は、この統合参謀長会議で案出され、ここで策定された作戦計画案は英軍首脳部との連合参謀長会議（CCS）を経て、ルーズベルト、チャーチル両最高首脳の下に連合軍作戦案として提出された。したがって、米軍の作戦案を理解するにはこの統合参謀長会議の歴史と構成、ならびに統合参謀長会議メンバーのキャリアと性格を知ることが不可欠である。

◆統合参謀長会議の歴史

一八九八年の米西戦争の結果、米国は初めて海外植民地を比島に持つこととなった。比島の防衛には陸海軍の共同が欠かせない。このため一九〇三年、陸海軍両長官の諮問機関としての陸海軍統合会議（Joint Board）が創設された。しかし、この統合会議は権限がはっきりしないうえ、比島の防衛基地をどこに置くかで陸海軍の意見が一致せず、一九〇八年に事実上解散した。

第一次世界大戦が終了すると、ハワイから比島に至る経路の途中に位置するマーシャル、マリアナ、カロリンの各諸島が日本の委任統治領となった。そして、カリフォルニア州の日系人移民問題や中国問題で日米間の対立が先鋭化し始め、比島防衛問題が重要な課題となった。一九一九年、先の統合会議の失敗に鑑《かんが》み、権限とメンバーを明確にした新編成の統合会議が誕生した。

第二次大戦が勃発する直前の一九三九年七月、ルーズベルト大統領はこの統合会議を直接自分の下に置くこととした。これに伴って、統合会議は陸海軍長官のコントロールから離れ、大統領の直接軍事補佐機関となった。

一九四一年一二月七日（現地時間）の日本軍による真珠湾奇襲により、米国は第二次大戦に参戦する。一二月二二日、チャーチル英首相は英軍首脳を連れてワシントンに到着した。今後の対独、対日戦をどう戦うか、ルーズベルトと協議するためだった。「アルカディア」と呼ばれるこの会談は、翌年の一月一四日まで続けられ、第二次大戦の戦略方向を協議、策定する米英両軍首脳による連合参謀長会議が設立された。この組織は、英軍の参謀長会議とそれに相当する米側組織によって構成されることとされた。

英参謀長会議の構成員はブルック陸軍参謀総長、パウンド軍令部長、ポータル空軍参謀総長の三人であった。これに相当する組織をつくるため、米側では統合参謀長会議が急遽《きゅうきょ》編成され、一九四二年二月九日に一回目の会合が開かれた。メンバーは、スターク海軍作戦部長、キング合衆国艦隊司令長官、マーシャル陸軍参謀総長、アーノルド陸軍航空隊司令官である。アーノルドをメンバーに加えたのは、英側の空軍参謀総長に対応する配置を必要としたからだった。この時点で、一九三九年七月新発足の統合会議は、統合参謀長会議として新たにスタートすることとなった。

最初の統合参謀長会議は、陸海軍ともに二名ずつの計四名だった。一か月後、スターク海軍作戦部長が更迭され、キングが海軍作戦部長を兼務することとなった。海軍作戦部長は海軍長官の首席補佐官であり、合衆国艦隊司令長官は大統領に直属する。両者の職務には重複する部分があり、連合参謀長会議でどちらが米海軍を代表するのかはっきりしていなかった。ルーズベルトは、キングに両ポストを兼務させることでその解決を図ったのである。この結果、統合参謀長会議の構成メンバーは海軍側一名、陸軍側二名となった。

マーシャルは、この会議に議長ポストを設けて、議長を大統領との窓口にすれば、大統領と統合参謀長会議との関係がより緊密化し、事務処理のスピードも速まると考えた。議長としてマーシャルの念頭にあったのは、スタークの前任者リーヒ海軍大将だった。リーヒは海軍作戦部長を退いた後、プエルトリコ総督を務め、その後ドイツ占領下のフランス（ビシー政権）で駐仏大使の職にあった。ルーズベルトもキングも、統合参謀長会議に議長が必要とは考えていなかったが、マーシャルがその必要性を強く主張し続けたので、ルーズベルトは議長ポストの設置を了承した。

一九四二年七月二〇日、リーヒはこのポストに就いた。統合参謀長会議議長はルーズベルト大統領の軍事幕僚長でもあった。議長は会議のメンバーの一員に過ぎず、指揮命令権はない。会議は多数決方式を採らず、全員の賛成による意見一致を必要とした。リーヒ議長は自分の考えを一切表明せず、大統領との連絡役に徹した。このとき以降、統合参謀長会議のメンバーは第二次大戦終了まで、リーヒ、マーシャル、キング、アーノルドで変わらなかった。

◆中庸さでルーズベルトの信頼を得たリーヒ

際立った戦略家、戦術家でもなければ思想家でもなく、頭の切れる軍事行政家でもないが、常識に富み、中庸な性格で大統領からの信頼が厚く、軍人として位人臣を極めたのが、リーヒ統合参謀長会議議長だった。

ルーズベルト大統領は富豪の一人息子として育ったためか、

諫言《かんげん》するような者を特に嫌い、自分の意向を忖度《そんたく》してその実現に励む者を重用した。リーヒは、このようなルーズベルトの好みにぴったりの人間だった。

ウィリアム・リーヒは一八七五年、アイオワ州で生まれた。アナポリス時代は勉強に熱心な生徒ではなく卒業席次も下位だった（四七人中三五位）が、級友たちはリーヒの常識あるセンスを高く評価していた。そのリーヒが少佐時代、海軍長官の人事担当補佐官になったことがルーズベルト（当時海軍次官）に知られるきっかけとなった。

一九三二年、民主党のルーズベルトが共和党のフーバーを破り大統領に就任した。これがリーヒのキャリアに追い風となる。米海軍を「マイ・ネービー」と呼んでいた大統領は、お気に入りのリーヒを直ちに海軍省最右翼の航海局長に任命し、その後、戦闘艦隊司令官、海軍作戦部長と、陽の当たる海軍のピラミッドを登らせた。敵を作らない性格のリーヒは、ルーズベルトの死後も後任のトルーマン大統領から信頼され、統合参謀長会議の議長ポストに一九四九年まで留まることになった。

リーヒのもっとも重要な職務は、大統領と統合参謀長会議との日々の連絡事務で、大統領の基本的考えを統合参謀長会議に伝えることであった。

老練なリーヒは、統合参謀長会議の議論が込み入ったときなど、次のように語りかけて巧みに会議をリードした。

ジョージ・C・マーシャル（George Catlett Marshall Jr.）１８８０-１９５９年

「ところで、ジョージ（マーシャル）。私は一介の船乗りで、難しいことは分からん。一、二、三、というふうに順序立てて説明してくれないか」

◆人望に厚く、管理能力に秀でたマーシャル

ジョージ・C・マーシャルは一八八〇年の大晦日、ペンシルベニア州の田舎町ユニオンタウンで生まれた。

一九〇一年、南部バージニアの裕福な子弟の教育校である全寮制の私立バージニア軍事学校を首席で卒業。南北戦争時、南

軍将校の多くはこの学校の卒業生で、第二次大戦中に欧州戦線で活躍したパットンも一年間ここで学んでいる。卒業と同時に米陸軍に入り、一九〇二年に少尉に任官して、植民地になったばかりの比島に赴任した。

米陸軍主流のウェストポインターではなかったが、歩兵学校、陸軍大学と進み、再び比島勤務。以降は副官任務が多かった。マーシャルと同年に生まれたマッカーサーは、一九〇三年のウェストポイント卒業である。第一次大戦中、マーシャルは欧州派遣の第一師団、派遣軍司令部、第一軍のそれぞれ作戦参謀を務め、戦後はパーシング総司令官の副官として第一次大戦の報告書作成に参画した。

帰国後は陸大教官の後、歩兵学校の教育部長として五年間勤務した。このときの教育部の教官には、ブラッドレー（後に陸軍参謀総長）、スティルウェル（後に蒋介石軍顧問）、リッジウェー（朝鮮戦争時の国連軍司令官）、ベデル・スミス（後にアイゼンハワーの参謀長）らがいた。この歩兵学校卒業生のうち一六五人が将官に昇進し、第二次大戦中の米陸軍の指導者層となった。一九三八年夏、参謀本部・戦争計画部長に就任し、同年秋に参謀次長。翌年九月、参謀総長に昇り詰めた。

以上、見てきたように、マーシャルは副官、参謀、教育畑が長い。砲煙弾雨の中、部下を叱咤鼓舞する野戦攻城型ではない。かといって、「謀を帷幄の中に運《めぐ》らし、勝を千里の外に決する」という軍師型でもない。第二次大戦中のマーシャルの活躍ぶりを見ると、大軍団の創設やその運用、陸軍長官の補佐や議会対策といった職務を巧みにこなす有能な管理・経営者の感が強い。これは戦後、政府の行政官として発揮した力量を見ても明らかである。日本陸軍参謀本部の機密作戦日誌は、マーシャルを「思慮周密、人望あり」（昭和一九年六月八日）と評している。的確な評である。

自己顕示欲が少なく頭脳が緻密《ちみつ》だったから、副官時代は上司の信頼厚く、参謀としての評価も高かった。米陸軍各学校の教官は変わり者には務まらない。統合参謀長会議議長のリーヒは、マーシャルの自己顕示欲の少ないことに舌を巻いている。自己主張など全くないし、自分個人に関することは、普段の会話でも電話でも一切語らなかった。陸軍長官や議会、新聞記者との関係もよかった。スチムソン陸軍長官には鞠躬如《きっきゅうじょ》として仕え、パターソン陸軍次官との間も良好だった。

一九四一年七月に一五〇万人だった陸軍兵力は、一年後には三〇〇万人となり、二年後には七〇〇万人となった。一九四二年三月には陸軍を、戦闘軍、後方支援軍、航空軍の三組織とし、巨大化する陸軍を効率的な管理体制下に置いた。航空部隊の運用のほぼ全権をアーノルド中将に委ねるとともに、アーノルドを参謀次長に任命した。

マーシャルは軍の効率的運用を目指して、組織の充実や改編に積極的に取り組んだ。ルーズベルトやキングが消極的であったにもかかわらず、統合参謀長会議に議長を置くことに積極的だったことは前述した。陸海空軍の統一的な運用のため、強力な権能を持つ国防参謀本部と国防参謀総長を設置すべしと一貫して主張し、議会に働きかけたのもマーシャルである。

マーシャルは、外に向かってはチャーチルや英軍首脳との良好な関係構築に尽力し、内では大統領、陸軍長官、議会と、陸軍との潤滑油になることに努め、膨張する陸軍の運用を巧みに管理した。戦略、作戦の決定と実施に、存分にリーダーシップを発揮した。このため、「勝利の組織者（Organizer of Victory）」とも呼ばれた。戦争が終わっても、マーシャルの力量を米国は放っておかなかった。参謀総長のポストをアイゼンハワーに譲った後も、中国大陸での毛沢東軍と蔣介石軍の対立を調整するため中国へ派遣された。

一九四七年には国務長官に就任。就任後は政策企画局を創設して、戦後の米外交の基本政策策定にあたった。ソ連に対抗するには疲弊した西欧諸国の経済復興が不可欠だと考え、欧州援助計画（いわゆる「マーシャル・プラン」）を立案した。議会の承認を得て実行されたこの計画は、一九五二年までに一三〇億ドルが注ぎ込まれ、欧州の戦後復興に役立っただけでなく、北大西洋条約機構（ＮＡＴＯ）設立の経済的基盤となり、経済協力開発機構（ＯＥＣＤ）を設立するきっかけともなった。

マーシャルの年来の持論は、三軍の統一と国防省、国防参謀本部の設立だった。一九四七年には、マーシャルの考えとほぼ同じ国防機構が成立した。空軍、国防省、統合参謀本部の創設である。ただし、その運用は初めから難局続きだった。国防長官や統合参謀本部の力が強くなることを恐れた議会が、この両者に最小限の権限しか与えなかったのが原因である。初代国防長官のフォレスタルは、陸海空軍の対立を抑えることができず、悪戦苦闘の末に極度のノイローゼになって自殺する。

ソ連との全面戦争の可能性がある中で、騒然たる国防省と三軍を抑えられるのはマーシャルだけだった。朝鮮戦争勃発から間もない一九五〇年九月、国防長官に就任したマーシャルは、陸海空軍の対立を抑えて三軍統一の基礎を固めた。

◆戦略家としての資質と果断な実行力を有するキング

統合参謀長会議のメンバーのうち、議長のリーヒは大統領との連絡役に徹して自分の意見はいわなかったし、陸軍航空隊司令官のアーノルドは無条件にマーシャルに従う態度をとったから、実質的に意見を戦わせたのは陸のマーシャルと海のキングだった。

アーネスト・キングは、一八七八年にオハイオ州エリー湖に臨む港町ロレインで生まれた。学資のいらないアナポリスに入り、海軍士官としてのキャリアの第一歩を歩み始める。

キングとマーシャルは対照的な性格で、そのキャリアもまた対照的だった。キングは、頭脳鋭敏ながら人と協調できない性格で、常に上官との衝突続きだった。駆逐艦艦長時代には戦隊司令とぶつかり、兼務の参謀職を解任された。航空局次長のときは局長と対立し、一年もたたずに他へ飛ばされている。第二次大戦中はノックス海軍長官と不仲になり、ノックスの死後、長官に就任したフォレスタルとはこれまた犬猿の仲だった。チャーチルを怒らせ、連合参謀長会議では英海軍首脳と事毎に角突き合いを演じた。

リーヒはキングのことを、「大変できる提督で、大統領も大いに買っていたが、爆発するタイプで、英側との論争ではすぐに怒り出し、外交的ではなかった」と評している。

上と衝突し続けただけではなく、下からの人望もなかった。下に対しては、自分の意のままに動くロボットでなければ我慢できなかった。多くの部下の眼には、キングが人間の心を知らない冷酷無比の上官として映った。

こんな人間的欠点だらけのキングが、官僚機構である海軍のピラミッドの頂点にまで登り詰めた原因の一つは、抜群の体力と戦略家としての頭の冴え、キャリアの豊富さだった。空母艦長時代、キングは強風下でも甲板の端から端まで聞こえるほどの大声を出した。演習で徹夜状態が続き、連日艦橋に立ち詰めであっても、艦が母港に帰港するとその足で酒場に向かった。斗酒《としゅ》なお辞せずの酒豪だ。

若い頃から古今の軍事書を読破し、自ら戦略家をもって任じている。頭のよさは自他ともに認めるところだった。加えて、水上艦だけでなく潜水艦（艦長、隊司令）の経歴もあり、航空関係のキャリアも人並ではない。大佐時代にパイロットの資格を取り、空母「レキシントン」艦長、航空艦隊司令官、航空局長と多彩だ。第一次大戦中は大西洋艦隊司令部の参謀も経験している。

ルーズベルトがキングを買ったのは、その戦略家としての資質と果断な実行力だった。

第二次大戦中のキング戦略を列挙すれば、次のようになろう。

(1)対独戦勝利の八割はソ連の力にかかっている。中国大陸に日本陸軍の大兵力を釘付けにしているのは蒋介石軍だ。ソ連軍が崩壊すれば対独戦の勝利は難しくなり、蒋介石軍が弱体化すれば中国大陸の日本軍は太平洋方面に移動し、この方面での米軍作戦は困難になる。よって、ソ連と蒋介石軍への軍事物資援助は最大限に行うべきだ。

(2)米軍戦力の一五パーセントが太平洋方面に注がれている

が、これを倍の三〇パーセントにすべきだ。そうしないと、太平洋の島々が日本軍によって占領され、要塞化される。そうなれば、後の奪取作戦で米兵の流す血が多くなる。

(3)対日攻略作戦は中部太平洋方面ルートで行うべきだ。ニューギニア、比島、台湾といった大きな島から攻める、いわゆる「南方ルート」は、日本陸軍との激しい戦闘に巻き込まれるのでよくない。

キングとマーシャルの対立点は、(2)と(3)であった。

(2)に関して、マーシャルはまず対独戦に勝利することを第一とした。したがって、戦力も欧州方面へ集中投入すべしと考えた。英国が敗れれば元も子もなくなる。太平洋方面では当面、米本土が危うくなることはない。

(3)に関しては、マーシャルとマッカーサーは南方ルート説を支持していた。大きな島に飛行場の拠点を作り、大型爆撃機を活用して日本軍の兵站線《へいたんせん》を断ち、戦わずして日本軍を食糧、武器、弾薬、医療品不足で自滅させる。日本軍兵力の薄いところに上陸し、戦闘機用の飛行場を急造するとともに、陣地を固める。そして、この飛行場を爆撃機用に拡大、重爆撃機を活用して再び日本軍の兵站線を切断、最小の被害で順次北上する。この作戦は「蛙跳び作戦」といわれた。上陸地点が要塞化されている中部太平洋の小島に正面から力ずくで当たる海軍のやり方は、あまりにも損害が大きい。

両案の対立はルーズベルトの裁断によって、(2)はキングの意向に沿う線で、(3)はキング、マッカーサー両案の並立でいくことに決まった。

一九四五年八月に戦争が終わると、キングはフォレスタル海軍長官から邪魔者扱いされ、ポストを退いた。戦後のキングは無用の人物となった。海軍以外で器用に生きることなどできない。戦後すぐに脳出血で倒れ、ベセスダ海軍病院で寝たきりとなり、一〇年間を過ごした後に死んだ。

◆急成長する陸軍航空隊を強力にリードしたアーノルド

陸海軍に対して、ほぼ独立した空軍といっていい陸軍航空隊を代表して、統合参謀長会議のメンバーとなったのはヘンリー・アーノルドだ。アーノルドはマーシャル参謀総長の意見に無条件で従う態度をとり、統合参謀長会議でも陸軍航空の運用にかかわること以外には口を出さなかったので、他のメンバーと比べると地味な存在であった。辛辣《しんらつ》なキングは、アーノルドを「マーシャルのイエスマンで、自分で何をしゃべっているか分かっていない男」と嘲っている。

キングの評価はさておき、陸軍航空兵力の急増ぶりには凄ま

ヘンリー・アーノルド（Henry Harley "Hap" Arnold）１８８６-１９５０年

じいものがあった。一九四〇年の五万人が二年後には七六万人となり、三年後には二〇〇万人に達した。一九四四年末には保有機七万八〇〇〇機、人員は二三七万人となっていた。この膨大な兵力を指揮したのがアーノルドだった。

アーノルドは、軍医の次男として一八八六年に生まれた。兄は軍人を目指し、アーノルドは牧師になることを考えていた。その兄がウェストポイント入学を断念し、医師の道に進むことになったため、彼が軍人への道を進むようになる。

ウェストポイントは一九〇七年組。マッカーサーより四期下に当たり、パットンの二期上、アイゼンハワーよりも八期先輩である。卒業後は歩兵科将校としてキャリアの第一歩を踏み出した。一九一一年、陸軍省の募集に応募してオハイオ州デイトンの飛行学校生となり、ライト兄弟から直接飛行訓練を受けた。以降、アーノルドは航空一筋の道を歩む。

航空万能を唱えるビリー・ミッチェル大佐に心酔したため、ミッチェルが軍法会議で有罪宣告を受けて退役した際は、ミッチェル派と見られ、長い間田舎で冷遇された。陸軍航空の草分けの一人であるが、一介の飛行機乗りに終始することなく、陸軍産業大学で軍需産業と兵站を研究、また、指揮幕僚学校でも学んだ。

カリフォルニア州マーチ飛行場の航空隊司令時代は、四年間、ハリウッドの映画産業人たちと親しく付き合った。このときの経験と人脈は第二次大戦中の陸軍航空隊の宣伝に大いに役立った。クラーク・ゲーブルをはじめとするハリウッド・スターたちが航空隊に入隊するとともに、陸軍航空隊の活躍を描いた多くの映画が製作された。米国民の多くが陸軍航空隊の活躍を知ったのは、これらの映画を通してである。フォレスタル海軍長官が広報活動に冷淡なキングに怒ったのは、陸軍航空隊の派手な映画攻勢に気付いたからだった。

一九三五年に第一航空集団司令官となり、一年後、陸軍航空隊副司令官。一九三八年九月、司令官に昇進。戦略爆撃論者で知られ、欧州ではＢ17、対日戦ではＢ29を集中使用する戦略を採った。特にＢ29の開発には熱心で、三年間の開発期間に三〇億ドルを投じた。ちなみに、原爆開発の「マンハッタン計画」の総予算は二〇億ドルである。

アーノルドは、陸軍の伝統や慣習に縛られない空軍の建設に強力なリーダーシップを発揮した。中途から陸軍に入った飛行機技師上がりのドーリットルを活用したのがアーノルドならば、第二次大戦勃発時には一介の中尉に過ぎなかった予備士官出身のルメイを少将に昇進させ、徹底的な日本都市無差別爆撃をやらせたのもアーノルドだった。「米空軍の父」と呼ばれる所以《ゆえん》である。

第3章　大戦初期前線指揮官

ゴームリー南太平洋艦隊司令官

――現場指揮官としては機能できなかったエリート

　ロバート・L・ゴームリーは一八八三年、オレゴン州ポートランドで生まれた。

　アナポリスは一九〇六年組で、卒業席次は一一六人中一二番（以下「一二／一一六」のように表記）。同期生には、キングの初代参謀長を務め、その後、統合参謀長会議配下の統合計画委員会で活躍したラッセル・ウィルソン（一四／一一六）、珊瑚海海戦、ミッドウェー海戦、ガダルカナル攻防戦で空母部隊を率いたフランク・J・フレッチャー（二六／一一六）、同じく空母群を率いて終戦まで戦ったジョン・S・マッケーン（八〇／一一六）がいた。フレッチャーやマッケーンが中年以降に航空畑に転身したのに対し、青年士官時代から米海軍航空の発達とともに歩んできた生粋のパイロット育ちのジョン・H・タワーズ（三二／一一六）もいた。

ロバート・L・ゴームリー　（Robert Lee Ghomley）
1883-1958年

マッケーンを除き、いずれもキングから嫌われたり（タワーズ、ウィルソン）、指揮官としての積極性を疑われたりして（ゴームリー、フレッチャー）、第一線を外された人々だ。二期上にハルゼー、一期上にニミッツ、一期下にスプルーアンス、二期下にターナーがいた。ゴームリーと同年に江田島を卒業した日本海軍士官に古賀峯一《こがみねいち》元帥がいる。

ゴームリーのキャリアの特色は、幕僚勤務が多いことだ。野戦攻城の猛将タイプではなく、帷幄《いあく》の謀将タイプであった。任官して最初のポストは、太平洋艦隊司令官サザランド少将の副官。その後、戦艦「ネバダ」乗組を経て、第一次大戦中はグラント中将の参謀。戦後は駆逐艦「サンズ」艦長を経て、セオドア・ルーズベルト・ジュニア海軍次官の補佐官。この次官はセオドア・ルーズベルト大統領の長男で、ワシントン海軍軍縮会議では米海軍の取りまとめの中心となった。

一九二五年、戦艦「オクラホマ」副長となる。

一九二七年、海軍将官会議のスタッフ。この海軍将官会議は米西戦争直後の一九〇〇年に創設されたもので、主として海軍行政に関する海軍長官の諮問機関であった。

一九三一年、フランク・H・ショーフィールド合衆国艦隊司令長官の参謀に転任。一年後に戦艦「ネバダ」艦長となり、三年間の艦長勤務の後、再度、アーサー・J・ヘップバーン合衆国艦隊司令長官の参謀となる。

一九三八年、海軍作戦部の戦争計画部長。戦争計画部は海軍の俊英が集まることで知られていた。前任の部長はロイヤル・E・インガソル大佐。インガソルは、第二次世界大戦中の大西洋艦隊司令官である。

一九三九年、海軍作戦部次長となり、一九四〇年から四二年にかけて、第二次大戦下のロンドンに駐在して英米両海軍の連絡役を担った。

一九四〇年七月以来、米海軍を代表してロンドンに駐在していたゴームリーは、帰国命令を受け、四二年四月一七日にワシントン到着。翌日キングと会い、南太平洋艦隊の創設とその司令官就任の内示を受けた。その後、二週間をかけて幕僚チーム（約四〇人）をつくっていった。主要幕僚にはダニエル・J・カラハン海軍少将やデヴィッド・ペック海兵准将がいた。

当時の米海軍は、最新のソロモン方面の地図を整備していなかった。英海軍省が一八九七年に製作した地図や一九〇八年製のドイツの地図を入手してこれに頼ったが、いずれも一八世紀の資料を基に作られたものだった。

◆ガダルカナル島での苦境を跳ね返せず

五月一日、ゴームリーとその幕僚はワシントンを出発。途中、真珠湾に寄ってニミッツと会談。同期のマッケーンを南太平洋方面の航空部隊指揮官として望み、ニミッツの承諾を得た。五月一七日、ニューカレドニア島の基地ヌーメア着。ヌーメアには、A・M・パッチ少将率いる陸軍歩兵師団一個とチェンバレン准将率いる混成団一個が、急遽《きゅうきょ》派遣され駐留していた。航空兵力は海軍のカタリナ飛行艇が一六機、陸軍の戦闘機など三八機である。

五月末、ニュージーランド北部の海港オークランド着。七月二日、統合参謀長会議名でサンタクルーズ諸島とツラギの確保、占領の命が下った。攻撃上陸日は八月一日との指示である。ところが七月七日、偵察機がガダルカナル島に日本軍が飛行場建設を開始しているのを発見する。

この報告は、キング・ニミッツ側とマッカーサー・ゴームリー側に異なった反応を起こさせた。ゴームリーはすぐにメルボルンのマッカーサー司令部に飛び、マッカーサーと相談した。マッカーサーは比島から豪州へ脱出し、ここで対日反攻軍の編成と訓練に当たっていた。マッカーサーは、この作戦自体も、そして目標期日が八月一日であることも気に入らなかった。マッカーサーとゴームリーは、七月八日と九日に連名で、キングとニミッツに対し、八月一日の攻撃は時機尚早と考える旨の電報を打つ。理由は、日本軍の飛行場建設と味方の航空兵力や輸送力の不足であった。

キングは、マッカーサーが南太平洋方面の最高指揮官になれなかった(キングがマーシャルのマッカーサー就任案に強硬に反対し、最高指揮官をニミッツにした経緯《いきさつ》がある)ので、すねているのだと考えた。確かにガダルカナル島飛行場の日本軍航空兵力は大きな懸念ではある。しかし、敵兵力が充実し要塞化が進められれば、攻撃はさらに難しくなる。

キングはマーシャルと会い(七月一〇日)、マッカーサーに予定作戦の延期不可を打電する。キングの迅速な決断は結果的に正しかった。ゴームリーも同日、ニミッツから作戦を予定通り実行せよとの電報を受け取った。しかし、その後、進攻準備の遅れから上陸日は八月七日に変更された。

八月七日のガダルカナル島上陸以来、六か月間にわたって日本軍との死闘が繰り返される。この間、キング、ニミッツには、ゴームリーの作戦指導が悲観的、消極的で、戦意不足に見えた。ゴームリーが、ガダルカナルに飛び、現場の空気を知り、前線将兵の士気を鼓舞することは一度もなかった。九月五日から七日にかけてのキング・ニミッツ会談で、キングはゴームリーの戦闘指導力と健康状態に疑問を投げ掛けた。ゴームリーがこの期間、激しい歯痛に苦しめられていたのをキングが知ったのは、ゴームリーが更迭されてワシントンに帰ってからである。

ニミッツは、自ら九月末から一〇月初めにかけてガダルカナルとゴームリーの司令部(ヌーメア)を訪れ、前線の士気向上を図った。一〇月一三日、戦艦「金剛《こんごう》」と「榛名《はるな》」による艦砲射撃でヘンダーソン飛行場は火の海と化した。ゴームリーの不決断と悲観的見方では今後の戦闘指導は無理と考えたニミッツは、キングの許可を得て一六日にゴームリーの更迭を断行し、後任にハルゼーを据える。

平時に評価の高い者が必ずしも戦時の有能者とは限らないことを示した好例が、ゴームリーであった。一九三九年、当時の合衆国艦隊司令長官クラウド・C・ブロック大将は、近い将来米海軍を背負う人材の筆頭にゴームリーの名を挙げ、ブロックの後任のジェームズ・O・リチャードソン大将もキンメルとゴームリーの名を挙げていた。

補佐官や参謀部門でのキャリアが長く、ここで高い評価を受けたゴームリーは、頭脳明晰《めいせき》で精励恪勤《かっきん》、事務処理能力に優れ、上役にとって重宝な存在であった。だが、自分が最終責任者となり、難局に直面すると、頭がよいだけに不確実な視点や心配が次々に胸中に去来し、悲観と不決断の繰り返しに陥った。自ら最前線に立ち、断固たる態度で部下を鼓舞することは、とてもできない状態になった。戦時の指揮官は前線に投入してみなければわからない。駄目だとなれば取り替えるしか方法はないのである。

一九四三年二月、ゴームリーは海軍第一四区（ハワイ）司令官に左遷され、翌年、在欧海軍部隊指揮官に転じた。

フレッチャー航空艦隊司令官

――キングにより戦意不足の烙印を押された悲劇の司令官

太平洋戦争では、活躍を期待されながら華々しい第一線から離れ、人々に忘れ去られた多くの提督がいた。ハルゼーの前任の南太平洋艦隊司令官ゴームリー中将や、開戦当初ニミッツの参謀長だったドラエメル少将がそうだ。この二人は頭脳明晰で精励恪勤、事務能力に優れ、上の意向に従順、中庸で保守的であるから、上役には重宝がられ、補佐官任務や参謀勤務が多かった。上官の評価が高かったから、平時であれば米海軍のトップ層にまで昇り詰めたことは間違いあるまい。

ただ、平時の参謀と戦時の指揮官とは違う。戦時の指揮官は、自分が最終責任者となって過酷な難局に立ち向かわなければならない。ゴームリーやドラエメルは頭がいいだけに、戦局の不確実なことや心配が胸中に雲のように湧いてくる。悲観と不決断の泥沼に陥って心身をすり減らし、断固たる態度で部下を鼓舞することや、不利な戦局の回復に向けての強靭《きょうじん》な精神と気迫を持つことなどできなくなった。二人が戦時の指揮官として不適任であったことは、多くの人々が認めざるを得なかった。

フランク・J・フレッチャー（Frank Jack Fletcher）
1885–1973年

解任されたキンメルの後を継ぎ、ニミッツの着任まで一時的に太平洋艦隊司令官だったウィリアム・S・パイ中将も同類といえよう。アナポリス同期生のパイを「象牙《ぞうげ》の塔の住人」と考えていたキング合衆国艦隊司令長官は、パイを第一線指揮官に任命せず海軍大学の校長にしたので、パイはゴームリーやドラエメルのような醜態を演じずに済んだ。

ゴームリー、ドラエメル、パイの戦争中の経緯は衆人の納得する処遇であったが、強烈な個性と非情さを持つキングに「戦意不足」と判断され、前線指揮官から外された提督も多かった。ウィルソン・ブラウン中将やフランク・J・フレッチャー中将がそうだ。

ブラウン中将は一九四二年一月、空母「レキシントン」を中核とするタスク・フォース（以下TFと略す）11を率いてウェーク島を攻撃、三月にはフレッチャーのTF17と合同でラバウル方面攻撃などの指揮を執ったが、キング長官にその指揮ぶりが「攻撃性に欠ける」と判断され、TF11の指揮官を解任される。

その後のブラウンは、サンジエゴの上陸戦部隊指揮官からボストンの海軍第一区司令官となり、さらにホワイトハウスに設けられたルーズベルト大統領専用の「作戦地図室（マップ・ルーム）」の管理者となって終戦を迎えた。ちなみに、ドラエメル少将はニミッツの参謀長からフィラデルフィアの海軍第四区司令官、ゴームリーは南太平洋艦隊司令官から真珠湾の海軍第一四区司令官に左遷されている。

フレッチャー中将は、開戦当初のウェーク島攻撃、ラバウル攻撃、珊瑚海海戦、ミッドウェー海戦、ガダルカナル海域海戦と、休む間もなくTF17を率いて連戦した。フレッチャーは、空母を中核とする機動部隊の実戦指揮の経験を最も積んだ提督であった。当時、フレッチャー以上に機動部隊指揮の経験を持っていたのは、日本海軍の南雲忠一中将以外にいなかった。また、アジア艦隊参謀長のキャリアがあり、米海軍提督の中では最も日本海軍を知っている提督でもあった。

ガダルカナルの戦いが峠を越えた一九四二年一〇月、キングはフレッチャーの更迭を発表した。フレッチャーは一一月末、シアトルの海軍第一三区司令官として赴任し、一年後の一九四三年一〇月、北太平洋軍司令官としてアラスカのアダックに赴き、終戦までこの地で過ごす。スプルーアンス、ミッチャー、マッケーン、キンケイドといった機動部隊運用の後輩たちが太平洋で活躍しているニュースを聞きつつ、流謫《るたく》地ともいえるような霧と流氷の北地での二年半であった。

◆ドイツ系移民の裕福な家に生まれる

フランク・J・フレッチャーは一八八五年四月二九日、米国中部アイオワ州のマーシャルタウンで生まれた。フレッチャーの生い立ちは、母方の祖父ジョージ・グリックを抜きに考えることはできない。フレッチャーの父トーマスが入婿のような形でグリック家に入り、フレッチャーは祖父の家で育ったからだ。

祖父ジョージはドイツで生まれ、一三歳のときに米国に渡った。フレッチャーはドイツ系移民の三代目だ。フレッチャーの能力を買い、常に温かい目で見守ったニミッツも、同じドイツ系三代目。米国はアングロサクソンが主流の国だから、ドイツ系は傍流視される。この反発が、ニミッツとフレッチャーの結び付きを深めた原因の一つかもしれない。

米海軍の二代目作戦部長クーンツもドイツ系ということで、第一次大戦前には海軍省のブラックリストに記入され、監視されるという、不愉快な目にあっている。一九一九年の憲法改正により導入された禁酒法の成立には、第一次大戦中に米国内にみなぎっていた反ドイツ感情が、醸造業界に多かったドイツ系米国人に向けられたことが関与していた。

第一次大戦時、英海軍の軍令部長だったドイツ系英国人のバッテンベルグは、反ドイツの嵐の中で軍令部長を辞任し、名字も英国風にマウントバッテンと改めている。このバッテンベルグの次男が、第二次大戦中に英海軍士官として活躍するマウントバッテンである。

第二次世界大戦までの米海軍士官は、そのほとんどをアングロサクソン系が占め、アイルランド系、南欧系、東欧系、ユダヤ系、アジア系、黒人系の士官は稀《まれ》であった。もっとも、北部ドイツ人はアングロサクソン人と同根なので、ユダヤ系、アジア系、黒人系と比べると差別のされ方は少なかった。

祖父ジョージは何事にも積極的な精力家だった。野心にあふれたジョージは、医学校を卒業するとゴールドラッシュに沸くカリフォルニアに行き、鉱山師として一獲千金を夢みて働いた。その夢が実らなかった祖父は、その後オハイオ州からアイオワ州に移り、人口が増え、街らしくなっていく途上のマーシャルタウンで日用品の商店を開いた。勤勉な祖父は人望を集め、郵便局長を務めたり、大陸横断鉄道が街を通るよう尽力したりした。やがて、地元有志によって銀行が設立されることになり、祖父は店をやめて銀行業に専念、後には頭取となって、一八年間この銀行の発展に尽くした。精力的な祖父は、地元の亜麻仁油工場や生命保険会社の設立にも多大の貢献をした。

医者、鉱山師、商店主、郵便局長、銀行家、実業家と歩んだ祖父には四人の息子がいたが、いずれも独立して家を出ていった。家に残っていた一人娘アリスと結婚して、グリック家に入ったのがトーマス・J・フレッチャーで、トーマスとアリスとの間に生まれたのがフレッチャーだった。父トーマスは南北戦争を第二五アイオワ連隊で戦い、衣料品を商っていたジョージとの薄い縁を頼ってマーシャルタウンにやってきて、ジョージの銀行で働き始めた。ここでジョージに認められ、その娘と結婚し、頭取の家に住むようになった。後にトーマスは義父の命で銀行を離れ、ブドウ糖製造会社や食料品店の創業に携わった。

グリック家は、マーシャルタウン近辺の名士で資産家だった。このような家に育った母アリスは、マーシャルタウンに公立図書館をつくって理事長になったり(後にアイオワ州図書委員会会長)、アメリア・ブルーマー女史（女子の衣服「ブルーマー」の考案者）の考えに賛同して、アイオワ女性権伸張会を創設したりした。

フレッチャーは、祖父母、父母と同居するこのような裕福な家で育った。祖父の縁で銀行家や保険方面への道、父の縁で実業界や小売流通業部門へ幹部として入るのは容易なことだった。マーシャルタウンでのグリック家の名望と影響力を考えれば、政治家への道も可能だった。

フレッチャーがこれらの道を歩まず海軍に入ったのは、米海軍史上に名を留《とど》める伯父（父の兄）フランク・F・フレッチャーの影響だった。フレッチャーはこの伯父と同名なので、一族の中ではジャックと呼ばれた。伯父はアナポリス一八七五年組で、主として兵器開発関係の道を歩み、セオドア・ルーズベルト大統領に認められ、後に大西洋艦隊司令官（大将）となった。フレッチャーが高校生の頃には、伯父は駆逐艦「カッシング」艦長からニューポートの魚雷工廠長となり、海軍省の兵備局にいた。

家の資産を考えれば地元のアイオワ州立大や東部の名門大学へ行くことも可能だったが、伯父に影響されてアナポリスに入った。ニミッツより一期下の一九〇六年組。日本の江田島の三四期（古賀峯一元帥のクラス）に対応する。

この一九〇六年組は、太平洋戦争で将官クラスとして活躍した多くの人々を輩出した。卒業生一一六人のうち二一名が将官となった。主な提督を卒業成績順に並べると次の通りである（かっこ内は卒業席次）。

R・L・ゴームリー（二二／一一六）南太平洋艦隊司令官。

R・ウィルソン（一四／一一六）キング合衆国艦隊司令長官の初代参謀長、兵学校校長。

F・J・フレッチャー（二六／一一六）

J・H・タワーズ（三二／一一六）米海軍航空の草分け。海軍省航空局長。

M・F・ドラエメル（三四／一一六）ニミッツ太平洋艦隊司令官の初代参謀長。

J・S・マッケーン（八〇／一一六）太平洋戦争中、高速機動空母群を率いて活躍。

当時のアナポリスは、セオドア・ルーズベルト大統領の海軍拡張政策で生徒数が急増していた。太平洋戦争中に統合参謀長会議議長だったリーヒの一八九七年組は卒業生が四七人、キングの一九〇一年組は六七人だが、フレッチャーの一九〇六年組は一一六人、スプルーアンスの一九〇七年組は二〇九人である。

以前、アナポリスの生徒は「ネーバル・カデット」という名称で呼ばれていたが、陸軍臭があるというので、この頃には「ミッドシップマン」と改称されていた。アナポリスを卒業すると士官候補生となり、二年間、大型艦で海上生活を送る。二年後に海軍士官として適格と認められた者は、少尉に任官する。

◆ユーモアで周囲との関係づくりを得意とする

伯父のフレッチャーが、戦艦「バーモント」艦長から大西洋艦隊所属の第一艦隊司令官（少将）になったのに伴い、中尉になった翌年の一九一二年、伯父の副官となって戦艦「フロリダ」に着任した。一九一四年、伯父が大西洋艦隊司令官（大将）となって戦艦「ニューヨーク」に移ると、フレッチャーも伯父に従った。この伯父は政治嫌いで有名で、海軍作戦部長に推されたときには断っている。ジョークが好きな提督だった。

アナポリスの教官時代（一九一七年）、カンザス市出身のマルサ・リチャーズと結婚した。二人の間には子供がなかった。趣味は犬を飼うことで、純血種の犬に凝った。また、パイプタバコを好んだ。パイプをくわえ足元に愛犬というのが、フレッチャーのトレードマークになった。

第一次大戦中は、民間から買い上げて急遽武装したぼろ船の艦長となって大西洋を渡った。三〇〇トン足らずで六ノットのぼろ艦には、さすがのフレッチャーも音を上げた。その後、サンフランシスコ海軍工廠の工事監督官となる。

アイオワ州の裕福な家で育ったフレッチャーには長者の風があり、周囲の人々とうまくやっていく天賦の才があった。常に微笑をたたえ、機知やユーモアが人々の心を和ませた。このようなフレッチャーの性格は、上下を問わず多くの人々との間に深い絆《きずな》を結んでいった。また、彼は生涯を通して他人の悪口を決していわなかった。人々に推されて自然と重要なポストに就いていったのがフレッチャーだった。親しみやすい性格、困難に立ち向かう態度、いたずら好きといったフレッチャーが、海軍工廠の労働者や労働組合とうまくいったのは当然だった。夫人との間も仲睦《なかむつ》まじかった。

このようなフレッチャーの育ち・性格・能力が、後にキングから嫌われる要因となった。キングは貧しい鉄道工夫の長男として生まれ、若くして母を亡くしている。キングには、自分の汗と才覚と頑健な身体しか頼るものがなかった。また、キングは人と協調することが全くできない性格で、青年士官時代から上官と衝突を繰り返した。心を許せる友人がなく、人望もないから人も寄り付かない。妻は夫の海軍士官としてのキャリアに関心がなかった。七人の子供を持つ子福者だったが、キングと子供たちとの間は冷えていた。大酒飲み、女好きで、部下の細君との間の醜聞もあった。パーティーの折りなど婦人方はキングを避ける態度をとった。キングの女好きの風評が轟《とどろ》いていたからだ。

キングの人物批判は情け容赦のないもので、それを公言した。己の才覚と努力と汗と頑健な体力だけで海軍のピラミッドを這《は》い登ってきたキングにとって、何苦労なく育ち、伯父の引きや周囲の人々の推挙で栄達の道を歩んできたフレッチャーのような者は許せなかった。

祖父母、両親とも街の名望家で、どの方面へも行くことができたフレッチャーは、同期生に激しいライバル意識を持つこともなく、友人の苦境には、ためらうことなく援助の手を差し伸べる態度をとった。金銭への執着も少ないから、金が足りなくなると故郷の父母ではなく伯父に借りた。

サンフランシスコ海軍工廠の後は、海軍省の航海局勤務となり、水兵関連の人事を担当した。

一九二二年、中佐進級。この年の末、アジア艦隊所属の駆逐艦艦長となる。

◆米海軍で最も若い大佐となる

一九世紀末になると、米国は太平洋方面へ進出し、日系人が三分の一を占めるハワイを植民地化した（一八九八年）。米西戦争（一八九八年）を戦って、グアム、比島を領土にし、さらに中国大陸への進出を虎視眈眈《こしたんたん》と狙《ねら》うようになった。日露戦争後、日本は太平洋の大海軍国となり、日本人が続々と米国に移民として渡るようになった。当時の米国の白人は、ダーウィンの進化論イデオロギーを人間にも当てはめ、有色人種を進化の遅れた劣等人種と見なして日系人移民を激しく圧迫したから、日米間にはきな臭いにおいが立ち込めるようになった。日系人を最も排斥したのは、日頃からアングロサクソン系住民に強い差別を受けていたアイルランド系住民だったといわれている。

「このままではロッキー山脈より西は日本人のものになってしまう。そうなるくらいなら、明日にでも戦争を選ぶべきだ」と言って、日系人移民排斥運動の先頭に立ったマハン海軍大佐は、アイルランド系移民の三代目だった。マハン大佐は、「米国は黒人問題を抱えている。このうえさらに黄色人問題を抱えることなどまっぴらだ」とし、日本人がおとなしく太平洋の彼方《かなた》の日本にいる限り、日本人の優雅さと礼儀正しさをほめたが、隣に日本人が住むようになることなど御免だと考えた。

第一次大戦が終わると、太平洋からドイツ海軍の影がなくなり、英海軍の影も薄くなったが、その分、日本海軍の影が濃くなった。米海軍の主力は大西洋岸から太平洋岸に移され、新しい植民地ハワイの真珠湾に巨大な海軍基地が造られ、併せてグアム島や比島のマニラ湾にも新たに基地が建設された。米海軍のアジア艦隊は、東アジア地区、特に中国大陸の米国人の生命・財産の保護に当たるとともに、仮想敵国日本関連情報収集のための目であり耳でもあった。

フレッチャーはアジア艦隊の艦長時代、二度日本へ行っている。一度は下田の米国人墓地の整備状況のチェックだった。アジア艦隊の後、ワシントン海軍工廠長となる。

フレッチャーは前述したように、祖父や父母や伯父に似て、友人関係を築くのに巧みで、これは生来の特質だった。フレッチャーの肖像写真やスナップ写真を見ると、モナリザ・スマイルといってもいいような微笑が口元に漂っている。ワシントン海軍工廠時代には、将来の米海軍のトップ層となるような人々や多くの政治家、実業家と知り合った。海軍関係に強い発言力を持ち、後に海軍長官となったスワンソン上院議員とも、伯父の紹介で親しくなった。ただ、五年後に大統領となり、米海軍の大独裁者となるフランクリン・ルーズベルトの知遇を得ることはなかった。人脈をつくる天性の才がありながらそのチャンスがなく、いわゆるルーズベルト・サークルの一員となることはなかった。

一九二七年、戦艦「コロラド」副長となる。翌年、ロサンゼルス近くのサンペドロ軍港で、民間連絡船との衝突事故を起こしている。軍法会議では連絡船船長の操船ミスとされ、フレッチャー中佐のキャリアは救われた。副長時代、フレッチャーは飛行科への転身を考え、希望したが、身体検査で駄目になった。このとき、航海局からジョージア工科大学の予備海軍士官訓練隊の責任者となることと、海軍武官としてアルゼンチンへの赴任案を示されたが、いずれも断った。

一九二九年、四四歳で大佐進級。米海軍では最も若い大佐だった。

フレッチャーは平時に有能な海軍士官だけに留まらず、このときまでにメキシコ干渉戦争(一九一四年、メキシコ国内の内乱に米国が干渉の軍を侵攻させた)、第一次大戦、比島での対ゲリラ戦を経験していた。

◆米海軍内で有数の知日家となる

一九三一年六月、アジア艦隊司令官モントゴメリー・M・テイラー大将の参謀長に就任。テイラーは一八八〇年組で、初代航空局長として一二年間そのポストにあって米海軍航空を育てたモフェット少将と同クラスだ。日本海軍の秋山真之クラス(一七期)と対応する。

交通・通信の発達していなかった時代の海軍士官は、武力の行使者である軍人としての役割以外に、外交官、情報部員としての役割も少なくなかった。各国の利害が錯綜《さくそう》し、政治情勢の不安定なアジア地域では特にそうであった。艦艇にはためくアンサン（軍艦旗）は各国の利害と武力と意思の象徴で、国際関係は利と武によって動いていた。

アジア艦隊は米国の利害を代表して、マニラ、上海、香港と巡航する。旗艦は重巡「ヒューストン」。一九三一年九月、フレッチャーはテイラー大将に同道して北京に赴いた。この月の一九日、柳条湖の満鉄線が爆破され、満州事変が勃発《ぼっぱつ》した。翌年一月には日本海軍陸戦隊と中国軍が上海で交戦（第一次上海事変）。さらに二月末から三月にかけて、日本軍の本格的な上海総攻撃があった。二月末には国際連盟のリットン調査団来日。三月一日、満州国建国。清朝のラスト・エンペラー宣統帝愛新覚羅《アイシンギョロ》溥儀は、父祖の地に戻って満州国執政（後に皇帝）となった。

フーバー大統領の東アジア情報源の一つは、硝煙の漂う上海の現地にいるアジア艦隊だった。米国の新聞記者と会うのは参謀長のフレッチャーだ。三月一三日、テイラー司令官は外交夕食会を開いて情報を収集しようとした。英艦隊からはケリー提督、伊艦隊からはカバナリ提督、日本側からは重光大使らが出席した。

アジア艦隊は日本へも行く。フレッチャーは東京の御木本真珠店で二五〇ドルの真珠を買った。当時の一ドルは二円。高い買物だったので、この領収書を生涯捨てなかった。二年間のアジア艦隊参謀長勤務で、フレッチャーは情報関係者を除けば米海軍内で有数の知日家となった。日本海軍のトップ層には野村吉三郎、永野修身、山本五十六ら、米国に長らく駐在した知米家が多かったのに対し、米国海軍のトップ層にはキング、ニミッツ、ハルゼー、スプルーアンスをはじめとして長期日本駐在経験者はいなかったし、アジア艦隊の主要幹部だった人も少なかった。その例外がフレッチャーだった。

フレッチャーの参謀長時代、アジア艦隊参謀部にカール・ムーア少佐がいた。ムーア少佐は、太平洋戦争中に高速機動部隊を率いたマーク・ミッチャーと同クラスの一九一〇年組。スプルーアンスの参謀長として活躍する。

一九三三年、フランクリン・ルーズベルトが大統領に就任した。ルーズベルトは三〇代で、第一次大戦を挟んだ八年間という異例の長期間、海軍次官を経験し、海軍のことなら何でも知っているという自負が強かった。

ルーズベルトは、海軍長官に上院海軍軍事委員会委員長だったクラウド・スワンソンを選んだ。下院でスワンソンと同じ仕事をしていたのがカール・ビンソン。スワンソンはルーズベルトの海軍次官時代からの知己だったが、すでに高齢で病弱だった。

このスワンソンが自分の補佐官に選んだのがフレッチャー大佐だった。フレッチャーは一九三三年秋から三年間、老齢・

病弱の長官をよく補佐した。病弱のスワンソンに代わって、長官代理として海軍大演習に臨んだこともある。ワシントン生活は出費がかさむが、父の遺産があったフレッチャーは困らなかった。この時期、ウォールストリートの投資コンサルタントの勧めで、アナコンダ銅会社の株七五株、ヒューストン石油会社の株一〇〇株を買った。ちなみに、後に海軍長官になり初代国防長官になったフォレスタルは、新聞記者を経てウォールストリートの大手投資コンサルタント会社の社長だった人だ。

同じ時期、ワシントン近郊のメリーランド州に農園と建物を買った。銀行から九六〇〇ドル借り、毎月九〇ドルを返済した。由緒ある建物で、初代大統領ワシントンの友人ウイドウ・エルベックが一七二〇年に建てた、赤煉瓦《れんが》の二階建て。美しい樹木に囲まれた、時代を経て落ち着いた瀟洒《しょうしゃ》な住宅だった。

子供のいなかったフレッチャーが純血種の犬に凝ったことは前述した。海軍関係の切手を収集したり、古文書(といっても歴史の浅い米国だから、せいぜい百年くらい前のものだが)も集めた。週末はメリーランドのこの家で過ごした。暖炉の前でパイプをくゆらせながら自慢の切手帳を眺める。足元に愛犬がうずくまっている。

海軍次官は、アナポリスの先輩(一九〇一年組)でルーズベルト一族の輿望《よぼう》を担っているヘンリー・L・ルーズベルトだった。しかしヘンリーは在職中に心臓発作で死に、ルーズベルト一族を落胆させた。

一九三六年、第三戦艦戦隊旗艦「ニューメキシコ」艦長。「ニューメキシコ」艦長の後は、リチャードソン、ニミッツ両航海局長の下で航海局次長を務めた。

一九三九年九月、長官補佐官時代から親しかったリチャードソン(一九〇二年組)が合衆国艦隊司令長官になると、第三巡洋艦隊司令官となる。リチャードソンは、主力艦隊のサンジエゴから真珠湾への移駐を命じるルーズベルトの意向に反対し、首になったため、リチャードソンの後任には、多くの先任者を飛び越えてルーズベルト・サークルのキンメルが任命された。

真珠湾奇襲の日、フレッチャーは巡洋艦隊を率いてオアフ島南西で演習をしていた。一九四一年一二月七日(日本時間では八日)の真珠湾奇襲の日から、米国本土に帰国する翌年九月二一日までの二八九日間のうち、正味五一日間を日米両軍の制海、制空権が入り乱れる激戦下の前線海上で過ごし、空母を率いて次のような作戦、海戦を指導した。

(1)ウェーク島守備隊救出作戦(一二月末)
(2)第二海兵旅団をサモア島へ輸送する掩護《えんご》作戦(一月)
(3)マーシャル、ギルバート攻撃作戦(二月)
(4)ラバウル攻撃作戦(三月)
(5)珊瑚海海戦(五月四日〜八日)

⑹ミッドウェー海戦（六月四日～六日）
⑺ガ島上陸掩護作戦（八月七日前後）
⑻第二次ソロモン海戦（八月二四日）

文字通り、寧日《ねいじつ》のない九か月間だった。

珊瑚海海戦では「レキシントン」を失い、フレッチャー座乗の「ヨークタウン」は大破した。「ヨークタウン」は通常なら修理に三か月を要する損傷を受けたが、真珠湾で三日間の昼夜兼行の復旧作業を行い、ミッドウェー海域に向かった。ミッドウェー海戦では「ヨークタウン」に座乗して米機動部隊を指揮。この海戦で「ヨークタウン」は沈み、フレッチャーも危うく戦死するところだった。「ヨークタウン」沈没後はスプルーアンスに指揮を委《ゆだ》ねた。第二次ソロモン海戦直後、日本潜水艦の雷撃により米空母「サラトガ」が中破、「ワスプ」が撃沈された。

◆戦後に出版されたモリソンの著書に評判を落とされる

戦勝国の戦史は参考にならない、といわれる。特に、戦争終結直後に書かれた戦史がそうだ。凱旋《がいせん》将軍や英雄提督を讃《たた》える文飾の多い史書になるのはやむを得ない。勝利で沸き立っている国内では、戦いの反省点を考えようとする雰囲気が少ないのが普通だ。万事良し、の考えが国民の中にある。

これに反し、敗戦国の史書には深刻な反省がある。将軍や提督のミスリードが白日の下に晒《さら》され、厳し過ぎるほどに批判され、処断される。戦勝国では英雄の将軍や提督のことを考え、都合の悪い文書類は軍の奥の院に隠されるが、敗戦国では一切の文書類や関係者の証言が公表される。

たとえ紙一重の差の勝利であり敗北であっても、勝った者はすべて善、負けた者はすべて悪となる。米国の太平洋戦争関連の史書を読むときに感じる薄っぺらさは、このようなことが原因だろう。また、米国の史家に日本語文献読解力に乏しい人が多いのも、米国の史書に物足りなさを感じる要因となっている。日本語の文献を縦横に読めない人が、太平洋戦史の基本をやることはまず無理だ。その点、日本の史家は大体英語が読める。そのうえ、敗戦への深刻な反省がある。日本の史家の太平洋戦史や提督たちの評伝の方が米国のそれよりも質が遥《はる》かに高くて深い、と思うのは筆者の独断だろうか。

米国では戦後すぐに、モリソン海軍少将の海戦史が刊行された。一五巻（一巻平均三〇〇ページ）の大部なもので、準公刊史的扱いを受けている。フレッチャーの戦後の評価は、このモリソンの海戦史によって貶《おとし》められたものとなった。フレッチャーを低く評価したのは、海軍トップのキングと、準公刊史的存在となったモリソンの海戦史である。

真珠湾奇襲の日からこの大戦の海戦史を書こうと考えていたモリソンは、戦後直ちにその作業に入った。関係者のインタビューから情報を集めたが、フレッチャーへのインタビューはなかった。後述するようにフレッチャーが断ったのだ。モリソンは海戦の戦術叙述に関しては、海軍大学校での分析を基本とした。海軍大学校での分析は史書を書くためのものではない。当然ながら、これら海戦の最善戦術を教室や兵棋演習室で考えるものだ。いわば「○○とすべきだった」という「べき論」であり、日本軍の状況などがすべて判ってしまった後の、損害の心配の全くない机上での分析である。それはそれで意味のあることだが、「後知恵」ということを知っておかなければならない。

史書では、戦況不確実な状況下の指揮官としての観点からの記述も必要だ。モリソンの海戦史は、ごく新しい歴史を、長短、黒白、善悪で一刀両断している点が少なくない。フレッチャー関連でも、戦局全体を見ずに一局面の見方からの分析によって、不遜《ふそん》な「後知恵」により性急な独断を下している、と指摘する史家もいる。

戦後五〇年以上たった現在、モリソン史書によって形作られたフレッチャー像は見直されてしかるべきだろう。フレッチャーは一対一の親しい対話は得意だったが、公衆の前でのスピーチは不得手だった。また、生涯人の悪口と言い訳を決していわなかった。かつての部下の一人に、自己顕示欲のきわめて強いパイロット出身の海軍大佐がいて、ワシントンの高官やキングやマスコミの前で、フレッチャーの空母運用を執拗《しつよう》に非難し続けた。偏執狂的なこの海軍大佐の言動に対しても、フレッチャーは一切反論しなかった。このような偏執狂者の悪口雑言は時間がたてば忘れ去られるものだが、その時点ではそれ相応の影響力を持つものである。

モリソンの海戦史でフレッチャーに関連するものは、第三巻、第四巻、第五巻で、それぞれ一九四八年、四九年、五〇年に刊行された。これらの中で、モリソンは特に一九四一年一二月のウェーク島救出作戦、翌年八月のガダルカナル島沖での空母群運用に関して、怯懦《きょうだ》な戦下手、攻撃精神不足、給油問題を過大視した戦機への遅疑逡巡《しゅんじゅん》、と罵声《ばせい》を浴びせている。

◆フレッチャーを受けつけなかったキング

当時の海軍トップのキングもフレッチャーを低く評価した。太平洋艦隊司令官ニミッツの高い評価にもかかわらず、フレッチャーの中将進級や勲章授与を拒み、ついにはその職を解いたのがキングだった。戦争ではリーダーの性格を抜きに考えることはできない。織田信長の性格を思慮外において、信長の戦術や戦略を考えることができるだろうか。

キングは織田信長と似ている点がある。信長は冷酷で執念深い。猜疑心が強く独裁的で、晩年には秀吉以外の部下はとても仕えていられない状況だった。キングはチームプレーができない性格だった。

海軍でのキングのキャリアは上官との衝突続きだった。中佐以降だけでも次のようになる。

(1)駆逐艦「カシン」の艦長兼駆逐艦隊参謀時代、司令のシムズ大佐とぶつかり参謀職を解かれる。
(2)潜水艦基地司令時代、テイラー司令官の意向に従順でなく、基地司令を更迭される。
(3)航空局次長時代、モフェット局長と衝突し首になる。
(4)ノックス海軍長官と不仲になり、ノックスの後任のフォレスタル海軍長官とは犬猿の仲となる。

ニミッツが高く買ったにもかかわらず、キングがフレッチャーを嫌った原因は、前述の両者の育ちや性格の違い以外に次のようなことが考えられた。

四八歳でパイロットの資格を取り、空母「レキシントン」艦長や航空艦隊司令官をやったことのあるキングは、航空関連のキャリアを持たない者を低く見る傾向があった。もっとも、ジャック・タワーズを中心とする生粋のパイロット育ちは、キングのように中年以降に航空畑に入った者をキウイ(ニュージーランド産の羽の退化した鳥）とか後参者（ＪＣＬ：Johny Comes Lately）とか呼んで評価しなかった。これら生粋のパイロット育ちが、航空のキャリアがなく空母群を率いるフレッチャーを冷たい目で見ていたのは確かだ。とはいうものの、キングはキングと同じように中年になって航空畑に入ったハルゼーを嫌っていたし、航空畑の経験のないスプルーアンスを買っていた。

キングは航海局（後に人事局と改称）出身者をひどく嫌っていた。フレッチャーはリチャードソン、ニミッツ両航海局長の下で次長をやったことがある。キングによれば、航海局の連中はワシントンのお偉方とチャラチャラ交際したり、人脈をつくったり、事件があると揉み消そうしたり、人の才能を実際以上に買いかぶったり、航海局出身の仲間同士でかばい合ったりする、というのだ。キングは、ニミッツにもその傾向が強いとして嫌っていた。ニミッツのフレッチャーに対する評価と弁護を、キングは「身内かばい」と受け取った。

キングは、フレッチャーのようにお偉方とうまく人間関係を築き上げる者を、太鼓持ちとして嫌った。キングが中佐で駆逐艦艦長時代、大西洋艦隊司令官はフレッチャーの伯父で、フレッチャー中尉は伯父の副官だった。キングはフレッチャーを生意気な奴だと思っていたかもしれない。キングの性格から考えると、好感情は持っていなかったに違いない。

キングは、潜水艦隊基地司令（大佐）当時から海軍作戦部長になってみせると公言し、野心を隠さなかった。ここでも上司のテイラー潜水艦隊司令官とぶつかり、水上機母艦艦長に飛ばされた。テイラーはアジア艦隊司令官（大将）になり、参謀長だったフレッチャーが、テイラーから特に目をかけられていたのは周知のことだった。潜水艦隊基地司令当時は、将官への昇進が気になる時期だった。このとき、キングはヒューズ作戦部長から忠告の手紙を貰《もら》っている。

ヒューズの手紙には、「貴官の評判がどんなものかを知れば貴官はきっと驚くでしょう。目だたない地味な海上勤務を嫌ってはなりません」と書いてあった。

出世意欲が人一倍強く、将来のキャリアを常に計算していたキングにとってはショックで、自分の人事考課表を書いたテイラー司令官に対して悪感情を抱いた。リーヒ作戦部長の後釜《あとがま》は必ず自分だと考えていたキング中将は、リーヒの後任に二期下のスタークがなったときは怒った。海軍長官はスワンソンで、その補佐官はフレッチャー大佐だった。

七人の子持ちで、夫の軍務やキャリアに関心のない妻を持ち、軍務を除けば酒と女にしか興味のないキングが、夫とともにワシントンの社交界でも活躍する妻を持ち、子供がなく、週末にはワシントン近くの瀟洒な住宅で、愛犬とともに切手や古文書を眺めて過ごすフレッチャーを快く思っていなかったのは間違いない。

太平洋戦争中、キングは自宅や官舎に住まず、ポトマック川に浮かぶ合衆国艦隊旗艦「ドーントレス」で寝起きした。週末には愛人のところで過ごすことが多かったが、これはワシントンでは公然の秘密だった。

フレッチャーの物腰が柔らく、部下からの信望が厚いことも、部下統御に冷酷なキングには部下に甘い指揮官と映った。キングには、一度こうだと決めたら梃子《てこ》でも動かないところがあった。キングは、ニミッツのその後のフレッチャー活用案をことごとく蹴った。スプルーアンスは参謀長のカール・ムーア大佐の少将昇進願いを三度も提出したが、キングは三度とも蹴っている。ムーア大佐は巡洋艦艦長時代に座礁事故を起こしたことはあるが、前後の経歴やスプルーアンス司令部参謀長としての働きを考えれば、少将に昇進して何の不思議もなかった。だが、キングはそれを許さなかった。

◆豊富な戦歴にもかかわらず、キングによって追放される

フレッチャーが解任されたとき、機動部隊指揮の経験でフレッチャーの右に出る者はいなかった。日本海軍をフレッチャー以上によく知っている将官はいなかった。にもかかわらず、

フレッチャーは華やかな主戦場を離れた、流氷と霧のアラスカへ追いやられた。それは、フレッチャーの戦歴やニミッツからの高い評価を考えると流謫《るたく》といってもよかった。

フレッチャー中将のように高官で戦歴のある者が第一線を離れる場合は、海軍長官の諮問機関である将官会議のメンバーになるのが普通だ。キングは、フレッチャーをワシントンに置くことを避けようとした。ワシントンにはフレッチャーの友人が多過ぎる。休息のための一時帰国の名目で、ワシントンに召還された。合衆国艦隊司令部（海軍省と同居）にキングを訪れたが、短時間の会見中、キングは木で鼻をくくるような態度だった。フレッチャーは珍しく副官のハリー・スミスにぼやいた。キングは聞く耳を持たない態度で接した。合衆国艦隊司令部主催のレセプションは気が重いものだった。ホワイトハウスに呼ばれることも、新聞記者会見のアレンジもなかった。

一九四二年一〇月、キングによりフレッチャーの異動が発表された。一一月一二日、海軍第一三軍区司令官としてシアトルに赴任し、前任のフリーマン中将と交代した。一年後の一九四三年一〇月、北太平洋軍司令官としてシアトルからアラスカのアダックへ移った。

当時、アラスカはソ連への航空機援助の基地だった。アラスカからベーリング海峡を越えて、対岸のアナドリ基地まで、米軍パイロットの手で主として戦闘機が空路輸送される。アナドリ基地からはソ連軍のパイロットによって欧州方面へ運ばれるのだ。供与機数は六四〇〇機に及んだ。日本の参謀本部は、アラスカからアナドリ基地まで空輸される飛行機数を交信（英語の生交信）受信によって正確につかんでいたが、ソ連と事を構えることを警戒して何もできなかった。一四九隻に及ぶ各種艦艇も、アラスカでソ連海軍に供与された。ソ連軍将兵の訓練も重要な仕事だった。

日本の降伏が発表されると、フレッチャーは六〇隻の艦船を率いて北太平洋を渡り、津軽海峡から陸奥湾に入った。一九四五年九月六日、フレッチャーは大湊での降伏調印式に米軍を代表して署名した。戦後、フレッチャーは将官会議のメンバーとなり、後には海軍大将に昇進して将官会議の議長となった。

退役後はメリーランド州の家に隠退した。モリソンが海軍史を書くから手伝ってくれないかと依頼してきたが、丁重に、きっぱり断った。各種の戦史にコメントしたり、公衆の場に出てスピーチをやることはなかった。ワシントンに多くの友人を持つフレッチャーは、友人の子女たちの月下氷人《げっかひょうじん》となることが多かった。ワシントンに近く、美しい丘と森に囲まれ、建築後二〇〇年を超す赤煉瓦の住居は、若い男女の見合いの場として絶好だった。また、結婚式場としてのロマンチックさもあった。多くの知人の息子や娘たちがここで知り合い、結婚式を挙げた。

一九七三年四月二五日、ベセスダ海軍病院で死去。八八歳の誕生日の四日前だった。このベセスダ海軍病院は、戦後キングが回復の望みのない状態で一〇年間を過ごし、末っ子の一人息子に看取れながら死んでいった病院である。また国防長官だったフォレスタルが、三軍統合問題の重荷から極度の神経衰弱に陥り、一六階の窓から投身自殺をした病院でもあった。

フレッチャーが死んだとき、ワシントンのポトマック川沿いには桜花が爛漫《らんまん》として咲き誇っていた。

ハート　アジア艦隊司令官

——比島退避を責められ解任された実直な老司令官

アジア艦隊（太平洋戦争開戦直後に壊滅）司令官だったトーマス・C・ハートは、一八七七年六月、ミシガン州の人口五〇〇人に満たない片田舎ダビソンで生まれた。

父はメイン州出身で、南北戦争時には北軍の海軍に入った。戦争が終わると、多くの人々がそうであったように西部へ生活の糧を求めて流れていった。当時、ミシガン州はまだ森と湖の辺境の地で、森から切り出される木材が主な生産品であった。父はスコットランド移民の母と知り合って結婚した。母はハートが生まれてすぐに死んだ。後妻を迎えるが二年後に先立たれ、再び二人の子持ちの未亡人と再婚した。

当時、「ユースス・コンパニオン」という雑誌がアメリカの青少年に広く読まれており、この雑誌の中でウェストポイントやアナポリスの生活がよく紹介されていた。向学心は旺盛《おうせい》だが学資の関係で上級学校に進めない青少年で、この両校を目指す者は多い。ハートもそうだった。地方紙でアナポリスの募集記事を見た一五歳のハートは、地元の連邦議員に推薦を頼んだ。応募者を一〇人に絞るのに困った議員は、試験をして推薦者を決めることにしたため、ハート少年は議員のいるオーチャドレークに行って試験を受けた。

何とか推薦を受けたハートは、一八九三年五月、アナポリスに入校。入学した同期生は九一人だった。当時のアナポリスは、生徒数二六三人のごく小さな教育機関だった。卒業は一八九七年。九一人入学して卒業できたのは約半数の四七人。この中には、米海軍史上に名前を残すヤーネル（オレンジ計画策定に尽力、航空艦隊司令官など歴任）、ヘップバーン（合衆国艦隊司令長官）、リーヒ（作戦部長、統合参謀長会議議長）らがいた。ハートの卒業席次は一三位だった。

トーマス・C・ハート（Thomas Charles Hart）１８７７–１９７１年

◆魚雷の生産コスト低減に腐心するも、労働組合の反発を受ける

卒業後は戦艦「マサチューセッツ」に乗艦。一万トンのこの新鋭艦は「オレゴン」、「インジアナ」の姉妹艦で、一三インチ、八インチ、六インチの各砲をそれぞれ四門、八門、四門持っていた。一八九八年、米西戦争勃発により出陣。一九〇二年、アナポリスの教官。当時、セオドア・ルーズベルト大統領の海軍大増強で、アナポリスの生徒数は四〇〇人から八〇〇人に倍増されていた。砲術科長のフーラン中佐と共著で、テキストの「砲と砲術」を執筆した。一九〇五年、二八歳で駆逐艦「ローレンス」艦長。その後、ワシントンの海軍省兵備局に勤務した。

一九〇七年、戦艦「バージニア」乗組。翌年、アナポリスの校長だったブラウンソンの娘キャロラインと結婚した。ブラウンソンはタフト大統領の遠縁で、後に航海局長になる。生みの母の顔を知らず次々と継母の代わったハートにとって、七歳年下のキャロラインには、妻であると同時に母親に対するような感情があったようで、二人は生涯琴瑟《きんしつ》相和す仲だった。

一九一一年、ニューポートにある海軍魚雷工廠長。魚雷は最先端兵器で、英海軍の魚雷を参考に製造されていた。年間生産高は一〇〇万ドル。製品のコストダウンが大きな課題だった。ハートは、科学的管理法を導入して生産性の向上に努め、労働コストの低減に腐心した。ハートのこのような試みは、労働組合のリーダーの反発を買った。問題は海軍省にまで聞こえ、ハートの手に負えなくなる恐れが生じた。

一九一三年、海軍次官フランクリン・ルーズベルトは、労働組合のリーダーたちの懐柔に乗り出す。ハート少佐より五歳年下で三一歳だったルーズベルトは、このときに労働組合のボスの扱いや一般労働者へのアピールの方法を学んだといわれている。ハートはこのような政治的動きはとてもできない。正直に働き、働いた分の給料、というのがハートの考えだ。ハートはあまりにも真正直で、年下の海軍次官へのおべんちゃらなどとてもいえなかった。

ルーズベルトは八年間、海軍次官として海軍の隅々までを知り、その後は大統領となり海軍の大独裁者として君臨する。ルーズベルトを取り巻く海軍の人脈は、彼の次官時代にでき上がった。後に作戦部長になるリーヒやスタークらがそうである。彼らは若い次官に巧妙に取り入った。そして、彼に嫌われる人々もこの海軍次官時代に形成された。有名な提督では、二代目海軍作戦部長のクーンツが嫌われた。ハートもこの海軍工廠時代、ルーズベルトに嫌われる原因をつくった。これは、後にハートのキャリアに影響する。

一九一四年九月、戦艦「ミネソタ」副長。

時の大統領は、プリンストン大学の学長から大統領になったウィルソン。ウィルソンは、米国の使命の一つとして他国に対する民主主義の指導を考えた。

隣国メキシコでウェルタ将軍が大統領を殺して自分が後釜に座ると、ウィルソンは不承認政策をとり辞任への圧力をかけた。戦艦「ミネソタ」はメキシコのベラクルスへ派遣される。ハート少佐はベラクルス上陸軍の参謀長となり、上陸、駐営、防護の任務に当たった。上陸軍指揮官ヒューンストン陸軍少将は大酒飲みで、ハート参謀長を困らせた。米国の中南米ラテン諸国への介入は、もちろん米国の利害という視点はあったが、これらの国々に民主主義を教えてやるという使命感があったことも事実だ。干渉を受けた国がどう思ったかは別の話である。

◆潜水艦乗りとしてキャリアを積む

一九一六年二月、太平洋水雷艦隊第三潜水艦戦隊司令。ハートのキャリアはこれ以降、潜水艦勤務が多くなる。ワシントンから大陸横断鉄道でサンフランシスコに赴き、ここからハワイの真珠湾に着任した。ハワイ在任中、中佐に進級。一年足らずでコネチカット州ニューロンドンの潜水艦基地司令兼大西洋潜水艦隊参謀長。ニューロンドンは潜水艦の巨大基地で、潜水艦学校もここにある。

第一次大戦に米国が参戦すると、一九一七年一〇月、潜水艦母艦「ブッシュネル」に乗艦し、四隻のK型潜水艦を率いて西アフリカ沖のアゾレス諸島に向かった。ここをとりあえずの米潜水艦基地としたのである。到着後、ハートは直ちに帰国し、再び七隻の潜水艦、二隻の潜水艦母艦、三隻のタグボートを率いてアゾレス島へ赴いた。

戦況の進展につれ、潜水艦基地はアイルランドのクイーンズタウン、さらにブレハーベンに移った。欧州派遣米艦隊を指揮するのはシムズ中将で、ハートは潜水艦艦隊司令。米海軍作戦部の指示で六週間、英海軍潜水艦司令部に行き、英潜水艦作戦の勉強をした。ハートの感想は、英海軍はローテーションが少なく、専門家を育てる傾向があり、この点で米海軍士官に比べ幅広い経験に欠けている、というものだった。

一九一八年七月、帰国。帰国の途中、リバプールで潜水艦造船所を見学した。帰国後は、海軍作戦部で潜水艦関係の任務に従事した。次長はプラット大佐、後に五代目作戦部長となる人である。

戦後は潜水艦建造委員会の委員長となって、潜水艦建造行政に携わった。また、一九一九年と二〇年にそれぞれ陸大と海大で、第一次大戦における潜水艦作戦の講演を行った。その内容は、次のようなものだった。

(1)ドイツはUボートに金と人をあまり注がなかったが、一万人の潜水艦関係者であれだけの戦果を上げた。もっと金と人を注いでいれば、大変な成果を出していただろう。

(2)Uボート関係者の叙勲や昇進は、沈めた船のトン数で決められた。だから艦長は沈めやすい商船を狙った。

(3)日本は今後、恐らく中国大陸を狙うだろう。日米開戦となった場合、比島防衛に最も効率のよい兵器は潜水艦である。マニラからの潜水艦の出撃は、第一次大戦におけるUボートの英国攻撃のようなものとなろう。

一九二〇年、第三潜水艦隊司令。この時期、Uボートを戦利品として入手した。これを徹底的に調査したギブソン中佐の報告書がハートの手元に届いた。報告書は、機械、機器、全体構造などすべての点で、Uボートが米潜水艦よりも優れている、としていた。潜水艦の心臓にあたるエンジンについても、ドイツのディーゼル・エンジンは列国より抜きんでたものだった。ハートより八期下のニミッツは、大戦前にこの潜水艦用ディーゼル・エンジンの研究のためドイツへ派遣されている。

一九二一年五月、潜水艦母艦「ビーバー」に乗艦、新造の潜水艦六隻を率いて東海岸から比島のマニラに向かった。三一日、ポーツマス出港、パナマ運河を経由し、サンフランシスコに着いたのが七月二〇日。一か月の休養補給後、九月二日に出港。真珠湾で二週間過ごし、グアム島に向かった。ハワイ、グアム島間の航行は、米潜水艦史始まって以来の長距離航行であった。グアムからマニラに向かい、マニラ入港は一二月一日。半年間の訓練航海であった。

この演習を兼ねた長距離航海は、米潜水艦の性能を知り、これの効果的運用に資するところが大きかった。翌年二月、香港、上海、日本を経由して帰国する。香港、上海とも、あふれるばかりの諸外国人がいたが、日本では外国人はほとんど見ることがない。中国の状況などを考えると、将来、日本が恐るべき敵になるだろう、というのがハートの実感だった。

◆中正温良な性格で海軍エリート街道を進む

一九二二年七月、海軍大学へ入学する。当時の校長は、第一次大戦中に欧州派遣米艦隊司令官だったシムズであった。

海大で一年間の研修の後、水雷基地司令を望んだがかなわず、陸大へ入学した。米海軍の有名士官で、海大と陸大の両方を卒業した人は珍しい。陸大時代に印象に残ったのは、航空関連教官であるパイロットたちのうぬぼれと尊大さ、他兵科を見下してからかう乱暴な態度だった。危険な職務で生命を失うことも多かった飛行科士官は、それだけ自分たちの腕に恃《たの》むところも多く、言動が直截《ちょくせつ》的、独善的になることもやむを得ないことだった。彼らの代表的存在がビリー・ミッチェル陸軍大佐だった。

陸大卒業後、一年間は陸大の教官。上陸作戦の研究をした。一九二五年六月、戦艦「ミシシッピ」艦長となる。三万三〇〇〇トンの巨艦で、一四インチ砲一二門を装備。日本海軍の同年竣工の同規模艦は、戦艦「山城」と「伊勢」である。

この時期、ハートはビリー・ミッチェルの軍法会議に関係した。一九一九年にハートが陸軍参謀学校で講義した内容(公表されず機密扱いであった)をそのまま引用した論文を、ミッチェルがサタデー・イブニング・ポスト紙に発表したからである。ハートは、潜水艦を重視し、水上艦では高速艦による艦隊を主張していたので、講義の内容は巨大戦艦艦隊への反対論文として利用されたのだった。

ハートは、もともと独創的な思想家でも戦略家でもなく、中正温良な態度で上官の命令に従うというタイプだ。自分の意見を新聞などを利用して強く訴えていく個性の強い士官ではなく、海軍のシムズや陸軍のミッチェルとは対照的だった。シムズは大艦巨砲化や海軍参謀本部の設立に歯に衣着せない発言を繰り返し、ミッチェルは空軍万能を説いて軍法会議も敢《あ》えて辞さなかった。

戦艦艦長二年の後、ニューポートの水雷基地司令として魚雷の研究、開発、試作、製造を担当した。

一九二七年七月、少将昇進とともに戦闘艦隊所属潜水艦隊の司令官となり、太平洋方面の全潜水艦を指揮した。司令部は真珠湾にあった。翌年五月、潜水艦隊司令官として海軍の全潜水艦を指揮、司令部はニューロンドンである。一九三〇年のロンドン海軍軍縮条約により、一〇六隻の潜水艦は五一隻が破棄処分となった。保有基準量は五万二七〇〇トンだった。

第一次大戦以降のハートのキャリアを見ると、海軍作戦部(潜水艦担当)、潜水艦戦隊司令、海大・陸大、戦艦艦長、水雷基地司令、潜水艦隊司令官と、海大・陸大の三年間を除き、すべて二年毎《ごと》の勤務である。当時のエリート士官の典型的なローテーションとみてよいだろう。

一九三一年、アナポリスの校長。ハートがアナポリスに入学した四〇年前と比べると、規模は一〇倍近くになっていた。生徒と教官を併せて二万二〇〇〇人の陣容である。

当時、アナポリスに対して多くの批判が加えられており、その中心人物はシムズだった。例によって、シムズは新聞や雑誌で歯に衣着せず公然と非難する。新聞のインタビューで、アナポリスを世界最悪の学校と断言し、一九二七年の「ワールズワーク」誌四月号に、「アナポリス――我が素人の戦争学校」と題する論文を発表した。詰め込み、服従だけの教育では生徒が歪《いびつ》になるとし、アナポリスの教育があまりに狭量、地方的、専門的であり、職業学校に堕しているとした。

一九三三年、シムズはアナポリスの理事会の一員となった。理事会メンバーのエール大学アンジェル学長もシムズと同意見だった。教科の改正があり、文科系教科が二一・六パーセントから三一・六パーセントに大幅増となり、理科系教科が三三・六パーセントから三一・二パーセント、専門科目が四四・八パーセントから三七・二パーセントに減らされた。

一九三二年、アナポリスでは四年生のうち二四人が素行不良で退校。卒業は認められたが任官を許されなかった者が六人。同様に一九三三年には一〇人が退校、卒業後の任官不許可が二人であった。特に、一九三三年は大恐慌の影響で任官数が大幅に削られ、卒業生のうち半数以上が任官できなかった。二五〇人が卒業したが、一三人は自主的に軍籍を離れ、四一人は身体欠陥を理由に任官できず、一二七人が一年分の給与七〇〇ドルを貰《もら》って名誉退職となった。

ハート校長の心痛はこれら一二七人で、就職先が何とか見つかるよう最善の努力を払った。三〇人が陸軍航空部隊に入隊でき、飛行訓練学校に入った。残りの九七人は、海運会社、沿岸警備隊、地域会社、役所に入った。

フランクリン・ルーズベルト大統領による海軍大拡張が始まると、彼らのうち何人かは再び海軍に採用され、一九三三年Bクラスとしてクラス会もできた。当時の海軍長官はスワンソン、次官はヘンリー・L・ルーズベルト。ヘンリーは、アナポリスでアーネスト・J・キングと同クラスの一九〇一年組。海兵隊に入り、第一次大戦では海兵隊中佐として戦い、戦後は実業界に入っていた。士官の任免を扱う航空局長は、ハートと同級のリーヒ少将。リーヒの努力で、翌一九三四年のアナポリス卒業生は全員任官できるようになった。

アナポリスとウェストポイントのアメリカンフットボールの試合は、単に両校の対抗試合という域を超えて国民熱狂のゲームになっていたが、一九二七年、時のアナポリス校長ナルトン少将の考えで中断されていた。アナポリスでは入校一年目は試合をさせないのに、ウェストポイントでは高校の選手をスカウトして、四年間を通して試合をさせる。これでは不公平だとナルトン校長は考えたのだ。ハートはウェストポイントのコナー校長や後任のマッカーサー（後の日本占領軍司令官）校長と相談して、伝統の対抗試合を復活させた。

◆好き嫌いが影響する海軍人事を疑問視する

一九三四年、第六巡洋艦隊司令官。リーヒ航海局長からは戦艦艦隊の内示があったが、戦艦勤務の経験はあるが巡洋艦の経験はなかったので、巡洋艦隊を希望したのである。

第一六回海軍大演習は、ハワイからアリューシャン方面にかけて行われた。合衆国艦隊司令長官はジョセフ・M・リーブス。リーブスの目から見れば、ハート艦隊の行動目的が不明確だ。艦隊の訓練よりも艦隊の運用実験に関心が深過ぎる。ハートから見れば、リーブスは船乗りとしても戦術家としても疑問がある。

一九三六年一月、艦隊の人事異動があり、ハートの同期生が枢要ポストを占めることになった。合衆国艦隊司令長官にはアーサー・J・ヘップバーン（六／四七）、戦闘艦隊司令官にはウィリアム・D・リーヒ（三五／四七）、戦艦艦隊司令官にはクレアランス・S・ケンプフ（四六／四七）——かっこ内は卒業席次——。航空艦隊司令官には二期下のフレデリック・J・ホーンが任命された。

ハートの目から見れば、ヘップバーンとリーヒの任命は妥当であるが、どんじりから二番目で卒業したケンプフが戦艦群を率いて海軍中将になるのは片腹痛い。リーブスのお気に入りだったことが理由で、ホーンの航空艦隊司令官就任は前任のヤーネルの推挙によるものだろう。

結局、このときの人事異動で、ハートは大きな不満を抱いて将官会議入りした。同期のヤーネルから慰めの手紙が届いた。「あまり悪く考えないように。君は自分がナンバーワンにな

アーサー・J・ヘップバーン（Arthur Jay Hepburn）１８７７-１９６４年［左］とジョセフ・M・リーブス（Joseph Mason Reeves）１８７２-１９４８年［右］

るためにではなく、海軍の効率化のために働いてきた。君は周囲に気兼ねすることなく、正直に自分の意見をいう腹を持ってきた」

一九〇〇年に時の海軍長官ロングによって設立された将官会議（General Board）は、長官の補佐機関。海軍長老のデューイ大将がその死まで一七年間議長をやっていたこともあって、相当の影響力があった。しかし、一九一五年に海軍作戦部が創設され、一七年にデューイが死ぬと、海軍作戦部が充実していく一方で、将官会議の影響力は落ちていった。ハートが将官会議入りしたときの議長はフランク・B・アップハム（一八九三年組）で、すぐにジョセフ・M・リーブス（一八九四年組）に替わった。

この年一一月、ハートはまた面白くないニュースを聞いた。作戦部長のウィリアム・H・スタンドレー（一八九五年組）が退き、リーヒがその後を継いだというニュースだった。アナポリス時代から常識に富み、人望はあったが、勉強もできず怠け者だったリーヒが……。リーヒは、ルーズベルトが次官だった頃より緊密な間柄にあり、ルーズベルト人事であることは間違いなかった。

名家に生まれて、人に仕えたことのない（海軍次官時代が唯一の例外だが、時の長官ダニエルズは鷹揚《おうよう》に仕事を次官に委《ゆだ》ねていた）ルーズベルトは、直言するタイプを嫌った。リーヒのように自分の気持ちを忖度《そんたく》して動いてくれるタイプを好んだのである。リーヒの後任となるスターク（一九〇三年組）もルーズベルトのお気に入りだったが、リーヒと同様の態度でルーズベルトに接した。

リーヒやスタークは、自分たちの権門に尻尾《しっぽ》を振るような処世術をよく自覚しているだけに、反対に私心がなく剛直で外柔内剛型のハートを高く買っていた。同期のヘップバーンも、ハートを次のように高く評価していた。

「船乗りとしても、管理者としても、高い評価を受けてきた。海軍のための私心のない貢献には特に感銘を受けた。冷静で正しい判断を下し、上からの意向に従順である」

リーヒも、日本軍による真珠湾奇襲直後、ルーズベルトに書信を送り、スターク作戦部長、キンメル合衆国艦隊司令長官の後任に、ハート、キング、ニミッツの三人を推し、三人の中ではハートが最も信頼を置ける、少なくとも最もミスを犯さないと書いている。

一九三七年七月、リーヒはハートに、合衆国艦隊司令長官ヘップバーンの後釜に推すと伝えた。また、ヘップバーンも同期のハートを自分の後任にと強く望んだ。しかし、発表された後任は二期下のクラウデ・C・ブロックだった。

ルーズベルトがハートを嫌っていることは分かっていた。確かに、ハートは海軍魚雷工廠長時代に労働組合問題で苦労した際、金で懐柔するようなルーズベルト次官のやり方に疑問を持った。ハートは日記に書いている。

「彼は私の上官（大統領は軍の最高指揮官）であるが、個人的には忠実になり得ない。ルーズベルト氏は大変危険なリーダーでついていけない」

前航海局長のアンドリュース少将（一九〇一年組）が、自分の影響力を高めるためにハートよりクラスが下のブロックを推薦したのだ、といううわさも聞いた。アンドリュースは、立身のためには、相手を選ばず権門に近付き胡麻《ごま》をするというので、同期生から嫌われ、誰も寄り付かないような人物だった。また、スワンソン長官が、上院議員時代に自分の知人のアナポリスの文官教授をハート校長が経費削減のため人員整理したのを根に持っているということも考えられた。

ハートは病身のスワンソン長官に対しても、「彼は決して書かないし、何も読まない。声があまりに小さくかすれているので、何をいおうとしているのかさっぱり分からない。海軍を動かしているのは精力絶倫のＦＤＲ（ルーズベルト）だ」と日記に書いている。

一九三七年一二月、米砲艦「パネー」が揚子江で日本海軍機の攻撃で沈んだ。時の海軍大臣米内光政と次官山本五十六の必死の努力で何とか収まったが、米国に与えた衝撃は大きかった。ルーズベルトは、作戦部戦争計画部長のロイヤル・Ｅ・インガソル大佐（一九〇五年組）をロンドンに派遣し、対日共同作戦の可能性を検討させた。

アンドリュースの後任のリチャードソン航海局長は、ハートに心酔する一人だった。リチャードソンはキンメルの前任の合衆国艦隊司令長官となるが、艦隊の真珠湾駐留問題でルーズベルトに直言し、怒りを買って即座に首になった剛直の士官だった。リチャードソンはハートを、自己顕示の強い士官ではなく、決して自分を売り込むことをしない、私心のない士官だと思った。

リチャードソン航海局長はヘップバーン合衆国艦隊司令長官と相談し、強いバックアップを得て、ヘップバーンの後任にハートを推すリストをつくってホワイトハウスに赴いた。ルーズベルトはリストを一瞥《いちべつ》するや、怒気を含んで「この名前をリストから消せ」と言った。ルーズベルトは次官時代、海軍魚雷工廠の運営問題で自分のやり方に反対したハート少佐を忘れていなかったのである。ハートは日記で、ルーズベルトのやり方を「宮廷政治」と憤っている。

◆マッカーサーとサイレの緩衝役となる

一九三九年六月、アジア艦隊司令官。当時、米海軍の高級将校は、職位によって階級が決まっていた。海軍大将のポストは作戦部長、合衆国艦隊司令長官、太平洋艦隊、大西洋艦隊の両司令官、それにアジア艦隊司令官の五つであった。艦隊の規模からいうと、仮想敵国日本に備える太平洋艦隊が圧倒的に大きい。アジア艦隊が巡洋艦二、駆逐艦一三、潜水艦一二の小艦隊にもかかわらず司令官が大将なのは、各国艦隊が停泊している香港や上海で仕事をやりやすくするためであった。

アジア艦隊には海兵第四連隊も所属して中国に駐留している。司令官は駐在する場所柄から政治家、外交官としての役割が大きい。当時は日中戦争の最中である。英仏海軍の提督や将軍と、上海の租界の安全のための協議がある。ガウス上海駐在領事やメーソン情報参謀と相談する。海兵第四連隊長のフエーガン大佐に細かい指示を与える。参謀長はパーネル大佐。砲艦を率いて揚子江の上流までパトロールしている部下はグラスフォード少将。英国やオランダ海軍との緊密な情報交換のため、本国から連絡将校を派遣してもらうようにもした。

比島も重要な担当地域で、ハートは上海とマニラの間を往復する。米国は一九三四年のタイディングス・マックデュフィ法で、比島を一九四六年に独立させることを約束していた。

比島総督は、ウィルソン大統領の義理の息子で、民主党の高名な法律家サイレ。比島駐在の陸軍司令官は、ハートが陸大時代に知り合ったグラント少将。比島人の臨時大統領はケソンである。プレイボーイとして有名だったケソンは、派手な服を着て毎晩のようにカジノやパーティーに姿を現す。ケソンは、比島人陸軍の指導者としてマッカーサーを高給で雇っていた。マッカーサーの現地人軍とグラントの米軍はしっくりいかない。サイレ総督はケソンのプレイボーイぶりについていけず、比島人ともなじまない。岳父のウィルソンと同じく平和主義者で、比島の防衛費を削るのに熱心である。マニラに根拠地を置く海軍第一六区司令部の士官は、島流しにされた気分でいるから士気が低いこと夥《おびただ》しい。

ハートは、アナポリス校長時代にマッカーサーがウェストポイントの校長だったからよく知っている。マッカーサーの兄アーサーは海軍士官で早世したが、ハートの親友だった。一九〇三年ウェストポイント卒業のマッカーサーは、海軍のハートより六期下。唯我独尊の権威主義者で、自分の階級が少将なのにハートが大将なのが気に食わない。

一九四一年七月、マッカーサーは極東米陸軍の総司令官となって陸軍中将となる。階級が下のマッカーサーは、陰でハートを「スモール・フリート、ビッグ・アドミラル」と揶揄《やゆ》した。小さな艦隊のくせに海軍大将、というわけだ。マッカーサーは総督のサイレとも不仲で、ハートは両者間の緩衝役となった。もともと、ハートは外柔内剛誠実型である。政治家肌でもなく、実戦の勇将というタイプでもない。癖の強いマッカーサーやサイレとは距離がある。

◆日本軍上陸に対し、すし詰めの潜水艦で脱出

日米間の緊張が高まった。日本軍の攻撃がまず比島に向けられるであろうことは、三〇年も前からのオレンジ計画で予想済みだ。アジア艦隊の対日戦の主力は潜水艦であり、潜水艦隊司令はウィルクス大佐からドイル大佐に替わり、比島地区海軍基地司令官はロックウェル少将であった。水上戦力は「ヒューストン」、「オーガスタ」の重巡二隻と駆逐艦群だったが、これでは日本水上艦隊主力には手も足も出なかった。そのため、潜水艦による日本軍の交通線破壊が、考えられる唯一の戦術であった。

極東英植民地防衛のため、英国は新鋭戦艦「プリンス・オブ・ウェールズ」、旧式巡洋戦艦「レパルス」をシンガポールに派遣してきた。司令官のサー・トム・フイリップス中将が、マニラのハートのところへ情報交換と挨拶のためにやってきた。

一二月八日、真珠湾奇襲。二週間後の二二日、リンガエン湾に日本軍が上陸した。翌年一月二日、ハートは乗組員以外に六六人がすし詰めの潜水艦「シャーク」に乗艦してマニラを脱出、一〇〇〇マイル離れたスラバヤに逃げた。極東地区ではＡＢＤＡ（American, British, Dutch, Australian）連合海軍が結成され、ハートはその総司令官に任命された。ハートの次の先任士官はオランダ海軍のヘルフリック中将だったが、ヘルフリックは回想録でハートについてこう書いている。

「六五歳の提督は悲観的で、真珠湾奇襲で打ちひしがれた感があった。蘭印諸島の防衛は無理と考え、豪州への異動が次のステップだというのに驚いた。大海軍国の士官の常ではあるが、ハートはまず戦艦、空母、重巡という視点から見、海上での戦力比という関点から考える」

ヘルフリックは、蘭印海軍の総司令官というだけでなくオランダの海軍大臣でもあった。本国オランダはドイツに占領され、守るべき土地は蘭印だけとなっているヘリフリックにとって、兵力を温存して豪州に逃げることは考えられなかった。同様に、英軍もマレー、シンガポール、ビルマを防衛しなければならない。自国領の比島から逃げ出し、さらにより安全な豪州へ引き揚げて、捲土重来《けんどちょうらい》を図ろうとするハートの考えが、消極的に映ったのは当然かもしれない。

開戦直後にワシントンで開かれた米英首脳会議（いわゆるアルカディア会議）で、南西太平洋方面連合軍が形成された。蘭印のバンドン近くに司令部が置かれたが、その陣容は次のようなものだった。

総司令官　ウェーベル元帥（英）

総参謀長　パウノール大将（英）
副司令官　ブレット中将（米）
海軍部隊司令官　ハート大将（米）
参謀長　パリサー少将（英）
連合国艦隊司令官　ドールマン少将（蘭）
陸上部隊司令官　ポールテン中将（蘭）
航空部隊司令官　ペイルス少将（英）

利害、思惑、習慣、文化を異にする連合国軍の運営は難しい。連合国海軍は暗号表は英軍用を用い、通信施設は蘭海軍のものを使用した。ハートはヘルフリック中将に気を遣い、ドールマン少将への指揮はヘルフリックを通して行った。連合国海軍戦力は米海軍が六割、蘭海軍が四割、英海軍は新鋭戦艦と旧式巡洋戦艦が日本海軍航空機に沈められ、実質ゼロであった。

◆日本軍を過大視していると避難され、司令官を解任される

連合国軍内でハートは孤立していった。ハートは前線で将兵を鼓舞する野戦攻城の勇将タイプではない。また、進んで英軍や蘭軍司令部に赴き、信を相手の腹中に置いて、信頼関係を積極的に構築していくタイプでもない。あけすけで率直、儀式ばらない態度は米国人間では歓迎されたが、英・蘭人の間ではそうではなかった。身近で仕える者にはハートの良さがよくわかる。ハートの参謀だった豪海軍のコリンズ大佐は後に、「ハート提督に出会った瞬間から最大の尊敬心を持つようになった」と書き、メーソン少佐は別れの会合のとき、ハートに「提督は今までに会った最高の人です」と思いのままを正直に言った。

英海軍側は、開戦直後にハートが水上艦や潜水艦をマレー方面に派遣しなかったことに不満を持っていた。陸軍の司令官（マッカーサー）が残っているのに潜水艦で比島を逃げ出したことを卑怯《ひきょう》と考える人も多かった。

ハートが自分を「オールドマン」と言い、震えた字を書くことは、ハートを見る目をさらに厳しいものとした。総参謀長のパウノールは「プアー・オールドー・ハート」と日記に書く始末である。ウェーペルはチャーチルにハート解任要求の無電を打つ。ハートは老齢で日本軍を過大視している、というのだ。ワシントンではルーズベルトがハートを買っていなかったし、真珠湾奇襲以降、ハートの保護者的存在だったスターク作戦部長の発言力は低下していた。比島からはマッカーサーのハートを批判する大声が届いてくる。海軍長官ノックスもハートをかばい切れなくなり、一九四二年二月一五日付でハートを更迭、後任はヘルフリックとなった。

帰国したのは三月八日。ワシントンでスタークと会い、キング、ノックスに同道してホワイトハウスへ出向いた。

キングは、ハート解任へと動いたオランダ海軍の動きに怒っており、ハートを海軍大将のままアジア艦隊司令官の名称もそのまま残すことを望み、ノックス、ルーズベルトの了承を得た。米海軍では恒常的階級の最高は少将で、就いたポストにより大将とか中将になり、そのポストを外れると元の少将の階級に戻るのである。消滅したにもかかわらず、アジア艦隊司令官の名称を与え、海軍大将として遇したことは、米海軍がハートの真珠湾以降の行動を評価している証《あかし》であるともいえた。ハートは将官会議のメンバーとなった。議長は同期のヘップバーンである。

戦後二年間、ハートは上院議員（コネチカット州）を務めた。

一九七一年六月、心臓発作でベセスダ海軍病院で死去。九四歳の誕生日の一週間前だった。

第4章　大戦後期前線指揮官

ハルゼー第三艦隊司令官

——粗野な物言いながら、苦境でも周囲を鼓舞したカリスマ

大きくて四角い、いかつい顔。巨眼と太い眉《まゆ》に大きな団子鼻。ブルドッグを連想させる風貌《ふうぼう》で、仇名《あだな》も「ブル」だった。知的雰囲気は全くなく、智の人とはとてもいえない。上官のキングはハルゼーを、いつも「頭の悪い奴《やつ》」と言っていた。公式の報告書をつくる場合も、語彙《ごい》の少なさから決まり文句を羅列した。大勢の前でのスピーチや私的な会話でも、陳腐で月並みな表現しかできなかった。私的な手紙には、日本人を侮辱する卑猥《ひわい》な言葉があふれていた。婉曲《えんきょく》な言い回しや、ひねった言い方、皮肉、逆説の使用といったことができない。すべて決まり文句的で、ストレートな表現だった。

ハルゼーのスローガンは、「キル・ジャップス、キル・ジャップス、キル・モア・ジャップス」だった。山本五十六連合艦

ウィリアム・ハルゼー・ジュニア（William Frederick Halsey Jr.）１８８２-１９５９年

隊長官機の撃墜に成功したときも、リッチモンド・K・ターナー少将がいつになく興奮しているのを見て、「何がそんなにいいんだ。おれはあの男（山本）を鎖につないで、ペンシルベニア通りを引きずり回し、それを君らが蹴飛ばして歩いたらいいと思っていたんだ」と言った。

太平洋戦争終結に際し、戦艦「ミズーリ」艦上での降伏調印式に臨んだ軍令部作戦部長富岡定俊少将が見たハルゼーの印象は、次のようなものだった。

「米軍将星の列の中に、一人だけ戦闘帽をかぶったハルゼー提督の姿があった。ブルと仇名されただけに精悍《せいかん》な面構え、この人ばかりは許すまじき面持ちで我々を睨《にら》みつけていた」

戦後退役してからも、ハルゼーの直截《ちょくせつ》的発言は変わらなかった。公の場で仲間を批判しないという軍人間の伝統を破って、新聞紙上でキンケイド提督を批判したり、「酒もタバコもやらない軍人を信用したことはない」と言って物議を醸し、米艦内ではご法度のウイスキーやバーボンを、「パイロット用に大量に空母に積み込んだ」と書いて世間を騒がせた。

一九〇八年、ハルゼー少尉は米親善艦隊乗組員の一人として来日し、日本海海戦の英雄東郷平八郎大将に戦艦「三笠」艦上で会ったことがある。米海軍の士官たちは東郷を胴上げした。このときのことをハルゼーは、戦後、彼らしい表現で次のよう

サインしているニミッツの後ろに立っている３人のうち、中央がハルゼー。手前の人物がドナルド・マッカーサーで、奥がフォレスト・シャーマン

に語っている。

「我々は身体も大きく、東郷は小海老のように小さかった。それゆえ、優しく胴上げする代わりに高々と三回放り上げた。もし我々が将来起こることを知っていたならば、三回目の胴上げの後、彼を受け止めたりはしなかっただろう」

ニミッツは、候補生時代に日本海海戦直後の東郷と東京の園遊会で会い、強い印象を受けているが、ハルゼーは東郷に会っても何の感銘も受けなかった。

ハルゼーのようなタイプのリーダーは、味方が敗色濃厚なときには士気の高揚に大いに力を発揮する。実際、対日戦の初期にハルゼーが南太平洋艦隊の指揮を執るようになったとき、「ニューヨーク・タイムズ」紙は「ファイティング提督ハルゼーが南太平洋艦隊司令官に任命されたことは、攻撃作戦への移行の徴候だ」と書いた。ハルゼーのある参謀は、「ハルゼー提督の最も強いところは、素晴らしいリーダーシップだ。カリスマ的効果があり、みんなは魔法の棒で触れられたようになった」と言った。

これは少人数、ないし小艦隊を率いるリーダーシップである。大艦隊を指揮するようになってからは、その場その場で決断し、計画の変更が目まぐるしいハルゼーの指揮ぶりは、配下の指揮官たちを困惑させた。全く予想ができないのだ。レイテ沖海戦や沖縄作戦ではハルゼーの悪い部分が全部出てしまい、沖縄作戦では台風に巻き込まれて大損害を出し、軍法会議にかけられそうになった。

「見敵必戦」はネルソン以来の海軍リーダーのあるべき姿で、太平洋戦争時の日本海軍提督に欠けていた点であった。しかし、小艦隊ならともかく、大艦隊の総指揮官ハルゼーが、配下の高速空母機動部隊を直接コントロール、リードして、見敵必戦スタイルで指揮をしたことを批判する人は多い。

◆学識高く、由緒正しい家に生まれる

ハルゼー自身の言葉によると、ハルゼーの先祖には船乗りや冒険家が多い。

父方の祖父チャールズは著名な法律家。祖母はコロンビア大学学長の娘。この祖母の父は、上院議員や英国駐在公使を務めたこともある政治家だった。

ハルゼーの父ウィリアム・F・ハルゼーは、二歳のときに父(ハルゼーの祖父)を失った。ハルゼーの名前は、父、本人、一人息子ともに同じなので、正式にはハルゼーにはジュニア(二世)、息子にはザ・サード(三世)をつける。祖父の法律仲間のロブソンは、一家の柱を失ったハルゼー家の面倒を見ることが多かった。このロブソンがグラント大統領の指名で海軍長官になると、父はアナポリスへの推薦を頼んだ。

父はアナポリス一八七三年組。同期生に、日本人として初めてアナポリスを卒業した松村淳蔵《じゅんぞう》がいる。松村は幕末に薩摩藩が秘密裏に英国に送った留学生の一人で、後に米国に渡りアナポリスに入校した。卒業後は日本海軍に入り中将にまで昇進した。本名は市来勘十郎《いちきかんじゅうろう》だが、国禁を犯しての渡航だったので松村淳蔵の変名を使った。松村は、主君から賜ったこの変名を生涯使用した。

ハルゼーの父は、船舶ブローカーの娘で幼なじみだったアンと結婚。父が海上勤務のとき、母はニュージャージー州エリザベスの実家に帰り、一八八二年一〇月三〇日にハルゼーを産んだ。その後、妹のデボラもここで生まれている。父の太平洋岸勤務により一家は西海岸へ移り、父がアナポリスの物理・化学の教官になると、また東海岸へ移った。その後、父はアジア艦隊勤務となり、家族は米国に残った。

アナポリス入校には連邦議員の推薦が必要だ。父がアジア艦隊勤務時代、ハルゼー少年はマッキンレー大統領に推薦依頼の手紙を書いたが返事はなかった。再びアナポリス勤務となって帰国した父も、必死になって推薦してくれそうな議員を探したが、各地を転々としていたので地元の連邦議員との縁故はなかった。母はニュージャージー州の司法長官につてを求め、司法長官に同道して、ホワイトハウスでマッキンレー大鉄領に会い、息子のアナポリスへの推薦を懇願した。

一九〇〇年七月、念願のアナポリスへ入校。同期生は八四名で、卒業できたのは六二名。アナポリスの学生数はハルゼーの入校特には二五〇名弱だったが、マッキンレーの暗殺により一九〇一年に大統領となったセオドア・ルーズベルトの海軍大増強政策によって入校者の数は毎年増え、ハルゼーの卒業時には六〇〇名を超えるようになっていた。

アナポリス時代はアメリカンフットボールに熱中、成績はよくなかった。三年の終わり頃、父がアナポリスの運用課長として戻ってきた。一九〇三年の夏期航海は帆船「チェサピーク」を使用して行われた、「チェサピーク」艦長は父だった。一九〇四年二月、卒業。卒業席次は六二人中四三位だった。

◆グレート・ホワイト・フリート世界巡航に参加

最初の赴任艦の戦艦「ミズーリ」（一万二五〇〇トン、一八ノット）で一年過ごした後、砲艦「ドン・ジュアン」乗組。「ドン・ジュアン」は、米西戦争時にスペイン海軍より鹵獲《ろかく》した艦だ。当時の米海軍は、アナポリスを卒業して二年間は士官候補生で、二年間の実習勤務の評価が基準以上であれば、晴れて少尉に任官する。「ドン・ジュアン」がバージニア州ノーフォーク軍港に滞在中、この町でファニー・グランディーと知り合い、後に結婚する。

「ドン・ジュアン」の後は戦艦「カンザス」一万六〇〇〇トン、一二インチ主砲四門、八インチ副砲八門、七インチ副砲一二門)。「カンザス」は、セオドア・ルーズベルトの決断による、米海軍力誇示のためのグレート・ホワイト・フリート世界巡航に参加することになった。ルーズベルトは米海軍が運用できる全戦艦一六隻を使い、世界親善という名目で航海をさせることにした。

真の目的は、もちろん親善などという奇麗事ではない。まず第一の目的は、カリフォルニア州での日系移民排斥運動に端を発した日米間の緊張が、日米戦争勃発にならないように日本を恫喝《どうかつ》すること。第二は、大艦隊を南米最南端のマゼラン海峡経由で太平洋岸まで運航させる困難さを米国民に周知させ、パナマ運河の早期開通の必要性を理解させること。第三は、日本の海軍力増大に恐怖している太平洋の白人国、豪州とニュージーランドに米国の頼もしさを知らせ、米国の影響力を認知させることである。豪州やニュージーランドは、本国の英国がドイツとの海軍力競争のために英国艦の多くを太平洋方面から本国近辺に移した結果、自国周辺の軍事力の空白化が生じていることに大きな不安を感じていた。第四は、米国の裏庭ともいえる南米各国、米植民地のハワイ、比島をはじめ欧州各国に対する、増強著しい米海軍力の誇示であった。

もちろん、海軍の演習、訓練の意味合いもある。いざというときに艦隊を東海岸から西海岸へ移す際にどんな問題が生じるかは、机上の想定だけでは分からないことが多く、実際に艦隊を動かしてみて分かることが少なくない。戦争が始まってから泥縄式にやるのはまずい。事前に、実際に艦隊を動かして問題点を把握しておくことが必要なのだ。

一九〇七年一二月一六日、グレート・ホワイト・フリートは、ルーズベルト大統領の見送りを受けてノーフォークのハンプトンローズ軍港を出発した。ブラジル、マゼラン海峡、チリ、ペルーを経由してサンフランシスコ着。ここからニュージーランド、豪州、比島と巡航を続け、本来の目的である日本の横浜に入港した。戦艦「三笠」艦上で行われた歓迎会では、東郷提督が英語で歓迎の挨拶《あいさつ》をし、宴会でハルゼーたち若い士官は東郷を胴上げした。その後、グレート・ホワイト・フリートは清国からインド洋、スエズ運河、地中海の各地を経由して親善交歓を続け、一九〇九年二月にハンプトンローズに帰港した。

帰国後は水雷艇「デュポン」(一六五トン)艦長となる。ちなみに米海軍の艦名のつけ方だが、一九世紀末、米海軍の近代化を強力に推し進めたトレイシー海軍長官は、膨大な建造費のかかる戦艦や巡洋艦には、国民の認識を深めるために、前者には州名、後者には都市名をつけることにした。また、駆逐艦については、セオドア・ルーズベルトが海軍次官時代に、米海軍史上著名な海軍士官名をつけることにした。この水雷艇「デュポン」の艦名は、南北戦争時に活躍した提督デュポンに拠っている。デュポンは、米国の大手化学会社デュポン社の創業者一族である。

一九一〇年二月、駆逐艦「ラムソン」（七五〇トン）副長。以降二二年間、短期間の戦艦副長勤務はあったが、海上勤務はすべて駆逐艦勤務であった。

駆逐艦「フルーザー」の艦長時代（一九一二年）、海軍次官のフランクリン・ルーズベルトを乗せたことがある。艦の操艦を希望した次官は、このときの艦長の対応に満足した。後に海軍作戦部長になるスタークも、駆逐艦艦長時代に同じような体験をした。ルーズベルトは、ルーズベルト・サークルと呼ばれた海軍士官の人脈を、こうした機会を利用してつくっていった。

第一次大戦の直前には大西洋駆逐艦艦隊に属した。直属の上官はウィリアム・S・シムズ大佐。シムズはセオドア・ルーズベルト大統領の海軍補佐官として、米海軍砲術のレベルアップに貢献した。第一次大戦中は欧州派遣米艦隊司令官で、戦後は海軍大学校長。歯に衣着せない言動で多くの敵をつくったが、米海軍史では忘れられない提督である。

第一次大戦は、一九一四年に始まり一八年に終わった。米国が参戦したのは一七年である。ハルゼーはこの大戦の最終期、駆逐艦艦長として輸送船団の護衛に当たった。第一次大戦後は太平洋駆逐艦戦隊司令。配下の艦長にスプルーアンス少佐がいた。

一九二〇年六月、父死去。海軍大佐で退役した父は、大戦中に現役に復帰し海軍省で働いていた。

一九二一年六月、中佐進級。この年秋、海軍省情報局に勤務する。しかし、ペーパーワークが嫌いで不得意なハルゼーに適した仕事ではなかった。

一年後、ドイツ駐在海軍武官。敗戦直後のベルリンは天文学的数字のインフレが進んでいて、食料不足に悩み、厳寒期には暖房用の燃料も不足していた。二年間の海軍武官生活の後、欧州派遣米艦隊所属の駆逐艦艦長となった。

一九二六年一月、戦艦「ワイオミング」副長。この年、大佐に昇進し、アナポリスに係留されている旧式艦「レイナ・メルセデス」艦長となる。

一九二七年には兵学校に恒久的な航空教官団が設置され、ハルゼー大佐の直接指揮下に置かれた。教官団長はデウィット・C・ラムゼー大尉で、副長はクリフトン・A・F・スプラーグ大尉である。

ハルゼーは航空に関心を持つようになった。航海局長のリチャードソン少将から航空課程コースに関心はないかとの問い合わせがあった。すぐに関心がある旨返事をしたが、視力検査で引っ掛かり不合格となった。

兵学校の後、大西洋艦隊第一四駆逐戦隊司令。

一九三二年、海軍大学入学。この年、娘のマーガレットがデュポン社の社員でスプルーアンス一族のリー・スプルーアンスと結婚、ハルゼーとスプルーアンスは姻戚《いんせき》関係になった。息子のビルは祖父、父の後を継いで海軍に入ることを強く望んでいたが、近視のためアナポリスには合格できず、海軍をあきらめてプリンストン大学に入学していた。海大校長を最後に退役していたシムズ提督は、海軍大学の所在地ニューポートに住んでいた。ハルゼーはかつての上官宅を表敬訪問し、シムズの相変わらずの厳しい海軍現状批判を聞いた。

海軍大学では主に二点の研究を行った。一つは第一次大戦で英独の艦隊が四つに組んで戦ったユトランド海戦の研究であり、もう一つは日米開戦となったときの主戦場である太平洋の地理と、この地域で戦う場合の兵站《へいたん》関連事項であった。実際の日米戦争では、前者は役に立たなかったが後者は大変有益だった。

翌年の一九三三年四月、飛行船「アクロン」の墜落事故があり、「米海軍航空の父」と呼ばれたウィリアム・モフェット航空局長が死んだ。モフェットは一九二一年に海軍省に航空局が創設されて以来、一二年の長きにわたり航空局長だった。

◆門外漢ながら航空母艦艦長となる

ハルゼーは、研修期間一年の海軍大学を卒業すると、今度は陸軍大学への入学を命ぜられた。陸大へは海軍士官と海兵隊士官が毎年併せて六名入学しており、このうちの一人に選ばれたのである。陸大の課程が終わる頃、キング航空局長から空母「サラトガ」の艦長はどうだとの問い合わせがあった。

短期間、戦艦「ワイオミング」の副長勤務をしたことはあるが、ハルゼーのキャリアのほとんどは駆逐艦勤務で、艦長としてのキャリアは全部駆逐艦だった。巡洋艦と潜水艦の経験も全くない。水上艦という点では、戦艦も巡洋艦も駆逐艦も大体同じだ。潜水艦はかなり違うが、魚雷が主武器で小型艦という点では駆逐艦と似ている。駆逐艦艦長として対潜水艦作戦の経験もあるから、潜水艦ならやれる。しかし、航空母艦と駆逐艦では、大きさ、武器、作戦運用に至るまですべて異なっている。

さすがに何事にも強気なハルゼーも迷って、士官の人事を担当しているリーヒ航海局長に相談した。リーヒの意見は「よい話ではないか」ということだったので、キング航空局長に了承の返事をした。

何故、キングが駆逐艦乗りのハルゼーに空母艦長の話を持ちかけたかは不明だが、大型空母の艦長ポストに就ける大佐クラスにまだパイロット育ちの士官が育っていない実情があった。

先のシムズも、モフェットも、リーヒも、ハルゼーも、名前がウィリアムだ。ちなみに、歴代海軍作戦部長は太平洋戦争時のキングまで九人いるが、このうち四人がウィリアムの名を持っている（初代ベンソン、五代プラット、六代スタンドレー、七代リーヒ）。もともとゲルマン語で「意志の兜《かぶと》」の意味を持つウィリアムは、ノルマン人によくある名前で、一一世紀のノルマン人のイングランド侵入に伴い英国に入った名前である。一七世紀のアメリカ植民地では、ウィリアムはジョン、トーマスと並んで、最もありふれた男子の名前だった。一九世紀中頃から二〇世紀初頭にかけて、ウィリアムは米国男子で最も多い名前となっていた。

空母艦長になるためには、ペンサコーラ飛行学校での課程を受けなければならない。操縦員コースは視力の問題で過去に不合格になっていたので、航空関係者研修コースに入ることにした。

一九三四年七月、ペンサコーラ飛行学校に入校。研修を受けているうちに、操縦員コースに入らなければパイロット精神を理解できないと考えるようになった。視力の問題はあったが、対策を講じて操縦員コースにもぐり込んだ。五一歳のハルゼー大佐は、二〇代前半の少尉クラスの青年士官と一緒に飛行訓練を受けた。クラスの中で最も操縦訓練の下手な学生で、単独飛行までの教官同乗飛行には最長の時間がかかった。実用機練習でも着地に失敗して救急車と消防車の世話になったが、不思議と怪我《けが》はしなかった。訓練の厳しさと精神的重圧のためか、一時は一〇〇キロをオーバーしていた体重は七〇キロにまで減った。

ペンサコーラ飛行学校ではエンジン、無線、航空飛行、射撃、爆撃、航空魚雷、離陸、着陸、航空戦術を学んだ。

◆ハルゼーだけが重宝した〝鼻つまみ者〟ブローニングの才能

一九三五年から三六年にかけての冬期の第一七回海軍大演習は、パナマ・太平洋海域で行われた。航空艦隊司令官はヘンリ・D・バトラー海軍中将。バトラーはハルゼー艦長の「サラトガ」を旗艦に選んだ。

第一八回海軍大演習はハワイ近海で行われた。航空艦隊司令官はかつて「サラトガ」艦長だったフレデリック・J・ホーン中将。ホーンは太平洋戦争中、一貫して海軍作戦部次長としてキングを補佐した。ホーンの参謀長はパイロット生え抜き第一号のジャック・タワーズ大佐。タワーズは航海局長のポストをキングと争って敗れた後、海大へ入学し、卒業後このポストに就いていた。タワーズ参謀長の下には航海参謀のダンカン、作戦参謀のラドフォードがいた。後にダンカンはキングの航空参謀となり、ドーリットルの東京奇襲作戦を練り上げる。ラドフォードは戦後、統合参謀本部の議長になった。

一九三六年六月、ハルゼーは「サラトガ」を後にする。後任はタワーズ大佐だった。「サラトガ」艦長の後はペンサコーラ海軍航空基地司令となった。

一九三八年三月、少将進級とともに新造空母の「ヨークタウン」と「エンタープライズ」の二隻を主力とする第二航空戦隊司令官となる。この司令官時代、飛行隊長のマイルズ・ブローニング少佐を知り、その才能を認めた。

太平洋戦争の初期、ハルゼーはブローニングを参謀長として活用する。ブローニングは皮肉屋、高慢で人望がなく、ノックス長官やニミッツから参謀長更迭の要求があったが、ハルゼーはブローニングを手離そうとしなかった。

一九三九年二月の第二〇回海軍大演習は、大西洋とカリブ海で行われた。欧州ではきな臭いにおいが漂い始めていた。第二次大戦が勃発《ぼっぱつ》するのはこの年の九月である。海軍当局は、従来の対日、ないし対独という単一仮想敵国との作戦計画を改め、太平洋と大西洋の同時作戦案を検討し始めていた。フランクリン・ルーズベルト大統領は、ドイツに対する西半球（南北アメリカ大陸）防衛の意思を示すためにも、従来の太平洋での

マイルズ・ブローニング（Miles Browning）１８９７-１９５４年

大演習をやめ、一九三〇年以来なかった大西洋とカリブ海での大演習を命じ、自身は巡洋艦「ヒューストン」に座乗して演習を観閲することにした。

航空艦隊司令官のキング中将は、第一航空戦隊の「レキシントン」と「レンジャー」（「サラトガ」はシアトル近くのブレマートン海軍工廠でオーバーホール中）を率いて、サンジエゴ軍港からパナマ運河を経由してカリブ海に向かう。ハルゼー少

将は第二航空戦隊の「ヨークタウン」、「エンタープライズ」を率いて、バージニア州のノーフォーク軍港からカリブ海を目指した。

キングは、四隻の空母の統一運用をこの演習で試みようとした。命令書は一字一句自分で書き、幕僚やハルゼーの意見は一切聞かない態度をとった。頭の良さを自認しているキングは、ハルゼーを頭の悪い奴として評価していなかった。ハルゼーを無視しただけでなく、ハルゼーの幕僚三人を他へ転出させた。ハルゼー司令部の幕僚が多過ぎると怒ったのだ。

管理とかペーパーワークが苦手なハルゼーは、幕僚の構成や幕僚の仕事のやり方には無頓着《むとんちゃく》だった。後に参謀長ブローニングをノックス海軍長官やキング、ニミッツの意向で馘首《かくしゅ》せざるを得なかったり、第三艦隊司令官時代はスプルーアンス第五艦隊司令部の二倍もの幕僚を抱えたりした。

第一と第二の航空戦隊がカリブ海で合流したとき、「レキシントン」の艦橋には信じ難いほど多くの信号旗が掲げられていた。次々と信号旗が代わり、ハルゼーの第二航空戦隊はキングに引きずり回された。

この年にはリーヒ海軍作戦部長が引退することが分かっている。海軍の主要人事をルーズベルトが独裁していることは周知の事実だ。次期海軍作戦部長を望む多くの提督たちが、次々と巡洋艦「ヒューストン」を訪れ、ルーズベルトに伺候《しこう》した。リーヒの後任にはスタークが指名された。

この年八月三〇日、日本では山本五十六が連合艦隊司令長官となり、翌日、東京駅発特急かもめで連合艦隊旗艦「長門《ながと》」が停泊している和歌山市の和歌浦に向かった。

キング航空艦隊司令官が海軍将官会議のメンバー入りし、チャールズ・A・ブレイクリー中将がキングの後任に任命された。ハルゼーは第一航空戦隊司令官となる。

さらに一年後の一九四〇年六月には、航空艦隊司令官兼第二航空戦隊司令官となった。

◆ドーリットル空襲を支援するＴＦ16を指揮

一九四一年一一月二八日、ハルゼーは空母「エンタープライズ」を率いてウェーク島方面へ演習航海に向かった。

真珠湾奇襲後、臨時太平洋艦隊司令官となったパイ中将は、ブラウン少将率いる「レキシントン」部隊をマーシャル群島のヤルート島空襲に、フレッチャー少将率いる「サラトガ」部隊をウェーク島への物資補給に派遣した。ハルゼー中将率いる「エンタープライズ」部隊は、ハワイ防衛と前記二部隊を支援するためミッドウェー島付近に出撃した。

「エンタープライズ」部隊は大晦日《おおみそか》に真珠湾に帰港し、ハルゼーは新しく太平洋艦隊司令官に着任したニミッツと会った。

翌年には「エンタープライズ」を率いてマーシャル諸島攻撃（二月一日空襲）作戦を実施。スプルーアンスが「エンタープライズ」を護衛する重巡と駆逐艦群を指揮した。

東京奇襲は、ルーズベルトがかねてより望んでいたことだった。ルーズベルトの意向を知っていたキングは、合衆国艦隊作戦参謀のフランシス・B・ローに作戦立案を命じた。ロー大佐は、航空参謀のドナルド・B・ダンカン大佐にこの作戦案作成に専念するよう命じる。ダンカン参謀は原案を作り、アーノルド陸軍航空隊司令官の意向を確かめ、新鋭空母「ホーネット」艦長ミッチャー大佐の意見を聴きつつ、ドーリットル陸軍中佐を指揮官とし、B25陸軍爆撃機を「ホーネット」から出撃させる作戦案を固めた。護衛は「エンタープライズ」。空母「エンタープライズ」、「ホーネット」、護衛の重巡、駆逐艦、それに給油艦によるタスク・フォース16が編成された。ハルゼーはこのタスク・フォース16を率いて出撃、四月一八日、東京奇襲を成功させた。

四月末から五月末までの一か月間、ハルゼーはタスク・フォース16を率いて南太平洋方面に出撃。しかし、続いてのミッドウェー作戦には、皮膚病でバージニア州リッチモンドの病院に入院したため参加できなかった。

八月には米海兵隊がガダルカナル島に上陸。ガダルカナル島を巡って日米の死闘が始まり、病気が完治したハルゼーは九月までに真珠湾に帰った。

ガダルカナル島方面の全般指揮を執っていた南太平洋艦隊司令官ゴームリー中将の優柔不断な指揮ぶりに困惑していたニミッツは、ゴームリーを解任し、後任にハルゼーを指名する。ゴームリーの後任としてはケリー・ターナーの名前も挙がっていたが、テリブルの異名を持つターナーは誰彼なしに喧嘩《けんか》をする。ガダルカナル島に上陸したバンデグリフト海兵第一師団長やその幕僚との関係も良好とはいえなかった。

南太平洋艦隊司令部はニューカレドニア島のヌーメアに置かれていた。一〇月一四日、ハルゼーは飛行艇で真珠湾を出発し、一八日にヌーメアに到着した。到着直後、ハルゼーはニミッツからゴームリーの後任命令を受け取る。二三日、ヌーメアの南太平洋艦隊司令部に、ホルコム海兵隊司令官、バンデグリフト海兵第一師団長、南太平洋艦隊上陸作戦部隊司令官ターナー少将らが集まり、ハルゼー主催の作戦会議が開かれた。

◆キングの指示により止む無くブローニングを手放す

ガダルカナル島を巡る日米の相次ぐ激闘は、クライマックスに達していた。翌一九四三年一月には、ノックス海軍長官が激励のためにニミッツを帯同してヌーメアにやってきた。ノックスは、ハルゼーが戦闘リーダーとしては第一人者であるが、管理や計画能力には疑問があると考え、参謀長のブローニング大佐に問題を感じていた。

マイルズ・R・ブローニングは生粋のパイロット育ち。痩《や》せ型で鷹《たか》のような鋭い感じの人物だった。情緒不安定、陰気で怒りっぽく、興奮しやすい。酒を飲むと常軌を逸した行動をとり、皮肉と説教癖から多くの敵をつくっていた。

ハルゼーにはこういう男を十分御すだけの雅量があり、ブローニングの欠点には目をつぶって、その長所である斬新《ざんしん》なアイデアを買う態度をとった。同期生の中で、最も遅れて中佐に進級していたブローニングを評価したのがハルゼーだ。ブローニングは大戦初期の一九四二年二月のマーシャル群島奇襲作戦でハルゼーを補佐、作戦終了後はハルゼーの推輓《すいばん》により、同期生を尻目《しりめ》に早々と大佐に進級した。

ノックス長官のハルゼー司令部強化と参謀長更迭の意向をキングから聞いたニミッツは、ハルゼーにブローニングの更迭を指示する。ハルゼーはブローニングを手放す気がなく、頑強に抵抗を続けた。部下へのこういう態度は、一面でハルゼー人気の一因となっていた。ブローニング問題は、一九四三年五月のサンフランシスコでのキング・ニミッツ会談でも取り上げられ、七月になって更迭が強行された。ブローニングは新造空母艦長に転出し、後任の参謀長にはロバート・B・カーニーが任命された。

ヌーメアでのハルゼーの生活は早寝早起きだった。朝は五時半には起きる。濃いブラックコーヒーを一杯飲み、一日二箱のタバコの最初の一服を吸う。七時半から幕僚との朝食。一日一時間は水泳か散歩。大体午後一〇時に就寝する。

一九四三年五月、キングは艦隊の再編成を行い、太平洋艦隊に属する艦隊を第三、第五、第七の三つに分割した。ハルゼーの南太平洋艦隊を第三艦隊とし、中部太平洋所在の艦隊が第五艦隊となり、南西太平洋軍（司令官マッカーサー）に属する艦隊は第七艦隊となった。各艦隊は順次、タスク・フォース、タスク・グループ、タスク・ユニットに分割された。

南太平洋作戦がほぼ終了して、ハルゼーが南太平洋を去るのは一九四四年六月。以降、中部太平洋方面の艦隊は、スプルーアンスが指揮するときには第五艦隊、ハルゼーが指揮する場合には第三艦隊と呼ばれるようになる。スプルーアンスが指揮する第五艦隊によるマリアナ作戦（サイパン上陸作戦、マリアナ沖海戦）が終了すると、この艦隊の司令部はハルゼー司令部に替わり、第三艦隊となった。

◆レイテ沖海戦で日本海軍の囮に引っ掛かる

米軍はレイテ島上陸作戦を行った。日本海軍はレイテ島上陸軍を撃滅するため、捷《しょう》一号作戦を発動した。小沢治三郎中将指揮の空母部隊が比島北方に現れ、米艦隊をおびき寄せる。米艦隊が留守の間に、栗田健男中将率いる戦艦部隊がシブヤン海、サンベルナルジノ海峡を通ってレイテ島に殺到する。併せて西村祥治中将率いる旧式戦艦と重巡の部隊は、スリガオ海峡を経由してレイテ島に向かい、レイテ島上陸中の大輸送船団を壊滅させる、というのが捷一号作戦の概要だった。

ハルゼーは、比島北方に日本海軍機動部隊が現れたと聞くや、直ちに高速空母群を率いて小沢艦隊に向かった。まんまと囮《おとり》に引っ掛かったわけだ。スリガオ海峡では第七艦隊所属のオルデンドルフ艦隊（旧式戦艦艦隊）が西村艦隊を破ったが、栗田艦隊は無事サンベルナルジノ海峡を通り抜け、レイテ島へ向かった。このままではレイテ湾のマッカーサー司令部と八〇隻の大輸送船団は、戦艦大和以下の主砲により一瞬にして海の藻屑《もくず》となる。謎の大反転といわれる栗田艦隊の反転がなければ、そうなっていたに違いない。キングもニミッツも、ハルゼーが囮艦隊に引っ掛かり、サンベルナルジノ海峡を空にしたことに胆を冷やした。

レイテ上陸作戦の次は沖縄上陸作戦である。初めはスプルーアンスが指揮を執ったが、二か月以上の激戦にスプルーアンス司令部は疲労困憊《こんぱい》し、ハルゼー司令部に替わった。ハルゼー指揮の第三艦隊は、気象変化に対処するための太平洋艦隊通報を守らず、一九四五年六月五日、大型台風に巻き込まれ、三三隻の艦船が損傷、艦載機一四二機が破壊された。キングはハルゼーがまた大きなへまをやったと激怒、直ちに査問委員会が設置された。委員会の結論は、責任の大半はハルゼーと高速空母指揮官のマッケーン中将にあり、両者を更迭すべきとした。ノックスの病死（一九四四年四月）により海軍長官となっていたフォレスタルは、ハルゼーの辞職ないし引退を考えていたともいわれる。だが、国民的英雄であるハルゼーを引退させることは、国民の士気を傷つけ敵を喜ばせるだけだ、というキングとニミッツの考えを受け入れて、処分を思い留《とど》まった。

戦後、作戦部長を短期間務め、引退生活に入ったニミッツは、慎《つつ》ましく過ごせばインフレで価値が少なくなったとはいえ、元帥の年金で優雅に暮らすことができた。倹約家で利殖に細心の気を配ったスプルーアンスは、一〇〇万ドルの資産を築き上げ、生活には何の心配もなかった。

病身の妻を抱えていたハルゼーはそうはいかなかった。戦争が終わると、ハルゼーは停年を待たずに現役を退いた。終戦の翌年の四月、上院は八人の元帥の生涯現役の待遇を認め、オフィスを提供するとともに、副官一名をつけ、年俸一万五七五〇ドルを支払うこととした。ハルゼーは、ゴム・タイヤ会社の取締役になって三か月に一回取締役会に出席し、旅費と三〇〇ドルの手当を受け取った。その後バージニア大学の理事長になったが、仕事は寄付金を集めることだった。嫌気がさしていたとき、国際電信電話会社の子会社の社長ポストの申し出があったので飛びついたが、世間向きに名前を使われただけで実際の仕事はなかった。

一九五九年八月一五日、ニューヨーク市近郊ロングアイランドの海岸の避暑地でいつものように日光浴をした。翌朝、朝食に現れないのでマネージャーが探すと自室で死んでいた。死因は心臓発作だった。ハルゼーらしく、死んだのは対日戦戦勝記念日だった。

スプルーアンス第五艦隊司令官

——一見地味だが、やらせてみれば結果を残す実戦型

レイモンド・A・スプルーアンスという提督は、特定のタイプに分類しにくい提督だ。

誰もが戦略家としての頭の冴《さ》えと、荒々しいまでの実行力を認めざるを得なかった、キングのようなタイプではない。能史型のうえ、人を見る目が確かで名航海局長といわれた、ニミッツ・タイプでもない。「ブル」の異名を持ち、闘志むき出しのリーダーシップを発揮した、ハルゼー・タイプでもない。

キングとかハルゼーのように単純な軍人タイプだとわかりやすいのだが、この二人のようなタイプではない。キングやハルゼーやニミッツのタイプは、大きな組織の中で仕事をしたことのある人なら、それに近い人物をすぐに何人か指折り数えることができるだろう。スプルーアンス型となるとちょっと頭をひねるのではないだろうか。

リファインされた紳士型という点では、ニミッツと共通点があるかもしれない。しかし、ニミッツのように合衆国艦隊先任参謀、戦艦戦隊司令官、航海局長といった、いわゆるエリート・コースを歩んできたわけではなく、参謀長としてスプルーアンスに長く仕えたカール・ムーア大佐によれば、怠惰といってもいいような面があり、精励恪勤《かっきん》型ではない。

スプルーアンスは身体つきも華奢《きゃしゃ》なら性格も内気で、精力的に仕事を捌《さば》くタイプではない。見方によっては、ムーア大佐の言のように怠け者と思われても仕方がないところもある。

人間の性格形成には幼時体験が大きな影響を与えるという。キングの父親は、勤勉で実務の習得に熱心、かつ強い性格の持ち主で、作業現場のリーダー（班長）だった。ハルゼーの先祖は代々船乗りで船長を多く出し、父親は比較的名を知られた海軍軍人だった。ニミッツは母の胎内にあるときに父が死んでいるが、祖父が彼を可愛《かわい》がり一族の温かい目のなかで育っている。

スプルーアンスが育った家は変わっていた。父親は、気は優しいのだが無口のはにかみ屋。生活能力がなく、職業を持たない世捨て人同然の人だった。母親はイタリアに留学したことがあり、育児よりも自分の知識欲を満たすことに熱中するタイプで、出版社に勤め、雑誌の編集に精力を注ぐという人で、両親とも子供には無関心だった。

◆厳しいキングからも「頭がいい」と評価される

アナポリス時代も目立たなかった。一九〇七年組で、卒業席

レイモンド・A・スプルーアンス (Raymond Ames Spruance) １８８６-１９６９年

次は二〇九人中二一番。

結婚後も破産した祖父の娘（叔母）と母に仕送りを続けなければならず、経済的に苦しかった。そのため、金銭の出入りには非常に細心だった。軍帽なども使えるだけ使い、無駄な出費はできるだけ避けた。岳父の遺産五万ドルが妻のものになると、これを株式と公債で運用することを勧め、四〇万ドルに増やした。自分の給与の運用にも細心の注意を払って、後には六〇万ドルの資産をつくり上げている。

金銭に無頓着だったハルゼーが、戦後、病弱の妻を抱えて、元帥の年金があるにもかかわらず手元不如意で、いろいろな職業のポストを探さざるを得なかったのと対照的だった。当時珍しかった自動車を無理して買ったり、若いときから、仕立て代が特別高いので有名だったニューヨークの一流洋服店で軍服を仕立てさせていたキングとも違っている。

このようなスプルーアンスだったが、駆逐艦の艦長をやればちゃんとやる。戦艦の艦長をさせても合格点をとる。ミッドウェー海戦では、病気で入院したハルゼーの代役をやらされるが、周囲が驚くほどの指揮振りを発揮して勝利を得る。頼りないと思っていた人々も見直す。マリアナ沖海戦でも、上陸船団と大艦隊を率いて勝利を収める。太平洋戦争開戦時に、誰がこのようなスプルーアンスの活躍を予想しただろうか。

キングの人物評は酷烈極まるもので、同僚のマーシャル陸軍参謀総長、アーノルド陸軍航空隊司令官、先輩のリーヒ統合参謀長会議議長だけでなく、英軍のトップ層にも厳しい評価を下していた。部下はもちろんだ。ニミッツへの評価も厳しかったし、ハルゼー評は散々だった。キングは何度もハルゼーを更迭しようと考えたが、ハルゼーの国民的人気を考えるとそれができなかった。キングが評価した数少ない海軍士官がスプルーアンスであり、英海軍のマウントバッテンだった。

キングによれば、ハルゼーは「頭が悪く」、スプルーアンスは「米海軍提督の中では、おそらく最も頭がいい」というのだ。キングはニミッツを信用せず、ほぼ二か月毎にサンフランシスコに飛び、ニミッツを呼んで細かい点まで駄目を押し、自分の意思を念入りに伝えている。

スプルーアンスのキャリアの特色は、海軍大学関連のキャリアが長いことだ。海軍大学を卒業して後、二回この学校の教官を務めた。最初は通信教育部門の責任者、二回目は戦術教育班の班長。戦後は校長だから、学生時代を含めて都合四回この学校に籍を置いたことになる。

戦後の海軍大学校長は、自身が強くニミッツ作戦部長に望んで就いたポストだった。海軍大学のキャリアが多いことからもわかるように、スプルーアンスには学究肌のところがあった。学者肌で大海戦を勝利に導いた海将でもある。このような人物は歴史上珍しいのではないだろうか。米海軍の先輩マハン大佐も学究肌だったが実戦の経験はなく、「海将」というイメージにはほど遠い。ファラガットは勇将タイプだ。英海軍のネルソンも日本海軍の東郷元帥も、学者肌のところは微塵《みじん》もない。

マリアナ沖海戦でのスプルーアンスの作戦指導は、サイパン上陸軍の輸送船団とその支援部隊の護衛を第一とし、日本海軍機動部隊の撃破を第二とした。ミッチャーの高速空母群をまず防御に使い、それから攻撃に移らせたため、日本の機動部隊を取り逃がした。このスプルーアンスの指揮に対して非難が浴びせられた。「パイロットのキャリアのない者に空母部隊を指揮させるから、こうなったのだ」という声もあった。

キングはスプルーアンスの決断を支持して、次のように言っている。

「この作戦の主目的はマリアナ諸島の占領にあったから、あらゆる犠牲を払ってでも敵の攻撃からサイパン上陸部隊を守らなければならなかった」

キングはマリアナ沖海戦直後にサイパンを訪れて、スプルーアンスに「君はよくやった。人がどういおうと君の決定は正しかった」と言っている。

一九六九年一二月死去。サンフランシスコ湾を見下ろす海軍墓地に、ニミッツ、ターナーと並んで埋葬された。

◆生真面目で恥ずかしがり屋だった青年

レイモンド・スプルーアンスは一八八六年七月三日、メリーランド州のボルチモアで生まれた。この州には海軍兵学校の所在地アナポリスがあり、首都ワシントンにも近い。母アニーはボルチモアの裕福な家の出身で、一六歳のときに叔父が領事をしていたイタリアのジェノバに渡り、ここで二年間暮らして欧州風の教育を受けた。帰国後、友人の住むインジアナ州のインジアナポリスに行った折り、無口ではにかみ屋のアレキサンダー・スプルーアンスと知り合い結婚。レイモンドの下に、三歳年下のビリーと六歳年下のフィリップが生まれた。

母は育児よりも自分の知識欲を満たすことに熱中し、地元の出版社の編集の仕事に精力を注ぎ、無口な父も自分の子供には無関心だった。父母から温かい愛情を注がれることの少なかった少年レイモンドは、六歳になるとインジアナポリスの父母の元を離れて、ニュージャージー州の田舎町に移っていた母の実家で生活することになった。六歳年下の弟フィリップが生来の病弱に加え精神発達遅滞のため、母がレイモンドの面倒を見ることができなかったからだ。

裕福な母方の祖父母の家での生活は長く続かなかった。祖父が破産したためだ。広大な邸宅も召使いもなくなり、インジアナポリスの父母の家へ戻った。父も破産同然となり、やる気を失って世捨て人同様となっていた。一家の生活は出版社に勤めている母に頼るしかなかった。そのため、高校を卒業しても大学の学資を家に期待するわけにはいかず、学資が不要の職業軍人養成学校を選んだ。母の働きかけで連邦議員の推薦を受けることができた。

一九〇三年七月、アナポリスに入校。入校時の同期生は二六六名、卒業できたのは二〇九名である。時の大統領はセオドア・ルーズベルトだ。海軍増強論者のルーズベルトは、アナポリスの定員を一挙に二倍、さらに四倍へと増やした。入校したときの四年生（キンメルやハルゼーのクラス）のクラスの卒業生は六二名だが、三年生（ニミッツのクラス）のクラスの卒業生は一一四名、二年生（フレッチャーやタワーズのクラス）のクラスの卒業生は一一六名と二倍となり、一年生のスプルーアンスのクラスの卒業生は更に二倍の二〇九名である。ルーズベルトによるアナポリス定員増政策時代にここで学んだ若者が、太平洋戦争時の米海軍の指導者になった。

訓練担当教官に、後にアジア艦隊司令官になるハート大尉がいた。入校翌年夏の巡航訓練に使用された船は、南北戦争時のファラガット提督の旗艦「ハートフォード」（蒸気機関と帆の併用船）だった。

初級士官不足のため卒業が半年繰り上がり、一九〇六年九月、卒業。卒業生がつくる卒業アルバムには次のように書かれていた。

「ニックネームはスピュー。どちらかといえば、生真面目で恥ずかしがり屋の青年。生娘のように純情なところがある。勤務中以外では、誰の心も傷つけるようなことはないだろう」

最初に乗り込んだのは、艦齢九年の戦艦「アイオワ」（一万一五〇〇トン、一六ノット）。翌年「アイオワ」は除籍となり、新鋭戦艦「ミネソタ」に乗り組んだ。

セオドア・ルーズベルトの意向により、グレート・ホワイト・フリートの世界巡航が行われたのはこの年である。米新鋭戦艦すべて（一六隻）による世界巡航の目的は米海軍力の誇示で、特に日本への恫喝《どうかつ》であったことは、ルーズベルトの言動や回顧録から明らかである。日本側も、もちろんそのことは知っていた。カリフォルニアでの日系移民排斥運動は日米間の緊張を高めており、ルーズベルトは日米開戦を真剣に考え、日本に開戦を思い留まらせるには、米国に日本以上の海軍力があることを日本人に知らせることが必要だと考えていた。一九〇七年一二月、バージニア州のハンプトンローズ軍港を出航したグレート・ホワイト・フリートは世界各地を訪れ、一年半の巡航後、一九〇九年二月、ハンプトンローズに帰港した。

当時、電気工学の進歩には目覚ましいものがあった。スプルーアンスは電気技術習得のため、帰港後すぐにGE（ゼネラル・エレクトリック）社に一年間派遣された。その後、戦艦「コネチカット」で勤務し、一九一一年末、アジア艦隊所属の巡洋艦「シンシナチ」に移った。キングも青年士官時代、「シンシナチ」でアジア勤務をしたことがある。

一九一三年、アジア艦隊所属の駆逐艦「ベインブリッジ」（四四〇トン）艦長。機関長は、後にスプルーアンスの名参謀長になるチャールズ・J・ムーア少尉（通称カール・ムーア）だった。

一九一四年五月、大尉に昇進と同時に帰国。両親の住むインジアナポリスで、裕福な実業家の娘マーガレット・ディーンと知り合い結婚。第二次大戦まではどんな海軍士官の家でもメードを雇っていて、マーガレット夫人もスプルーアンスが退役するまで（一九四八年）、自分で料理をしたことはなかった。

結婚後は、バージニア州のニューポート・ニュース造船会社に電機担当海軍監督官として着任する。ここで建造された戦艦「ペンシルベニア」が完成すると、「ペンシルベニア」の電気担当士官として乗艦した。

一九二〇年、太平洋艦隊所属の新造駆逐艦「アーロン・ワード」（一二〇〇トン、三五ノット）艦長となった。「アーロン・ワード」を含む六隻の駆逐艦から成る駆逐艦戦隊の司令はハルゼー中佐で、二年間、スプルーアンスはハルゼーの下で仕えた。性格の異なる両者であったが、二人は気が合い、互いの長所を認め合うようになった。なお、駆逐艦艦隊の司令はウィリアム・V・プラット大佐。プラットは後に海軍作戦部長になっている。

一九二一年、海軍省装備局の電気課長。米海軍の艦艇に装備される電気装置の開発、試験、調達、備え付け、整備の責任部門である。ワシントンは家賃が高く支出がかさむので、中級士官にとってワシントン勤務は経済的に苦しかった。海上勤務には各種の手当がつくが、陸上勤務にはこの手当がない。

電気課長時代に父アレキサンダーが死んだ。インジアナポリスでの葬儀に参列し、友人の何人かが実業界で活躍しているのを見た。当時スプルーアンスは、海軍での将来に絶望していた。帰途、岳父を訪ね、実業で成功していた岳父に、海軍を辞めて実業界に入ることを真剣に考えていると話した。驚いた岳父は、すぐに娘のスプルーアンス夫人へ手紙をこう書いた。「レイモンドは正直過ぎて、駆け引きの多い実業の世界に入ってもうまくやっていけないだろう、海軍を辞めさせないように」。スプルーアンスは母方の祖父の破産により、生活の糧を失っていた叔母（生涯独身だった）や年老いた母への仕送りを続けており、経済的に苦しい状況だったのだ。

少年時の祖父の破産による精神的ショックは、スプルーアンスを金銭に細かい人にさせていた。衣服に金を使うことも切り詰めていたし、新しい軍帽は四〇ドルもするとして、古い軍帽を長く使用した。

◆才気を見せることもない、平凡な海軍士官

一九二二年、中佐進級。一九二四年、駆逐艦「デイル」艦長を短期間務めた後、欧州派遣米艦隊の参謀となった。艦隊はフランスのシェルブールを母港としていたので、家族をフランスに呼び寄せて一緒に住んだ。参謀勤務の後、欧州派遣米艦隊の駆逐艦「オズボーン」艦長となる。前任はハルゼーだが、ハルゼーは「デイル」の艦長だったこともあった。

一九二六年、海軍大学に入学する。校長はプラット少将。仮想敵国の第一は日本である。数千マイルの太平洋を艦隊が西進するためには、燃料、食糧などの膨大な兵站《へいたん》支援が必要である。彗眼《けいがん》のプラット校長は兵站教育コースを導入して、学生にこの方面への関心を深めさせようとしていた。

学生は大佐、中佐クラスの甲種学生と、尉官学生の乙種学生に分かれており、甲種学生には後に大西洋艦隊司令官となるインガソルがいた。兵棋演習では戦力の中心は戦艦だった。当時、潜水艦は主として偵察用と考えられ、艦隊航空部隊も戦艦隊の補助戦力と見なされていた。

一九二七年に卒業し、海軍情報部に勤務。情報部勤務時代には、日本大使館付海軍武官の坂野常善《さかのつねよし》大佐と交流があった。もちろん、仮想敵国の情報担当者同士としての付き合いである。坂野の前任には永野修身《ながのおさみ》、長谷川清《きよし》、山本五十六といった、後に海軍大将になる人々が連なっていた。

当時は大艦巨砲の時代である。将官になるための登竜門は戦艦艦長のポストだった。戦艦艦長になるためには戦艦副長のキャリアがあった方が有利だ。米海軍は一六隻の戦艦を持っており、副長ポストに必要な階級の海軍中佐は四一〇名いた。

一九二九年末、戦艦「ミシシッピ」副長となる。

少なくともこの頃までスプルーアンスは、管理能力、戦略、戦術、あるいは軍事思想で才気を見せたことはなかった。米国白人に共通の有色人（日本人や黒人）への偏見を共有しており、大艦巨砲こそ海軍の根幹と考える、ごく普通の海軍士官だった。黒人を従卒以外で艦に乗り込ませることには反対で、有能な若い部下士官が航空畑へ移ることを好まなかった。

一九三一年の秋、海軍大学の通信教育部門の責任者となる。この通信教育には、戦術・戦略と国際法の二つのコースがあり、六〇〇名の受講生がいた。

一九三一年、大佐進級資格者四三名の中の一人となった。このうちの約六割が大佐に進級できる。米海軍では長らく、大佐が（海軍）士官の最高の階級だった。

何隻かの大艦で艦隊が編成されたとき、必要に応じて指揮官にはコモドア（代将）の称号が与えられた。名称に欧州風の貴族臭があるというので、米海軍ではアドミラルの称号や階級は長らく使用されなかった。アドミラルの階級が定着したのは南北戦争以降である。米海軍初代の大将は、南北戦争で北軍海軍を率いたスペイン系米国人のファラガット、二人目は同じく南北戦争で活躍したファラガットの義弟ポーター、三人目は米西戦争（一八九八年）の英雄デューイだ。

スプルーアンスの時代には、海軍士官の終身最高階級は少将となっていた。ある特定艦隊の指揮官や特定ポスト（たとえば海軍作戦部長）に就くと、中将や大将になるが、そのポストから離れると、元の少将に戻るのである。

一九三一年末、海軍大佐進級選考委員会は、スプルーアンスの大佐進級を海軍長官に具申した。

一九三三年五月、太平洋艦隊の駆逐艦隊参謀長。この年、一人息子のエドワードがアナポリスを受験して合格した。スプルーアンスの目から見ると、エドワードは個人主義的な傾向があり、規律を重んじる海軍には向いていない。数学が不得意なので、プリンストン大学の文科系が適しているのではないかと考えていた。しかし、息子はアナポリスを望んだ。エドワードは太平洋戦争中は潜水艦艦長として活躍し、戦後、海軍大佐で退役する。しかしエドワードがアナポリスを卒業し、潜水艦乗りのキャリアを希望したとき、スプルーアンスは反対した。潜水艦の偵察能力以外にその戦力については評価していなかったからでもあるし、危険な勤務ということもあったからだ。

一九三五年三月、再び海軍大学勤務。甲種課程の戦術班長として学生を指導した。学生の一人にカール・ムーア中佐がいて、学生の兵棋演習ではムーア中佐に計画と遂行を命じた。

カール・ムーアによれば、当時のスプルーアンスは、「（以前と同様に）無口で、穏やかな態度で勤務していた。（上からの期待その他による）圧力を感じているようにも見えなかった。何か特定の仕事を達成しようとして努力している様子もなければ、学生の研修科目を変更しようともしなかった」。

一九三七年夏には同大学の戦略班長。配下教官にリッチモンド・ケリー・ターナーがいた。

当時のスプルーアンスは、将官への昇進についてはあまり希望を持っていなかった。将官へ昇進するためには重要職務に就く必要があるが、このような職務は激務だ。スプルーアンスは職務に生命をかけるというのではなく、悠々と生活をエンジョイすることを好むタイプだった。

何事も、肩に力を入れず、向きにならず、淡々とやるのがスプルーアンスの真骨頂である。この点、何事に対しても精力的に、他人の思惑など眼中になく、独走して熱中するターナーとは対照的だった。

◆初航海でも個室で寝入ってしまう大胆さ

一九三八年春、戦艦「ミシシッピ」（三万二〇〇〇トン）艦長に就任。当時、将官になるための登竜門は一六隻あった戦艦艦長の他、空母（五隻）、巡洋艦（三三隻）の艦長ポストであり、この五四隻の艦長のうち、一二名が将官に昇進する内規であった。

ロサンゼルスにあるサンペドロ軍港が戦艦「ミシシッピ」の母港だった。大型艦を修理できる海軍工廠がないので、オーバーホール時はシアトル近くのブレマートン海軍工廠へ回航される。

航海中、艦長は艦橋で起居するのが普通だ。まして、艦長となって最初の航海は艦に慣れる意味合いもある。しかし、スプルーアンスは違った。ブレマートンへの回航時も、艦が軍港を離れて外洋に出るとそのまま個室に入って寝てしまった。そのため、当直司官は新艦長の大胆さに肝を潰《つぶ》した。

一九三九年一月の第二〇回海軍大演習はカリブ海で行われた。例年大演習は太平洋で行われていたのだが、ルーズベルトは欧州大陸での戦雲をにらんで、大西洋に近いカリブ海での演習を命じた。この演習には、パナマ運河を利用しての米艦隊の迅速な東西移動習熟訓練の意味もあった。「ミシシッピ」はパナマ運河を経由してカリブ海に入った。ルーズベルトは巡洋艦「ヒューストン」に座乗して演習を観閲した。海軍作戦部長はリーヒ大将、航空艦隊司令官はキング中将、キング麾下《きか》の第二航空戦隊（「ヨークタウン」と「エンタープライズ」）司令官はハルゼーだった。

この年、少将に昇進（五四歳）、第一〇海軍軍区（カリブ海地域）司令官となる。米海軍では平時は昇進が遅かった。

日米の主要提督の少将昇進時の年齢は次の通りである。

キング（五五）　　　　永野修身（四三）

ハルゼー（五六）　山本五十六（四五）
ニミッツ（五三）　嶋田繁太郎（四六）
スプルーアンス（五四）　古賀峯一（四七）
ミッチャー（五五）　南雲忠一（四八）
　　小沢治三郎（四九）

ただし、米海軍は戦時になると随時迅速な昇進を行っている。陸軍でもアイゼンハワーは（ウェストポイント一九一五年組）、第二次大戦が始まったときは陸軍中佐だったが、五年後には元帥になっている。

一九四一年九月、「ノーザンプトン」、「ペンサコーラ」、「ソルトレークシティー」、「チェスター」の重巡四隻から成る第五巡洋艦戦隊司令官として、真珠湾に着任する。

当時のスプルーアンスへのうわさは、「魚のように冷たい感じの人物」だった。部下に阿《おもね》るようなことはもちろんない。豪放磊落《らいらく》を衒《てら》うこともない。感情を表に出すこともなく、冷静で突き放したようなところがある。部下への関心も示さない。毎朝一〇分間、書類に目を通し、三人の幕僚に指示を与えると、自室にこもって一人で過ごす。食事も幕僚とは一緒にしない。幕僚がつくった計画に従って訓練を行う。スプルーアンスはほとんど口出ししない。幕僚たちは、司令官が何を考えているのかさっぱり分からなかった。

配下の「ソルトレークシティー」のザカリアス艦長は、日本関係情報の第一人者である。初期の日本留学生の一人で、キャリアの大部分を日本海軍関連の情報関係で過ごした人だ。日本語にはもちろん通じており、太平洋戦争時には情報部次長となった。ユダヤ系のため米海軍内での栄達は望めず、情報部長になることを目標に歩んだ異色の海軍士官であった。

◆発疹で入院したハルゼーの後任を務める

一九四一年一一月二八日、ハルゼーは空母「エンタープライズ」を主力とする機動部隊を率いて演習に出た。スプルーアンスの巡洋艦戦隊もこの機動部隊に属していた。真珠湾が日本軍に奇襲された一二月七日には、スプルーアンスの旗艦「ノーザンプトン」はホノルル西方二〇〇マイルにいた。

翌八日の朝、惨状目を覆うばかりの真珠湾に帰港。キンメル長官の呆然《ぼうぜん》自失の姿が、太平洋艦隊司令部の状況をよく表していた。キンメルの横には戦艦艦隊司令官のパイ中将が黙然として座していた。

キンメルは更迭され、後任には海軍省航海局長のニミッツが任命された。一二月末にニミッツが着任するまで、パイ中将が太平洋艦隊の臨時長官となった。パイはキングとアナポリスの同期で、キングの人物評によれば、優柔不断の「象牙《ぞうげ》の塔の人」である。ニミッツの着任後は海軍大学の校長となってハワイを離れた。

一九四二年一月一一日、「エンタープライズ」を主力とする機動部隊が、サモアに向かう海兵隊部隊輸送の護衛として出発した。スプルーアンスは、これに第五巡洋艦戦隊を率いて参加。サモア作戦の後は、マーシャル群島の日本軍基地を攻撃した。その後、二月二四日のウェーク島攻撃にも巡洋艦群を率いて参加し、ドーリットルの東京空襲作戦にも加わった。

作戦指導時を除くと、スプルーアンスは大体自室で寝て過ごした。その後もスプルーアンスの生活態度は長い大戦を通して変わらなかった。怠惰と見られることがあったのは、自室で寝る時間があまりにも長かったからである。

ミッドウェー作戦時、指揮を執るべきハルゼーが身体中に発疹《はっしん》が出るという病気で入院せざるを得なくなった。ニミッツはハルゼーに意見を聴き、後任にスプルーアンスを指名した。

ミッドウェー作戦には、タスク・フォース16（空母「エンタープライズ」と「ホーネット」が主力）とタスク・フォース17（空母「ヨークタウン」が主力）が参加。タスク・フォース16の指揮はスプルーアンス少将、タスク・フォース17の指揮はフレッチャー少将が執り、全体の指揮は先任のフレッチャーが執ることとなった。

問題は、スプルーアンスに航空のキャリアが全くないことだった。フレッチャーにはすでにタスク・フォースを率いて実戦に臨んだ経験が何度もある。ただ、キング合衆国艦隊司令長官はフレッチャーの戦いぶりに飽き足らず、戦意不足としてミッドウェー海戦後はアラスカ方面海軍区司令官に左遷している。

航空のベテランの参謀長としてスプルーアンスを補佐したのは、痩身《そうしん》で鷹《たか》のように目が鋭く、抜き身の刀身のようなマイルス・R・ブローニング大佐。後にブローニング大佐は、その偏狭な人間性と、多くの敵をつくる性格を嫌ったノックス海軍長官の意向で、参謀長ポストを外される。ブローニングは後、大型新鋭空母の艦長となったが、空母艦隊のミッチャー（ミッドウェー海戦時は空母「ホーネット」艦長）からも嫌われ、戦時の後半は陸軍大学教官として髀肉《ひにく》の嘆《たん》の日々を送った。

ミッドウェー海戦については、多くの分析や本があるので省略する。ただ、「ヨークタウン」が損傷を受け、先任のフレッチャーが以降の米艦隊の指揮をスプルーアンスに譲ったことが、この海戦でのスプルーアンスの名声につながったことを記すに留めたい。

◆パイロットのローテーション制度を提言

一九四二年六月、太平洋艦隊司令部参謀長となる。

ニミッツは、スプルーアンスをハルゼーの下に置いておくことは、スプルーアンスの能力の無駄遣いと考えた。このようなニミッツの考えは、その後の第三艦隊と第五艦隊の創設にも表れている。この艦隊は名前は異なるが、司令部とその幕僚を除いて全く同じ艦隊なのである。ハルゼーが指揮を執る場合は第三艦隊となるが、スプルーアンスが指揮を執れば第五艦隊となる。ニミッツは両者を互いに指揮官として活用し、二人の才幹を縦横に振るわせようとした。

参謀長時代の重要作戦は、ガダルカナル作戦だった。南太平洋艦隊司令官ゴームリー中将からの報告が、毎日山のように来る。

参謀長としてスプルーアンスがニミッツに説いて実行したことの一つに、パイロットのローテーション制度がある。パイロットは、のべつ幕無しに酷使され、運が尽きて戦死するまで母艦勤務であった。これを、一定期間の第一線勤務を終えた者は後方に回して休養させることにしたのだ。

ニミッツとスプルーアンスはよく海で泳いだ。食欲旺盛《おうせい》な二人は長官、参謀長、軍医長の三人だけの食堂で、豪勢な食事をとった。

一九四二年一〇月、スプルーアンスは病気の回復したハルゼーと同道で、南太平洋艦隊（司令部はニューカレドニア島のヌーメア）へ派遣された。

南太平洋艦隊司令官ゴームリー中将が最前線のガダルカナル島へ足を運ぶことをせず、優柔不断な指揮を続けていることに、ニミッツは怒っていた。スプルーアンスとハルゼーがヌーメアに到着直後、ニミッツからゴームリー更迭とハルゼーの後任命令の電報が届いた。一〇月一三日の日本海軍の「金剛《こんごう》」、「榛名《はるな》」によるガダルカナル島飛行場砲撃、一五日の日本軍輸送船による増援成功で重大局面となり、ニミッツはゴームリーの更迭を決断したのだった。ヌーメアには、ガダルカナル島上陸作戦を指揮したターナーもいた。

一九四三年八月、中部太平洋艦隊司令官となる。参謀長には古い知り合いのカール・ムーア大佐を選んだ。ワシントンの陸上勤務で腐っていたムーアを引き抜いたのである。スプルーアンスは、自分の決断や構想を計画にまとめたり、文書に書き上げたりするのを好まず、また不得手でもあった。スプルーアンスは、ムーアのこの方面の才能を知っていたのだ。太平洋艦隊のスプルーアンス参謀長の後任にはチャールズ・H・マクモリス少将が任命された。アナポリス時代からソック（ソクラテス）と仇名されていたマクモリスは、頭脳抜群だが、魁偉《かいい》な容貌と押しの強さで有名な男だった。

スプルーアンス指揮の中部太平洋艦隊によって、ギルバート、マーシャル、マリアナの攻略作戦が実施された。サイパン島上陸作戦時には、これを阻止しようとする小沢艦隊との間でマリアナ沖海戦が行われた。スプルーアンスは上陸作戦の完遂を第一としたため、マリアナ沖海戦では日本軍機動部隊を撃ち洩《も》らした。海軍内部でスプルーアンスへの非難が起きたが、キングはスプルーアンスの措置を是とした。スプルーアンスの任務は、まず第一にサイパン上陸作戦を成功させることであり、日本艦隊との決戦に力を取られていては、速度が遅く無防備の大量の兵員輸送船をサイパン沖に留めることはできなかったのである。その後、スプルーアンスは硫黄島上陸作戦、沖縄上陸作戦も指揮した。

戦後、スプルーアンスの後任の第五艦隊司令官は、米海軍航空の草分け的人物ジャック・タワーズ中将となり、スプルーアンスはニミッツの後任の太平洋艦隊司令官になった。しかし、すぐにその地位をタワーズに譲って、一九四六年三月、海軍大学の校長となった。

スプルーアンスが校長として特に留意したのは、次の五点だった。

(1)将来戦関連（原子力関連、ミサイル、電子戦）。
(2)空母、潜水艦作戦。
(3)上陸作戦。
(4)兵站関連。
(5)海軍作戦への情報と気象の及ぼす影響。

一九四八年七月、退役。一九五二年二月、トルーマン大統領とアチソン国務長官の要請でフィリピン大使となった。しかし、複雑な政治内紛下のフィリピン大使は、社交性に欠け、権謀術数が不得手な海軍提督に適したポストではなかった。

一九五五年、退任。その後、カリフォルニアのペブル・ビーチで引退生活に入った。ケリー・ターナーも近くに住んでいた。一九六一年の夏、酒仙状態になっていたターナーが死に、一九六六年にサンフランシスコで引退生活を送っていたニミッツが亡くなった。

一九六九年春、海軍を大佐で退役していた一人息子のエドワードが交通事故で死んだ。息子の死に茫然《ぼうぜん》自失となったスプルーアンスは、ほとんど口もきかず家に閉じこもって過ごすようになった。

一九六九年一二月一三日、死去。サンフランシスコ湾を見下ろす海軍墓地には、ニミッツ、ターナーが隣合わせで眠っている。その傍らにスプルーアンスの遺体も埋葬された。

《コラム》ハルゼーとスプルーアンス比較

◆対照的な性格だが、馬が合った

太平洋艦隊に属する主要戦力の高速空母群と戦艦群は、ハルゼーが率いると第三艦隊の名称となり、スプルーアンスが率いると第五艦隊の名称に変わった。ハルゼーが戦場にいる間は、スプルーアンスとその幕僚はハワイに帰って休養をとり、次の作戦案に頭脳を絞る。ハルゼー司令部が休養と次の作戦に備えてハワイに帰ると、スプルーアンスとその幕僚は体力・知力十分の状況で新戦場に赴く。実働部隊は常時戦場で活動するが、頭脳部門の指揮官と幕僚はフレッシュな頭脳と休養十分の体力で艦隊を指揮する。

ハルゼーとスプルーアンスは対照的な性格だったが、そのためか互いに馬が合った。ハルゼーは大胆で社交性に富み、言葉遣いが乱暴で芝居じみたところがある。直感で判断し、決断が速い。強い調子で部下に要求し、何事にも積極的だ。これに対し、スプルーアンスは何事にも慎重で、性急なところがなく、物静かで孤独と思索を好む。ハルゼーはアナポリスでスプルーアンスより三期上。ハルゼーはスプルーアンスの知的能力を買い、スプルーアンスはハルゼーのファイティング・スピリットを買った。直情径行のハルゼーに対し、スプルーアンスは冷静・緻密《ちみつ》タイプだ。

スプルーアンスの一人息子は、アナポリスを出て潜水艦乗りとなった。ハルゼーの一人息子もアナポリスを熱望したが、視力で駄目となり入学できなかった。ハルゼーの娘は大手化学会社のデュポンに勤めるスプルーアンス一族の青年と結婚したから、二人は姻戚関係にある。

◆参謀から見たそれぞれの人物評

両者の関係は、ハルゼーが駆逐艦六隻から成る駆逐艦戦隊司令のとき、スプルーアンスが麾下の駆逐艦長だった一九二〇年にまでさかのぼる。このときから互いに評価し合っていた。

その人物を最もよく知っている者の一人は、それぞれの妻だろう。指揮官の場合は、女房役ともいうべき参謀長がその「妻」に当たるともいえる。ハルゼーの参謀長を務めた者の一人にロバート・B・カーニー大佐（後に作戦部長）がおり、スプルーアンスの参謀長を長く務めた者にカール・J・ムーア大佐がいる。

ムーア大佐は太平洋戦争の直前、艦長として巡洋艦の座礁事故を起こした。このため将官に昇進する機会を失い、開戦後もワシントンで悶々《もんもん》として日々を送っていたのを、旧知のスプルーアンスが呼び寄せたのである。

ムーアは、艦隊の膨大なスタッフワークの処理や、スプルーアンスの意向・考えをまとめて文書化するのに巧みであった。スプルーアンスは幕僚の数が増えるを嫌ったので、その数はハルゼーの幕僚グループの半分だった。その分だけ、ムーア参謀長以下の幕僚の負担は大きかった。

スプルーアンスは自分でもいっているように、人と意見を交換しながら考えるときに、最もよい結果が得られる。自分の考えを文書にまとめることは不得手だった。細部の問題点を詰め、これを取りまとめて文書化することも苦手だ。自分にしかできない重要な事項は徹底して考えるが、小さな問題点の対処や、実施手続きなどに精力を割くことを嫌った。

ムーアは幕僚たちにハードワークを強い、計画の文書は一字一句、一点の疑問の余地もないよう明確な表現を要求する。構想を巧みに文書化し、無数の問題点を整理して作戦案にまとめていくことに、ムーアは才能を発揮した。第五艦隊の計画が完璧で、わかりやすかったといわれるのは、ひとえにムーア参謀長の力であった。

しかし、将官の数が増えることを嫌ったキング合衆国艦隊司令長官は、巡洋艦事故を起こしたムーアを少将に昇進させなかった。スプルーアンスの三度にわたる昇進要請にも、キングは首を縦に振らなかった。第五艦隊司令部を訪れる配下艦隊の将官たちの多くはムーア大佐の後輩が多く、才能と精力にあふれているムーアにとって、屈辱の思いが大きかったに違いない。

一九四四年二月、スプルーアンスは大将に昇進。大将の参謀長には少将、という規定がある。ムーアはスプルーアンスの参謀長のポストを離れなければならなかった。

ムーアによると、スプルーアンスは次のようだった。

「スプルーアンスは、人としゃべったり声を出して考えるときにいちばん冴《さ》えていたが、自分の決定を文書化することは雑務として嫌い、また下手だった」

「(半分本気、半分冗談だが) スプルーアンスほどの怠け者を私は見たことがない」

大戦中、精神的緊張が続くとスプルーアンスは、すべてのことを忘れて野外の山中に逃避したがった。ムーアがどんなに多忙でも連れ出して野外を歩き、帰ると午後八時には寝室に入った。寝室に入ると、連絡とかサインをもらうことはまず駄目だった。ペーパーワークには一切手をつけようとしなかった。

「スプルーアンスが興奮しているのは見たことがない。感情を面に強く出すことも全くなかった。(平時にも増して戦時は) 平静であった」

◆敵だけでなく味方も混乱させたハルゼーの指揮

ハルゼーの参謀長の一人にカーニー大佐がいる。スプルーアンスが旧知で気心の知れたムーアを自分で選んだのに対して、ハルゼーはカーニーをキングからあてがわれた。カーニーの前任のマイルズ・ブローニング大佐は、ハルゼーが選んだ男で、パイロット出身者だったが、ノックス海軍長官とキングに嫌われてハルゼーと離された。ブローニングは開戦以来ハルゼーの参謀長を務め、ハルゼーの深い信頼を得ていた。パイロットに多く見られるように、個性が強く、短気だった。また、陰気な毒舌家で人に嫌われる点もあった。ハルゼーの管理・計画能力に疑問を持つノックスとキングは、ハルゼーを補佐するブローニングを替えなければと考えた。

ハルゼーはブローニングを手放す気がなく頑強に抵抗し、キング・ニミッツ会談によって断が下されたという経緯がある。ハルゼーには、頑固に昔からの忠実な部下を手放そうとしない傾向があった。これがハルゼーの短所であるのはもちろんだが、彼の魅力の一つでもあった。

カーニーは、アナポリス一九一六年組。同期生には戦後に統合参謀本部議長になったラドフォードがおり、この年に江田島を卒業した海軍士官には山本五十六の先任参謀・黒島亀人《くろしまかめと》がいる。

カーニー参謀長のハルゼーをこう評している。

「ハルゼーはリスクをあえて冒し、行動はきわめて大胆、即断・即決の傾向が強かった。ハルゼーとスプルーアンスは全く逆のタイプで、それぞれのやり方で、最も力を発揮した」

スプルーアンス指揮のときは、わかりやすく明快な文書が配付され、配下の指揮官・幕僚は前もって何をすべきかをよく知

ロバート・ボストウィック・カーニー（Robert BostWick Canay）１８９５-１９９０年

ることができた。スプルーアンスは、主要作戦の実施前には、ニミッツの太平洋艦隊司令部で自艦隊の作戦案を説明し、その案に関してニミッツ、スプルーアンス双方の司令部幕僚間で大いに議論と検討があるのが常だった。だから、双方の狙いが周知され、そのうえでの意見や提案も有益となり、出席者の作戦計画の理解が深まった。

ハルゼーの場合は違っていた。計画を立て、その通りに実行するようなことはほとんどなかった。ハルゼーの命令の多くはその場その場で前触れもなく出され、そのため配下の指揮官は翌日の作戦のための準備もできずに実戦に臨むこともあった。ハルゼーのやり方は日本軍の意表を突くことが多かったが、それは配下の指揮官の意表を突くことでもあり、足並みが乱れるのもやむを得なかった。

カーニーはパイロット育ちではなく、当時の主流だった駆逐艦艦長、巡洋艦砲術長、戦艦副長を務めてきた。開戦後は、大西洋の輸送船団護衛艦隊の作戦参謀と参謀長をやり、ハルゼーの参謀長になる前は巡洋艦の艦長。対Uボートの船団護衛と、空母を中心とする機動部隊を率いての日本艦隊との対決とでは、内容が大いに異なる。

カーニーは戸惑うことが多かった。その一つはハルゼーの態度だった。

ハルゼーが主催する幕僚会議はいつも騒々しかった。ハルゼーはいつもカーニー参謀長をからかった。「じゃ、いま何をするんだい」「次にやるべきことは何だ」「幕僚の餓鬼どもを呼んでアイデアを出してくれ。幕僚の馬鹿どもに頼っては駄目だぜ。とにかくアイデアだ」

空母群を率いるハルゼーにとっては、癖があり毒舌家ではあっても、ブローニングのほうが頼りがいがあり馬も合ったのだろう。カーニーは後に制服組トップの海軍作戦部長になったほどの士官だから、優等生タイプのところがある。ハルゼーはカーニーをからかってみたくなることが多かったに違いない。

◆空母群指揮では部下に恵まれなかったハルゼー

カーニーとアナポリスで同期のラドフォードは、空母艦長や空母群司令官としてスプルーアンスとハルゼーの指揮を経験した。ラドフォードによると、

「スプルーアンスが指揮を執っているときは、彼の意図を正確に知ることができた。しかし、ハルゼーが指揮を執ると、彼が何をしようとしているのかさっぱりわからなかった」

前述のように、スプルーアンスは明確な命令書を作成して迅速に配布し、戦術上変更しなければならないとき以外はそのまま実施する。ハルゼーは毎晩夜間命令を出して計画を変更する。それまでに出された命令に関連してはいるものの、かなり

大幅な変更が少なくなかった。指揮下の空母群の幕僚は、ハルゼーの意図や、どんな行動をとれと命じられているのかわからない。ハルゼーの意図を何時間もかけて考える場合もあった。

スプルーアンスが高速空母群の戦術的指揮をマーク・ミッチャー中将に委《ゆだ》ねたのに対し、ハルゼーは高速空母群を直接指揮するのを常とした。スプルーアンスには航空関係のキャリアがなく、ミッチャーという有力な配下がいた。これに対してハルゼーは、中年以降ではあるがパイロット資格を取り、空母艦長をやり、航空艦隊司令官として空母群を率いたキャリアがある。配下のマッケーン中将の空母群指揮能力に問題があったこともあって、ハルゼーの率先指揮の性癖が倍加された。マッケーンは、スプルーアンスよりアナポリスで一期上の一九〇六年組。積極的、快活であるが神経質で怒りっぽく、態度も作戦もずさんという評もあった。

カーニー参謀長によれば、ハルゼーの頭の中には戦前の米海軍大学の伝統的思想があった。伝統的思想とは、四〇年間練りに練られた対日戦計画（オレンジ計画）に見られる艦隊決戦の思想である。太平洋を西進して日本艦隊に決戦を挑み、一撃の下に倒す戦術・戦略思想だ。その思想の奥にあるのは、求めて決戦を挑み、たとえ双方が痛み分けとなっても、資源と人口に劣る日本は再起ができず、米国は再起できるという考えである。だから、味方の損害を恐れることなく日本軍と決戦すべし、という考えとなる。

しかし、キングの考えは異なっていた。キングは、人命の損耗は可能な限り避ける、人的パワー損耗はできるだけ大人口国のソ連と中国に委ね、このため米国は両国に武器弾薬を惜しみなく援助すべし、という考えだ。

カーニーの指摘を考えると、ハルゼーが大胆極まりなく、日本軍との決戦を求めて行動したことの意味がよくわかる。また、このような行動がキングを怒らせる原因になった。

スプルーアンスの指揮は、大斧で胡桃《くるみ》を割るような慎重過ぎるやり方と批判されることもあった。これに対してスプルーアンスは、戦闘作戦に関して一《いち》か八《ばち》かの指揮を執るには、人命と資材の犠牲があまりに大きく、慎重にならざるを得ないといった。

◆レイテ沖海戦で囮に掛かった〝ハルゼーの言い分〟

ほぼ同じような戦局面で、指揮を執る人によって対照的な推移になったのが、マリアナ沖海戦と比島沖海戦である。日本軍の主役はいずれも小沢治三郎《ちさぶろう》だ。前者ではスプルーアンス、後者ではハルゼーが米艦隊の指揮を執った。

スプルーアンスはサイパン上陸輸送船団の護衛を第一と考え、日本艦隊との決戦を第二とした。このため、二倍の戦力を持ちながら日本艦隊を取り逃がしたと非難された。しかし、キングはスプルーアンスに対して、「誰が何といおうと君の判断は正しかった」と賞賛した。

ハルゼーは小沢の囮《おとり》艦隊の行動にまんまと引っ掛かり、北方の小沢機動艦隊攻撃に猪突猛進《ちょとつもうしん》した。そのために、一時ハルゼー艦隊の所在が判明せず、ハワイのニミッツもワシントンのキングも肝を冷やした。キングはワシントンのオフィスの中を歩き回って、ハルゼーをののしり続けた。ハルゼーが小沢艦隊との決戦を求めて北上したため、レイテ島上陸のマッカーサー軍船団八〇隻はレイテ湾に丸裸の状態で残された。シブヤン海からサンベルナルジノ海峡を抜けてレイテ島に向かった栗田艦隊が、いまだに謎とされる突然の大反転をせず、予定通りの作戦行動を遂行していれば、戦艦大和以下の主砲によって、米軍精鋭一〇万と軍需品満載の八〇隻の大輸送船団は、瞬時に海の藻屑《もくず》となっていたことは間違いない。もちろん、急を聞いて引き返したハルゼー艦隊により栗田艦隊も全滅しただろう。しかし、それは覚悟のうえの栗田艦隊であった。栗田艦隊は全滅を期して米上陸軍の撃滅を狙ったのだから。そのために、小沢も全滅を覚悟して米機動部隊を北上させるための囮になったのだ。ハルゼーは日本艦隊との決戦を第一とし、上陸用輸送船団の護衛を第二とした。

軍事史上、マリアナ沖海戦と比島沖海戦という連続して起きた二つの海戦ほどよく似た戦術上の問題を提起した例は少なく、指揮官がこれほど異なった反応を示した例は稀《まれ》だった。後にハルゼーは、マリアナ沖海戦を自分が指揮し、比島沖海戦はスプルーアンスが指揮したらよかったかもしれないと述懐した。

キングはハルゼーの比島沖海戦の指揮に激怒した。しかし、キングには落度がなかったのだろうか。

ハルゼーの第三艦隊は、マッカーサー上陸軍の指揮下になくニミッツの指揮下にあった。マッカーサーの指揮下にあったのはキンケイド中将の第七艦隊だった。指揮を受ける上級司令部が別だったから、第三艦隊と第七艦隊との意思疎通が十分でなかった。指揮命令系統や組織の問題である。ハルゼーが、マッカーサー上陸軍の護衛は第七艦隊で、第三艦隊の任務は日本艦隊の撃滅と考えたとしても、ハルゼーが悪いといい切れない点もある。ニミッツはハルゼーに、日本艦隊を叩《たた》く機会があれば、これが主任務であると指示し、キングはニミッツの指示を認めていた。猪武者のハルゼーが、スプルーアンスがサイパンでとった行動とは反対の、日本主力艦隊攻撃をするだろうことを、キングは予想できたはずだ。ハルゼーの性格その他を知ったうえで、ハルゼーをマッカーサー上陸軍の直接護衛でなく、ニミッツの麾下に置いたキングにも、責任なしとはいえない。

キングはスプルーアンスを高く評価していたが、その後もミスを重ねるハルゼーに対しては、「あまりにしゃべりすぎ、しかもへまをよくやる」として買わなかった。ハルゼーは少人数を率いるのに適したファイター・リーダーのタイプだが、管理やペーパーワークを嫌うことが甚だしい。しかし、艦隊の水兵から人気抜群で尊敬されている。部下にねぎらいの言葉を忘れず、責任の転嫁や回避は決してせず、自分がやれないような危険を部下に決して求めない。キングは何度も更迭を考えたが、これをやると華々しい比島沖海戦の勝利を非難することになる。また、ハルゼーの国民的人気と、その闘志と、リーダーとしての力量を無視することはできなかった。

一九四四年一二月、元帥の階級を創設する法案が上院を通った。英軍との共同作戦遂行上、キングは「元帥」の必要性を以前から説いていた。英軍元帥の率いる英軍の兵力よりも、米軍大将の率いる兵力のほうが巨大という事例が多く、英軍（やソ連軍）との兼ね合いから出たことであった。

この法案には陸軍に四人、海軍に四人の元帥の枠があった。陸軍は、マーシャル、マッカーサー、アイゼンハワー、アーノルド（陸軍航空隊司令官）ですんなり決まった。海軍はリーヒ、キング、ニミッツの三人はすんなり決まったが、残りの一人の絞り込みができなかった。キングは断然スプルーアンスを買っているのだが、地味で国民的にはよく知られていない。その点、ハルゼーは派手な言動で国民的人気が高い。キングは珍しく自身での決定を避け、フォレスタル海軍長官にその決定を委ねた。フォレスタルもどちらを採るかで苦慮したが、結局ハルゼーを採った。

スプルーアンスは書くことを嫌い、公衆の前でしゃべることなど決してやらず、マスコミに出ることは避けた。ハルゼーはよくしゃべった。あけすけの率直な態度や、対日憎悪をストレートにいうようなやり方が大衆に受けた。スプルーアンスは日本人捕虜を見たときの感想として、妻への手紙に「日本人は世界で最も容姿の醜い人種だ」と書いているが、日本人や日本軍のことはあまりいわなかった。両者は風貌も全く異なり、性格がその風貌ににじみ出ていた。ハルゼーの顔は「ブル」と仇名された通りで、スプルーアンスは細面で学者を思わせるような知的雰囲気が漂っている。

◆対照的な退役後の生き方

戦後、スプルーアンスは海軍大学の校長を務め、退役後はカリフォルニアで静かに余生を送った。潜水艦乗りとなり、大佐で退役していた一人息子のエドワードが自動車事故で死んでからは、呆然《ぼうぜん》として口を開かず家に閉じこもったままだった。

ハルゼーのほうは病弱の妻を抱えていたため、元帥の年俸だけでは苦しく、大企業の取締役や大学の理事長になったりした。名前を利用されただけで、実質的な仕事は何も期待されなかった。三か月毎《ごと》の取締役会に出席するだけで、旅費と日当がもらえた。

「サタデー・イブニング・ポスト」紙に自伝を連載した。これの収入は少なくなかった。そして、次のようなあけすけな書き方で反響を呼んだ。

「一般的基準として、酒もタバコもやらない軍人を私は信用したことがない」

「帰還したパイロットの神経を和らげるため、空母『エンタープライズ』に一〇〇ガロンのバーボンを積み込んだ」

米国には酒やタバコの害をいいつのる人が昔も今も多い。これらの人々が天下の悪法といわれた「禁酒法」をつくった。艦内では第一次大戦時のダニエルズ海軍長官の時代からすでに禁酒であった。

ハルゼーにとって、比島沖海戦時の非難は脳裏から離れず、心の重荷となっていた。この連載自伝で、仲間の士官を公の場で非難しない、という軍人間の慣習を破って、比島沖海戦時の第七艦隊司令官キンケイド中将を批判した。まずハルゼーは、自分の第三艦隊がニミッツの指揮下、キンケイドの第七艦隊がマッカーサーの指揮下にあり、統一的運用ができなかった組織上の問題点を挙げた。併せてレイテ湾に高速戦艦群を派遣せられたいと要求したキンケイドを、「これは私を驚かせた。第七艦隊の防衛は私の任務ではない。私の任務は第三艦隊を使っての攻撃だったのだ」と批評した。

キングは「サタデー・イブニング・ポスト」を読み、ハルゼーにこの部分を書き直したほうがよいのでは、と手紙を書いた。キングがマリアナ沖海戦時のスプルーアンスの指揮をほめ、比島沖海戦時のハルゼーの指揮振りを強く批判していたことをハルゼーは知っている。ハルゼーはキングに冷淡に、「貴下の観点と小生の観点が一致しないのは残念です」と返事した。

この「サタデー・イブニング・ポスト」を見て驚いた一人が、かつての参謀長のカーニーだ。カーニーはハルゼーに筆致を柔らかくすることを懇願すると同時に、キンケイドに対しても反論しないよう頼んでいる。

ハルゼーが怒っていたのは、海軍部内だけでなく歴史家までがハルゼーの指揮に批判を加えていたことだった。とくにモリソンの戦史がそうだった。モリソンはハルゼーの意見を聞かずに書いていたのである。

指揮官は頑健な体力と精神力を保持していなければ、健全な判断はできない。後に栗田健男《たけお》中将は、栗田艦隊の謎の大反転について、「非常に疲れている頭で判断したから健全でない判断だった」と述懐している。栗田艦隊司令部は、乗っていた旗艦の雷撃による沈没、翌日の空襲、その夜のサンベルナルジノ海峡の突破、その後の敵護衛空母群との会戦と、三日三晩ほとんど寝ておらず、朦朧《もうろう》とした頭での判断だった。

カーニー参謀長によると、一九四五年一月の南シナ海作戦以降のハルゼーは疲労困憊《こんぱい》の極に達し、ほとんど思考ができない状態だった。顔はげっそりとやつれて身体はやせ衰え、手や脚は棒のようだった。それに比べ、当時もスプルーアンスは通常と変わらず疲労の色は見られなかった。スプルーアンスは、参謀長のムーア大佐が「まったくの怠け者だった」と冗談半分で言ったように、夜八時になるとどんなことがあっても寝室に入り、作戦指導関連業務は一切やらなかった。睡眠と休養を厳格に己に課し、体力と精神力の枯渇を極度に自制したのである。

戦後、スプルーアンスは望んで海軍大学の校長となり、ハルゼーは名前だけの大企業の取締役や大学の理事長になった。これも対照的だったといえよう。

キンケイド第七艦隊司令官

――実戦で結果を残し、提督にまで上り詰めた調整型

太平洋戦争中の米海軍トップ層は、合衆国艦隊のキング、太平洋艦隊のニミッツ、第三艦隊のハルゼー、第五艦隊のスプルーアンス、第七艦隊のトーマス・C・キンケイドだ。第三、第五、第七の各艦隊は、開戦時からあった艦隊ではなく、戦争中に順次創設されたものである。

第三と第五は兵力構成は同じで、ハルゼーが指揮を執る場合は第三艦隊となり、スプルーアンスが指揮を執る場合に第五艦隊と称された。ハルゼーとスプルーアンスを互いに競わせ、両指揮官と幕僚に休息と次期作戦案への十分な時間を与えるこのやり方は、基本戦略をニミッツがしっかりと握っている限り、甚だ巧みな運用方法といえる。ハルゼーとスプルーアンスが、互いに対照的だが馬が合っていたことも、この方法がうまくいった要素の一つだろう。

ニミッツ、ハルゼー、スプルーアンスは日本でもよく知られており、その伝記の日本語訳も出版されているが、第七艦隊のキンケイドはあまり知られていない。

キンケイドは、アナポリス一九〇八年組。日本の海兵三六期（南雲忠一の期）に対応する。卒業席次（二〇一人中一三六位）が示すように、キンケイドが将来大艦隊を率いる提督になるだろうと想像した者は誰もいなかった。同じクラスのリッチモンド・ケリー・ターナーが初級士官当時より頭角を現していたのとは違って、大佐や少将への昇進でも第一次選抜に入ったことはなかった。

それが戦時下の困難な任務に就くと、キングやニミッツが満足する仕事を次々とやる。前任の提督が陸軍関係者とうまくいかなかったところへ配置されても、ちゃんとうまくやる。気難しいキングやマッカーサーに気に入られたということは、キンケイドという人物の一端を示しているといっていいだろう。

平時であれば、昇進に昇進を重ねて花形ポストを歴任したであろう人と、無名の海軍士官で終わったであろう人がいる。

前者の例でいえば、ニミッツの初代参謀長ドラエメル少将や、戦争初期の南太平洋艦隊司令官でハルゼーの前任者だったゴームリー中将がそうだろう。ドラエメルもゴームリーも、頭脳明晰《めいせき》、精励恪勤《かっきん》、権威に従順で、幕僚勤務が多く、上司に重宝がられたが、戦時となると優柔不断が消極性を生み、心身ともに疲労困憊して、第一線を退かざるを得なかった。誰もが合衆国艦隊司令長官と思っていたハート大将は、ルーズベルトが海軍次官当時に不興を買ったことが原因で、冷遇を受けていた。

後者の人々としては、スプルーアンスやキンケイドが挙げられよう。開戦時に、誰がその後のスプルーアンスやキンケイドの活躍を予想しただろうか。キンケイドは後に、「機会が与えられれば、全力でその機会を活用した」と言っている。その平凡な言葉の中に、彼が順次重用されていった原因があるのではなかろうか。

トーマス・C・キンケイド（Thomas Cassin Kinkaid）1888-1972年

◆学業成績はよくなく、少尉任官試験にも失敗

トーマス・C・キンケイドの父方の先祖は、一九世紀初めにスコットランドから米国に移住した曾《そう》祖父にまでさかのぼれる。祖父は大工、書記、旅回りのセールスマンと何でもやった。太平洋戦争中の海軍長官だったノックスも、若い時分は旅回りのセールスマンをやっている。

父トーマス・W・キンケイドはアナポリス一八八〇年組。同期生にシムズ大将がいた。もっともシムズは兵科コース、父は機関科コースである。アナポリスで兵科と機関科の別がなくなり一本化したのは、キングがアナポリス時代の一八九九年だった。日本海軍では兵科は江田島、機関科は横須賀（後に舞鶴）と別の学校で教育が行われ、機関学校が兵学校と合体されたのは昭和一九年である。父はアラスカの海軍基地、フィラデルフィアとノーフォークの両海軍工廠、アナポリスと転任した。キンケイドが少佐時代の一九二〇年八月、海軍試験所所長で急死。海軍少将だった。

母方の先祖は、一八〇二年にアイルランドから移住してきた曾祖父が米国での初祖。祖父はワシントン在住の著名な弁護士だった。兄弟はキンケイドと姉、妹の三人。妹のドロシーはキンメルの妻となった。真珠湾奇襲時に太平洋艦隊司令官だったあのキンメル大将だ。だから、キンケイドとキンメルは義兄弟である。

一九〇四年、アナポリス入校。入校したとき、四年生にニミッツ、三年生にゴームリー、フレッチャー、タワーズ、ドラエメル、マッケーン、二年生にスプルーアンスがいた。アナポリスでは平凡な生徒だった。成績が良くないのでスポーツには熱中できなかった。スポーツに励むと、学科の成績が下がり、落第の恐れがあったからだ。教官には、後に作戦部長になるベンソン、プラット、リーヒ、後に合衆国艦隊司令長官になるウィリー、ヘップバーン、キングがいた。

グレート・ホワイト・フリートの世界一周巡航に参加するため、半年早く卒業したキンケイドは、戦艦「ネブラスカ」に乗艦した。艦長はニコルソン大佐、副長はクーンツ中佐。後にニコルソンは航海局長、クーンツは作戦部長になった。

帰国した翌年の一九一〇年三月、少尉任官試験を受けたが、航海術関連で失敗した。合格した級友は六月に晴れて少尉に任官したのに、キンケイドは候補生のままだった。一二月の再試験で何とか合格できた。

一〇月、最新鋭戦艦「ミネソタ」乗組。艦長は砲術の権威でセオドア・ルーズベルト大統領のお気に入りのシムズ中佐。戦艦の艦長は古参の大佐という内規を無視して、ルーズベルト大統領はシムズ中佐を最新鋭戦艦の艦長に任命した。シムズ中佐はキンケイドの父と同じクラスで、キンケイドと同じクラスにシムズ中佐の息子がいた。

少尉任官の二か月後の一九一一年四月、ヘレン・S・ロスと結婚。ヘレンの父親はフィラデルフィアの実業家で、家族をヨットに乗せてアナポリスへよくやってきていた。キンケイドが二年生のとき、アナポリスのダンスパーティーで知り合ったのが最初の出会いだった。

◆イスタンブールでの海外駐在を経験

一九一三年、海軍砲術学校に入校。在学時に、民間の造船所や電機会社、光学機器メーカーを見学した。ワシントン海軍工廠の砲製作所や砲試験所での実習もあった。卒業後、砲艦「マシアス」乗組。父もこの艦に乗っていたことがある。

一九一五年三月、ワシントン海軍工廠に配属。この時代、人間魚雷（特攻的兵器ではなく、操縦者は最後の段階で魚雷から脱出する）のアイデアを海軍省に提出したが、採用されなかった。

一九一六年五月、「ペンシルベニア」乗艦。一四インチ砲一二門、石油専焼型の最新鋭戦艦だった。

第一次大戦は一九一四年から始まっていたが、ウィルソン大統領もダニエルズ海軍長官も和平派だ。結局、米国が大戦に参戦するのは一九一七年四月。軍需品の膨大な注文、兵員の大募集などで海軍省の仕事はみるみる膨れ上がっていった。ダニエルズ長官の決裁箱には書類があふれ出ているのに、長官は悠々とほったらかしにしている。各局長がルーズベルト次官のところに泣きついてくる。ルーズベルト次官は、長官室に入って、決裁箱の中から緊急の書類を探し出して決裁する。必要に応じてホワイトハウスに行く。ダニエルズ長官には事後承諾を得る。実質的に海軍省はルーズベルト次官が取り仕切った。海軍省を代表して大西洋を渡り、英国政府との連絡交渉も行った。

欧州派遣米海軍司令官にはシムズ中将が就任した。一九一五年には海軍作戦部が創設され、ダニエルズ長官は初代部長にベンソン大佐を任命する。

戦艦「ペンシルベニア」の着弾観測士官だったキンケイドは、米国の参戦に伴い英国へ派遣された。ノーフォークの海軍工廠で製作された二〇フィートのレンジファインダーを英海軍のグランド・フリート所属の艦に取り付けて、テストするのがその目的だった。

ロンドンでシムズ中将を表敬訪問し、ポーツマス近くのホエール島にある英海軍砲術学校へ行き、英艦「エクセレント」に米国から送らせたレンジファインダーを取り付けて実験をした。また、英国の光学測定器製造メーカーを見学するため、ロンドン、ヨーク、グラスゴーを訪れた。

一九一八年一月、帰国。米国の光学測定器メーカーに行き、英国での実験の報告をした。二月、少佐進級。「ペンシルベニア」の姉妹艦「アリゾナ」に移ったが、この年一一月に終戦となった。

平和が回復すると、米艦の一部による欧州巡航が復活した。一九一九年四月、「アリゾナ」は地中海方面を巡った。七月に帰国すると、海軍省の兵備局に配属となる。兵備局はガン・クラブと俗称され、航海局と並んで海軍省の最右翼局だった。キンケイドは「ネブラスカ」、「ミネソタ」、「ペンシルベニア」、「アリゾナ」と戦艦勤務が続き、砲術関連一筋の砲術士官となった。

兵備局勤務といっても、メイン・ネービーと俗称された海軍省ビルではなく、ワシントン海軍工廠が勤務先だ。海軍で一〇年以上勤務した少佐の年俸は三六〇〇ドル。ワシントンの住宅事情もあり、住宅手当が月に六〇ドルついた。物価は上がったが、海軍軍人の給与は一九一八年から太平洋戦争開戦時の一九四一年までほとんど変わらなかった。岳父の財産の一部が妻に贈与されていたので、経済的には余裕があった。夫婦の間には子供がなかった。著名な提督で子供がなかったのはフレッチャー、それにキンケイドと同級のターナーだ。ターナーの妻は病弱だった。ターナーの酒浸りは、子供がいなかったことや、妻が持病持ちだったことが原因の一つだった。フレッチャーは子供がいないためか、犬に凝り、純血種の犬を多く飼っていた。

一九二一年一二月、ワシントン海軍軍縮条約が調印された。海軍次官は、セオドア・ルーズベルト大統領の長男セオドア・ルーズベルト・ジュニア。米海軍の提督たちは海軍軍縮条約に強く反対していたが、これらの反対に屈することなく、軍縮会議をまとめる方向で強力なリーダーシップを発揮したのがセオドア・ルーズベルト・ジュニア次官だった。第一次大戦で実質的に海軍省を牛耳ったのがフランクリン・ルーズベルト次官ならば、戦後の海軍軍縮に力を振るったのは一族のセオドア・ルーズベルト・ジュニア海軍次官だった。

この頃、キンケイドは海軍協会誌に「砲の確率と正確性」、「海軍兵力の専門化と効率」の二つの論文を発表している。

一九二二年当時、キンケイド少佐の少佐内での先任順位は五七〇人中二五二番で、次のポストは駆逐艦の艦長か、将官の参謀が期待できた。結局、この年の六月にトルコ海域艦隊（二〇隻の駆逐艦が中心）の参謀となった。司令官はマーク・Ｌ・ブリストル少将で、参謀長は後に合衆国艦隊司令長官になるアーサー・Ｊ・ヘップバーン大佐であった。

キンケイドは、参謀長補佐参謀兼砲術参謀兼機関参謀となった。艦隊司令部の所在はトルコのイスタンブール。キンケイド夫妻はニューヨークからベルギーのアントワープ経由でパリに行き、パリからオリエント急行でイスタンブールに向かった。イスタンブールでは二年半勤務する。ここはアジアと欧州の接点で、列強の利害が複雑に入り乱れる国際都市である。ブリストル提督は、「海軍士官は一度は海外駐在を経験し、国際関係を身をもって体験しておくべきだ」という持論を持っていた。二年半の勤務が終わる頃、ブリストルは航海局長シューメーカー少将に、キンケイドを駆逐艦艦長に推薦する手紙を書いてくれた。ブリストルもシューメーカーも、キンケイドの父

マーク・Ｌ・ブリストル（Mark Lambert Bristol）１８６８-１９３９年

のことをよく知っていた。

◆戦艦乗りの砲術屋としてキャリアを積む

一九二四年一一月、駆逐艦「イッシャーウード」（一一九〇トン、三六ノット）艦長となる。「イッシャーウード」の母港は妻ヘレンの両親の住むフィラデルフィアだったから、夫妻は妻の両親の家に住んだ。釣りが好きなキンケイドは、副長と二人でよく艦から釣糸を垂れた。

一九二五年七月、再び兵備局付のワシントン海軍工廠勤務。当時のウイルバー海軍長官はアナポリスを卒業（一八八八年組）してから法曹界に進み、海軍長官になる前はカリフォルニア州最高裁長官だった。ウイルバーは、自分のクラスのウイリー、ヒューーズ、ロビンソンの三人を次々と合衆国艦隊司令長官にした。

一九二六年七月、身体検査と二日間の筆記、口述試験を受けて中佐に進級し、合衆国艦隊の砲術参謀に任命された。

一九二六年一一月、サンペドロ港（ロサンゼルス）に浮かぶ戦艦「テキサス」艦上で、ヒューーズ大将からウイリー大将への合衆国艦隊司令長官の交代式があった。式の前に続々と麾下《きか》の艦隊司令官が「テキサス」に集まってくる。最初に戦闘艦隊司令官のスタイガー大将、続いて戦艦艦隊司令官のプラット中将、最後に六人の海軍少将。いずれも参謀長を帯同している。

式典は、ウイリー大将がヒューーズ大将のところに歩み寄り「引き継ぎ致します。閣下」と述べ、続いて後に控える軍楽隊が「提督行進曲」を勇壮に演奏する中、近くの戦艦「カリフォルニア」から撃たれる一七発の殷々《いんいん》たる砲声が港内に轟く。

合衆国艦隊麾下の主力は戦闘艦隊（Battle Fleet）で、新鋭戦艦と空母が中心、仮想敵の日本海軍に備えて太平洋岸に駐留している。大西洋岸には偵察艦隊（Scouting Fleet）がいる。これは巡洋艦が中心。その他に潜水艦が主力の潜水艦艦隊（Control Force）や基地艦隊（Base Force）がある。

砲術参謀のキンケイド中佐の仕事は、各艦隊の砲術訓練計画作成と砲術演習の結果報告整理だった。演習には長距離発射、短距離発射、夜間演習、対空砲演習などがある。まとめられた結果は兵備局、作戦部、麾下艦隊参謀部へ送られる。参謀長はH・V・バトラー少将。一九二九年の合衆国艦隊の大演習には、「サラトガ」と「レキシントン」の両巨大空母が初めて参加した。

合衆国艦隊参謀勤務が終わる頃の自己申告で、第一希望として海軍大学入学、第二希望として戦艦副長の希望を出した。海大に関しては、駆逐艦艦長時代とワシントン海軍工廠の砲製作所時代に、通信教育で「戦略・戦術コース」を修了していた。

この年、海軍大学に入校して一年間学んだ。前半は国際関係、国際法、兵站《へいたん》問題、通信、戦略、戦術を学び、後半は青軍（米軍）、黄軍（日本軍）に分かれて兵棋《へいぎ》演習を盛んにやる。卒業論文として一〇〇ページ程度の論文が要求される。キンケイドの卒業論文の題名は「合衆国の現在の外交方針」だった。キンケイドは英、仏、トルコ、ギリシャについてはよく知っていたが、日本についてはほとんど知らなかった。

日本海軍の主要提督が永野修身、山本五十六をはじめとして、大使館付武官として米国に駐在し、米国をよく知っていたのに対し、米海軍のキング、ニミッツ、ハルゼー、スプルーアンスらの主要提督で、日本に駐在して日本を研究した者はいなかった。米海軍から日本に派遣される士官の多くは、日本語を学ぶ語学士官だった（たとえばニミッツの情報参謀だったレイトン中佐）。

イスタンブールで仕えたブリストル提督は、アジア艦隊司令官から海軍将官会議の議長となっていた。ブリストルに手紙を出して、将官会議事務局士官を希望する旨を伝え、航海局へも正式に自己申告した。キンケイドは先任順位で同期生の下半分のところにいたので、機会は何でも利用しなければならなかった。一九〇八年組は二〇一人が卒業。そのうち海大卒業者が三一名で、一七名が将官になった。海大を出ない者の中からは八名が将官になっている。将官会議事務局勤務に決まると、海軍省に徒歩二五分のところに家を借りた。母もワシントンに住んでいる。夕食は陸海軍クラブでとることが多かった。

海軍将官会議は、将官が次のポストに就く（停年も含む）まで籍を置くところで、米西戦争の後にロング海軍長官によって創設された組織である。海軍戦略と海軍方針に関して、海軍長官を補佐することがその目的だった。海軍作戦部が一九一五年に創設され、この中に戦争計画部ができ、海軍戦略を担当するようになると、将官会議の使命は主として海軍方針担当となった。定例会議は毎月最終火曜日に開かれ、この会議には海大校長、情報部長、海兵隊司令官も出席した。キンケイド中佐の仕事は、将官会議の各種会合のスケジュール調整、議事録作成だった。

第一次大戦後の軍縮会議の成果は、一九二一年一二月のワシントン条約、一九三〇年四月のロンドン条約だった。第一次大戦直後のワシントン条約（主力艦軍縮）は、日本の加藤友三郎大将、米国のセオドア・ルーズベルト・ジュニア海軍次官らの強いリーダーシップで成立した。八年後のロンドン軍縮会議（補助艦軍縮）になると、なんとかまとまったものの、日本でも米国でも条約賛成派と反対派の対立が激しく、日本海軍では条約派と見られた有為《ゆうい》の提督（山梨勝之進《かつのしん》次官、堀悌吉《ていきち》軍務局長）が犠牲となり退役した。

一九三二年二月にはジュネーブで軍縮会議が開催された。その予備会議は一九三〇年一〇月、同じくジュネーブで開かれている。キンケイド中佐は海軍補佐官として両会議に出席。軍縮本会議には妻ヘレンを同道して大西洋を渡った。日本の海軍代表は山本五十六中将だった。ジュネーブ軍縮会議は、予備会議の段階で成立の見込みはなかった。

一九三三年一月、戦闘艦隊所属の戦艦「コロラド」副長となる。四五歳のキンケイド中佐の仕事は、航海、機関、砲術、通信、主計といった各科の仕事を調整し、訓練を指導すること。もちろん艦長の指揮、了承の下に行う職務である。

一九三三年二月の海軍第一四回大演習は、太平洋岸を防衛する青艦隊（指揮官マクナミー大将）と太平洋岸を襲う黒艦隊（指揮官クラーク中将）との間で行われた。黒艦隊に属する航空戦隊（指揮官ヤーネル少将）は、前年度は払暁《ふつぎょう》のハワイ奇襲を成功させ、この演習でもサンフランシスコ（レキシントン機）とロサンゼルス（サラトガ機）攻撃に成功した。航空兵力の力は徐々に知られるようになってきた。しかし、大艦巨砲信仰は揺るがなかったし、キンケイドも戦艦乗りの砲術屋だった。

仮想敵の日本海軍をにらんで太平洋で繰り返されてきた大演習だが、一九三四年四月の大演習はカリブ海で行われることになった。一族のセオドア・ルーズベルト大統領が、海軍を巧みに外交政策に活用したように、フランクリン・ルーズベルト大統領も、国際政治における海軍の役割を効果的に利用しようという気持ちの強い大統領だった。ナチスの台頭と欧州情勢の動きをにらんだルーズベルトの意向による、カリブ海での大演習である。当時、米国は中南米へのドイツの勢力浸透に神経を尖《とが》らせていた。

ルーズベルトは、自ら重巡「インジアナポリス」に座乗して観閲した。「インジアナポリス」には、スタンドレー作戦部長、セラーズ合衆国艦隊司令長官の他に、ダニエルズ・メキシコ駐在大使も乗った。ダニエルズは第一次大戦当時の海軍長官で、当時の次官がルーズベルトだった。ルーズベルトは大統領になると、かつての上司をメキシコ大使として遇し、積年の恩顧に報いた。

この年一〇月、海大校長のマックナミー少将から海大教官はどうだ、という手紙がきたが、丁重に断った。キンケイドは学究肌ではない。常識、中庸の思想の持ち主で、上司に仕えて信頼され、部下を統御するのに巧みなタイプである。

兵備局は何度も経験した。海軍省でもう一つの有力局である航海局を希望し、叶《かな》えられた。航海局長はリーヒ少将。ルーズベルト大統領の気持ちを忖度《そんたく》し、ルーズベルトの腹中の希望の実現に努力を惜しまないから覚えめでたく、後に軍人として位人臣を極めた。ルーズベルトは大統領に就任すると、すぐにリーヒを航海局長に任命している。

キンケイド中佐は、補任課長キッド大佐の下で、八二八人の少佐、四六一人の中佐の配置、教育、昇進を扱った。各艦隊の司令官、艦長、海大校長と連絡しつつ、各自の自己申告を読む。大学の法学部や工学部への海軍委託派遣学生もいる。

一九三五年一月、キンケイドの一九〇八年組には六三人の中佐がいた。そして同じ一月に三七人が大佐に進級した。最先任はリッチモンド・ケリー・ターナー。キンケイドは進級できず、一年後にクラスの一二人とともに大佐に進級した。

航海局長はリーヒからアンドリュース少将に替わった。

◆真珠湾駐在に向かう途中で太平洋戦争が勃発

一九三七年六月、偵察艦隊麾下の巡洋艦戦隊に属する重巡「インジアナポリス」艦長となる。「インジアナポリス」はルーズベルトが好んで乗った艦で、一四人分の士官予備室があった。ルーズベルト大統領は一九三三年、三四年の海軍大演習で「インジアナポリス」に座乗。一九三六年のブエノスアイレスでのパンアメリカン大会のときも「インジアナポリス」を利用し、ブエノスアイレスとワシントンの間を往復した。太平洋戦争時、スプルーアンスは第三艦隊の旗艦にこの「インジアナポリス」を使っている。

当時の海軍長官はチャールズ・エジソン。有名な発明王トーマス・エジソンの息子だ。

一九三八年一月、キンケイドは航海局に次のような自己申告を提出した。

①将来の望みは合衆国艦隊司令長官であるが、これになれる人はきわめて限られている。
②将来は航海局長として建設的貢献をしたい。
③現在の関心はロンドン駐在の海軍武官。

航海局から返事があり、ロンドンは定員が詰まっている、ローマではどうか、というので承諾した。時の国務長官はコーデル・ハルで、大使館付武官は大使の統制下にあるが、海軍情報部長に属し各種の報告をする。駐伊大使館付武官勤務は、一九三八年一一月から四一年三月までの二年四か月だった。帰国して将官会議で報告するとともに、アナポリス校長ラッセル・ウィルソン少将の依頼で、アナポリスの教官を前に欧州情勢の講義を行った。

航海局補任課長は級友のアーサー・S・カーペンダー大佐だった。カーペンダーに希望を伝え、第八駆逐艦艦隊司令となる。麾下は第三駆逐艦戦隊と第一五駆逐艦戦隊の計八隻の駆逐艦である。

一九四〇年、同期生四名（ターナー、カーペンダーら）が少将に昇進。キンケイドは翌年一一月、七人の同期生の最後任として少将に昇進した。少将昇進と次の任務拝命のためワシントンへ行き、航海局長のニミッツ少将と会った。一一月二七日付で少将進級と同時に、真珠湾駐在の第六巡洋艦戦隊司令官（フレッチャー少将の後任）に任命された。

真珠湾に出発する前日、インスタンブール時代から仲のよかった陸軍情報部長のシャーマン・マイルズ少将ら、気の置けない人々が歓送会を開いてくれた。一二月六日、ワシントンのユニオン・ステーションを夫妻で出発。翌日シカゴに着くと、駅の号外売りが「真珠湾が日本軍の奇襲を受けた」と声を張り上げていた。そのため、シカゴで、サンフランシスコ―ハワイ間の汽船の予約のうち妻ヘレンの分をキャンセルした。一〇日にサンフランシスコに着くと、ハワイへの汽船の便はなくなっていた。パンアメリカン機に頼み、一一日の夕刻サンフランシスコを発った。妻ヘレンは父母の住むフィラデルフィアへ向かった。

機上から真珠湾の惨状を見た。太平洋艦隊司令部に義弟のキンメル大将を訪れた。キンメルは妹ドロシーの夫で、息子二人は海軍に入り潜水艦乗りになっている。憔悴《しょうすい》しきったキンメルの部屋を出た。司令部の高級将校や参謀は、一週間ほとんど睡眠もとれずに呆然《ぼうぜん》としている。

キンケイドがハワイに着く前日の一一日、ノックス海軍長官がハワイを急遽《きゅうきょ》来訪、ごく一部の人々と会っただけで一日半の滞在の後、ワシントンに帰っていった。ノックスは一五日ワシントン帰着。翌日ルーズベルトと会ったノックスは、キンメルの後任にニミッツを任命し、ニミッツの着任までは、パイ中将が臨時の太平洋艦隊司令官となった。

一二月三〇日、フレッチャー少将がウェーク島作戦を終え、真珠湾に帰投。重巡「アストリア」艦上でフレッチャーとキンケイドの交代式が行われた。

キンケイドの主な幕僚は、参謀長がグラッドニー中佐。アナポリスを卒業（一九三〇年組）後、オックスフォードで三年間学んだという変わり種であった。副官兼参謀はグラッドニーと同クラスのロバート・H・テイラー中佐。キンケイドはテイラー中佐が気に入り、その後職務が転々と変わってもテイラーを副官として連れ回った。

この頃には空母艦隊が戦力として重要になっていた。高速の空母に低速の戦艦はついていけない。駆逐艦は航続距離が短く、荒天に弱い。そのため一隻の空母に二、三隻の巡洋艦がつき、敵の巡洋艦や駆逐艦の攻撃から空母を守るとともに、敵機に対しては対空砲で対処する。日本軍占領地の島の砲撃にも使用される。キンケイドの巡洋艦隊は、空母「サラトガ」を中心とするタスク・フォース（以下TFと略す）14（司令官レアリー少将）に編入されたが、「サラトガ」は一九四二年一月一一日、日本潜水艦の雷撃を受けて大破しブレマートン海軍基地に回航された。このため、空母「レキシントン」を中心とするTF11（司令官ブラウン中将）に編入された。TF11がマーシャル諸島攻撃から帰ると、次の作戦はフィジーとニューカレドニア方面作戦だった。キンケイドは、四隻の重巡と一〇隻の駆逐艦を率いて「レキシントン」を護衛した。

TF11がフィジー、ニューカレドニア、ラバウル方面作戦を終えて真珠湾に帰ったのは三月末。ブラウン中将は、このときの指揮振りが消極的だったと見なされ、キングにより更迭される。後任はフィッチ少将となった。

ニューギニア、ソロモン方面の日本軍に対抗するため、TF11（フィッチ少将、「レキシントン」）、TF17（フレッチャー少将、「ヨークタウン」）共同による同方面作戦のため、両TFは四月中旬真珠湾を出港した。キンケイドは、「ミネアポリス」、「ニューオーリンズ」、「アストリア」、「チェスター」、「ポートランド」の五隻の重巡と、五隻の駆逐艦を率いて「レキシントン」の護衛にあたった。

◆ハルゼーに代わり、専門外のTF16を指揮

五月八日の珊瑚《さんご》海海戦では「レキシントン」が沈められた。「レキシントン」の艦長はフレデリック・シャーマン大佐、副長はセリグマン中佐だった。セリグマン中佐は、後にミッドウェー海戦の直前に米軍が日本軍の暗号を解読していた事実を「シカゴ・トリビューン」紙の記者に漏らしたことが原因で、軍籍を離れる。海軍当局は問題の公然化を恐れて、「シカゴ・トリビューン」紙の告訴、セリグマン中佐の軍法会議は行わなかった。

「レキシントン」は二発の魚雷と二発の命中弾を受け、発電機のスパークが大量の航空機用ガソリンに引火し、大爆発を起こし航行不能となった。フィッチ少将はシャーマン艦長に言う。

「よし。兵を艦から離れさせよ」

フィッチ少将とその幕僚は、キンケイドの「ミネアポリス」に難を逃れる。全員の退艦を見届けて、艦長と副長が最後に艦を離れた。キンケイドは、全力を尽くして「レキシントン」からの避難者二七〇〇名を救助し、燃えながら漂っている「レキシントン」に五発の魚雷を打ち込ませた。

珊瑚海海戦で傷ついた「ヨークタウン」を護衛し、真珠湾に帰ったキンケイドは、休む間もなくミッドウェー方面に向かった。TF16（スプルーアンス少将、「エンタープライズ」、「ホーネット」）の護衛である。フレッチャーのTF17も合同した。

ミッドウェー海戦後の六月三〇日、スプルーアンスはニミッツの参謀長となった。ハルゼーは入院中だ。ハルゼーの退院までキンケイドがTF16の指揮を執ることとなったが、砲術一筋で航空には素人のキンケイドに、指揮は執れるのかという懸

念もあった。

　ニミッツは考える。フレッチャーもスプルーアンスも航空の門外漢だが、ちゃんと指揮を執った。キンケイドもTFに属して作戦に参加し、対空砲、対潜、あるいは空母の運用などを体験し、見聞してきた。そもそも少将クラスに、パイロット育ちでしかも実戦の経験のある者はいない。

　幕僚の大部分は前任者を留任させ、副官にはテイラー中佐を連れていった。キンケイドは大勢を前にしての演説は苦手だった。幕僚との間にも一線を画し、距離を置いた。これはハルゼーが幕僚と自由な意見交換を行ったのとは対照的だった。スプルーアンスは、ムーア参謀長が「こんな怠惰な人は知らない」といったほど、ペーパーワークやルーチンワークには手を出さなかった。

　キングの強い意志によってガダルカナル島上陸作戦が実施された。総指揮は南太平洋艦隊のゴームリー中将、艦隊指揮はフレッチャー中将。フレッチャーの下にはターナー指揮の上陸軍と、防衛、攻撃戦力としてのTF11（フレッチャー中将、「サラトガ」）、TF16（キンケイド少将、「エンタープライズ」）、TF18（レイ・ノイス少将、「ワスプ」）がいる。ガダルカナル作戦でのゴームリーの優柔不断な指揮を嫌ったニミッツは、ゴームリーを更迭し、後任にハルゼーを据える。ニミッツは、キンケイドが経験を積み、何をやっても及第点をとるので、一時的にTFの指揮を執らせていたが、今後もTFの指揮を続けさせることにした。

　米軍の攻撃は、南太平洋のガダルカナルと北太平洋のアリューシャン方面から始まった。北太平洋作戦は、占領されている米国の領土アッツとキスカの奪回作戦だ。準備段階で困ったことが起こった。海軍責任者のロバート・A・セオバルト少将が、事毎《ことごと》に陸軍関係者といさかいを起こす。キングはセオバルトの更迭を決意。戦闘経験があり、攻撃精神が立証された指

ロバート・A・セオバルト（Robert Alfred Theobald）１８８４-１９５７年

揮官を充てることとし、キンケイドに白羽の矢が立てられた。

一九四三年一月三日、キンケイドはアラスカのコディアック島に赴任し、翌日セオバルト少将との交代を行った。副官はテイラー中佐。陸軍の上陸作戦指揮官は、キンケイドと同年にウエストポイントを卒業したバックナー少将が務めた。バックナーは後に沖縄上陸作戦で最前線を指導中、日本軍の砲弾により戦死している。

アッツ・キスカ作戦を指導するのにコディアック島では遠過ぎる。まずアダク島に司令部を移動させた。次にアッツとキスカを空襲するためアムチトカ島に上陸し、ここに航空基地をつくった。爆撃機B24、B25で日本軍基地を爆撃する。護衛機はP38。いずれも陸軍機である。これは、太平洋方面でほとんど陸軍機が働かなかった日本軍とは大いに異なっていた。アッツ島攻略を担当したのは陸軍第七師団で、戦闘部隊の中心戦力は第一七、第三二歩兵連隊だった。キンケイドは、上陸攻略作戦を指揮する第七師団長ブラウン少将を、スタミナと攻撃精神不足を理由にランドラム少将と交代させた。

◆キングとマッカーサー両方から指揮を受ける

アッツ島作戦により中将に昇進する。

セオバルト少将がアラスカで陸軍関係者と衝突を重ねたように、マッカーサー指揮の南西太平洋軍でも、海軍指揮官カーベンダー中将（キンケイドと同期）が陸軍関係者といざこざを繰り返していた。南西太平洋軍といっても、開戦初期には海軍の戦力は大部分が潜水艦だった。フリーマントルを基地にして日本の交通線の破壊に当たっている。このため、カーベンダーも初めはフリーマントルにいたのだが、潜水艦隊司令官ロックウード少将と険悪な間柄となり、ブリズベーンの南西太平洋軍司令部に移った。ここでも、陸軍関係者との間にいさかいが絶えなかった。カーベンダーは、平時には第一選抜で少将に進級したほどの能吏型なのだが、細事にうるさく、小心で狭量であった。

マッカーサーの南西太平洋軍が本格的にニューギニア、比島方面への進攻を始めると、膨大な船舶とその護衛艦船が必要になる。このための第七艦隊が創設されたが、カーベンダーでは駄目だ。マッカーサーから、二度にわたってキングにカーベンダーの更迭要求があり、カーベンダーの替わりにキンケイドということになった。このためキンケイドはアラスカからワシントンに呼ばれた。キングから詳しい説明を受け、サンフランシスコ経由で真珠湾に飛び、ここでニミッツと会った。北太平洋軍の後任はフレッチャーとなった。作戦指導に積極性がないとキングに判断されたフレッチャーは、流謫《るたく》のような形で霧と氷のアラスカの地に追いやられていたのである。

真珠湾でニミッツと会ったキンケイドは、南太平洋艦隊司令部のあるニューカレドニアのヌーメアに行き、ハルゼーと同道して南西太平洋軍司令部のある豪州東岸のブリスベーンに飛んだ。ハルゼーと同道だったことはよかった。マッカーサーは、カーペンダーの後任が、相談のないままキンケイドに決まったことに腹を立てていた。

一一月二六日、キンケイドはカーペンダーと交代式を行った。キンケイドの立場は複雑で難しいものだった。第七艦隊司令官としては合衆国艦隊のキングの指揮を受けるが、南西太平洋軍連合海軍（豪海軍、ニュージーランド海軍、蘭印地区オランダ海軍、米第七艦隊）司令官としては南西太平洋軍のマッカーサーの指揮を受ける。マッカーサー軍の主力は第七艦隊、陸軍第六軍（クルーガー中将）、陸軍第五航空隊（ケニー少将）だった。

米海軍の主力は、もちろんニミッツが直接握っている中部太平洋方面艦隊（後に第三、第五艦隊となる）で、マッカーサー軍がニューギニア方面への上陸作戦を本格化するまでは、マッカーサー軍に属する米海軍の主力は、フリーマントルを本拠とする潜水艦艦隊で、司令官は長らくロックウード少将だった。ロックウードが真珠湾に移ってからの後任はラルフ・W・クリスチー少将となった。潜水艦乗りは一本気の者が多い。ロックウードがカーペンダーとぶつかったように、鼻っ柱が強いクリスチーは勲章問題でキンケイドと対立した。

キンケイドはクリスチー更迭を断行する。この更迭劇は、キンメル大将の長男キンメル中佐（潜水艦「ロバロ」艦長）の戦死に関して、キンケイドがクリスチーの潜水艦作戦に疑問を持ったからだと勘繰る者もいた。前述したように、キンケイドの妹ドロシーはキンメル大将に嫁しており、戦死したキンメル中佐はキンケイドの甥《おい》にあたる。キンメル提督の次男も潜水艦乗りだったが、長男の戦死直後、キング直々の命令により陸上勤務に変えられた。キンメルの心情を思ってのキングの処置であった。

キンケイドは第七艦隊司令官として、マッカーサーの北部ニューギニア上陸作戦に従った。マッカーサーはかねてより、海軍が海兵隊を使って、要塞化された小さな島々へ正面から攻撃するやり方に批判的であった。このようなやり方は大きな損害が必至だ。マッカーサー戦略は、陸軍重爆機を多用して日本軍の交通線を切断、日本軍を無力化し、強力な日本軍の基地のない地点に次々と上陸して、航空基地を造りつつ北上する（蛙跳び作戦）というものだった。陸軍重爆機とブルドーザーを主力とする飛行場造成の工兵隊が、マッカーサー戦略の中心である。

第七艦隊のハイライトは、レイテ島上陸作戦船団の護衛であった。米軍のレイテ島上陸に伴って起きたレイテ海戦に関しては、多くの書物などで分析、記述されているので省略する。レイテ上陸作戦の成功により、キンケイドは一九四五年四月六日付で大将に進級した。レイテ上陸作戦の後は、リンガエン湾からのルソン島上陸作戦だった。

一九四五年四月、それまで南西太平洋、南太平洋、中部太平洋、北部太平洋と分かれていた兵力は、海軍は全兵力をニミッツが、陸軍は全兵力をマッカーサーが直接指揮することとなった。太平洋方面の海軍部隊と陸軍部隊を統合した指揮官に関しては、統合参謀長会議でも結論が出なかった。

日本の降伏まで、第七艦隊の司令部はマニラに置かれた。日本本土上陸作戦が行われていれば、第七艦隊がその上陸軍護衛を担当していただろう。日本降伏の後、ジョン・R・ホッジ陸軍少将指揮の第二四軍を朝鮮の仁川に上陸させ、キンケイドとホッジは京城の朝鮮総督府で日本軍の降伏調印式を行った。朝鮮総督は阿部信行《のぶゆき》陸軍大将。その後、海兵第三上陸軍を天津に上陸させ、第七艦隊司令部を上海に置いた。終戦処理が済むと、キンケイドはニューヨークに司令部を置く東部海域司令官となり、第一六艦隊（後の大西洋予備艦隊）司令官を兼ねた。

一九四六年二月、海軍の人員縮小に伴い五〇人の海軍少将と二〇人の准将が強制退職となった。退職者のリストがハルゼー（議長）、スプルーアンス、キンケイド、タワーズ、ミッチャーの五人によって作成された。

◆ハルゼーのレイテ沖海戦への言及に反論

一九四七年夏には、ハルゼーの自叙伝風の記事が「サタデー・イブニング・ポスト」紙に九回にわたって連載された、第七回（七月二六日付）で、ハルゼーはレイテ沖海戦に言及して次のように書いた。「（キンケイドの）第七艦隊は護衛艦隊だった。マッカーサー軍を護衛することだ。（ハルゼーの）第三艦隊は攻撃艦隊だった。新鋭戦艦と高速空母による攻撃である」

ハルゼーは、両艦隊を一人の指揮下に置かずに、文書で二つの艦隊を調整しようとしたニミッツとキングを、間接的に批判したのだ。また、栗田艦隊の動向探索の責任は、第三艦隊でなく第七艦隊（の護衛空母群のクリフトン・A・F・スプラーグ少将）だとした。

この記事の反響は大きかった。キングはハルゼーに手紙を書き、ハルゼーの言及した内容は問題があり、別のコメントをすべきとした。ハルゼーは、見解が異なるとして取り合わなかった。この九編の連載記事は、一か月後に単行本として刊行された。海軍士官の間では仲間同士を公の場で批判しないのが昔からの伝統だったが、ハルゼーはこれを無視した。それだけハルゼーにとっては、レイテ海戦の際、囮《おとり》の小沢艦隊に幻惑され、サンベルナルジノ海峡を空にした、という非難がこたえていたのだろう。

もちろんキンケイドも怒った。「サタデー・イブニング・ポスト」紙にハルゼーのレイテ沖海戦関連記事が載った直後、雑誌ライフのロングウェル編集長から反論を書かないかという申し出があったが、丁重に断った。公の場での論争は海軍のためによくないと思ったからだ。しかし、単行本が出版されると、キンケイドは「ライフ」誌の求めに応じた。雑誌は売れるように編集される。しかも「ライフ」は写真誌だ。「ブルの独走。レイテ湾でのハルゼーは正しかったか?」という大見出しで、顔をしかめたキンケイドと、厳しい顔のハルゼーの写真が大きく掲載された。ハルゼーに対して怒りの収まらないキンケイドは、翌年四月の予備士官協議会会合でレイテ沖海戦関連のスピーチを行い、ニューヨークタイムズはこのスピーチの全文を掲載した。

五月にはメンバーがきわめて限定されているニューヨーク市のユニオン・クラブに入会し、死ぬまでそのメンバーだった。メンバー間で人望があったため、クラブでは有名な肖像画家に依頼してキンケイドの肖像を描いてもらい、クラブに飾った。この肖像画は、アイゼンハワー(ユニオン・クラブのメンバー)の肖像画と並んでクラブの廊下に飾られている。キンケイドと肖像画は縁が深い。コンスタンチノープル時代には、ロシア人画家に頼んで妻ヘレンと並んだ肖像画を描いてもらった。一九四六年には海軍歴史センターの依頼で肖像画を描いてもらったし、その翌年、IBMが費用を負担して第二次大戦中の主要米軍人の肖像画が作成されたときも、キンケイドはその中の一人に選ばれている。

一九五〇年四月、退役。居をワシントンに求めた。

一九七二年一一月一七日、ベセスダ海軍病院で死去。享年八四歳だった。

キンケイドは、戦略家とか戦術家とか呼ばれるようなタイプではない。兵器に関して新機軸を打ち出した人でもない。有能な行政官としての軍政家でもない。国民的英雄となるような、たとえばハルゼーのような個性の持ち主でもない。大海戦を指揮した海のヒーロー的存在でもない。

アナポリスの卒業成績が示すように、平凡な海軍士官と思われていた。キャリアも大艦巨砲時代の砲術畑一筋で、太平洋戦争の花形となった航空屋でも潜水艦屋でもない。イスタンブール時代やローマ時代、あるいはジュネーブ軍縮交渉時代のような外交官的キャリアが多かったことが、特徴といえば特徴だ。上官とぶつかったことはなく、上官に可愛がられるタイプだった。生来の対人関係処理能力の持ち主だった。平凡だが何をやらしてもやれるということで、どんどん機会が与えられるようになった。北太平洋でも南西太平洋でも、前任者は陸軍と不仲になって更迭されている。後任に任命されたキンケイドは、いずれの陸軍関係者ともうまくやった。

人使いの荒いキングが評価した数少ない提督は、スプルーアンス、キンケイド、Ｆ・Ｐ・シャーマンだった。キングはニミッツもハルゼーも買わなかった。更迭しようと思ったこともあるが、国民的英雄の二人を左遷することはできなかった。気難しいマッカーサーもキンケイドを買った。誰とでも喧嘩《けんか》をするマッカーサーの参謀長サザランド中将とも破綻《はたん》はなかった。キングやマッカーサーといった一癖も二癖もある冷酷家に評価されたことは、キンケイドが只者《ただもの》ではなかったことを示す証拠といってもよかろう。

キンケイドは、ネルソンや東郷といった海のリーダーではなく、膨大な兵力を扱い、陸軍との関係も難なく捌《さば》く、管理・調整型の提督であった。

ターナー上陸軍司令官

──先見の明があり、無尽の体力で上陸作戦を指揮した「テリブル」

昭和一六年（一九四一）一月、井上成実《しげよし》中将は「新軍備計画論」で、将来日米戦争となった場合の予測を行っている。それを要約すれば次のようになる。

(1)陸上航空基地は絶対に沈まない航空母艦である。航空母艦は運動力を有するから、使用上便利であるが、きわめて脆弱《ぜいじゃく》だ。故に海軍航空兵力の主力は基地航空兵力であるべきだ。
(2)対米戦に於《お》いては陸上基地は国防兵力の主力であって、太平洋に散在する島々は天与の宝で非常に大切なものだ。
(3)対米戦では之等《これら》の基地争奪戦が必ず主作戦になることを断言する。換言すれば上陸作戦並びにその防衛戦が主作戦になる。

◆島々への上陸作戦の連続だった太平洋戦争

米海軍でもキング合衆国艦隊司令長官は、太平洋の島々を攻略しつつ西進して、中国大陸沿岸まで進み、日本を海上封鎖して降伏を強いることが、太平洋戦争の基本となることを予想し、かつ実行した。

キングがソ連軍と蔣介石軍の崩壊を恐れ、あらゆる援助を惜しむべきでないとしたのは、巨大な日本陸軍を満州と中国大陸に釘《くぎ》付けにしておかなければならない、と考えていたからである。満州や中国大陸から巨大な日本陸軍が太平洋の島々に移され、これらの島々が要塞化されることは、最も避けなければならないことだった。キングが、マーシャル参謀総長の海兵隊を陸軍に吸収しようという動きに強く反対したのも、太平洋の島々の攻略に海兵隊の力が不可欠と考えたからである。師団規模の上陸作戦には高度な技量がいる。陸地での戦闘のために訓練されている陸軍では無理だ、とキングは考えていた。

もちろん、井上やキングと異なる考えを持つ者もいた。軍令部第一課長の富岡定俊《とみおかさだとし》大佐は、米国の大工業力に裏付けされた航空兵力が、豪州方面からニューギニア、比島へと展開されることを恐れた。大陸（ないし大きな島）に設置される大規模航空基地の北進による、日本本土への進攻を懸念した。

マッカーサー戦略は富岡大佐の懸念と類似していた。マッカーサーは、米海軍と海兵隊による要塞化された小さな島々への力押しによる正面攻撃作戦を批判してやまなかった。損害があまりにも大きい、というのがマッカーサーの考えだった。マッカーサー戦略は一口でいうと、陸軍重爆撃機の多用による蛙跳び作戦だった。重爆撃機により日本基地の兵站線を切断して無力化を図り、強力な日本軍基地を避け、日本軍がいないところに上陸してここに航空基地を造りつつ北進する。マッカーサー戦略にとって、重爆撃機隊とブルドーザーの工兵部隊は欠かすことのできない存在だった。

いずれにせよ、米海軍の主要作戦は、海兵隊を使用しての太平洋の島々への上陸作戦であり、ガダルカナルから沖縄に至る上陸作戦の指揮を執ったのは、リッチモンド・K・ターナーであった。

ペーパーワークを極度に嫌い、これを幕僚に委《ゆだ》ねて午後八時には私室に入り、一切の仕事をせず睡眠と体力保持に努めたスプルーアンスと異なり、ターナーは何でも自分でやらなければ気が済まない提督だった。このため一日一六時間、ときには一八時間、働き詰めに働いた。蒸し暑い艦内生活の連続である。極度の重圧の下での緊張が続き、毎日浴びるようにウイスキーやバーボンを飲んだ。アルコールなくしては神経が持たなくなった。酒乱状態となり、至るところで感情を爆発させ、「テリブル（鬼）・ターナー」と呼ばれた。

リッチモンド・K・ターナー（Richmond Kelly Turner）１８８５-１９６１年

◆親から譲り受けた頑健な身体

ターナー家は一七二〇年代、イングランドの北西部から新大陸のメリーランド州に移民した先祖までさかのぼれる。一族はメリーランド州で農業に従事していたが、ターナーの祖父ジョンは新天地を求めて西部へ移っていった。オハイオ州、インジアナ州と移り、ここでターナーの父エノクが生まれている。さらに祖父はアイオワ州に移り、ゴールドラッシュに沸くカリフォルニアのストックトンへ移った。

父エノクは一二人兄弟の九番目だった。エノクは、兄トーマスがオレゴン州ポートランドで週刊誌「オレゴニアン」を発行しているのを頼ってオレゴン州へ移った。兄を手伝いながら地元の小学校の教師をやっているときに、ローラ・F・ケリーと知り合い結婚した。ケリー家はアイルランドの出である。先祖は一七四〇年代、ペンシルベニアに移住した。祖父クリントンは西部に移り、オレゴン州ポートランドで六四〇エーカーの土地を五〇ドルで買い、この地に根を下ろした。学校とか教会に寄付をすることも多く、現在も祖父の名前がつけられたクリントン・ケリー商業学校、クリントン・ケリー記念教会がポートランドに残っている。ターナーの父はその後、ポートランドから再び祖父のいるカリフォルニアのストックトンに帰り、町の週刊誌を発行・経営した。

ターナーの特徴の一つは精力的な仕事への取り組みと頑健な身体だ。これはターナー家の遺伝的体質だった。一七二〇年代に米国に移った初代は一〇四歳まで生きた。祖父のジョンは九一歳、ジョンの長兄は一〇二歳の長寿。父エノクも八〇歳まで生きた。

リッチモンド・K・ターナーは一八八五年五月、八人兄弟（男三人、女五人）の七番目として生まれた。リッチモンドの名は、母の末弟の名前と同じで、植民地時代のアメリカ人に同情心の厚かったリッチモンド公爵に由来している。ちなみに、父エノクの名前は珍しく、現在はほとんどないが、一九世紀初めのニューイングランド地方に少数ながらあった名前である。学校の成績がよかったターナーは上級学校を望み、学資のいらないアナポリスを志望した。

一九〇四年、アナポリス入校。同期生は二九七人。入校時には、四年生にニミッツ、三年生にフレッチャー、タワーズ、マッケーン、二年生にスプルーアンスがいた。同期生にはキンケイドやマーク・ミッチャーがいた。当時は新入生しごき（ヘイズ）が激しかった。入学の翌年、三年生のグループと四年生のグループとの喧嘩（クラス・ファイティング）で死傷者が出るという事件があり、これが原因で三年、二年の間で集団乱闘事件が起こった。これに巻き込まれたミッチャーは、日頃の学科成績不良もあり放校処分を受ける。校長の裁量で一年後、再び新入生で入学が許されることとなったミッチャーは、ターナーより二年遅れで卒業している。

ターナーの第一年次の成績は総合で二九七名中一四位。英語と法律は一位。軍事学一七位。外国語二三位。素行一一一位だった。

当時、アナポリスの教官には有能な海軍士官が充てられていた。後に作戦部長になるベンソン（当時は校長）、プラット、リーヒ、キングがいたし、後に合衆国艦隊司令長官になるウイリー、ヘップバーンがいた。卒業する一九〇八年には六五人の武官の教官がいたが、そのうち二三人が将官に昇進している。

ターナーの一九〇八年組は、江田島の三六期（沢本頼雄《さわもとよりお》や南雲忠一《なぐもちゅういち》のクラス）に対応する。卒業席次は二〇一人中五位。米海軍で主要な地位に就いた人々は、大体卒業席次が中位から下位で、ターナーのような好成績卒業は例外的存在である。

卒業の年、少尉候補生のターナーはグレート・ホワイト・フリートの日本巡航に参加。これは、日露戦争に勝って西太平洋の大海軍国になった日本に対する、セオドア・ルーズベルト大統領による示威航海であった。ルーズベルトの外交政策は、「太い棍棒《こんぼう》を持って静かに話す」である。太い棍棒が米海軍であるのはもちろんだ。二年後の一九一〇年、太平洋艦隊の巡洋艦戦隊が日本を訪問した際もターナーはこれに参加している。

一九一〇年六月、少尉任官。同期生先任者のうち、一人は海軍をやめ三人は技術系に移ったので、ターナーは兵科将校では最先任での少尉任官となった。少尉候補生時代の一四〇〇ドルの年俸が、少尉に任官して一七〇〇ドルに上がった。少尉任官の二か月後、高校時代からの恋人ハリエット・スターリングと郷里のカリフォルニア州ストックトンで結婚した。

当時、カリフォルニアでは日系移民排斥運動がサンフランシスコを中心に激烈化していた。日本人移民に帰化権を与えない、米国で生まれた日本人に市民権を与えない、日本人児童の公立小学校への入学を認めないといった運動が、その後激化していく。日系人移民排斥の先頭に立っていたのは、日頃からアングロサクソン系住民に強い差別を受けていたアイルランド系住民だった。ストックトンはサンフランシスコに近く、ターナーの母親の系統はアイルランド系であった。

◆「精力的な仕事振り」を周囲の多くから評価される

一九一三年、中尉に進級する。当時、ドミニカ共和国は革命、反革命の騒ぎで揺れていた。米政府は米国民の生命・財産保護のため、砲艦「マリエッタ」を首都サントドミンゴに派遣。ターナー中尉もこれに参陣した。

一九一四年、第一次大戦勃発。この大戦は四年間続いたが、米国が参戦するのは一九一七年。時の大統領は民主党のウィルソンで、海軍長官は新聞社主出身のダニエルズ、海軍次官は後の第二次大戦中の大統領フランクリン・ルーズベルトである。

一九一六年、ターナー中尉は三万トン、一四インチ砲一二門の戦艦「ペンシルベニア」乗組員となった。「ペンシルベニア」は大西洋艦隊旗艦で、司令官はヘンリー・T・メイヨー大将。司令部参謀にキング少佐がいた。容易に人に服従せず、上役と衝突を繰り返していたキングが、心服して猫の子のようになった例外中の例外がメイヨー提督だった。メイヨーの幕僚の使い方は際立っていた。議論を尽くし、決めた艦隊の実行案を作成するのは幕僚で、サイン以外、自身では決してペンをとらなかった。なお、メイヨーは一八七六年組。海軍長官のダニエルズが、米国の伝統シビリアン・コントロールを損なうとして反対し続けた「作戦部長」のポストが創設されたのは一年前の一九一五年で、初代作戦部長は一八七七年組のベンソンだった。ちなみに、ベンソンと同じクラスには勝海舟の息子の勝小鹿《ころく》と国友次郎《くにともじろう》の二人の日本人がいた。

一九一七年、大尉に進級。「ペンシルベニア」から戦艦「ミシガン」に移る。いずれも砲術士官である。一万五〇〇〇トン、一二インチ砲八門の「ミシガン」は、米海軍最初のいわゆるドレッドノート級の全巨砲艦であった。その後、第一次大戦での一時進級により少佐となる。

一九一九年、ワシントン海軍工廠の砲製作所へ転任。この海軍工廠時代、海軍大学の通信講座「戦略・戦術」を修了し、海軍協会誌に二編の論文「艦隊のための戦うリーダー」（一九二二年四月号）、「雷撃機に対する対空防御」（一九二二年一〇月号）を発表した。

一九二二年七月、戦艦「カリフォルニア」へ乗組。このときに一緒に仕事をしたポール・S・シース大尉（一九一二年組）は、第二次大戦中ターナーの参謀長となる。艦長のボストウィック大佐（一八九〇年組）は人事考課表でターナー少佐を、大部分の資質を特に優れている、ないし優れているとしたが、若干の問題資質として、協調性、我慢強さ、受けた教育、従順さの四点を挙げたが、次のようにも書いた。

「きわめて強い性格。精力的な仕事振り。職務遂行能力は抜群」

一九二三年、偵察艦隊砲術参謀。当時、米艦隊は仮想敵第一の日本海軍に備えて、太平洋岸に主力の戦闘艦隊を置き、大西洋岸には旧式戦艦を中心とした偵察艦隊を置いていた。司令官はニュートン・A・マックリー中将。マックリー提督は人事考課表でターナーについて次のように書いた。

「ターナー少佐は、恐らく海軍で最も有能な砲術士官である。力強く、きわめて精力的」

「自己の意見に強く固執し、ときに他の士官の意見に我慢できない態度を示す。良き部下になるにはあまりにも能力があり過ぎる」

米海軍の人事評価システムでは、好ましくない点を指摘された士官に対しては、航海局からその評価のコピーが送られ、反論の機会が与えられる。マックリー提督はターナーに私信を書き、「貴官の大変な能力を認めるにやぶさかでなく、必要ならこの私信を私の評価に対する航海局への反論に付け加えてもよい」とした。ターナーは航海局へ「特に反論なし」と書いた。

アナポリス時代の学業成績が抜群にもかかわらず、素行が普通評価だったこと、ボストウィック艦長が「精力家で、強い性格」と評価したこと、さらにこのマックリー提督の評価は、太平洋戦争中のターナーの行動を知るうえで興味深い。

偵察艦隊砲術参謀の後は、駆逐艦「メルビン」（一二〇〇トン、三五ノット）艦長。乗組員の艦長評は、「仕事、仕事、仕事の艦長。力強く論理的。権限委譲をせず、自分の考え以外のことをいわれると激怒する」というものだった。

一九二五年、中佐進級。海軍省兵備局の砲塔・機械課長となる。当時、兵備局はガン・クラブと俗称され、海軍省では航海局と並んで最右翼局だった。ターナーの赴任時に二〇人の士官が兵備局にいて、その半分が将官になっている。局長はクラウド・C・ブロック少将（後に合衆国艦隊司令長官）。ブロック局長はターナー課長を、「ハード・ワーカー。力強い、確固とした意見の持ち主」と評価した。

◆モフェットの勧めで航空畑に進む

兵備局時代、航空局長だったモフェット少将と話をする機会が多かった。ターナーが一九一八年から一九年にかけて、砲術士官として乗り組んでいた戦艦「ミシシッピ」の艦長がモフェット大佐で、その頃からモフェットは航空に関心を持っていた。「ミシシッピ」にカタパルトが初めて設置され水上機が搭載されたのは、モフェット艦長の時代である。

ターナーは、マックリー中将の参謀時代は砲術参謀だったが、航空関連も兼務していた。これからは航空戦力が重要になると考えていたターナーは、モフェット航空局長の勧めで航空畑に進むことを決意し、幸いパイロット資格を取るための身体検査にも合格した。

一九二七年一月、フロリダ州ペンサコーラの海軍飛行学校に入校し、一一月にパイロット資格を得た。飛行学校の同期生にキング大佐がいた。

一九二八年一月、アジア艦隊に赴任。創設いまだ日の浅い航空部隊の強化のためだった。司令官のマーク・L・ブリストル大将は、航空局の前身である海軍飛行課課長のキャリアもあり、航空には熱心だった。また、八年間トルコで高等弁務官だった体験もある外交センスの持ち主で、当時比島陸軍司令官だったマッカーサー少将との関係も良好だった。唯我独尊のうえ、自己顕示欲のきわめて強いマッカーサーとうまくいった、数少ない海軍提督がブリストルで、このため陸海軍航空の統合演習も実施できた。一九二二年に締結されたワシントン条約によって、ハワイから西の米軍基地は新規の強化が禁じられていたから、既存基地をいかにうまく活用するかが問題だった。

ターナーは、比島地区の航空写真を数多く撮ったり、日米開戦になれば日本軍の上陸地点になると思われるリンガエン湾やラモン湾の詳しい調査を行った。ブリストルはターナーに全体としては高い評価を与えたが、平均と評価したのは我慢強さと自己抑制の二点だった。部下は、精力家で強い意志の持ち主と見た。

一九二九年七月、航空局計画課へ転任。航空局次長のキングがモフェット局長の逆鱗《げきりん》に触れて基地司令に飛ばされ、計画課長のタワーズが次長となった。そして、タワーズ課長の後任としてターナーが選ばれたのである。マニラから帰国の途中、航海局の許可を得て東京の米大使館に二週間滞在し、日本海軍関連の知識を深めた。計画課には六人の士官がいた。その中にはターナーと同じ年にアナポリスに入学し卒業は二年後のマーク・ミッチャー中佐もいた。

当時、米海軍の兵科士官は五五〇〇人、下士官・兵は八万四五〇〇人。兵科士官のうちパイロット士官は五二〇人。航空機数は九二八機。うち四二五機が艦隊に所属していた。

航空局時代には、海軍航空関係の講演を数多く行っている。一九三〇年の講演は次のようなものであった。「陸海軍の航空機政策」「海軍航空の進歩と目標」「海軍五か年計画」。

一九三一年四月、合衆国艦隊が①戦闘艦隊、②偵察艦隊、③潜水艦隊、④基地艦隊の四つに再編成された。日本との対立が深まり、主戦力がさらに太平洋に強化されるようになった。①は戦艦と空母が中心で太平洋岸に配備され、②は巡洋艦中心で大西洋岸に配置された。③は潜水艦中心、④は兵站関連であった。

一九三二年にジュネーブで開かれた軍縮会議の米代表はヒュー・ギブソン。海軍代表はアーサー・J・ヘップバーン少将（後に合衆国艦隊司令長官）。ターナーは航空関連士官として出席した。

一九三二年一二月から三四年六月までの一年半、空母「サラトガ」副長となる。艦長はキングと同クラスのゾグバウム大佐。戦後、ゾグバウム大佐は次のように回想している。

「私の副長は、太平洋戦争中多くの上陸作戦を指揮し、新聞で『テリブル・ターナー』と書かれていたケリー・ターナーだった。確かにやる気満々で群を抜いてはいたが、テリブルという面は気付かなかった」

この頃から初級士官の間では、ターナーは大酒飲みとの評があったようだ。ターナーとキングはよく似ている点が多い。両者とも個性が強く、人一倍精力的で、頑健な身体の持ち主だ。それに大酒飲みである。キングはそれ以外に異常なほどの女好きだったが、ターナーにはその気はなく、その分だけ酒にのめり込んでいく傾向が強かった。

◆将来、空母部隊と上陸作戦が重要になると予見

一九三四年六月から一年間は、戦闘艦隊所属航空艦隊司令官ヘンリー・V・バトラー少将の参謀長。この航空艦隊は、「サラトガ（愛称シスター・サラ）」「レキシントン（愛称レディー・レックス）」「ラングリー」の三空母だった。

一九三五年六月、海大甲種課程へ入学する。当時、海大には航空関係者は少なく、武官教官二〇人のうちパイロット出身者は一人で、甲種・乙種の両課程の学生七〇〜九〇人のうちパイロット関係者は一人だった。校長はエドワード・C・カーブフス少将（一八九九年組）。教官にはスプルーアンスやドラエメル（後にニミッツの初代参謀長）がいた。

卒業論文は「合衆国の外交関係」。この年一九三六年に大佐に進級し、海大の甲種課程修了と同時に海大のスタッフ（戦略担当）となる。上役は戦略班長のスプルーアンスであった。

当時の学生の一人は次のように言っている。

「ターナーは学生を徹底的に絞った。ターナーの下での一年間は最も苦しい一年間だった。学生が提出したレポートのすべての状況判断、最終的決心について、ターナーは赤インクで訂正や批評を書き入れ、このためレポートは真っ赤になって返された」

また、別の学生のターナー評は、「口が厳しく、全くユーモアというものがない。しかし、よく研究しており、海大での仕事に深い興味を持っていた」。

また、同僚の一人は言う。

「大変な迫力がある。いったんこうと考えれば梃子《てこ》でも動かない。ときには如才なさに欠ける点もある。積極的、断定的だ。飲酒癖については、度を越しているのは見たことがない」

ターナー教官は、将来、戦では空母部隊と上陸作戦が最も重要になると強調していた。ただし同調者は少なく、海大の中でも戦艦中心の考えが有力だった。

海大教官時代、アーサー・B・クック航空局長より、空母「ワスプ」ないし「レンジャー」の艦長はどうだ、という手紙が届いた。五年後にはアナポリスを卒業して三五年目になり、将官昇進の登竜門をくぐらなければならない。そのためには「将官選考会議」にアピールできるキャリアにしておく必要がある。ターナーの今までのキャリアは、参謀勤務、陸上勤務が比較的多く、海上の艦長勤務は小型艦を除いてない。当時は、

アーリー・B・クック（Arthur Byron Cook）
1881-1952年

将官に昇進するには大艦（特に戦艦）の艦長キャリアが不可欠と考えられていた。

クック航空局長の勧めはあったが、将官昇進が何よりと考えたターナーは、航海局への自己申告に「戦艦艦長、それが駄目なら重巡艦長を希望」と書き、その理由を、次回の異動は将官昇進時期までの最後の海上勤務となるので大艦の艦長職を望む、とした。

異動に際して航海局（航空関係者は航空局）からこのポストはどうだ、という問い合わせをしたり、自己申告で将官昇進のためにこのポストに就きたい、と堂々と書いたり、上官による人事考課表で不利な点の記入があれば、そのコピーが本人に送付され、反論できる、といったことは、日本海軍とは異なった米海軍のやり方である。組織や人事は文化や風土や歴史の上に成り立つものだから、どちらがいいか、ということを軽々に決められないのはもちろんである。

結局、新鋭重巡「アストリア」（一万トン、八インチ砲九門）の艦長に決まった。「アストリア」は偵察艦隊所属の第六巡洋艦戦隊（司令官インガソル少将、後にフレッチャー少将）に属した。

一九三九年二月、斉藤博《ひろし》駐米大使が米国で客死し、遺骨がターナー艦長の「アストリア」で日本に帰されることになった。これは一四年前に駐日大使エドガー・A・バンクロフトが日本で客死したとき、日本政府が軍艦「多摩」で遺体を米国に送ったことに対する返礼の意味もあった。日米関係はすでに険悪化していた。「アストリア」は四月の桜の頃に横浜に入港。当時の駐日米大使はグルー（太平洋戦争末期国務長官）で、海軍大臣は米内光政《よないみつまさ》、次官は山本五十六だった。

一九四〇年一〇月、海軍作戦部の戦争計画部長となる。

米海軍には長らく軍令部的な恒常組織がなかったため、海軍長官や次官は大統領選挙の論功行賞で任命される。長官・次官の政治的判断や健全な常識は期待できるが、海軍にはずぶの素人である。海軍の政策や人事は主として航海局長が補佐するが、人員、艦、兵器、予算などは海軍省の各部局が独立王国のようにてんでんばらばらにやる。もちろん、これを統合、調整するのは長官や次官だが、素人にすべてを委ねるのは酷である。一八八五年に海軍大学が創設されて以降は、仮想敵国との作戦計画はこの海軍大学でやり始めた。

戦争勃発の場合には、たとえば米西戦争（一八九八年）のときは、ロング海軍長官は一時的に海軍司令部（Naval War Board）を置き、長官の補佐機関とした。また、ロング長官は重要な問題を審議させる海軍将官会議（General Board）も設置した。しかし、これだけでは十分でない。ドイツの参謀本部を見習った常設の海軍参謀本部を設けて、常時海軍長官を補佐する体制にするべきだという意見が、アルフレッド・T・マハン大佐らを中心に強くなってきた。

◆戦争計画部長として海軍作戦部を主導する

一九一四年に欧州で大戦が勃発した。米国がこの大戦に巻き込まれることにでもなれば、その準備はできているのか、準備計画もできていないではないか、という議会の声が強くなった。ダニエルズ海軍長官の「海軍参謀本部は米国の建国の精神に反する」という反対にもかかわらず、「海軍作戦部」が一九一五年に創設された。

海軍作戦部の中枢部は戦争計画部で、歴代の戦争計画部長には、スタンドレー、ショーフィールド（いずれも後に合衆国艦隊司令長官）、テイラー（後にアジア艦隊長官）、パイ、インガソル、ゴームリーといった著名な提督がいる。クック、ホーン（太平洋戦争中、前者はキングの先任参謀、後者は作戦部次長）やホルコム（後に海兵隊司令官）、シャーマン（後にニミッツの先任参謀や海軍作戦部長）といった人々も、かつて部員として在籍していた。

ターナーが戦争計画部長当時の海軍作戦部の主要メンバーは次の通りだった。

作戦部長スターク大将、次長インガソル少将、戦争計画部長ターナー少将、情報部長W・S・アンダーソン少将、艦隊訓練部長H・F・レアリー少将、海軍軍区部長A・シャープ少将、艦船移動部長R・M・ブレイナード少将、通信部長L・ノイス少将。

戦争計画部の任務は、①戦争に備え、常に作戦計画を立てておくこと、②そのための政策や企画を推進し、広い範囲の課題について指令を用意すること、の二つ。何事にも積極果敢なターナーは他の部門へ口出しすることをはばからなかった。特に情報部門へはそうであった。ある情報部門担当者は次のように言った。

「作戦部に、スターク、インガソル、ターナーの三頭政治のようなものができた。ターナーが何か案を出すと、スタークとインガソルは関連部門に相談なくそれを承認した」

ロイヤル・Ｅ・インガソル（Royal Eason Ingersoll）　１８８３-１９７６年

土足で家の中に踏み込まれたような情報部では、ターナーへの反発が強かった。

「身長一八〇センチを超え、毛虫のような太い眉《まゆ》と突き出た顎《あご》。風采《ふうさい》だけでなく性格も威圧的だった」

「人づきの悪いこと、まるでやすり」

「競争心が人一倍強く、反対する者には激しく反発した。陰で『テリブル・ターナー』と呼ばれていた」

「ターナーは海軍のパットン（欧州戦線での将軍）だった」

「提督になってからも、ランチで上陸するときでさえ、艇長に細かな指示をしないではいられない」

一九四〇年一二月、少将に昇進。

ターナーは統合会議（Joint Board）の下の統合計画委員会のメンバーとなった。陸軍側の相棒はジロー准将（参謀本部戦争計画部長）で、後にアイゼンハワー准将に替わった。日、独、伊の枢軸国との戦争になった場合の戦略であるレインボー計画やドッグ・プランの策定、あるいは英軍首脳とのＡＢＣ会議、米英首脳による大西洋会議といった枢機に参画した。

◆一日一八時間働き、アルコールなしでは神経がもたなくなる

真珠湾奇襲の後は、キングが合衆国艦隊司令長官となった。

ターナーは合衆国艦隊司令部に移り、参謀副長として作戦海域

問題や第二次大戦の基本戦略作りに携った。司令部内に上陸戦担当係を置き、ソサイエティ諸島のボラボラ、ソロモン諸島のガダルカナル、ニューヘブライズ諸島のエスピリットサントとエファテに基地設置を進言した。

珊瑚海海戦とミッドウェー海戦の後、キングは南太平洋艦隊司令官ゴームリー中将に攻撃作戦の展開を命じ、この作戦の上陸部隊指揮者にターナーを考えた。七月四日には、サンフランシスコでのキング・ニミッツ会談（ターナーも出席）でターナーの上陸部隊指揮が決定。ターナーは真珠湾を経由してニュージーランドのオークランドに赴き、ここで最後の仕上げにかかわった。

ガダルカナル上陸作戦後は、ガダルカナルからラバウルへの進路に横たわるニュージョージア諸島攻略作戦に取り組んだ。この作戦がほぼ終了した一九四三年七月、太平洋方面の全上陸軍の指揮を執るようになる。キングもニミッツも、ターナーの計画能力と戦意を高く買ったからだ。一九四三年一一月のギルバート諸島のタラワ攻略、年が明けて二月のマーシャル諸島のクエゼリン攻略、その後のマリアナ、硫黄島、沖縄の上陸作戦はすべてターナーが上陸戦の指揮を執った。一九四四年二月、中将に進級し、一九四五年五月には海軍大将に進級した。

ガダルカナル戦の頃より、ターナーの酒浸りが始まった。些事《さじ》も忽《ゆるが》せにできない性格である。すべての計画にタッチしなければ気が済まない。抜群の記憶力で下僚の作成した書類の一から十までチェックする。連日にわたる一六時間から一八時間の艦内での仕事で、アルコールなしでは神経がもたなくなった。

ターナーは、後に次のように書いている。

「マーシャル諸島攻略作戦から帰ったときには疲れ切っていた。そして、その後戦争中ずっと疲れ切ったままだった」

体力の限界まで働き、浴びるように酒を飲む。マリアナ諸島のテニアン攻略作戦後の国旗掲揚式には、酔ったまま臨んだ。沖縄戦直後にニミッツ、スプルーアンスと会食したときには、ターナーは会食前から酔っ払っていて、テーブルまで歩く足はよろめいていた。

過激な言動はますます激しくなり、太平洋方面陸軍司令官のリチャードソン中将を真っ青になるほど怒らせたこともある。温厚寛大なニミッツをも怒らせ、ニミッツがターナーをなぐると気色ばんだため、スプルーアンスが仲裁に入ったこともある。リチャードソン陸軍中将がターナーの行動に激怒してスプルーアンスの司令部に怒鳴り込んできたときも、スプルーアンスが「まあ、まあ」と取りなしている。

「ミズーリ」艦上での降伏調印式直後も、太平洋艦隊旗艦「サウスダコタ」の士官室で酔っ払っていたターナーは、ニミッツの情報参謀レイトン大佐から、キンメル大将が日本軍の情報をワシントンから受け取っていなかった点を指摘され（本件は当時のターナー戦争計画部長にも責任があった）、突然レイトン大佐に飛びかかって首を締め上げた。「サウスダコタ」艦長フォレステル大佐が間に入って事なきを得た。

戦争が終わるとすぐに、海軍将官会議のメンバーとなった。一九四五年一二月には、新設された国際連合・安全保障軍事諮問委員会のメンバーとなり、翌年ロンドンで開かれた第一回国連総会に出席した。

酒の上の乱暴狼籍《ろうぜき》で有名だったターナーの家庭は寂しかった。これがターナーの酒を加速した。妻ハリエットとは少尉任官時に結婚した。高校時代に知り合い、六年越しの恋だった。ハリエットは生来病弱で、疝痛《せんつう》の激しい痛みが生涯彼女を苦しめた。子供はなく、ハリエットの楽しみは犬を飼うことで、何匹もの犬を飼った。普通の婦人が子供や孫に向ける関心が、ハリエットにとっては犬だった。彼女は晩年、死ぬまでに金婚式を挙げ、大統領選挙でニクソンに投票したい、といっていた。金婚記念日は一九六〇年八月三日、投票日はこの年の一一月一日で、ハリエットは翌年一月に死んだ。

ハリエットが死んで三七日後、ターナーも心臓閉鎖で死んだ。享年七五歳。太平洋戦争で心身をすり減らし、重度のアルコール中毒になりながらも、七五歳まで生き延びたのは、ターナー家の長寿・頑健の家系によるものだろうか。

ターナーの遺体は、サンフランシスコ湾を望む国立墓地の妻の傍らに埋められた。この墓地には後にスプルーアンスとニミッツも埋葬された。

第5章　航空艦隊の指揮官

海軍航空艦隊の誕生と発展

「米海軍航空の父」といえば、一九二一年、海軍省に航空局が創設されて以来一二年間という長期間、航空局長のポストにあったモフェット少将を名指しすることに異論のある人はないだろう。

同様に、米海軍パイロットの草分けということになればジャック・タワーズ大将。航空艦隊が主力となった太平洋戦争では、タワーズが米海軍空母部隊を率いて活躍することは、そのキャリアからいって当然であるとも考えられた。しかし、タワーズはそれを熱望したが叶《かな》えられなかった。それは、ライバルとして対立したキング元帥が、米海軍トップの合衆国艦隊司令長官兼海軍作戦部長となり、海軍人事を壟断《ろうだん》してタワーズを排除し続けたからだった。両者は個性がきわめて強く、両雄並び立たずのことわざ通りであった。キングは頭脳の冴《さ》えと戦略家としての識見は群を抜いていたが、狷介《けんかい》で狭量の独善家だった。

タワーズが駄目となると、生粋のパイロット育ちの提督はミッチャーとなる。最終的に米空母部隊を率いて日本海軍を壊滅させたのはミッチャー大将だった。

本章では、モフェット、キング、タワーズの三人を柱として、米海軍航空艦隊の誕生と発展を眺めてみることとする。

◆弾着観測機のための空母を模索したモフェット

第一次大戦後、クーンツ作戦部長やシムズ海軍大学校長らの識者により、海軍航空の重要性が叫ばれ始めた。一九二一年、海軍省に航空局が創設され、初代局長にウィリアム・A・モフェット少将が就任した。

水上艦の砲術一筋できたモフェットと飛行機のかかわりは、新鋭戦艦「ミシシッピ」艦長時代のことだった。一九二〇年六月、「ミシシッピ」はサンジエゴ近海で二万三〇〇〇ヤード（約二万一〇〇〇メートル）の砲撃訓練を行っていた。このとき、水上機母艦「アローストーク」の水上機からの弾着観測に大いに助けられた。モフェットは水上機の弾着観測が有効なことを実感し、「アローストーク」に「貴下水上機は我が救い主なり。感謝す」の信号を送った。「アローストーク」の艦長代理がタワーズ中佐で、ミッチャー少佐も乗艦していた。艦長はヘンリー・マスチン中佐だったが、一時艦長職をタワーズ中佐に委《ゆだ》ねていたのだ。

この頃になると水上機母艦が艦隊と共同作戦を行うようになり、戦艦にも水上機用のカタパルトが設置されるようになった。飛行甲板を持つ航空母艦のコンセプトも生まれる。

このとき、モフェット大佐はマスチン、タワーズ、ミッチャーを知り、三人は航空局設立時にはトリオを組んでモフェットを支えた。

軍政機構としては一九一四年七月、海軍省内に航空室が設置され、翌年海軍作戦部が創設されるにしたがって、ここに移った。一九一八年には海軍航空課に昇格。一九二一年三月、モフェットは航空課長に任命された。この年九月、海軍航空行政全般を職掌する航空局が海軍省内に設立されると初代局長に就任し、同時に少将に進級した。

以降、モフェットは飛行船事故で殉職する一九三三年まで、一二年間という異例の長期間そのポストにあって海軍航空の育成に尽力した。この間、水上艦隊勤務のキャリアを踏めば、戦闘艦隊司令官（大将）、ないし合衆国艦隊司令長官（大将）に昇進する可能性が十分あったが、あえて航空局長のポストに留《とど》まることに執念を燃やした。揺籃《ようらん》期の海軍航空育成が重要なこと、その行政に自分が適していることを自覚していたためだった。

モフェットは一介の武弁ではなく、政治家的資質が濃厚な軍人だった。海軍航空整備の予算案や法律案のため、議会に対して入念な対策をとり、関係議員への説明に労を惜しまなかった。世間の風向きにも敏感で、第一次大戦直後に反軍思想が高まったときには、部下に公式の必要な場合を除いて軍服の着用を禁じ、背広着用を求め、自身もそれを実行した。

モフェットは穏健・着実・堅実型だった。これは行政官としては大変な長所であるが、新戦術を生む戦術家、ないし独創的戦略を創造する戦略家としては問題だった。民間航空機産業の育成にも敏腕を振るったが、結果的に見ると戦略家としての施策は凡庸の域を出ず、いずれも実を結ばなかった。

モフェットの海軍航空育成案の中心は、①飛行船、②一万五〇〇〇トンクラスの小型空母、③航空甲板を持つ巡洋艦、の三項目だった。日本海軍との対決は広い太平洋で行われる。日本艦隊の偵察には航続距離の長い重巡が必要だが、重巡の建造費は高い。足が長く、スピードの速い①の飛行船が最適だと考えたのだ。②に関しては、航空局長就任直後のワシントン会議で、空母の保有量も主力艦同様、英、米、日は五・五・三の比率となって、米海軍空母の総枠は一三万五〇〇〇トンとなった。巡洋戦艦として計画されていた「レキシントン」と「サラトガ」が空母に改造されつつある。この両艦だけで総枠の半分になる。空母の数を増やそうとすれば小型化するしかない。また、洋上になるべく多くの海上基地をつくるという考えが、③のアイデアを生んだ。

石炭輸送艦「ジュピター」を改造した米海軍初の空母「ラングレー」が竣工したのが一九二二年。初の発着艦は、この年の秋にグリフィン大尉とシェバリエ少佐によって行われた。政治センスのあるモフェットは、新しいタイプの軍艦を関係者によく知ってもらうことが大事と考え、翌年夏には「ラングレー」をワシントンへ回航させ、ハーディング大統領の視察を実現させる。大統領は空母に強い関心を示し、建造中の「レキシントン」と「サラトガ」の早期完成を命じた。また、議員や関係者に「ラングレー」を一〇日間公開した。その後も、ニューヨーク、ボストンをはじめニューイングランド地方の八つの港を巡って、公開や飛行デモンストレーションを行った。この年の冬（一九二三〜二四年）のカリブ海での大演習では、「ラングレー」は偵察艦隊に属して演習を行った。

一九二五年、海軍大学校長のシムズは議会で、「高速空母のみが戦艦を撃破ないし無力化し得る。この空母は速力三五ノット、搭載機一〇〇機で、これこそが戦艦以上の攻撃力を持つ主力艦だ」と証言したが、海軍主流の考えはまだまだその認識

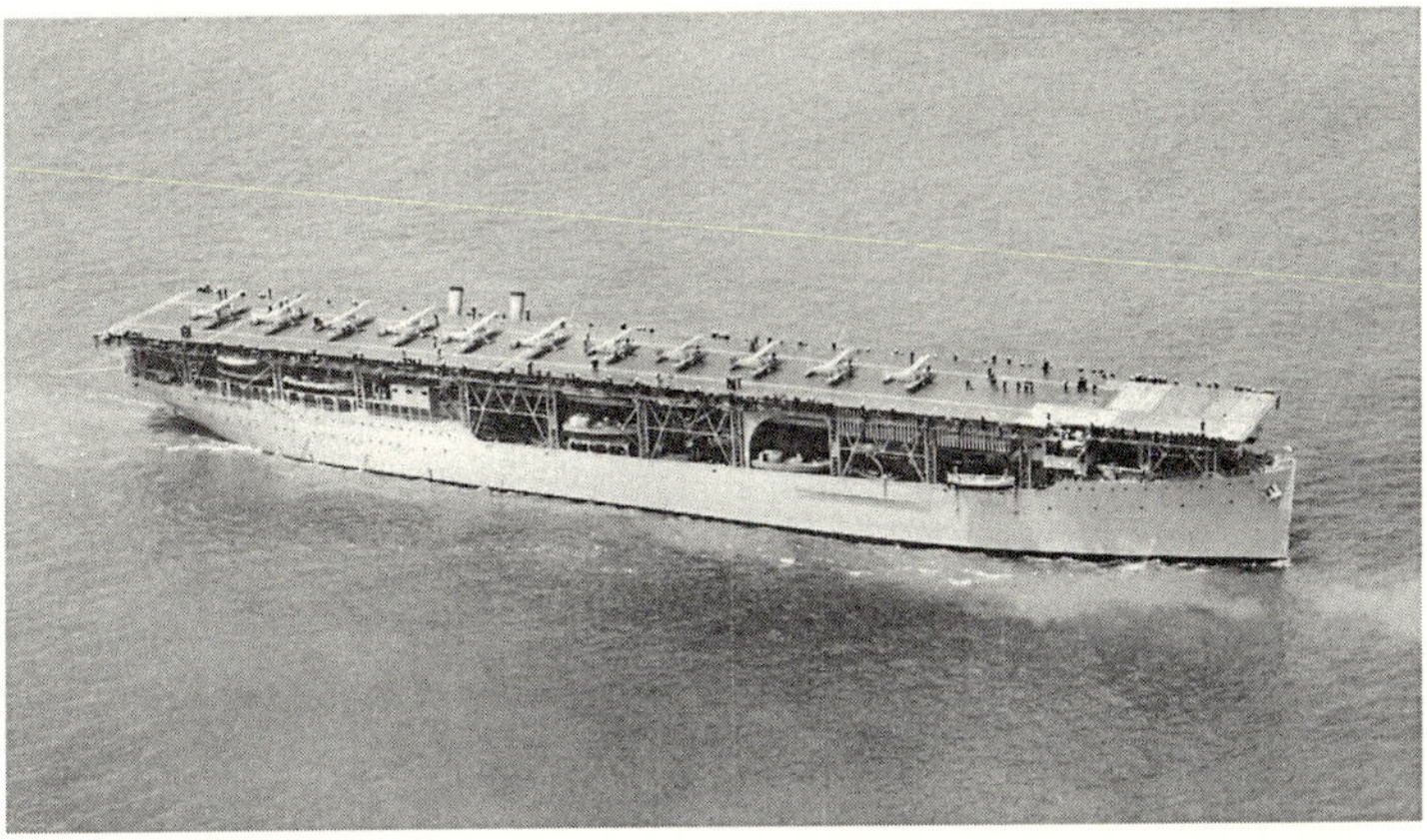

アメリカ海軍初の航空母艦ラングレー（ＣＶ-１）。排水量１万１５００トン、全長１６５．２メートル、全幅19．９メートル、速力15．５ノット（時速28．７キロ）、搭載機36機

には至らなかった。

◆パイロットとして空母への着艦に初めて成功したタワーズ

生粋のパイロット育ちの第一号はジャック・タワーズである。一九一一年、タワーズ中尉は戦艦「ミシガン」の着弾観測士官になった。水面から一三〇フィート（約三九・六メートル）の高さの籠型マストの頂上から、一二インチ主砲の弾着を観測するのが任務だった。一三〇フィートの高さからの観測とはいえ、水平線の彼方《かなた》まで飛ぶ砲弾の弾着観測は難しい。水上機を利用しての観測はどうだろうかと考え、海軍当局へパイロットになりたい旨の申告をした。

この年、議会は海軍が飛行機を三機（一機はライト社製、二機はカーチス社製）購入する予算を認めた。希望が叶ったタワーズ中尉はニューヨークのカーチス社に行き、カーチス社長自らの指導で操縦を習った。以降、タワーズのキャリアは航空一筋だった。一九一三年には米海軍初の水上機による敵艦隊捜索の演習があり、タワーズはパイロットとして参加した。フロリダ州のペンサコーラに飛行学校が開設（一九一五年）された際には、その準備段階から参加し、開校後は教官となった。第一期生にマーク・ミッチャーがいた。

一九二一年にはペンサコーラ飛行学校の副校長となり、パイロットの育成に励んだ。このときの教官にはダンカン、デビソン、ラドフォードがおり、一九二一年の卒業生にはシャーマン大尉がいた。いずれも太平洋戦争中、空母艦長や航空艦戦隊司令官として活躍する人々である。戦後、ラドフォードとシャーマンは、それぞれ統合参謀本部議長と海軍作戦部長になっている。

ペンサコーラ飛行学校副校長の後、ロンドン大使館付武官となって欧州の航空情報収集にあたった。当時の日本海軍航空は、まだまだ西欧列強の模倣段階に過ぎず、英海軍のセンピル大佐らを招聘《しょうへい》して操縦技術を学んでいた。タワーズはこの一行の一人から日本海軍航空の現状を聞いた。その将校は言った。

「日本人の練習生は皆下手だ。とてもいいパイロットにはなれない」

一九二六年、タワーズ中佐は空母「ラングレー」（一万一五〇〇トン）の副長となる。モフェット航空局長は艦長にさせたいのだが、一万トンクラスの艦長には従来より大佐が任命されている。当時、海軍航空は海のものとも山のものとも判断がつきかねていたのが実情だった。「ラングレー」は竣工以来四年を経過していたが、艦隊演習に参加したのはただの一回。当時の合衆国艦隊司令長官ロビンソン大将も、航空を疑問視していた。これは、ロビンソンの砲術参謀が一年前に飛行機事故で死んだことも原因していた。

艦隊航空戦隊指揮官は「ブル」と仇名《あだな》されるリーブス大佐。リーブスは、ワシントン会議で主力艦が英国と同戦力に制限された以上、これからは航空兵力の増強が不可欠と考え、海大学生時の一九二五年の夏にはペンサコーラ飛行学校で航空一般を学んだ。空母を含めた米海軍航空戦隊の最初の指揮官がリーブスである。リーブスは、「ラングレー」の搭載機を八機から一四機に増やさせた。

一九二六年の第六回大演習では、敵潜水艦から空母「ラングレー」を守るための駆逐艦戦術の演習が行われ、併せてパナマ運河地帯への海軍機による空爆演習が行われた。

タワーズの飛行経験は主として水上機によるものだった。「ラングレー」の副長になってからは艦載機による着艦練習を行い、自ら操縦して着艦できるようになった。空母の着艦に成功した人としては、当時、階級も年齢もいちばん上だった。この時代の部下のパイロットには、前述のダンカン、ラドフォードの他に、トーマス・スプラーグ、ジョッコー・クラーク、マイルス・ブローニング（いずれも大尉）、ラムゼー（少佐）らがいた。太平洋戦争で航空部隊を率いる面々である。親分肌のタワーズは、自分のグループをつくっていった。

「ラングレー」は米海軍初の空母だけに、航空関連の経験蓄積がない。新規事項に常に挑戦しなければならない。通常搭載

雷撃機Ｔ４Ｍを発艦させているアメリカ海軍のレキシントン級航空母艦「レキシントン」。排水量３万３０００トン、全長２７０．７メートル、全幅32．８メートル、速力34ノット（時速63キロ）、搭載機78機

機数の二八機を搭載してみたこともある。訓練航海で一日一二七機の着艦記録をつくった。航空機燃料のガソリン給油システムを改良し、一四万ガロン積めるようにした。

一九二七年、「ラングレー」の艦長。この年キューバ沖で行われた第七回大演習に航空部隊として参加した艦は、空母「ラングレー」と水上機母艦「ライト」、「アローストーク」だった。

◆より早く艦長になれると考え、海軍航空へ進んだキング

キングが航空関係のキャリアを歩み始めるのは、一九二六年に水上機母艦「ライト」の艦長になったときからである。一九二二年より潜水艦関連のポストにあったキングは、巡洋艦艦長のポストを望んでいたが、その希望は当分叶えられそうになかった。そんな折り、海軍省でモフェット航空局長と会い、航空関係の仕事を勧められた。海軍航空隊は設立以来日が浅く、士官に中堅層がいない。空母艦長用の士官が不足している、君どうだ、というのがモフェット局長の話だった。結局、キング大佐はモフェット局長の勧めに応じ、一九二六年に水上機母艦「ライト」の艦長となる。

翌年、ペンサコーラ飛行学校入学。四八歳のキング大佐は、アナポリスを出たばかりの少尉連中と一緒に訓練を受けた。五か月の訓練で飛行時間は二七〇時間、うち七〇時間は単独飛行だった。かくして海軍飛行士の資格を得て、再び「ライト」艦長となった。

一九二七年は記念すべき年だった。大型高速空母の「レキシントン」と「サラトガ」が竣工した。日本海軍も、レキシントン級とほぼ同型の「赤城《あかぎ》」、「加賀《かが》」を同じ時期に完成させている。

モフェット局長は新造空母「レキシントン」の艦長にキングを考えたが、人事を扱う航海局の意向で実現しなかった。モフェットは、落胆の大きいキングに同情して航空局次長にもってきた。しかし、この人事は失敗だった。鼻っ柱が強く自分の見識に自信過剰のキングは、モフェット局長の考えに必ずしも賛同しない。部下に絶対服従を求めるモフェットは激怒し、九か月後、キングを基地航空隊司令に追いやった。とはいうものの、キングの力量は惜しいし、大型空母艦長用の人材も不足している。一九三〇年、キングはモフェットの推挙で「レキシントン」の艦長となった。このとき「サラトガ」の艦長になったのが、キングよりアナポリスで二期上のホーン大佐。その後、ホーンは航空艦隊司令官を務め、太平洋戦争中は一貫して海軍作戦部次長だった。

一九二八年四月の第八回海軍大演習は、空母群を運用する最初の演習だった。一九二一年のワシントン軍縮会議以降、米海軍の仮想敵国の第一は日本海軍である。演習は、黄艦隊に守ら

れているハワイのホノルルを青艦隊が攻略するというものだった。空母三隻はすべて青艦隊に所属し、リーブス少将が指揮した。合衆国艦隊司令部の航空参謀はラムゼー中佐。タワーズ艦長の「ラングレー」搭載機の任務は、黄艦隊の探索と青艦隊上空の防衛だった。演習ではリーブス少将の命で、「レキシントン」によるサンフランシスコからハワイまでの急航行実験が行われ、「レキシントン」は七二時間三四分の新記録をつくる。平均三一ノットの航行だった。この年の九月、タワーズ大佐は「ラングレー」を離れ、航空局計画課長に就任した。

なお、翌年の第九回海軍大演習で、リーブス少将は「サラトガ」を単独運用し、パナマ運河の奇襲を成功させた。空母が戦艦を主力とする艦隊の補助部隊でなく、攻撃主力部隊となり得ることを示した最初の演習だった。

モフェットはキング次長を基地航空隊司令に追いやった際、後任の次長に計画課長のタワーズを据えた。海軍省創設以来の若い次長である。一九三〇年、モフェットがロンドン軍縮会議に出張の際は、タワーズが局長心得となった。この頃からキングはタワーズに警戒心を抱くようになる。海軍航空への野心家と考えるようになり、互いの強い個性が反発し合った。キングは言った。

「タワーズはできる男だ。だが一緒に仕事はできない男だ」

タワーズ計画課長の後任は、後に「テリブル」と仇名されたターナー中佐。課員にミッチャー少佐、機材課エンジン係長にパウノール少佐、無電係にダンカン大尉がいた。

一九三一年になると、米海軍主攻撃戦力の戦闘艦隊に航空艦隊が組み入れられた。この年六月、航空艦隊司令官は、ブル・リーブス少将からヤーネル少将に替わった。航空艦隊司令部の参謀長はタワーズ大佐で、航海、作戦、庶務の各参謀は、それぞれシャーマン、デビソン、ラドフォードの各少佐。旗艦「サラトガ」の搭載機は七二機で、戦闘機、急降下爆撃機が各二個中隊、偵察と雷撃が各一個中隊であった。

ハリー・E・ヤーネル（Harry Ervin Yarnell）
1875-1959年

「レキシントン」艦長はキング大佐。キングは、モフェットから「サラトガ」艦長はどうだといわれたのだが、「レキシントン」に固執したという経緯《いきさつ》があった。「サラトガ」は航空艦隊の旗艦で、司令官以下司令部が乗り込んでいる。そんな艦より、お山の大将になれる「レキシントン」を希望したのだ。航空艦隊司令部幕僚は、傲岸不遜《ごうがんふそん》のうえ、従順でない「レキシントン」のキング艦長に不快感を持った。演習中に「レキシントン」にミスがあると、欣喜《きんき》して注意信号を「レキシントン」艦長宛《あて》に発信した。

◆航空局長の座を巡って争うキングとタワーズ

一九三二年二月の演習で、ヤーネルはハワイの真珠湾奇襲を考えた。「サラトガ」と「レキシントン」の二艦による日曜日(二月七日)の早朝奇襲だ。二五ノットでオアフ島北方四〇〇マイル(海里。約七四〇キロ)に忍び寄る。さらに夜陰に乗じて一〇〇マイル(一八五キロ)の地点に近付き、ハワイ防衛軍の電波交信から航空艦隊の接近に気付いていないことを確かめ、雨を伴う荒天と、暗闇の悪条件を突いて攻撃機を発進させた。奇襲はほぼ成功したが、艦隊はハワイの陸上機に発見され、潜水艦攻撃を受けた。

ハワイ演習の後、第一三回大演習が行われた。太平洋岸の要塞化されていない小島への攻撃と防御の演習だ。「サラトガ」と「レキシントン」は双方に分かれて、空母対空母の攻防を繰り返した。演習が終わると、「レキシントン」は偵察艦隊所属となり、大西洋岸に移ることになった。ヤーネルは怒った。「大型空母を両大洋に分けてしまうことは、空母戦術の開発を何年も遅らせてしまう。大西洋へは『ラングレー』を派遣すべきだ」。

ヤーネルの意見は聞き入れられず、「ラングレー」もアジア艦隊に編入され、マニラに向かった。「サラトガ」はシアトル近くのブレマートン軍港でオーバーホールするため、司令部は「レキシントン」に移った。ラドフォード参謀によれば、「レキシントン」艦上で、野心満々、精力的、緻密《ちみつ》といった性格のよく似た参謀長タワーズ大佐と艦長キング大佐とは、事毎《ことごと》に火花を散らした。司令部幕僚は、キング大佐とは仕事がやりにくいことを痛感する。

一九三三年にはモフェット航空局長が六四歳の停年を迎える。モフェットはタワーズを目に入れても痛くないほど可愛《かわい》がり、自分の後任はタワーズ以外にはないと考えているが、何分にも若い。モフェットとタワーズは一六期も離れていた。海軍関係の議会での有力者は、カール・ビンソンとジョン・S・コーヘン両議員だった。モフェットは、これら有力者やアダムズ海軍長官にタワーズが最適任だと推薦し、タワーズに対しても有力者に手紙を出して助力してもらうように勧める。ヤーネルもタワーズが適任だと考え、航空関係者（特にパイロット）もタワーズを望んだ。航空局長をはじめ航空艦隊司令官や空母艦長には、パイロット育ちがなるべきだと考えていたからだ。

キングも航空局長を強く望み、関係者に助力を乞う手紙を書いた。モフェット局長に対しても、次長時代の非礼をわび、ぜひ後任に指名してほしいと頼んだ。モフェットは、キングの力量は認めるが自分の意中の人はタワーズ以外にいない、と返事をする。

タワーズの痛恨事は、心強い後ろ盾のモフェット局長が現職のまま飛行船事故で殉職したことだった。モフェットは軍人に似合わず政治的動きに巧みで、一二年間も航空局長のポストに座ってきた。パイロットの人事や教育で、人事全般を担当する航海局と争ってきた。モフェットが死んで、それまで航海局に積もりに積もっていた反感が吹き出す。

アップハム航海局長は考えた。局長は少将のポストだ。タワーズが少将に進級するのはまだ先だ。キングなら昨年（一九三三年）の暮れに少将に進級している。アップハムは、海軍航空の先輩リーブスやヤーネルが航空局長を望んでいないことを確かめたうえで、スワンソン海軍長官にキングを推薦した。海軍次官は大統領の一族ヘンリー・L・ルーズベルト。ルーズベルト次官はアナポリスでキングと同級だった。これがキングに幸いしたと見る人もいる。

スワンソン長官は、上院海軍軍事委員会委員長だったこともあり、政治的に如才がないタワーズをよく知っていて、その力量も買っていた。スワンソンはタワーズと考えていたのだが、海軍制服組の意向を無視することはできなかった。結局、一九三四年五月、キングが航空局長となる。次期作戦部長に内定していたスタンドレー中将は、傷心のタワーズの肩を叩《たた》いて、「次のチャンスがあるよ」となぐさめた。タワーズ大佐は、航海局の勧めもあり、海軍大学甲種課程に入学、一〇か月間仕事から離れて読書や兵棋《へいぎ》演習に励んだ。卒業レポートは「海軍戦略・戦術への航空兵力の影響」だった。

◆戦艦群の一戦力として考えられた空母

一九三三年には議会で一万九九〇〇トンクラスの「ヨークタウン」、「エンタープライズ」の建造が認められ、翌年には同様に一万四五〇〇トンクラスの「ワスプ」が認められた。

一九三四年五月、海大を卒業したタワーズはサンジエゴの海軍航空隊司令となり、二年後の三月、再び航空艦隊（司令官バトラー中将）参謀長として「サラトガ」に乗艦した。「サラトガ」艦長はブル・ハルゼー大佐。駆逐艦乗りのハルゼーはキングと同様、大佐になってからペンサコーラの飛行学校に学んで航空畑に転身していた。

一九三六年、第一七回海軍大演習が中米海域で行われた。バトラー司令官は、タワーズ参謀長に運用の大部分を委ねた。七月に司令官はホーン中将に替わった。ホーンもキング、ハルゼー同様、中年になってからの航空畑転向組で、司令部参謀には生粋のパイロット組を数多く入れた。先任参謀はモントゴメリー中佐、航海参謀はダンカン少佐、作戦参謀はラドフォード少佐だった。

合衆国艦隊司令長官は、ブル・リーブス大将からヘップバーン大将に替わった。ヘップバーンは航空作戦をホーン中将に委ね、ホーンはタワーズ参謀長の力量をできるだけ発揮させるようにした。タワーズは頭脳鋭敏で精力的に仕事をし、部下に対しては親分肌だ。モフェットは政治的動きや重要事項にだけ精力を集中し、細事はすべて部下に委ねるタイプだったし、ホーンも同様だった。このような上司の下では、タワーズは水を得た魚のように活躍する。モフェットがタワーズを溺愛したことは前述した。ホーンとタワーズも理想的ともいえる間柄となった。ホーンはタワーズの少将進級のために大型空母艦長のキャリアが必要と考え、航海局にハルゼーの後任艦長としてタワーズ大佐を推薦する(後述するように、タワーズは一九三七年六月、「サラトガ」艦長に就任する)。

タワーズの目標は航空局長だが、キングが自分を推すことは考えられない。野心家、精力家、頭脳の緻密さでは似ているが、他は対照的な二人だ。キングは一匹狼で人望がなく、酒を飲む相手も平均以下の士官ばかりだ。タワーズは親分肌で、集まってくる後輩たちの面倒見がいい。

パイロットたちは、中年以降に航空畑に入ってきた者をパイロットと見なさず、JCL(Johny Comes Lately、新参者)と蔑《さげす》んだ。彼らにとってタワーズは航空畑の希望の星だ。自然とパイロットたちはタワーズの下に慕い集まるようになる。これを、キングはタワーズは閥をつくるといって嫌った。タワーズは自分の目標のためには政治的動きもあえて辞さないタイプで、航空機産業界や議会有力者との人脈の開拓、維持に力を注いだ。こういったことが全くできないキングは、嫉妬《しっと》心も重なって、タワーズを軍人の風上にも置けない者と考える。キングは後任にアーサー・B・クック少将(一九〇五組)を推し、自身は航空基地部隊司令官となった。基地部隊の参謀長にはパウノール中佐がついた。

一九三七年には、恒例の第一八回海軍大演習がハワイ沖で行われた。戦闘艦隊司令官のブロック大将は、「空母群は戦艦群と行動を共にし、戦艦、巡洋艦の対空砲によって守られるべきだ」と考えた。これに対し、航空艦隊のホーン司令官をはじめ、タワーズ参謀長、ラドフォード、ダンカンら参謀は、「制空権は前もって航空戦力によって獲得しておかなければならない。敵空母群の航空兵力圏内に入れれば、味方艦隊の安全などあり得ない。航空艦隊は、たとえ戦艦群の安全性が損なわれても独立して運用されるべきだ」と考えていた。

戦艦群や上陸艦船群と空母群が共同の歩調をとるのか、空母群の特徴である機動性を生かした「任務部隊」（タスク・フォース）化するのか。ブロックはホーンの意見を採用しなかった。「レンジャー」の他に空母「ヨークタウン」、「エンタープライズ」が新たに戦力化したにもかかわらず、この大演習によって航空戦術で得たものは少なかった。演習終了後の六月、タワーズはハルゼーの後を継いで「サラトガ」艦長となる。

一九三八年一月、ホーンの後任航空艦隊司令官にキングが就任。キングは精力絶倫の自信家だ。すべて自身で独断速決し、新しい航空戦術を実験しようとする。タワーズも同じようなタイプだ。「サラトガ」の艦橋は二つに分かれている。上が航空艦隊司令部、下が艦と航空部隊を直接運用する艦長艦橋だ。キング司令部とタワーズ艦長艦橋との間にはとげとげしい空気が漂い、互いに目を合わせるのを避けるような雰囲気となった。

前回の第一八回大演習を問題視したキングは、「サラトガ」と「レキシントン」の二艦を分割し、戦艦と共同運用することに反対するが受け入れられなかった。まだまだ海軍上層部は、戦艦中心の大艦巨砲主義者で占められていた。このときの「レンジャー」艦長は、後のタワーズ航空局長の後任となり、太平洋戦争でも活躍するマッケーン大佐だった。

キングは航空艦隊司令官就任直後、アンドリュース航海局長に次のような内容の手紙を書いている。

「自分を軽巡と駆逐艦、パトロール機を中心とする偵察艦隊の司令官にして、航空艦隊を現在の戦闘艦隊所属から偵察艦隊所属にせよ。かくして、三三ノットの空母群を二一ノットで足手まといになる戦艦群から分離する。また現在の二人の指揮官による分割航空艦隊を一人の指揮官の下に集中せよ」

戦艦論者のアンドリュース航海局長は、空母は防御面できわめて脆弱《ぜいじゃく》で戦艦の掩護《えんご》が不可欠、現体制変更の必要なしと返答した。

キングのこのような考えを徹底させたのが、日本海軍の小沢治三郎《ちさぶろう》だった。小沢は連合艦隊参謀長時代（一九三七年）より、空母群は一個の航空艦隊に集中化し、一指揮官の下に統率、演練して集団的威力を発揮すべしとの意見を公表していた。ただし、共鳴者は少なかった。一九四〇年、第一航空戦隊司令官の小沢少将は、年来の主張の意見書を直接海軍大臣に提出し、その写しを軍令部総長に送付した。小沢は後に次のように言っている。

「航空戦術を教えてくれたのは、山岡三子夫《みねお》、樋端久利雄《といばたくりお》、木田達彦《たつひこ》の三君だ。山岡大尉からは、空母は主力部隊の補助兵力ではない、主力の視界内に控置すべきでなく、風向、風力により単独で自由自在に行動させるのがよい。樋端大尉からは、空母は集団として使用すべきもの。木田少佐からは、母艦や陸上基地から飛び立った航空部隊は航空通信を改善、整備し、指揮官の意の如く指揮すべき、という意見を聞いた」

　小沢の案が実現するのは、一九四一年四月に第一航空艦隊が編成されたときである。真珠湾奇襲が、この第一航空艦隊（第一航空戦隊＝「赤城《あかぎ》」・「加賀《かが》」、第二航空戦隊＝「蒼龍《そうりゅう》」・「飛龍《ひりゅう》」、第五航空戦隊＝「翔鶴《しょうかく》」・「瑞鶴《ずいかく》」）によって実行されたことはよく知られている。」

◆空母の集中運用という概念がなかった米海軍

　一九三九年、キングは航空艦隊司令官を退き、海軍将官会議のメンバーとなった。後任はブル・ハルゼーが就き、タワーズは航空局長となった。当時の航海局長はニミッツ少将だ。そして真珠湾奇襲後、キングはノックス海軍長官の推挙で合衆国艦隊司令長官となり、その後海軍作戦部長を兼ね、文字通り米海軍のトップとなった。

　太平洋艦隊司令官にはニミッツが任命される。タワーズには、航空艦隊を率いるのに最も適した指揮官は自分だ、という意識が強い。確かに、将官クラスで生涯航空にかかわってきたのはタワーズしかいない。しかし、キングがタワーズの政治的動きや閥をつくる動きを嫌っていたことは前述の通りだ。

　米海軍は、真珠湾を奇襲されるまで空母を太平洋と大西洋に分けて使用しており、日本海軍のような空母機動部隊をつくり上げることはなかった。モフェット、キング、タワーズがいずれも優れた海軍軍人であったことはもちろんだが、山本五十六、小沢治三郎、さらには大西瀧治郎《たきじろう》、源田実《げんだみのる》といった人々と比べると、独創力とその実行力において、空母機動艦隊という概念だけに限っていえば遅れていた。

　航空局長のポストは、ノックス海軍長官、フォレスタル次官の下にあって、制服組トップのキングといえども直接指示や命令はできない。重要な航空関連行政が、自分に頭を下げない自信家のタワーズ航空局長によって遂行されることに我慢ならないキングは、一九四二年九月、太平洋艦隊に航空部隊司令部（作戦を担当せず、主として後方関連を扱う）が創設されたのを奇貨として、タワーズを中将に昇進させてここに追いやり、後任にお気に入りのマッケーンを据えた。

　一九四三年五月以降、新鋭の「エセックス」級空母が就役し始めると、これらの空母を含めた艦隊の編成、運用などが検討された。航空に関しては、自分以外に中将クラスで分かっている者はいないと自負するタワーズは、中部太平洋方面艦隊（後の第五艦隊）の指揮官、それが叶えられなければ麾下《きか》の高速空母任務部隊指揮官に任命されることを強く望んだ。八月、ニミッツはキングのタワーズへの感情や、自身も航海局長時代に体験したタワーズ航空局長のやり方への反感から、前者にスプルーアンス、後者にパウノールを任命する。

同じ八月、ヤーネルは太平洋方面の各指揮官および航空関係者に、航空艦隊指揮官の選定と空母の運用などについて意見を求めた。タワーズは次のように回答している。

「高速空母は艦隊の主要攻撃兵力であり、①海・陸での敵への攻撃、②上陸部隊への直接航空支援、③空母を持たない任務部隊への航空支援、に運用されるべき」。指揮官の選定に関しては、「この有力な部隊を活用できる能力と創造力の程度によって、太平洋における合理的かつ迅速な勝利か、長期消耗戦が、の差が生じるだろう。空母航空作戦は高度に専門的であり、徹底的にその訓練を受けた士官によって実施されるべきである」とした。すなわち、航空キャリアのない者など論外で、あったとしても中年以降に航空畑に入った者も不適だ、としたのである。

タワーズは、航空部隊が主戦力となる中部太平洋艦隊の指揮官にニミッツが航空に素人のスプルーアンスを選んだことに不満だった。本件でニミッツとタワーズとの間に長時間の激論があったが、ニミッツは譲らなかった。ニミッツは、タワーズを指揮官にすることによって、艦隊編成と運用に急激な変革が行われることを恐れた。タワーズの強い個性が、ニミッツの統制から逸脱することを懸念した。人事を独裁するキングが反対することも目に見えていた。

一〇月、ニミッツは太平洋艦隊航空参謀への適任者の推薦をタワーズに求めた。タワーズは自分の参謀長のＦ・Ｐ・シャーマン大佐を推薦した。また、ニミッツは上級航空関係者の評価をタワーズに求めている。

一九四四年一月のキング・ニミッツ会談では、タワーズを太平洋艦隊副司令官とすることで話が決まった。両者ともこの話に乗り気ではなかったのだが、フォレスタル海軍次官の「航空関係者、特にタワーズを重用されたし」という強い要望を無視できなかったのだ。フォレスタルはプリンストン大学を中退後、第一次大戦では志願して海軍パイロットになっていた。政治的動きを辞さないタワーズは、フォレスタル次官へ直接私信を書いて意見や希望を伝えていた。

その後も、タワーズは空母部隊を率いる戦闘指揮官になることを執拗《しつよう》に望み、事毎《ことごと》にスプルーアンスに批判的だった。一九四四年、ハルゼー（第三艦隊）とスプルーアンス（第五艦隊）との交代制が導入されたとき、第三艦隊の高速空母任務部隊の指揮官はマッケーンに決まった。第五艦隊の場合はミッチャーである。ここでもタワーズは激しく反発する。ニミッツが、嫌がるキングを説得してマッケーンの後任にタワーズを充てることを決めたのは一九四五年六月で、タワーズが着任したときには戦争は終わっていた。

戦後の一九四五年一一月、タワーズは第五艦隊司令官となり、キングが退任後の四六年二月、スプルーアンスの後任の太平洋艦隊司令官となった。

ミッチャー航空艦隊司令官
——私心なく、現場視点で米海軍を苦境から救った沈黙の提督

◆日本軍を追い込んだマッカーサーの「蛙跳び」戦略

太平洋戦争は、航空機と潜水艦で勝負が決まった。井上成美《しげよし》中将が戦争前に予想したように、戦艦艦隊による決戦は起こらなかった。米潜水艦の活動で日本商船隊は壊滅し、燃料、工業用原材料、食料の絶えた日本は、足腰が立たない状態となった。

米潜水艦によって沈められたのは商船だけではなかった。歴戦の大型高速空母「翔鶴」、期待の新造大型空母「大鳳《たいほう》」、当時世界最大の空母「信濃《しなの》」が沈められ、商船改造の「大鷹《たいよう》」、「雲鷹《うんよう》」、「神鷹《しんよう》」の諸空母と制式空母の「雲龍《うんりゅう》」も米潜水艦の魚雷の犠牲となった。その他、戦艦「金剛」、巡洋艦「阿賀野《あがの》」、「龍田《たつた》」、「夕張」、「大井」、「足柄《あしがら》」、「名取《なとり》」、「摩耶《まや》」、「愛宕《あたご》」、「多摩」も米潜水艦によって沈められ、重巡「妙高《みょうこう》」、「青葉」、「高雄」、「熊野」も大損害を受けた。

南西太平洋軍のマッカーサーの戦略は、航空機の活用だった。マッカーサーは頼りになる砲兵と輜重兵《しちょうへい》に、それぞれ陸軍重爆撃機とC47輸送機を位置づけた。過去の工兵の主要任務は築城、架橋、道路・鉄道整備だったが、現在の工兵の重大任務は飛行場建設と考えた。海に隔たれ、道路が全くないニューギニアへの武器、弾薬、食料、燃料などの輸送には、C47輸送機を最大限に活用した。

日本軍のいない地域に急遽《きゅうきょ》上陸し、土地をブルドーザーでならし、鉄板を敷いて足の短い戦闘機用の小型飛行場を急造する。戦闘機による制空権確保の後に、重爆撃機用の飛行場をつくる。ここから飛び立つ陸軍重爆撃機が、日本軍陣地を爆撃するとともに補給線を断って、日本軍を孤立、無力化する。

これがマッカーサーの「蛙跳び」戦略だった。マッカーサー戦略の遂行のためには、ジョージ・C・ケニー少将の第五航空軍とヒュー・J・ケーシー大佐の工兵隊が必要不可欠だった。

マッカーサーは、日本軍の補給線切断に最も心を砕いた。

一九四三年三月二日から三日にかけて、ニューギニアに向かう日本輸送船団八隻がすべて米陸軍航空隊の空襲で沈んだ。いわゆるダンピール海峡の悲劇である。このニュースをケニー少将から聞いたマッカーサーは、ケニーによれば「あれほど喜んだのは見たことがない」というくらい喜んだ。

このような戦略、戦術のマッカーサーから見れば、要塞《ようさい》化された小島を正面から力任せに攻め、その都度大損害を出す海

兵隊の戦術などは最悪だった。日本軍の戦力の薄い大きな島に上陸し、戦車や砲兵をフルに活用して犠牲をできるだけ少なくする。そして、重爆撃機用の飛行場をつくる。強力な日本軍陣地は、この重爆撃機により補給線を断つ。食料と医薬品の補給がなくなれば、日本軍の戦力はマラリアと飢餓で熟柿《じゅくし》が落ちるように無力化する。

◆空母の集中的運用では一歩進んでいた日本海軍

水上艦の主戦力も空母群となった。開戦劈頭《へきとう》の日本軍による真珠湾奇襲成功や、日本海軍航空機によるマレー沖での英新鋭戦艦、旧式巡洋戦艦の撃沈は、その後の海上戦闘の推移を予言するものだった。

空母の建造に関しては、太平洋を挟んだ日米両海軍はほぼ併行していた。

空母第一号艦の竣工は、米海軍では「ラングレー」（石炭輸送艦「ジュピター」を改造。一万一五〇〇トン、一五ノット）で一九二二年。日本海軍は「鳳翔」（七五〇〇トン、二五ノット）で一九二二年。本格的大型空母の誕生は、米海軍では「レキシントン」、「サラトガ」（ともに巡洋戦艦として建造中のものを改造。三万三〇〇〇トン、三四ノット）で一九二七年。日本海軍では「赤城」（巡洋戦艦として建造中のものを改造）、「加賀」（戦艦として建造中のものを改造）で、「赤城」（二万七〇〇〇トン、三一ノット）は一九二七年、「加賀」（二万七〇〇〇トン、二八ノット）は一九二八年の竣工である。

その後、米海軍では「レンジャー」（一万四〇〇〇トン、一九三四年竣工）、「ワスプ」（一万四五〇〇トン、一九四〇年竣工）、「ヨークタウン」級（一万九九〇〇トン、三〇ノット、三四ノット）の「ヨークタウン」、「エンタープライズ」、「ホーネット」（いずれも一九三七年から四一年にかけて竣工）と竣工させていった。日本海軍も「龍驤《りゅうじょう》」（八〇〇〇トン、二九ノット）、「飛龍」型（一万六〇〇〇トン、三四ノット）の「飛龍」、「蒼龍」（ともに一九三七年竣工）、「翔鶴」型（二万六〇〇〇トン、三四ノット）の「翔鶴」、「瑞鶴」（ともに一九四一年竣工）を竣工させた。

空母の建造に関しては日米併行であったが、その運用に関しては日本海軍に一日の長があった。当初は日米海軍とも、航空機の能力から空母の運用は戦艦群の補助兵力と考えていた。索敵が主任務で、好機があれば攻撃も併せて行う。防御力が弱いので分散配備とする。このような考えが、日本海軍では米海軍と比べて一歩進んで変化していった。

一九三九年当時の第一航空戦隊司令官は小沢治三郎少将。小沢は水雷出身だったが、「空母兵力こそ艦隊決戦の主攻撃兵力だ」、「航空攻撃は量だ」と考えるようになった。一九三七年、連合艦隊の参謀長当時、小沢は航空戦隊と巡洋艦戦隊とで航空艦隊を編成し、この艦隊のみで索敵も航空戦もやれる戦略部隊を構想していた。これは太平洋戦争初期の米海軍のタスク・フォース（TF。任務部隊）と同じ発想である。

一九四〇年六月、小沢は「航空艦隊編成に関する意見」を海軍大臣宛に提出した。これは将来の対米戦を考え、空母全艦をもって一艦隊を編成し、航空兵力の集中使用と訓練の統一を図り、その威力を効率的に発揮できるようにと考えた結果であった。小沢の進言は、翌年四月一〇日付の第一航空艦隊（第一航空戦隊＝「赤城」、「加賀」。第二航空戦隊＝「蒼龍」、「飛龍」）の編成によって実を結び、真珠湾攻撃時には第五航空戦隊（「翔鶴」、「瑞鶴」）が追加された。

このように、空母の集中的運用に関しては日本海軍が一歩進んでおり、米海軍は開戦初期には日本海軍のような空母の集中的運用は採用しなかった。任務の必要性に比べて空母数が少なく、集中運用によって防御力の弱い虎の子の空母が一挙に打撃を受けることを恐れたからだった。キング合衆国艦隊司令長官は、珊瑚《さんご》海海戦でかつて自分が艦長だった「レキシントン」が沈んだことに衝撃を受け、特に空母の集中運用には慎重になった。

米海軍で空母を集中運用する航空艦隊が成立するのは、「エセックス」級高速大型空母（二万七〇〇〇トン、三三ノット）、「インデペンデンス」級小型高速空母（一万一〇〇〇トン、三二ノット）が続々と竣工し始めた一九四三年後半である。そして、この航空艦隊を巧みに指揮、運用したのがマーク・A・ミッチャー（太平洋戦争初期は大佐、戦後に大将に昇進）であった。

マーク・A・ミッチャー（Marc Andrew Mitscher）
1887-1947年

◆学業成績だけなく言動・風貌も冴えず

アナポリス時代、ミッチャーは学業成績不良と素行問題で退学処分を受け、ベンソン校長の温情で二年後に再入学を許されている。ベンソン校長もアナポリス時代に学業成績不良で退学処分を受け、校長の温情で再入学を許され、後に初代作戦部長になった提督だ。

ミッチャーは再入学したものの学業成績は芳しくなく、文字通りどんじりに近い席次で何とか卒業した。海軍大学にも無縁だった。小柄でやせ型。ひからびたような顔には深いしわがあり、寡黙で聞き取れないくらいの低い声で話す。言動、風貌《ふうぼう》ともに派手なところが全くない。

寡黙で聞き取れないくらいの小声という点では、B29による日本本土空襲を指揮したルメイ陸軍少将もそうだった。ただし、ルメイはあごの張ったいかつい顔で、いつも葉巻をくわえていた。にこりともせず、口もほとんどきかない。ぶっきらぼうで妥協せず、一徹で意志がきわめて強い。ルメイは予備士官出身で、ウェストポインターでもなければ参謀学校、陸大とも無縁だった。

風貌は対照的だが、無口、小声、身体・精神の頑健さ、航空一途《いちず》といった点で、ミッチャーとルメイには共通点が多い。

カーチス・E・ルメイ（Curis Emerson LeMay）
1906-1990年

二人とも大将にまで進んだ。ルメイは空軍参謀総長になった。ミッチャーも、本人がその気になれば作戦部長にもなれた。太平洋戦争終結直後、キングは後任にニミッツを推したが、フォレスタル海軍長官は自分の影響力を存分に行使するうえで、英雄のニミッツが作戦部長になることに消極的だった。第一次大戦中に海軍パイロットだったフォレスタル長官は、キングの後任には自分の考えに従順な者を望み、ミッチャーに白羽の矢を立て、直接会って就任を要請している。ミッチャーは、その任にあらずと辞退した。

米海軍提督の多くがそうであるように、ミッチャーもいわゆる由緒ある家の出身ではない。米国主流のアングロサクソンの血脈でもない。ニミッツやフレッチャーと同じドイツ人移民の後裔《こうえい》である。

木工職人だった祖父アンデレウスは、一八五〇年代初めにニューヨークに渡り、ここで幼少時に米国に移住していたドイツ娘のコンスタンチナと結婚した。祖父は、オーストリア人やババリア（南部ドイツ）人が多く移住していたウィスコンシン州のヒルスボローに移って定住。木工職人の腕を生かして家具をつくって売り、注文に応じて棺桶《かんおけ》もつくった。

父のオスカーは祖父の二男。木工職人を嫌って村の商店の事務員になり、そこの娘のミルタと結婚した。ミルタは純粋のアングロサクソン系だったから、ミッチャーは英独の混血である。父オスカーが気短な性格であったのに対し、母ミルタは激することや性急な行動は全くなく、必要なとき以外は口を開くことはなかった。ミッチャーは多分にこの母親の血を引いている。

父母は生まれたばかりのミッチャーと二才年上の姉を連れてオクラホマシティーに移った。ここで七才年下の弟トムが生まれる。西部開拓のブームに沸くこの町で、父母は雑貨店を開いた。店は大きくなり、父は二年間この町の助役を務めた。その後、落選はしたが、州知事選挙に打って出たこともある。父は政治好きで山っ気のある人だった。ミッチャーは父からブリッジやポーカーやチェスを教え込まれ、後にブリッジとポーカーが巧みになる。山本五十六元帥がブリッジやポーカーに巧みで、将棋好きだったことは有名だ。ただ山本は激情家で、ミッチャーとは対照的な点が多い。

両親は争うことなく、家庭は平穏だった。特に物質的に恵まれているわけではないが、貧しいということもなかった。オクラホマシティーの裁判所書記をしていた伯父は、ミッチャー少年にウェストポイントに入学して騎兵になることを勧めた。自分の果たせなかった夢を甥《おい》に託そうと考えたのだ。しかし、父は息子のアナポリス行きを熱望し、知人の連邦議員に頼み込んで推薦を得た。

ミッチャーは船や海軍には全く関心がなかったが、父を悲しませることはできず、一九〇四年にアナポリスに入学した。同年に入学した者に、テリブルと仇名されたターナーや第七艦隊司令官となるキンケイドがいた。ターナーは何事にも精力的、攻撃的で成績もトップクラス。キンケイドは目立たない平凡な生徒だった。クラスヘッド（首席卒業者）のハンセイカーは航空技術界に入った。アナポリスのクラスヘッドには技術方面の道を歩んだ者が多い。

アナポリスでは、上級生による新入生へのヘイジングと呼ばれる激しいしごきが毎夕行われた。グループ間でのクラス・ファイティングと呼ばれる集団の喧嘩《けんか》も多かった。二年になった秋、ミッチャーのグループの一人がクラス・ファイティングで殺されるという事件が起こった。議会は直ちにヘイジング、クラス・ファイティング、その他の伝統的な暴力行為の禁止を要求し、関係者の懲罰を求めた。ミッチャーは、下級生にヘイジングをやっていたこと、学業成績が劣などだったこと、日常の素行に問題点が多いことを理由に退学処分を受けた。驚いたのは父だ。再び知人の連邦議員に泣きつき、一九〇六年に再入学が許された。二年遅れて再び新入生になり、年下の者からヘイジングを受ける。これはミッチャーにとって大きな精神的打撃となった。

◆無口で内気だが、身体・精神的に甚だ頑健だった

同級生からは「内向的、反抗的、非社交的」と評された。同級生には、太平洋戦争中、米航空艦隊を率いたパウノール、F・C・シャーマン（ニミッツの参謀や作戦部長となるF・P・シャーマンとは別人）、スプルーアンスの参謀長となるカール・ムーアがいた。

アナポリス時代のミッチャーは模範生徒ではなく、むしろ逆だった。軍人らしい行動には熱意を示さない無気力な生徒だった。学業、素行ともに問題が多かった。このような若者が、後に米海軍史上に名を留《とど》めるような名将になったのは何故《なぜ》だろうか。

ミッチャーとスプルーアンスには類似点がある。無口で内気な点だ。スプルーアンスは、少年時に盲腸の手術を見学して気を失ったほどの繊細な神経の持ち主だった。ただ、学業成績は悪くなく、海軍大学のキャリアも長い。ミッチャーは、身体的にも精神的にも甚だ頑健であった。これがミッチャーの大きな財産であったことは間違いない。将来を大いに期待されていた南太平洋艦隊司令官のゴームリー、ニミッツの初代参謀長のドラエメルといった人々は、精神的重圧に潰《つぶ》れていった。級友のパウノールも精神的なもろさがあった。

もちろん運もあった。級友のカール・ムーアはスプルーアンスの参謀長として抜群の才能を発揮したが、巡洋艦艦長時代の座礁事故がたたって将官に昇進できなかった。同じく級友のF・C・シャーマン（中年以降に航空畑に転じた）も、海軍航空の大ボスであるタワーズ中将から辛辣《しんらつ》な評を受けた。太平洋戦争を通じて空母部隊を率いてきたキャリアからすれば、米空母艦隊の最高指揮官になっても不思議ではなかったが、タワーズに評価されず駄目だった。

ミッチャーを大成させたものは何か。小沢治三郎中将の次

のような言葉が示唆に富んでいるのではないかと思う。
「自分は多数の幕僚と勤務を共にした経験が多いが、いつの場合も航空参謀は実に良くやってくれた。兵術上の識見はもちろんだが、戦務作業などもなかなか見事にやる人が多かった。あまり航空参謀が優秀なので、クラスでもきっとよほど上位の人物に違いないと思って士官名簿を見ると、案外そうではない人もかなりあった。思うに飛行将校は若いときから空に上がれば、直接の指導や監督も受けられず、自己の全責任において何でもやってのけねばならない。このために修練されていることと、もう一つは何といっても飛行作業は他の作業に比べると真剣さが違うから、自然に人物も鍛錬されるのであると思った」

◆早くも一九一三年に航空士官を志す

一九一〇年六月、アナポリスを卒業したミッチャーは、戦艦「コロラド」に士官候補生として乗り組んだ。翌年五月、「コロラド」はドック入りのため、シアトル近くのブレマートン軍港に入った。ここで地元の弁護士の娘フランシス・スマレーと知り合った。後に妻となる人である（一九一三年一月結婚）。

この年の一一月、航空コースを希望した。アナポリス時代、英国の航空関係の本を読んで興味を持っていたのだ。当時の海軍には、三機の飛行機と六人のパイロットと一〇数名の航空兵しかいなかった。ミッチャーの希望に海軍省の反応は遅かった。フロリダ州のペンサコーラにある飛行学校に入校したのは一九一五年。飛行学校の第一期生（一三名）で、教官にはジョン（ジャック）・タワーズ、パトリック（パット）・ベリンジャー、ヘンリー・マスチンといった若手飛行将校がいた。すでにマスチン大尉は、敵戦艦攻撃のための爆撃機、雷撃機、これを守る戦闘機という将来機種の構想を考えていた。翌年パ

パトリック・ベリンジャー（Patrick Nieson Lynch Bellinger）１８８５-１９６２年

イロット資格を得たミッチャーは、技術士官として学校に残った。

第一次大戦は一九一四年七月から始まっていて、米国が参戦するのは一七年四月。戦争が終結するのは一九一八年一一月である。

戦争が終わった翌年の一九一九年、大型水上機三機による大西洋横断が試みられた。タワーズもベリンジャーも機長として参加、ミッチャーはベリンジャー機長の機に乗り組んだ。一九二一年には前年に開設されたばかりの海軍省航空局勤務となった。局長は「米海軍航空の父」といわれるモフェット少将。モフェットは新鋭戦艦「ミシシッピ」艦長時代の砲撃訓練で、水上機による着弾観測が有効なことを知った。このときの水上機母艦艦長がマスチン中佐で、モフェットは初代局長に就任するとマスチン大佐を次長に据えた。

一九二六年、空母「ラングレー」の飛行長となる。六か月後、竣工したばかりの空母「サラトガ」の飛行長となり、三一か月間その任にあった。「サラトガ」への初着艦はミッチャー自らが行っている。そのときの「サラトガ」艦長は、後に航空艦隊の育成に尽力し海軍大将になったハリー・E・ヤーネル大佐だった。

一九二九年、「ラングレー」副長。「ラングレー」は一九二二年竣工の米海軍初の空母で、実験艦といってよかった。「ラングレー」による各種実験の成果をとり入れて、その後の空母の本格化が始まった。先輩のタワーズは「ラングレー」の副長、艦長として、精力的に艦の各種改善や航空兵力運用の改良を行った。このときにタワーズが鍛え上げたドナルド・ダンカン大尉、マイルズ・ブローニング大尉らは、太平洋戦争で活躍することになる。

タワーズは緻密な頭脳と仕事への精力的な取り組み、政治的才能で、モフェット局長の秘蔵っ子となった。ただ、同じように頭脳の鋭さと頑健な体力、野心で群を抜くキング（中年以降に航空畑に入った）と航空局長のポストを巡ってライバル関係となり、これがキングが海軍の独裁者となって以降、タワーズのキャリアに大きく影響する。ミッチャーは、タワーズとキングの争いからは一歩身を引いた。

一九三四年、「サラトガ」副長。翌年、航空局飛行課長となる。局長はキング少将。一九三七年には水上機母艦「ライト」艦長。

飛行機屋のキャリア・パターンは、水上機母艦ないし小型空母「ラングレー」の艦長を経験してから、大型空母の艦長というコースをとる。キングも、水上機母艦「ライト」艦長、航空局次長、基地航空隊司令、「サラトガ」艦長、航空局長、航空艦隊司令官というキャリアだ。キングとライバル関係にあった（といってもアナポリスの卒業年次は五期違う）タワーズも、「ラングレー」副長、同艦長、航空局計画課長（このときにタワーズはミッチャー、パウノール、ダンカンを計画課へ引っ張ってきた）、航空局次長、航空艦隊参謀長（司令官はヤーネル、旗艦「サラトガ」艦長はホーン、「レキシントン」艦長はキング。幕僚にはラドフォードやF・P・シャーマンがいた）、海大学生、再び航空艦隊参謀長、「サラトガ」艦長、二度目の航空局次長から航空局長、というコースを歩んでいる。

海大が日本海軍と異なる点は、日本海軍の場合は大尉、少佐クラスが対象で期間が長く（普通は二年間）、将官昇進への登竜門的意味合いがあったのに対し、米海軍の海大は大佐クラスの充電・研修機関で期間も短かった（六か月から一年間）ことだ。

ミッチャーとタワーズのキャリアの相違点は、ミッチャーには艦隊参謀と海大のキャリアがないことだ。タワーズとミッチャーの性格は対照的といってよい。タワーズは頭脳緻密《ちみつ》な野心家、政治的動きも辞さず、善悪両方の意味を含めての親分肌だ。ミッチャーは政治的動きとは無縁、子分を集めて閥をつくるタイプでもない。戦後、フォレスタル海軍長官から作戦部長にと要請されたときに辞退しているように、野心家でもない。ただ、危険な職業だった飛行機乗りのキャリアが長かっただけに、飛行機乗りの心情はよく分かっているし、彼らの琴線に触れるリーダーシップには秀でていた。派手なジェスチャーや感情に訴えるリーダーではない。

◆空母「ホーネット」艦長としてドーリットル空襲を指導

「ライト」艦長の後は航空局次長となり、一九四一年八月、竣工間近の空母「ホーネット」艦長。「ホーネット」竣工は真珠湾奇襲直前の一〇月である。真珠湾奇襲時、米海軍空母は、「エンタープライズ」と「レキシントン」が太平洋上にあり、「サラトガ」はサンジエゴ軍港、「ホーネット」は大西洋岸のノーフォーク軍港、「レンジャー」、「ヨークタウン」、「ワスプ」は大西洋上にあった。

一九四二年一月、ミッチャー艦長はノーフォーク軍港の「ヨークタウン」艦上で、合衆国艦隊航空参謀のドナルド・B・ダンカン大佐と会っていた。ダンカン参謀は、キング司令長官より東京奇襲の立案を命じられていた。緒戦の敗戦で沈滞気味の米国民を奮起させるための東京奇襲は、ルーズベルト大統領の強い希望だった。ダンカン参謀は、新造艦「ホーネット」艦長のミッチャー大佐に、自分が作成した計画の実現性の確認と説明にやってきたのだ。「ホーネット」はパナマ運河経由サンジエゴへの航行を命ぜられた。

ドナルド・B・ダンカン（Donald Bradley Duncan）１８９６-１９７５年

東京奇襲の戦術案を案出したのは、合衆国艦隊先任参謀のロー大佐だ。ローは、ノーフォーク海軍基地よりワシントンに帰る離陸直後の機内から、飛行場に空母と同じ大きさの印を書いて、新米パイロットが発着艦の練習をしているのを見た。また、陸軍の双発機がこの印に向かって空母攻撃の練習をしていた。航続距離の長い陸軍爆撃機が空母から発艦できるなら、東京奇襲も可能になる。

キングは潜水艦屋のロー先任参謀からこの案を聞くと、ダンカン航空参謀と相談するよう命じた。ダンカン参謀は、陸軍中型爆撃機のB25とB26に関して、離陸時のスピード、大きさ、航続距離、搭載爆弾量を確認したうえ、空母甲板の広さ、重量物を搭載しての発艦に関するデータ、太平洋の気象データなどを詳細に調べ上げ、三〇ページの文書にまとめた。この文書をもとにキングに報告し、陸軍航空隊司令官アーノルド中将に説明した。アーノルドは、ドーリットル陸軍中佐を指揮官に指名する。

ドーリットル以下、B25パイロットの狭い空母からの発艦訓練が、ペンサコーラの飛行学校で始まった。サンジエゴに停泊中に、再びダンカン参謀が「ホーネット」に来艦。ミッチャーは、ここで初めて詳細な作戦案を知らされた。サンジエゴからサンフランシスコに回航し、ここでB25を一六機搭載。秘密保持のため、真珠湾へ運ぶといううわさを流させた。三月三一日、キング司令長官からミッチャー艦長に個人電が届いた。

『ホーネット』の初陣の成功を望む。貴官指導の下、『ホーネット』将兵の任務完遂を確信す。幸運と良き成果を祈る」

東京奇襲の任務部隊（タスク・フォース、以下TFと略す）16はハルゼーが指揮を執り、護衛艦隊の指揮官にはスプルーアンス少将が就いた。空母「エンタープライズ」の飛行隊が防空と探索を担当した。この作戦を終え、真珠湾に帰港したのは四月二五日だった。

珊瑚海方面に日本機動部隊出現との報に接し、「ホーネット」はこの海域に急行した。五月八日、珊瑚海海戦があり、「レキシントン」が沈められた。「ホーネット」はこの海戦に間に合わなかった。

五月三一日付で少将に昇進。昇進と同時に艦長はチャールズ・Ｐ・メイソン大佐に替わったが、メイソン艦長は艦の習熟に時間を要したので、当分ミッチャーが艦長として指揮を執り、メイソン艦長は見習い的立場をとった。

「ホーネット」はミッドウェー海戦にも参戦した。海戦では「ヨークタウン」の戦闘機が、着艦信号を無視して「ホーネット」に着艦を試み、艦橋に激突した。このときのショックで激突した戦闘機の一二・七ミリ機銃が火を噴き始め、大西洋艦隊司令官インガソル大将の息子ロイヤル・インガソル・ジュニア大尉（砲術士官）が戦死した。

◆生活環境を改善し、戦意の低い飛行隊長を更迭

ミッドウェー海戦後はハワイの哨戒飛行部隊司令官となる。一二月二三日付で、ハルゼーの南太平洋艦隊麾下の、ヌーメアに司令部を置く飛行部隊指揮官。翌年二月にはソロモン方面航空部隊指揮官。前任者は「ホーネット」艦長の後任者だったメイソン少将だった。麾下部隊は海、陸、海兵、ニュージーランド軍が混在しており、摩擦が絶えなかった。環境は過酷で補給も不十分、士気も沈滞していた。

ミッチャーは、生活環境と補給を改善するとともに、戦意の低い飛行隊長を更迭、新戦術の導入と積極戦法を採り入れた。ウイスキーを大量に取り寄せ、勲功のあった飛行隊に適宜これを配った。山本長官機を撃墜したのはミッチャー指揮下の飛行隊である。ミッチャーのリーダーシップは、ニューギニア北部のブナで戦ったアイケルバーガー陸軍中将によく似ている。ジャングル内での日本軍の頑強な抵抗に手を焼き、豪州軍との摩擦も絶えず、士気の全く低下していた戦線に飛び込んだアイケルバーガーは、戦意に乏しい師団長、連隊長、大隊長を更迭。後方補給を重視して食事と宿舎を整え、ジャングル戦に適した新戦術を採用した。後任師団長が二人とも重傷を負うと、自ら師団長となって指揮を執った。ウェストポイントを出てわずか五年目の大尉の戦闘能力を評価し、陸軍中佐に二階級特進させたりもした。

ミッチャーは、過酷な条件下のガダルカナルでマラリアにかかる。高熱のため指揮は困難となり、休養することとなった。後任はネイサン・Ｆ・トワイニング陸軍少将（戦後、空軍参謀総長）になった。七月にガダルカナルを後にし、次に西海岸艦隊航空部隊司令官（司令部サンジエゴ）のポストに就いた。

空母を中核戦力とするＴＦ（タスク・フォース）の指揮官は順次替わっていった。最初のＴＦの指揮官はウイルソン・ブラウン中将。ブラウン中将は「レキシントン」を中核とするＴ

Ｆ11を率いて、真珠湾奇襲直後のウェーク島救出作戦、翌年一月のウェーク島攻撃作戦を指揮した。さらに一月末には、南太平洋方面への人員、軍需品輸送船団を掩護。三月初めには、ラバウル奇襲作戦やニューギニアのスタンレー山脈を越えての日本軍攻撃の指揮を執った。三月末にＴＦ11が真珠湾に帰港するとブラウンは更迭される。キング合衆国艦隊司令長官が、ブラウンの指揮を攻撃精神に欠けると判断したためだ。

ハルゼー中将の指揮するＴＦ16（「エンタープライズ」と「ホーネット」が中核）が任務を終えて真珠湾に帰ってきたが、ハルゼーは皮膚病にかかってミッドウェー海戦に参加できなかった。入院治療後には、南太平洋艦隊司令官となりガダルカナル方面の戦闘を指揮した。

ブラウン、ハルゼー中将の次にＴＦの指揮を執ったのはフレッチャー少将。フレッチャーは開戦時に第六巡洋艦戦隊司令官だったが、ＴＦ14（「サラトガ」中核）の指揮官となってウエーク島救出作戦に参加した。翌年一月にはＴＦ17（「ヨークタウン」中核）を率い、第二海兵旅団のサモア島輸送掩護作戦を指揮。その後はＴＦ11に合同して三月のラバウル攻撃作戦、五月の珊瑚海海戦、六月のミッドウェー海戦に臨んだ。ミッドウェー海戦では、スプルーアンスのＴＦ16と自身のＴＦ11を併せて指揮。ＴＦ11の旗艦「ヨークタウン」損傷後は、スプルーアンスに戦闘指揮を委ねた。八月初旬にはガダルカナル上陸掩護作戦、八月後半には第二次ソロモン海戦を戦った。六月以降はＴＦ11（「サラトガ」中核）、ＴＦ16（「エンタープライズ」中核）、ＴＦ18（「ワスプ」中核）の三つのＴＦを併せて指揮した。七月、中将に進級。空母部隊指揮の経験において、フレッチャー以上の提督は南雲忠一《なぐもちゅういち》中将を除いていなかった。

ガダルカナル戦が峠を越えた一〇月、フレッチャーはキングにより更迭される。フレッチャーの指揮が消極的だというのがその理由だった。ニミッツはこの更迭に反対したが、キングは許さなかった。

一九四三年五月以降、新鋭の大型高速空母「エセックス」級、小型高速空母「インデペンデンス」級が竣工し始めた。これらの空母はすべて大西洋岸の造船所で建造され、竣工すると大西洋で新米の乗組員やパイロットの訓練を繰り返し、パナマ運河経由でサンジエゴ軍港に着く。ここで前線向けの飛行機や海兵隊員を最大限に積んで、真珠湾に向かう。

◆周囲を巻き込んだタワーズとキングの駆け引き

一九四三年夏は、本格的な太平洋西進作戦が始まる時期であった。

人、物、金を扱う海軍省のトップは、一代で大新聞社を育て上げた予備陸軍大佐のフランク・ノックス。次官と航空担当次官補は、第一次大戦時の海軍パイロットだったフォレスタルとゲーツだった。

海軍省での航空関連の要《かなめ》は航空局長で、開戦以来タワーズがそのポストにあった。すべての権力を自分の掌中に収めたいキングは、虫の好かないやり手のタワーズを、一九四三年一〇月、ハワイに太平洋航空部隊司令部（後方補給関係）が創設されたのを奇貨として中将に昇進させてここへ追いやり、後任にお気に入りのマッケーン少将をソロモン方面から引き抜いて座らせた。さらにキングは、海軍作戦部内に航空部を創設することをルーズベルト大統領とノックス海軍長官に認めさせ、八月には海軍省航空局の実質的計画機能をここに移していた。新航空部長には海軍省航空局長のマッケーンを任命した。キングは作戦部長も兼ねていたから、航空関係もキングの影響下に入った。

このようなキングの動きに強く反発したのがフォレスタル次官だった。キングの度重なる独断専行的動きに怒りを募らせたフォレスタルは、キングと人も知る犬猿の仲になっていく。

太平洋航空部隊司令官となって真珠湾に着任したタワーズ中将は、前線で指揮を執ることを強く望んでいた。一九四三年夏には中部太平洋方面艦隊（後の第五艦隊）とその麾下の高速空母部隊が編成された。タワーズは前者の指揮官、やむを得なければ後者の指揮官をとニミッツに申し出る。タワーズとキングの関係を熟知し、自身も航海局長時代、タワーズ航空局長の押しの強さと政治的動きに反感を覚えていたニミッツは、タワーズの希望を取り上げなかった。

タワーズは同じパイロット出身という親近感と、同じアンチ・キングという立場から、フォレスタル次官にしばしば私信を送った。フォレスタル次官（ノックス長官の死後、海軍長官となる）は、一貫してキングに生粋のパイロット育ちを重要ポストに任命するよう要求した。無論、タワーズを後方関連業務で埋もれさせるな、という意味もあった。

ニミッツは、中部太平洋方面艦隊司令官にスプルーアンス、高速空母部隊司令官にパウノールを任命（八月五日と六日）した。もちろん、キングと相談したうえだ。

◆更迭されたパウノールに代わり高速空母部隊司令官に推される

ブラウン中将からフレッチャー中将へと続いた空母部隊指揮官は、一九四三年八月よりパウノールへと移った。九月、パウノールはＴＦ15（「エセックス」級空母の「エセックス」、「ヨークタウン」、「インデペンデンス」級空母「インデペンデンス」）を率いて南鳥島攻撃作戦を遂行し、同月同じＴＦ15（空母は「エセックス」級の「レキシントン」、「プリンストン」、「インデペンデンス」級の「ベレー・ウード」）を率いてタラワ島攻撃を行った。また、一二月のギルバート作戦では、TF50（「エセックス」級空母七、「インデペンデンス」級空母四）を率いて参戦した。

パウノールの、この三つの作戦指揮は攻撃が徹底せず、撃墜されたパイロット救助問題でも配下の艦長から大きな不満が出た。パウノールは丁重で上品ではあったが、勇猛果敢な野戦攻城型の指揮官タイプではない。作戦中に神経質になって、艦長や航海長に、「自分はどうして空母なんかに来たのだろう」とぼやいたりした。

一九四三年一二月末、パウノールの指揮に不満を感じたニミッツは太平洋航空部隊司令官のタワーズ中将、太平洋艦隊のマクモリス参謀長、F・P・シャーマン作戦参謀を集めて、パウノールを更迭し、後任にミッチャー少将を充てることを決めた。

最終決定は、翌一九四四年一月早々のサンフランシスコでのキング・ニミッツ会談によって下された。この会議で、タワーズを太平洋艦隊副司令官とし、太平洋艦隊配下の主要艦隊指揮官が水上艦出身者であれば参謀長は航空出身者、指揮官が航空出身者ならば参謀長は水上艦出身者という原則が同意された。タワーズの副司令官任命は、フォレスタル次官の強い要望によるものだった。

当時、空母部隊を実際に指揮してきたキャリアを持つ少将クラスには、ミッチャー以外にF・C・シャーマン（一九一〇年組。一九一八年組のF・P・シャーマンとの混同に注意）、モントゴメリー（一九一二年組）、リーブス（一九一一年組）がいた。いずれも中年以降に航空畑に入った人々だ。搭乗員の間では、中年以降にペンサコーラの飛行学校で短期間操縦訓練を受けてパイロット資格を取っただけの人々を、後参者（JCL：Johny Comes Lately）とかキウイ（羽が退化した鳥）と呼んで侮る傾向があった。パイロット間では、生粋のパイロット育ちの将官が空母群を率いるべきだという考えが強かった。

シャーマン、モントゴメリー、リーブスよりも先任者となると、タワーズ、マッケーン（いずれも一九〇六年組）になる。タワーズの強い個性を嫌うキングやニミッツは、タワーズに虎の子の航空艦隊の指揮を委ねる考えはなく、キングは海軍作戦部・航空部の仕事が軌道に乗るまでマッケーンを手離す気がなかった。

タワーズとマッケーンが駄目となれば、空母群指揮の経験が長いテッド・（F・C・）シャーマンか、空母群の指揮経験は少ないが生粋のパイロット育ちのミッチャーということになる。シャーマンは当然自分だと考えていた。ニミッツがシャーマンを採らず、ミッチャーと考えたのは、生粋のパイロット育ちを指揮官にというパイロット間の強い要望の他に、タワーズのシャーマン評が厳しかったことがあった。タワーズはシャーマンを、「自己中心的で寛容でないため、搭乗員にきわめて不人気。有能ではあるが、部下が心から忠誠を尽くそうとしないので、高級指揮官には不適」と評していた。タワーズは、パイロット仲間で古くからよく知っているミッチャーを強く推していた。

空母群の指揮官がミッチャーに決まったことを知ったシャーマンは怒った。一九四四年二月二日の日記に次のように書いている。

「航空作戦はミッチャーの指揮下となり、三つの任務部隊（タスク・グループ）に分割された。ミッチャーもパウノールも、大規模な任務部隊を指揮するには経験不足。スプルーアンスは航空部隊を指揮する能力がなく、幕僚の使い方も下手だ。運用に関しては先任者たちよりも経験豊富な自分がこの地位に就けると思っていたが、これをよく知っている彼らは嫉妬《しっと》心を持っている。この配置では自分の出番はないように思う」

シャーマンには嫉妬深いところがあった。シャーマンの頭の中には、アナポリスの同期生で学業と素行不良で退学処分を受けたミッチャーというイメージがあった。ミッチャーの学業成績は常に最下位近くだった。ちなみに、シャーマンの卒業席次は一三一人中二四位だ。

スプルーアンスはパウノールを信頼し、ギルバート作戦の指揮振りにも不満を感じていなかったので、パウノールの更迭は心外だった。スプルーアンスはパウノールの意見を重視したが、パウノールとタワーズは事毎《ことごと》に意見を異にした。パウノールは、太平洋艦隊副司令官に転出したタワーズの後任の太平洋航空部隊司令官となり、スプルーアンスの要望でマーシャル諸島作戦の航空助言者としてスプルーアンスの旗艦に同乗した。その後、ペンサコーラの飛行訓練部隊司令官となって太平洋を離れる。

◆戦後、作戦部長のポストを打診されるが辞退

一九四四年三月、ミッチャーは、空母群先任指揮官から太平洋艦隊高速空母群司令官となって中将に昇進。このとき、スプルーアンスは大将に昇進した。この頃になるとソロモン方面の戦闘はほぼ終息し、米海軍の主力は中部太平洋に集結した。そして、艦隊はスプルーアンスが指揮するときは第五艦隊、南太平洋から帰ってきたハルゼーが指揮するときは第三艦隊と呼ばれるようになる。

司令部をこのように交互に交代させるやり方は、一九四三年の暮れ頃、合衆国艦隊の先任参謀クック少将（後に参謀長）が案出したもので、翌年五月のサンフランシスコでのキング・ニ

ミッツ会談で決まった。互いにライバルとして刺激を受け、戦闘に追われっ放しでなく、定期的に最前線から離れ、休養と充電が可能となる。

ただ、両司令部の戦略思想が大きく異なる場合は戦略の一貫性が崩れるし、双方が過剰なライバル意識を持つと問題が大きくなる。しかし米海軍の場合、戦略はキングとニミッツがしっかりと握り、スプルーアンスとハルゼーの間は、互いに馬が合っていたこともあって良好だった。

第五艦隊となった場合は、司令官はスプルーアンス大将で、高速空母群の指揮官はミッチャー中将だ。では、第三艦隊となってハルゼーが指揮する場合の高速空母群の指揮は誰が執るのか。

ミッチャーは級友のF・C・シャーマンを推した。シャーマンは長らく空母群を率いてきた経験豊富なベテランで、大空母群を率いたいという意思も強い。ハルゼーもシャーマンを評価している。ところが、キングが独断でマッケーンを指名した。マッケーンは長年にわたるキング賛美者で、キングに気に入られていた。キングは、マッケーンが海軍作戦部・航空部長として二年間よくやったとして決めたのだ。ミッチャーの推挙にもかかわらず選に漏れたシャーマンは、西部海岸航空艦隊司令官から第一空母戦隊司令官となる。

マッケーン中将は空母群指揮に慣れるため、スプルーアンスによる六月のマリアナ作戦では旗艦に同乗して観戦した。同月、ハルゼーは南太平洋艦隊の指揮をニュートン中将に譲ってハワイに飛び、ここで第三艦隊司令部を創設し、マリアナ戦後の作戦研究を始めた。

一九四四年八月五日付で、ミッチャーは太平洋高速空母任務部隊第一司令官となり、マッケーンは第二司令官となった。

マリアナ作戦が終わるとスプルーアンスはハワイへ帰るが、七か月しか海上にいなかったミッチャーは、第三艦隊と艦隊名が変わった後も、三か月間は空母群の指揮を執ることとなった。この三か月間、マッケーンはTG（タスク・グループ）38・1の指揮官となった。これは任務に慣れるまでの研修期間だった。三か月後の一一月、マッケーンは第三艦隊の高速空母任務部隊（TF38）の指揮を執り始める。

終戦時、ミッチャーは海軍作戦部次長（航空担当）だった。終戦直後の一九四五年一一月のある日曜日、ミッチャーはフォレスタル長官のオフィスに呼ばれた。戦時海軍を平時海軍に移行させるための仕事が多く、フォレスタルは日曜日も執務室で仕事をするのが常だった。フォレスタルは九月に、「戦後海軍の構成」に関してミッチャーに意見を文書で報告するように求め、ミッチャーはすでに進言書を提出していた。この進言書に関して直接話を聞きたいというのが、フォレスタルからの伝言だった。

フォレスタルにとって、戦時の英雄はもう不要だった。戦時中、従順でないキング元帥に何度も苦汁をなめさせられてきたが、ルーズベルト大統領の意向もあってキングを更迭できなかった。ルーズベルトが死に、海軍嫌いの後任大統領トルーマンは、キングを「甲殻類のようなこちこちの古色蒼然《そうぜん》たる軍人」と嘲笑《ちょうしょう》していた。

戦後の海軍行政を行っていくうえで、作戦部長に大物が座ることはよくない。キングは後任にニミッツを推していた。フォレスタルにとってはニミッツも大物過ぎたため、ミッチャーを望んだ。これからは航空の時代だ。自分も第一次大戦の際は海軍パイロットになった。この一一月の日曜日の会談で、フォレスタルはミッチャーに作戦部長のポストを提示した。ミッチャーは肝を潰した。先任者が五、六人もいるし、自分は適任ではないとして辞退した。

ミッチャーは大西洋艦隊司令官となり、現役のまま、心臓発作のためノーフォークの海軍病院で死んだ。終戦から一年六か月しかたっていなかった。マッケーンも終戦直後に同じ心臓発作で死んでいた。

ニューヨークの「イブニング・ニュース」紙は、ミッチャーを追悼して次のような記事を載せた。「ミッチャー大将は米海軍が生んだ最も偉大な提督の一人である。だが彼は戦争の英雄ということを除いて、よく知られずに死んだといっていい。彼はどんな形であれ、自己宣伝は避けた人だ。名声の頂点にいたときですら、避けられるときには決してスピーチをやらなかった。この自己主張の時代に、彼は沈黙の人だった。このため、人によっては、彼は縁の遠い、当惑させる人のように思えた」

スプラーグ航空戦隊司令官

——栗田艦隊相手に善戦し、損害を最小限に抑えた知られざる名将

米海軍で「海軍航空の父」と呼ばれるのはウィリアム・A・モフェット少将である。アナポリス一八九〇年組（秋山真之《さねゆき》中将の海兵一七期に対応）のモフェットは、一九二一年に初代航空局長に就任以来、一二年間そのポストにあった。

米海軍航空のパイロットの草分けは、ジョン・H・タワーズ大将。アナポリス一九〇六年組（古賀峯一元帥の海兵三四期に対応）のタワーズのクラスは、ゴームリー、フレッチャー、マッケーンといった錚々《そうそう》たる提督を輩出した。タワーズは、中尉時代に米海軍士官として最初のパイロット資格を取った。親分肌で政治的動きに巧みだったから、モフェットの信頼を得、初期の海軍行政に辣腕《らつわん》を振るった。空母「サラトガ」艦長、航空艦隊参謀長を歴任し、太平洋戦争初期には航空局長だった。

太平洋戦争中、高速空母部隊を率いた代表的提督はマーク・A・ミッチャー大将だ。ミッチャーはアナポリス一九一〇年組（三川軍一《みかわぐんいち》中将、栗田健男《たけお》中将の海兵三八期に対応）。学業成績不良と素行問題でアナポリスを退校となり、校長の温情で二年後に再入校したという経歴を持つミッチャーも、生粋のパイロット育ち。ドーリットルの東京空襲のときは、空母「ホーネット」艦長だった。この他、中年になってからパイロット資格を取った者にアーネスト・J・キング（四八歳で取得、以下同）、ウィリアム・F・ハルゼー（五二歳）、ジョン・S・マッケーン（五二歳）といった人々がいる。マッケーンの息子は潜水艦乗りとなり、戦後、海軍大将になった。

本稿では、太平洋戦争中に空母艦長として、また航空部隊指揮官として活躍した、ミッチャーから六年ないし八年後のクラスの提督たちを、一九一八年組（高田利種《としたね》少将、山本親雄《ちかお》少将の海兵四六期に対応）のクリフトン・A・F・スプラーグ中将を中心に紹介したい。一九一六年組（黒島亀人《くろしまかめと》少将の海兵四四期に対応）にはカーニー大将（後に作戦部長）やラドフォード大将（後に統合参謀本部議長）が、一九一七年組（富岡定俊《とみおかさだとし》少将の海兵四五期に対応）には合衆国艦隊で航空作戦を担当したドナルド・B・ダンカン中将がいる。

太平洋戦争は航空機の戦いが中心だったが、将官クラスには生粋のパイロット育ちが少なかった。米海軍航空の草分け的存在のジャック・タワーズが航空作戦の指揮を執るべきだったかもしれない。キングもニミッツもタワーズの強い個性と政治的動きを警戒して、航空部隊を指揮する地位には就けなかっ

クリフトン・スプレイグ（Clifton Sprague）
１８９６-１９５５年

た。タワーズが駄目となるとマーク・ミッチャーとなる。もちろんミッチャー一人では駄目で、空母戦隊の司令官クラス（少将クラス）が必要となった。

一九四二年には、一九一二年組のデウィット・C・ラムゼー、アルフレッド・E・モントゴメリー、一九一六年組のラルフ・E・デビソン、ジェラルド・F・ボーガン、アーサー・W・ラドフォードといった者を将官に昇進させ、翌年には、一九一八年組のジョッコー・クラーク、トーマス・L・スプラーグ、クリフトン・スプラーグといった人々を将官に進級させて、空母部隊を率いさせた。参謀部門では、フォレスト・P・シャーマン（一九一八年組）、ドナルド・B・ダンカン（一九一七年組）がそれぞれ将官に昇進して、ニミッツとキングの下で航空作戦関連で活躍した。

◆プロイセン移民の子で幼少より軍人を志す

クリフトン・スプラーグは、アナポリスの同級生で後に作戦部長となったシャーマンのように、若いときから頭角を現し、キングやニミッツから一目置かれたような逸材ではなく、同じく同級のジョッコー・クラークのように派手なタイプでもない。一期上でキングの航空参謀を務めたダンカンのように、帷幄《いあく》の枢機に参画した謀将でもなく、もとより二期上で戦後に統合参謀本部長になったラドフォードと比ぶべき人物でもない。

若いときは女性の前に出るとこちこちになるほど女が苦手で、アナポリス時代には一度もデートの経験がなかった。少将になったのは、シャーマン、クラークよりそれぞれ八か月、五か月遅く、別の三人の級友とともに昇進した。同期ではトップクラスの昇進といっていいが、戦後は退役と同時に中将に昇進する名誉進級で、現役時代は一度も中将の軍服を着たことがな

アーサー・W・ラドフォード（Arthur William Radford）１８９６-１９７３年

い。恐らく米国人でもその名を知っているのは一部の専門家くらいだろう。しかし、こういった多くの無名の提督が米海軍を支えたのだ。派手な戦闘指揮はなかったが、唯一の例外はレイテ上陸作戦時である。キンケイドの第七艦隊に所属したスプラーグ少将の護衛空母群は、「大和」を旗艦とする栗田艦隊とサマール島沖で遭遇する。

　アングロサクソンが主流の米海軍だが、ドイツ系の士官も少なからずいた。ニミッツ、フレッチャー、ミッチャーもドイツ系だ。米海軍に日系人提督がいなかったのは残念だが、黄色人が徹底的に差別を受けていた米国人社会では無理な相談だった。

　クリフトン・スプラーグも、祖父はプロイセンからの移住者だった。

　プロイセンから移住してきた祖父はニューヨークの病院で働き、祖母は服の仕立てをして家計を助け、七人の子供を産んだ。その子供の一人ヘンリーがスプラーグの父である。父はデパートの配送関連の仕事をしつつ、ボストンで結婚した。三一歳のとき、友人と共同で広告宣伝会社を起こし、大いに繁盛した。一八年後にこの会社を大手広告宣伝会社に売却して相当の財産をつくる。その後はやはり友人と共同で台所用器具製造会社を設立し、六九歳で退職するまで経営責任者だった。経済的に裕福な家庭で育ったという点では、スプラーグは同じドイツ系のフレッチャーと共通している。兄弟はすべて高等教育を受けた。スプラーグはアナポリス、長妹のハーツェルはスミス・カレッジ、次妹のドローシアはペンブローク・カレッジ、弟のエドウィンはハーバード出身だ。

　スプラーグは少年時代から軍人になるのが夢だった。小学校六年のとき、将来の夢として作文に次のように書いている。

「ウェストポイントに入って将軍になる。僕が馬に乗って街を行くと、群集が『スプラーグ将軍が通っているぞ』と叫ぶ」

中学校を卒業すると、軍人志望のスプラーグはマサチューセッツ州にあったハイランド幼年学校に入学した。この幼年学校は、ジェントルマン育成を目的とする私立の全寮制の学校である。少年に厳しく規則正しい生活を営ませ、スポーツで身体を鍛える。軍事訓練を施し、団体生活での服従を学ばせ、さらに上級生になると下級生の統率を身をもって行うことが求められる。米国にはこのような幼年学校が少なくなかった。英国の伝統的なパブリック・スクール（イートン校、ラグビー校などが有名）と似ている。階級制度の厳しい英国のパブリック・スクールが上流家庭子弟の学校であるのと同様、米国の幼年学校も学費が高額で、一般庶民の子弟が入学することはまず無理だった。

この学校が二年生のときに閉鎖となったため、ロックスベリー・ラテン学校に編入した。ロックスベリー・ラテン学校は、一六四五年創設の米国最古の中・高等教育機関で、スプラーグが入学した頃は卒業生の大部分がハーバードへ進学していた。独立戦争時にバンカー・ヒルの戦いで戦死したジョセフ・ワレン将軍は卒業生の一人だ。ちなみに、米空母の艦名は独立戦争の古戦場の名前が多くつけられている。「サラトガ」、「レキシントン」、「ヨークタウン」がそうで、「バンカー・ヒル」という艦名の空母もある。

マサチューセッツ州のドーチェスターで生まれ、少年時代、夏には海岸近くにある別荘で過ごし海に親しんでいたスプラーグは、アナポリスの海軍兵学校を希望した。マサチューセッツ州選抜試験のヒアリング・テストで失敗。このため、ロックスベリー・ラテン学校を卒業するとノービッチ大学へ入学する。ノービッチ大学はバーモント州の軍事学校で、一八一八年にウェストポイントの校長だったオーデン・パトリッジによって創立された由緒ある学校だった。

卒業生の一人が、米西戦争時のマニラ湾の英雄で、ファラガット、ポーターに次いで米海軍史上三人目の海軍大将になったデューイだ。マニラ湾の海戦は、スプラーグがノービッチ大学に入学するわずか一五年前である。デューイはノービッチを卒業してウェストポイントを希望したが、頼みのバーモント州連邦議員の持つ推薦枠は埋まっていた。たまたまアナポリスに推薦を受けていた一人が辞退し、これを聞いたデューイの父親がこの議員に頼み込んで、何とか推薦を得たという経緯があった。テキサス州のニミッツもそうだった。ウェストポイントを希望したが地元議員の推薦枠は一杯で、アナポリスの枠が残っていたので推薦してもらった。ニミッツは海軍に入ることなど、それまで夢にも思っていなかった。人生とは分からないものだ。海軍など考えたこともなかった青年が、ひょんなことから海軍に入って、海軍軍人として英雄的存在になったのだから。

スプラーグが、マサチューセッツ州に隣接するバーモント州の軍事学校に入学したのは、別に崇高な目的からではなかった。ボストンをはじめ多くの海港を持ち、昔から漁業が盛んだったマサチューセッツ州では、アナポリスへの希望者が多く、推薦を受けるための予備試験が厳しかった。といっても、フランスの理工科学校（エコール・ポリテクニーク）や高等師範学校（エコール・ノルマル）、あるいは日本の江田島の海軍兵学校の入学試験の激烈さと比べると、雲泥の差があったが……。

とにかく、バーモント州の予備試験はマサチューセッツ州より易しい。スプラーグとアナポリスで同級生となるフォレスト・P・シャーマンは、卒業席次が二番という秀才だが、マサチューセッツ州でのアナポリス推薦予備試験に落ち、MIT（マサチューセッツ工科大学）にいったん入学し、翌年予備試験に合格している。スプラーグの父親は、必死になってバーモント州の連邦議員に接触し、息子の推薦を頼んだ。

◆温良中庸型で目立たない存在

一九一四年、アナポリス入学。この年、第一次大戦が始まった。入学時二五五名の同級生は、卒業時には一九九名になっていた。

同級生には次のような者がいた。いずれも生粋のパイロット育ちである。（　）内は卒業席次。太平洋戦争時の主なキャリアも記す。

フォレスト・P・シャーマン（二／一九九）「ワスプ」艦長、ニミッツの作戦参謀。

トーマス・L・スプラーグ（一九／一九九）「イントレピッド」艦長、第三空母戦隊司令官。

ジョセフ（「ジョッコー」）・J・クラーク（四七／一九九）「ヨークタウン」艦長、第五空母戦隊司令官。

マイルズ・ブローニング（五三／一九九）ハルゼーの参謀長、後に「ホーネット」艦長。

クリフトン・スプラーグ（四三／一九九）本稿の主人公。

シャーマンと両スプラーグが沈着冷静型なのに対し、クラークとブローニングは個性派だった。

クラークは、「ジョッコー」と仇名された激しやすい熱血漢で、キングの崇拝者だった。開戦初期には空母「ヨークタウン」の副長として、ウェーク島守備隊救出作戦、マーシャル、ギルバート攻撃作戦に参戦、司令官のフレッチャー少将や艦長のバックマスター大佐の消極性を、はばかることなく批判した。フレッチャー司令官のその後の左遷には、クラークの新聞記者やキングの前でのフレッチャーに対する悪口雑言が影響している。

ブローニングはハルゼーの信頼を得ていたが、陰気な性格やパイロットへの皮肉や説教ぐせのため、ノックス海軍長官とニミッツから疑問視され、参謀長ポストを外される。高速大型空母「ホーネット」の艦長となるが、ここでもミッチャーに嫌われ、陸大の教官へと追われた。

アナポリス一九一八年組は、日本海軍の江田島四六期に対応する。四六期には、クラスヘッドで連合艦隊の先任参謀を務め、終戦時には軍務局次長だった高田利種、航空畑一筋に歩み、太平洋戦争中の重大時期に二年間軍令部作戦課長だった山本親雄、捷一号作戦時、「武蔵」艦長として「武蔵」とともにシブヤン海に沈んだ猪口敏平《いのぐちとしひら》、連合艦隊先任参謀として古賀《こが》峯一《みねいち》元帥の飛行艇に同乗、戦死した柳沢蔵之助《やなぎさわくらのすけ》といった人々がいる。

スプラーグは個性派ではなく、アナポリス時代より温良中庸型だった。秀才型ではなく、どちらかというと目立たない存在。級友のシャーマンが秀才型で、権門《けんもん》に近付くことをも辞さない野心家であったのと対照的だった。米国の第一次大戦参戦（一九一七年四月）に伴い、一級上の一九一七年組は卒業が三か月早められた。スプラーグの一九一八年組は卒業が一年早められ、一九一七年六月に卒業した。当時の校長はエドワード・W・エーベル大佐（後に作戦部長）で、海軍次官は太平洋戦争中に大統領だったフランクリン・ルーズベルトである。

海軍予備士官制度が拡大され、一〇〇〇名近い海軍予備士官が生まれた。これはアナポリス卒業者を大いに憤慨させた。自分たちの特権がそれだけ少なくなるからだ。太平洋戦争中、海軍次官や長官だったプリンストン大中退のフォレスタルも、海軍予備士官となり、パイロット訓練を受けて予備士官に任官している。

スプラーグは少尉に任官して、砲艦「ウィーリング」に乗艦。旧式艦で最高速力は一三ノット。地中海方面でもっぱら輸送船の護衛にあたった。一九一八年五月には二度にわたってUボートの攻撃を受けた。

スプラーグ少尉は、微笑を絶やさない温和な性格で知られ、その後、微笑と両切りタバコはスプラーグのトレードマークとなった。ドイツ系、育ちの良さ、微笑、温和な性格、タバコという点で、スプラーグはフレッチャーとよく似ている。フレッチャーの場合はパイプタバコで、微笑はモナリザ・スマイルといわれた。

終戦後の一九二〇年一二月、ペンサコーラの飛行学校に入校。同期生は三三名。当時の米海軍の現役パイロットは約三〇〇名だった。パイロットの資格を取得後は、フィラデルフィアの航空機工廠に配属となり、カタパルトと爆撃照準器の開発にあたった。後者に関しては、照準器にその名を残すカール・

ノルドンと共同で開発に従事した。当時の航空局長はモフェット少将だった。

モフェットは、民間の航空機製造能力の育成に努めた。第一次大戦中、膨大な製造能力を持つようになった海軍航空機工廠での製造はやめ、もっぱら試作機の製造と研究開発だけに留めるようにした。モフェットのこのような政策により、海軍専用機メーカーのグラマン社などが育った。

海軍のテストパイロットだったレロイ・R・グラマンは、一九二〇年にレーニング航空機製造会社に工場長兼テストパイロットとして引き抜かれた。その後、グラマンは飛行機造りに情熱を燃やす飛行機野郎数人と、一九二九年にグラマン航空機製造会社を創設。第一次大戦後の大恐慌時にも何とかグラマン社が生き延び得たのは、民間航空機会社を育てようというモフェットの政策により、海軍からの注文が続いたからである。

一九二四年、アナスコチア航空基地時代、スプラーグはクリスマスに上官宅に招かれ、ここでアナベル・フィッツジェラルドを紹介された。女性の前に出るとこちこちになってしまうスプラーグは、このような機会でもなければ生涯を独身で過ごしたかもしれない。アナベルの兄のスコットは、当時ヘミングウェイと並び称される高名な小説家だった。今でも、米国はもちろん日本にも愛読者は多い。

この兄は小説家に有り勝ちな放縦《ほうしょう》な生活を送っており、妹の結婚式にも列席しなかった。母が死んだとき、母は不動産の遺言執行人にアナベルを指名した。兄スコットは、欧州旅行などで気ままな生活を送っていた。執筆に苦しんだ末にアルコール中毒となり、妻の入院費や娘を貴族的学校へ入れることによる学費など、多額の負債に苦しんでいた。出版社は前借りに応じようとしなかった。

アナベルは兄からの救済依頼の手紙を続けざまに受け取った。兄の名声を汚さないよう、母の遺産の処分を急ぎ、二万三〇〇〇ドルを送った。兄からの手紙には「僕が書けないようになることは、君の主人のクリフトンが（飛行機で）飛べないようになることと同じだ」と書いてあった。混和で職務に精励するスプラーグと対照的なのが、高名な小説家の義兄だった。この義兄は太平洋戦争開戦の一年前に、カリフォルニアのハリウッドで死んだ。スプラーグ夫妻は、この義兄の葬儀に参列しなかった。

◆テストパイロットとして事故に遭い、前歯を全部折る

大型空母（三万三〇〇〇トン、三四ノット）の「レキシントン」と「サラトガ」が竣工したのは一九二七年。空母を使っての発着艦には、未経験の問題が山積している。スプラーグは一九二六年から二八年にかけて、ハンプトンローズの航空基地で

空母への着艦に関する技術的問題に取り組んだ。テストパイロットとして事故に遭い、前歯を全部折ったこともある。

一九二八年には「レキシントン」に乗り組み、飛行長補佐の飛行甲板士官となった。飛行機の発着艦をスムーズに捌《さば》くのが仕事である。発着艦準備室に飛行甲板と飛行機の模型を備え、準備の迅速化と正確化を期した。この年にはリーブス少将が座乗し、サンフランシスコからハワイまでの急速運航の演習を行い、七二時間三四分の新記録を出した。ハワイ沖二五〇マイルから攻撃機を発艦させ、夜明けの真珠湾軍港を奇襲し成功を収めた。

翌年の第九回大演習では、「レキシントン」、「サラトガ」、「ラングレー」の三空母はパナマ運河攻撃演習を行った。その後、リーブス少将指揮の青艦隊（航空艦隊）は、プラット大将指揮の黒艦隊と演習を繰り返した。キングが「レキシントン」艦長として赴任するのは一九三〇年である。

一九三〇年六月に少佐に進級し、一二月には水上機母艦「ライト」の偵察隊長となる。当時の部下の一人は、「口数が少なく、静かに沈思黙考していることが多かった。若手士官が容易に近寄り難い雰囲気を持っていた」と言っている。

一九三四年二月には海軍士官として初めて、ハワイ・ミッドウェー間二六五〇マイルの無着陸飛行（一三時間）を行った。三機の水上機を率いての快挙だった。この時期、海軍大学の通信教育課程を受講し、同年ノーフォーク基地航空参謀となる。

一九三六年六月、新造空母「ヨークタウン」の飛行隊長となり、初発艦は自ら行った。この年一二月、中佐に進級。

欧州大陸に戦雲が漂い始めた。ルーズベルトは、一九三九年二月の第二〇回大演習をカリブ海で行うことを命じ、自ら参加することとした。ルーズベルトは、大統領選挙時に意識的に最高司令官クラスが集まる場面に顔を出し、国民に大統領の自分が三軍の最高司令官だということをアピールするのに巧みな政治家だった。翌年の一九四〇年には大統領選挙が控えている。太平洋戦争末期、大統領選挙を控えたルーズベルトは前線のハワイに出向き、ニミッツとマッカーサーを従え、次期の戦略決定を行っている。これも国民に対する政治的ショーといえるものだった。

ワシントンからフロリダのキーウェストまでの専用列車は、ルーズベルトの健康を配慮し、また車窓の眺めを楽しむため、時速五六キロに抑えられた。キーウェストからは、リーヒ作戦部長と重巡「ヒューストン」に座乗して演習を観閲した。演習が終わると、提督たちが「ヒューストン」に伺候の列をなした。

一九三八年三月にオーストリアを併合したドイツは、九月にはドイツ系住民の多いズデーデン地方をチェコスロバキア政府から割譲させる。翌年四月にはポーランド政府に、ベルサイユ条約でポーランド領になった西プロイセンのダンチヒ返還、並びに東プロイセンに抜ける自動車道路と鉄道建設の承認を要求した。ポーランド政府が渋ると、九月一日には軍をポーランドに進攻させ、第二次大戦が始まった。

一九三九年六月から一一月までの五か月間、海軍大学学生。その後、タンカー改造の水上機母艦「パトカ」艦長を六か月。再び海大に戻り、一か月後、商船改造の水上機母艦「タンジール」艦長。乗組士官四〇名中二一名が予備士官で、海を初めて見たという者も多かった。パイロット出身士官の昇進コースは、まず水上機母艦の艦長から小型空母、それに合格すると大型空母というのが一般的なコースだった。キングもミッチャーもこうしたコースを歩んでいる。

「タンジール」艦長時代、基地付近の狭い湾で八ノットの潮流に流され、錨《いかり》を入れたが海底が泥で利かず、二番錨も駄目でずるずると流され、泥の海底に乗り上げた。翌日、積荷の石油を下ろして軽くし、駆逐艦に横を通って波を起こしてもらい、やっと艦を泥の海底から離すことができた。艦には損傷がなく、航海士官が新米の予備士官だったこともあり、スプラーグに対する当局からの譴責《けんせき》はなかった。

◆独Uボート対策のためメキシコ湾へ向かう

一九四一年一二月七日、「タンジール」は真珠湾のフォード島北側のF・一〇埠頭《ふとう》に停泊していた。前夜は士官クラブで、「タンジール」の新旧副長の歓送迎会があった。この埠頭は普段は空母の停泊する埠頭だったが、この日、空母は外洋に演習に出ていた。日本海軍機の奇襲で真珠湾は火と煙に覆われた。日本機が狙《ねら》うのは戦艦で、水上機母艦などは眼中にない。スプラーグ艦長は、「タンジール」の甲板上から真珠湾の惨状を見た。

真珠湾奇襲の直後、フレッチャー少将指揮のタスク・フォース14（空母「サラトガ」中心、重巡三、駆逐艦九など）によるウェーク島救出作戦が行われた。この作戦に、スプラーグ中佐も「タンジール」艦長として参加。「タンジール」の任務は、ウェーク島駐留のための第四海兵大隊の輸送だった。一二月一五日に真珠湾を出港するときには、万に一つも帰れる見込みはないと覚悟したが、半月後の大晦日《おおみそか》に帰港することができた。

翌年の新春早々、大佐に進級。四六歳だった。一月、「タンジール」は、ハワイから二二七六マイル離れたサモアへ陸軍兵（陸兵約九〇〇名、シビリアン七三名、トラック一〇台、ガソリン、弾薬など）を輸送するため出港した。キングが開戦にあたって最も心配したのは、米本土・ハワイ間の連絡線が日本軍によって切断されることであり、次の憂慮はハワイ・ミッドウエー間の連絡線、ハワイと豪州、ニュージーランド間の連絡線だった。白人国の豪州とニュージーランドが日本軍の手に落ちることになれば、アジアの有色人国への影響は計り知れないものとなる。何としても、ハワイと豪州、ニュージーランド間の連絡線を確保すべし、というのがキングの考えである。この間に横たわるのはサモア諸島であり、フィジー諸島であり、ニューカレドニアだ。まずここを固める、というのがキングの戦略の第一歩であった。

日本海軍軍令部の富岡定俊第一課長も、豪州の戦略的価値を重視した。ハワイと豪州間の連絡線切断のための作戦がＦＳ（フィジー・サモア）作戦である。ガダルカナル戦は、この連絡戦切断を巡っての日米両軍の激突であった。

サモアで陸兵を降ろした「タンジール」はフィジー諸島へ向かい、この地のスバで八日間滞在し、三月三日にニューカレドニアのヌーメアに到着した。スプラーグは、このニューカレドニアで転任命令を受ける。メキシコ湾対潜基地の先任参謀である。五月六日、飛行機でフロリダのマイアミに向かった。五月七日から八日にかけて、史上初の空母対空母による珊瑚海海戦があった。

スプラーグがメキシコ湾艦隊に呼ばれたのは、独潜水艦Ｕボートが米国近海で暴れ出したからだ。一九四二年一月一二日、ボストン近くのコッド岬沖三〇〇マイル東で英商船がＵ一二三号に撃沈されたのを皮切りに、以降二週間で一三隻、フロリダ方面では開戦以降三か月で一六隻、メキシコ湾では五月には毎日一隻が沈められる状況となった。開戦と同時に、独海軍のデーニッツ元帥はＵボートを米国近海で活躍させ、米国の海上輸送線切断を狙う作戦（「太鼓打ち作戦」）を命じたのだ。Ｕボート艦長は楽だった。輸送船は明かりをつけたまま悠々と航海している。魚雷の発射ボタンを押すだけでよかった。五月と六月には四一隻の商船が沈められた。多くは南米からのタンカーだった。

キングは、対Ｕボート作戦専門の第一〇艦隊を創設して自ら司令官となり、参謀長には合衆国艦隊先任参謀だったロー少将を引き抜いた。大西洋艦隊司令官のインガソル大将は困った。自分の上官のキングが、配下の第一〇艦隊司令官を兼務したのだから……。それほどにキングは対Ｕボート作戦を重視した。

ドイツ海軍は潜水艦隊に特化した。最盛期には毎日一隻のＵボートを竣工させた。建造艦種を一つに絞り、部品をドイツ各地で造り、造船所で組み立てる方法をとった。安全なバルト海で新任の艦長や乗組員の訓練を行い、訓練が完了すると、北海を経由してビスケー湾に臨むフランスの海港基地へ派遣する。戦果を上げる艦長にはどんどん勲章を与え、階級も上げる。三〇歳で海軍大佐に昇進した者もいた。

マイアミのデュポン・ビルの六階と七階が、メキシコ湾対潜基地司令部だった。主力戦力は駆逐艦二、爆雷艇二五、航空機三五である。護衛船団方式、地上と空からの防衛と監視、レーダー搭載夜間探索機の活用などのUボート押さえ込み作戦が徐々に効果を表すようになり、八月末、デーニッツは、Uボート作戦海域をメキシコ湾からカリブ海南方に移した。メキシコ湾では九月に一隻沈められたのが最後の被害になった。

◆大型空母「ワスプ」艦長に任命される

一九四三年四月、シアトル地区海軍航空隊司令。シアトルに近いサウンドポイント海軍基地は、空母搭乗員の訓練基地である。スプラーグはシアトルで七か月間を過ごす。級友たちは太平洋の第一線で活躍している。

空母「ワスプ」艦長のシャーマンは前年九月、ソロモン諸島南方で伊一九潜の魚雷三発を受け、珊瑚海を泳いで助けられた。伊一九潜の艦長は木梨鷹一《きなしたかかず》少佐。距離九〇〇メートルから魚雷六発を発射し、うち三発を「ワスプ」に命中させ撃沈。「ワスプ」からそれた他の二発は、近くにいた戦艦「ノースカロライナ」と駆逐艦「オブライエン」に命中し「オブライエン」を沈めた。木梨少佐（中佐に進級し戦死後少将）は海兵五一期の逆クラスヘッド。クラスヘッドは秋山真之の再来といわれ、パイロットの道を歩み、山本元帥の同乗機で戦死した樋端久利雄《といばたくりお》大佐だ。

ジョッコー・クラークはこの年三月、「エセックス」級の新造大型空母「ヨークタウン」艦長となり、トーマス・スプラーグは六月に同じく「エセックス」級新造空母「イントレピッド」艦長になっていた。スプラーグも一〇月には、同様の大型空母「ワスプ」（二代目）艦長に任命された。

米海軍の最初の空母は給炭艦を改造した「ラングレー」（一九二二年改造完成、一万一五〇〇トン、一五ノット）。大型空母としては、巡洋戦艦として設計建造中だったものを改造した姉妹艦「レキシントン」、「サラトガ」（一九二七年完成、三万三〇〇〇トン、三四ノット）がある。最初から空母として設計、完成したのは「レンジャー」（一九三四年完成、一万四五〇〇トン、二九・五ノット）。「レンジャー」の欠点を改良して設計、建造されたのが、「ヨークタウン」、「エンタープライズ」、「ホーネット」の三姉妹艦（一九三七年以降完成、一万九九〇〇トン、三四ノット）だ。

大戦に入ると米海軍は、高速攻撃用空母は「ヨークタウン」級の拡大、改良型ともいえる「エセックス」級（一号艦「エセックス」は一九四二年完成、二万七一〇〇トン、三三ノット）に艦種を絞って建造し、大戦中に一八隻を完成させた。

級友クラークの「ヨークタウン」は「エセックス」級の二番艦、トーマス・スプラーグの「イントレピッド」は三番艦、ク

アメリカ海軍のエセックス級航空母艦「エセックス」（ＣＶ-９）。排水量２万７０００トン、全長２６６メートル、全幅28．４メートル、速力33ノット（時速61キロ）、搭載機90〜機

リフトン・スプラーグの「ワスプ」は八番艦だ。ちなみに一番艦「エセックス」の初代艦長は一期上のダンカン。新鋭高速大型空母の艦長には、スプラーグの一九一八年組の前後が任命された。

一九四三年一一月、ボストンに赴く。「ワスプ」はベスレヘム造船所でこの年の八月一七日に進水し、スプラーグがボストンに赴任したときは完成間近であった。竣工式は一一月二四日。式にはルーズベルト大統領夫人エレノアが参列した。「ワスプ」には、ルーズベルトの末っ子ジョン・Ａ・ルーズベルト中尉が対空砲士官として乗艦していた。大統領夫人が参列することは数日前まで知らされていなかった。たまたまルーズベルト中尉が連絡担当士官に、「父は忙しくて参列できませんが、母がやってくるはずです」と伝えたので、スプラーグ艦長は大慌てで既定のスケジュールを変更した。ルーズベルトの長男ジェームズは海兵隊、次男のエリオットは陸軍航空隊、三男のフランクリン・ジュニアはアナポリス一九四一年組、末っ子のジョンも海軍に入った。

乗組員は約三五〇〇人。そのうちの六割は海上勤務が初めてだった。乗組員の大部分を新人が占める新造艦をいかに早く戦力化するかが、スプラーグ艦長の腕の見せどころだった。スプラーグ艦長は情け容赦のない厳しい統率者でもなく、部下の感情に訴えてリードするというタイプでもない。冷静かつ淡々としたリーダーだった。

翌年一月、マサチューセッツ湾の外洋で発着艦の訓練を始め、三月二五日にはパナマ運河経由で真珠湾に向かう。途中のサンジエゴでは、飛行機をハワイに運ぶためにさらに一〇〇機を積み込み、二八〇〇人の海兵隊員を乗せた。

真珠湾を出港し、マーシャル諸島のマジュロ環礁に向かう。南鳥島、ウェーク島攻撃作戦に参加するためだ。搭載機はグラマン・ヘルキャット戦闘機三八機、カーチス・ヘルダイバー急降下爆撃機三二機、グラマン・アベンジャー雷撃機一八機である。

マジュロ環礁で第五艦隊の航空部隊タスク・フォース（TF）58を率いるミッチャー中将に会い、アルフレッド・E・モントゴメリー少将（一九一二年組。海兵四〇期に対応、山口多聞《たもん》、宇垣纏《うがきまとい》、大西瀧治郎《おおにしたきじろう》のクラス）のタスク・グループ（TG）58・6に編入された。このグループの主力は攻撃型空母の「エセックス」と「ワスプ」、それに護衛空母「サン・ジャシント」の三隻だった。南鳥島攻撃では島の南九〇マイルの地点から、ウェーク島攻撃では島の南西七〇マイルから攻撃機を発艦させた。

南鳥島、ウェーク島攻撃を終了すると、再びマジュロ環礁に戻り、今度はマリアナ諸島上陸作戦に参加することになった。スプルーアンス指揮下の第五艦隊の攻撃の主力は、ミッチャー中将指揮のタスク・フォース58だ。七隻の「エセックス」級と八隻の「インデペンデンス」級小型高速空母（一万一〇〇〇トン、三一・六ノット）により構成される。これが四組のタスク・グループに分けられ、それぞれの指揮官はTG58・1はジョッコー・クラーク少将、TG58・2はモントゴメリー少将、TG58・3はジョン・リーブス少将（一九一一年組）、TG58・4はウィリアム・ハリル少将（一九一四年組）。スプラーグ艦長の「ワスプ」は、モントゴメリー少将指揮下のTG58・2に属した。

ちなみに、クラーク・G・レイノルズ著の『高速機動部隊』によるこれらの指揮官の人物評は次の通りだ。

クラーク少将＝厳しい指揮官。チェロキー・インディアンの血を引き、あふれる闘魂。部下を厳しく突き放す。大声。戦前の胃潰瘍《かいよう》のため、ミルクと軽い食事しかとれない。古い傷のため脚を引きずる。

モントゴメリー少将＝普段はかんしゃく持ちで皮肉屋。冷酷だが戦場では冷静で思慮深い。頭痛持ちで、しばしば感情を爆発させる。親しみにくく人気はないが、部下からは畏敬《いけい》された。

リーブス少将＝タフで気が荒く戦を好む。

ハリル少将＝洗練された紳士。優柔不断で戦闘指揮官としては不適。

アルフレッド・E・モントゴメリー（Alfred Eugene Montgomery）１８９１-１９６１年

◆よく笑い、艦の士気を高める

六月一一日、「ワスプ」の攻撃機はテニアンを攻撃。米潜水艦の報告により、小沢艦隊がタウイタウイ基地を六月一三日に出撃、一五日の夕刻にはサンペルナルジノ海峡を通過したことを知る。

六月一九日、マリアナ沖海戦があった。空中戦では日本軍パイロットの未熟さが目立った。「レキシントン」のあるパイロットが帰艦して、「昔、七面鳥を撃って家に帰ったときと同じようなものだ」と言ったのが広まり、六月一九日の空戦は、「マリアナの七面鳥撃ち」と呼ばれるようになった。

六月一一日から二四日にかけて、「ワスプ」からの出撃は、テニアン二五四回、サイパン一四八回、小沢艦隊機迎撃三五回を含め、五三三回に及んだ。この戦闘を指揮したスプラーグに対する部下の評は、「冷静そのもの」だった。短軀《たんく》頑健な艦長は大きな口を開けてよく笑い、笑うと顔全体が口のようになった。

エニウエトク環礁に戻ったのは六月二七日。三日後には出撃し、七月四日の硫黄島攻撃作戦に参加。

スプラーグが「ワスプ」艦長だったのは九か月。未経験の乗組員を鍛え上げ、三か月の実戦では八個所の作戦地で一九二八回の出撃機発艦を行った。六〇七トンの爆弾を落とし、一二隻の船を沈め、七八機の日本機を撃破した。うち五機は対空砲火で墜《お》としたものだ。七月七日、少将に進級。二一日には二五空母隊の司令官となった。二五空母隊は、護衛空母「ファンショーベイ」、「セントロー」と四隻の駆逐艦で構成された。

開戦後、米海軍は高速大型空母は「エセックス」級に、護衛空母は「カサブランカ」級（七八〇〇トン、一九ノット）に絞って建造した。「ファンショーベイ」、「セントロー」はともに「カサブランカ」級。九月にモロタイ島上陸作戦に参加した。

南西太平洋軍はマッカーサーを司令官とする連合軍（豪州軍も編入）で、その傘下にある米海軍は第七艦隊。俗称で「マッカーサーの海軍」と呼ばれた。レイテ島上陸作戦時の第七艦隊は七三八隻の艦船（四三〇隻の輸送船を含む）を有し、ウォルター・クルーガー陸軍中将率いる第六軍の将兵一七万四〇〇〇人を輸送した。日本艦隊への攻撃戦力はニミッツの下の第三艦隊ハルゼー指揮）だったから、第七艦隊の戦力は旧式戦艦群と一八隻の護衛空母が中心だった。

スプラーグの前任はジェラルド・F・ボーガン少将（一九一六年組）。大型空母群の統率を熱望するボーガンは、小型低速の護衛空母乗組員に大型高速空母乗組員並みのレベルを求め、連日のように大声で部下を怒鳴り続けていたから、乗組員たちは縮み上がり、士気は大きく低下していた。ボーガンは、旗艦「ファンショーベイ」を「海軍中で最悪の艦だ」と公言してはばからなかった。後にボーガンは、ある式典の参加艦に「ファンショーベイ」の名を見つけ式典への参加を辞退したほど、この艦隊司令官時代を苦々しく思っていた。

ボーガンの後を継いだスプラーグの最初の使命は、この旗艦の士気を高めることだった。

ジェラルド・F・ボーガン（Gerald Francis Bogan）
1894-1973年

◆戦力差の歴然としている栗田艦隊相手に善戦

レイテ上陸作戦では、スプラーグは六隻の護衛空母（「ファンショーベイ」、「ホワイトプレーンズ」、「キトクンベイ」、「ガンビアベイ」、「カリミンベイ」、「セントロー」）と七隻の駆逐艦を率いて、サマール島沖の警備にあたった。小沢治三郎中将の囮《おとり》艦隊にまんまと引っ掛かったハルゼーの第三艦隊は、北方におびき寄せられる。この間、栗田中将の率いる戦艦四、重巡二、軽巡二、駆逐艦一一の栗田艦隊は、無事サンベルナルジノ海峡を通過してレイテ方面へ南下した。第七艦隊のキンケイドは、サンペルナルジノ海峡はハルゼーの第三艦隊が固めているものとばかり思い、旧式戦艦群を中心とした水上兵力をスリガオ海峡方面に向けた。この方面から西村艦隊が迫っていたからだ。

ハルゼーの第三艦隊の航空主力は、ミッチャー中将指揮のTF38（大型制式空母九、中型高速空母八）だった。この機動部隊は四個のタスク・グループに分けられ、それぞれの指揮官はジョン・マッケーン（一九〇六年組）、ジェラルド・ボーガン（一九一六年組）、フレデリック・シャーマン（一九一〇年組）、ラルフ・デビソン（一九一六年組）の各少将だった。

第七艦隊の護衛空母群はトーマス・スプラーグ少将が指揮を執る一八隻で、三つの隊に分かれ、クリフトン・スプラーグの指揮する第三空母隊はサマール島沖に配置されていた。このため、サンベルナルジノ海峡から南下してレイテ島へと向かう栗田艦隊とぶつかることとなった。

一〇月二五日、スプラーグの護衛空母部隊と栗田艦隊はサマール島沖で激突した。もちろん戦力差は歴然としている。スプラーグ部隊は駆逐艦による煙幕とスコールを利用して必死に逃げ、駆逐艦は果敢にも栗田艦隊に雷撃を加える。二時間あまりの戦闘で、護衛空母「ガンビアベイ」と三隻の駆逐艦が沈められた。戦力に決定的な差があった戦闘としては大善戦といっていい。栗田艦隊は反転して、レイテへは向かわずにサンベルナルジノ海峡方面へ去っていった。

ハルゼーがサンベルナルジノ海峡を空にして北方の小沢艦隊に向かったことに、キングとニミッツは激怒した。キングは、状況を詳しく把握したうえで新聞発表を行おうと考えたが、自己顕示欲の権化のようなマッカーサーは、ロイター通信を通じてレイテ島上陸作戦の成功を発表した。マッカーサーはニミッツへのライバル意識が強く、新聞発表その他ではハルゼーを意識的に持ち上げた。ニミッツ（Nimitz）の名前も、人前で平気で軽蔑《けいべつ》を込めてニーミッツ（Kneemits）と発音した。ハルゼーと会うときには、ビル（ウィリアムの愛称）とかハルゼーとはいわず、ブル（Bull）と呼んだ。

キングは怒ったが、レイテ島上陸作戦の成功で沸き立っているときに、国民的英雄である海軍の首将ハルゼーを罰することはできなかった。このため、キンケイド麾下のスプラーグやオルデンドルフ少将（旧式戦艦群を率いて西村艦隊を破った）の働きは、国民には影の薄いものとなってしまった。しかし、キングは参謀長のクック中将を派遣し、第七艦隊の活躍を称《たた》えるとともに、キンケイドを大将に昇進させることを伝える。

スプラーグは傷ついた艦隊を率いてマヌス島に戻り、真珠湾経由で一一月二七日にサンジエゴへ帰国した。ワシントンに行き海軍省での報告を済ますと、フィラデルフィアの自宅で四日間の休暇を楽しんだ。ハルゼーとキンケイドの対立に関しては多くを語らなかった。ニミッツ自身も、この論争が海軍内で大きくなるのを恐れて論争をストップさせた。

一九四五年二月、二六空母隊司令官となり、硫黄島、沖縄上陸作戦に参加した。前者では護衛小型空母「ナトマベイ」に座乗し、上陸した海兵隊に対する空からの近接掩護攻撃を行った。後者では同じく護衛小型空母「ファンショーベイ」に座乗し、神風特攻機と戦った。四月には第二空母群司令官となり、大型高速空母「タイコンデロガ」に移った。

八月一五日終戦。その後の一一日間、スプラーグの麾下航空隊は、日本各地の米軍捕虜収容所に食糧や衣類をパラシュートで降下させた。終戦後、六年間現役だった。その大部分は航空関係である。

一九五一年一一月、退役と同時に中将に昇進した。退役後はサンジエゴに住み、伝記類や歴史書を読むのを楽しみにし、野球ではボストン・レッドソックスを応援した。現役中は選挙の投票には一切行ったことがなかったが、退役後は共和党に票を投じるようになった。

一九五五年、自宅で心臓発作を起こしサンジエゴ海軍病院へ運び込まれたが、回復せず死去。

高速空母部隊指揮官の変遷

◆水上艦育ちの航空部隊指揮官たち

太平洋戦争開戦時、パイロット育ちの将官はベリンジャーとタワーズの両少将だけで、いずれも海上の作戦軍指揮官ではなかった。中年以降に航空畑に入った者にはハルゼー中将とクック、フィッチ両少将がいた。クック少将は前航空局長だったが、狷介《けんかい》で厳しい性格、言行不一致との評があった。

空母艦長クラスにはパイロット出身者が育っていた。「レキシントン」艦長のＦ・Ｃ・シャーマン大佐や「ホーネット」艦長のミッチャー大佐だ。水上艦育ちの航空部隊指揮官の将官にはブラウン中将、フレッチャー、スプルーアンス、キンケイドといった少将がいた。

ブラウン中将は、「レキシントン」を中心とするＴＦ（タスク・フォース）11を率いてウェーク島救出作戦を指揮し、翌年の一九四二年一月にはウェーク島攻撃を行った。一月末には真珠湾を出港して、南太平洋方面への人員・軍需品輸送船団を掩護した。三月初めには、ラバウル奇襲作戦やニューギニアのスタンレー山脈を越えての日本軍攻撃作戦の指揮を執った。

フランクリン・ルーズベルト［左］の横で敬礼するウィルソン・ブラウン（Wilson Brown）１８８２-１９５７年［右］

しかし、三月末、真珠湾に帰港直後にＴＦ11の指揮官を解任された。キング合衆国艦隊司令長官が、攻撃精神に欠ける指揮官と見なしたためだ。その後、ブラウン中将は、サンジエゴの上陸軍部隊司令官からボストンの第一海軍区司令官、さらにホワイトハウス内にルーズベルト大統領専用の「作戦地図室（マップ・ルーム）」がつくられると管理者となり、ルーズベルトの死後は人事局付となって終戦を迎えた。

フレッチャー少将は、開戦時は第六巡洋艦戦隊司令官だったが、ＴＦ14（「サラトガ」）の指揮官となってウェーク島救出作戦に従事し、翌年にはＴＦ17（「ヨークタウン」）を率い、一月に第二海兵旅団をサモア島へ輸送する掩護作戦、二月にはマーシャル、ギルバート攻撃作戦を指揮した。その後、ＴＦ11に合同して南太平洋に駒を進め、三月にはラバウル攻撃作戦、五月には珊瑚海海戦、六月にはミッドウェー海戦を戦った。ミッドウェー海戦では、病気のために指揮を執れないハルゼーに代わってスプルーアンスがＴＦ16を率いていた。ＴＦ11のフレッチャーは、スプルーアンスのＴＦ16も併せて指揮したが、旗艦「ヨークタウン」が損傷後はスプルーアンスに戦闘指揮を委《ゆだ》ねた。八月初旬にはガダルカナル島上陸掩護作戦、後半には第二次ソロモン海戦を戦った。珊瑚海海戦では「レキシントン」を失い、フレッチャー座乗の「ヨークタウン」も大損害を被った。「ヨークタウン」は真珠湾に何とか帰港し、ここで昼夜兼行の修理を行ってミッドウェー海戦に臨んだ。この海戦で「ヨークタウン」は沈み、フレッチャーも危うく戦死するところだった。第二次ソロモン海戦直後、日本潜水艦により「サラトガ」が傷つき（フレッチャーも負傷）、「ワスプ」は撃沈される。

開戦から翌年の九月末までの約一〇か月間、文字通り寧日なく空母機動部隊を率いて戦ったのはフレッチャー中将だった。六月以降はＴＦ11（「サラトガ」）、ＴＦ16（「エンタープライズ」）、ＴＦ18（「ワスプ」）の三任務部隊を併せて指揮し、中将に進級した。しかし、ガダルカナル戦が峠を越した一九四二年一〇月、キングはフレッチャーの更迭を発表する。フレッチャーの作戦指揮が戦意不足であると見たのだ。ニミッツはフレッチャーを評価し、その後もＴＦ11の指揮を執らせようと考えていたのだが、キングが許さなかった。

◆〝虎の子〟空母だけに集中運用に踏み切れず

一九四二年八月に米軍がガダルカナル島に上陸、以降六か月間にわたって日米両軍の死闘が続いた。

一九四三年五月以降、新鋭空母の「エセックス」級、軽空母の「インデペンデンス」級が逐次竣工する。これらの空母はすべて大西洋岸の造船所（ニューヨーク、ノーフォーク、フィラデルフィアなど）で建造された。大西洋で乗組員、搭乗員の訓練を繰り返し、パナマ運河経由でサンジエゴ軍港に寄り、ここから前線への飛行機や海兵隊員をぎりぎりまで積み込んでハワイへ向かう。

一九四三年夏、いよいよ米軍が中部太平洋を西進する準備が整った。これら中部太平洋進攻作戦に伴い、空母を中心とする艦隊の編成や運用方法が盛んに討議された。

真珠湾奇襲時の太平洋岸には、海上に「エンタープライズ」、「レキシントン」の二隻、「サラトガ」はサンジエゴ軍港にいた。大西洋岸には「レンジャー」、「ヨークタウン」、「ワスプ」の三隻と、ノーフォークで竣工したばかりの「ホーネット」がいた。

開戦から一九四三年夏頃までは、これらの空母は個々に使用された。①多くの作戦が同時になされたこと、②集団で運用すると、敵の攻撃で虎の子の空母が一挙に壊滅する恐れがあったこと、③この間空母の損害が多かったこと、などの理由によるものだった。

開戦早々の一九四二年一月、「サラトガ」が日本潜水艦の雷撃で前線を離れ、珊瑚海海戦では「レキシントン」、ミッドウエー海戦では「ヨークタウン」が沈み、第二次ソロモン海戦では「エンタープライズ」が大破。この海戦の直後、日本潜水艦の雷撃によって「サラトガ」が傷つき、「ワスプ」が沈んだ。ミッドウェー海戦後、空母の脆弱《ぜいじゃく》さを気にするキングは、同一海域で二隻の空母が作戦行動をとることを禁じたが、逆に日本海軍は、二隻の空母群による機動部隊方式をとり続けた。

ノックス海軍長官は新聞社主出身で、共和党の副大統領候補になったこともある。第一次大戦では陸軍士官となって欧州で戦った、予備陸軍大佐だ。フォレスタル次官は、プリンストン大学中退で海軍を志願して飛行操縦士官となり、海軍中尉で退役。投資信託会社社長を経て次官となった。航空担当の次官補は、同じく予備飛行操縦士官出身のゲーツ。前線艦隊の後方を担当するホーン海軍作戦部次長は、中年から航空畑を歩み、「サラトガ」艦長、航空艦隊司令官のキャリアがある。

合衆国艦隊司令長官と海軍作戦部長を兼務するキングの時間の三分の二は、陸軍参謀総長マーシャルや陸軍航空隊司令官アーノルドとの統合参謀長会議関連、英軍トップとの連合参謀長会議関連に、残りの三分の一は合衆国艦隊関連に費やされていた。海軍作戦部関係にはほとんど時間を割けず、もっぱらホーン次長が捌いていた。ゲーツ次官補とホーン次長は密接な関係をとり合っていた。

航空局長は、生粋のパイロット育ちで「サラトガ」艦長、航空艦隊参謀長、航空局計画課長、同次長のキャリアがあるタワーズ少将。野心と精力にあふれ、有力政治家、有力財界人、マスコミと接することに巧みである。パイロット育ちの有能な部下を取り巻きに持つ親分肌のタワーズは、事毎に同じように個性の強いキングと火花を散らしてきた。タワーズたち生粋のパイロット育ちにとって、中年以降に航空畑に入ったキング、ホーン、ハルゼー、ターナー、マッケーン、パウノールといった連中は、とても飛行機乗りといえる代物ではない。航空艦隊はパイロット育ちに委ねるべきだ、というのが彼らの主張だった。

開戦と同時に、航空局の仕事はみるみる増えていった。航空機の製造とパイロットの育成（訓練課長はラドフォード大佐）が重大問題で、空母の建造問題は海軍将官会議と建艦局が主としてあたった。

海軍省内にも影響力を強めたいキングは、かねてより嫌っていたタワーズをワシントンから放逐することを目論んだ。一九四二年一〇月、ハワイに太平洋航空部隊（主として後方関連を担当）司令部が創立されるとタワーズを中将に昇進させてここへ追いやり、後任にはソロモン方面航空部隊指揮官として前線にいたマッケーン少将を据える。

ニミッツは、キングとタワーズの関係をよく知っており、また自身も航海局長時代に航空局長だったタワーズをよく知っていた。ニミッツもタワーズの強い個性や政治的動きを嫌い、タワーズによって航空関連作戦が強引に動かされるのを恐れて、作戦関連にはタワーズをタッチさせなかった。

◆消極的と酷評されたパウノールの高速空母部隊

新造艦の「エセックス」級空母が揃《そろ》い始めた一九四三年夏、中部太平洋方面艦隊（後の第五艦隊）とその麾下《きか》の高速空母任務部隊が創設された。タワーズは前者の指揮官、やむを得なければ後者の指揮官をとニミッツに強く望んだ。結果的には前者にスプルーアンス、後者にパウノールの任命が発表された（八月五日と六日）。スプルーアンスは、ミッドウェー海戦後にニミッツの参謀長。パウノールはこの八月に、西海岸航空部隊司令官から第三空母戦隊司令官に任命され、TF15（空母二、軽空母一）を率いて九月に南鳥島を攻撃した。この作戦は新造の「エセックス」級空母二、軽空母一で構成され、新しい複数空母群による高速空母任務部隊の陣形、運動、戦術などの実際的試験運用と訓練を兼ねて行われた。続いて九月には、空母を替えたTF15によりタラワ攻撃を行った。一九四三年一一月のギルバート作戦では、一一隻の空母群で構成されるTF50を率いて参戦した。

パウノールのこの三つの作戦指揮は問題視された。南鳥島作戦では旗艦「エンタープライズ」艦長のクラーク大佐から、搭乗員の救助に全力を尽くさず攻撃精神不十分と批判され、タラワ攻撃作戦でも神経質となり、再度の攻撃実施という幕僚の進言を退けて戦場を離れた。上陸戦準備のための写真偵察が不十分なままでの離脱だった。ギルバート作戦でも奇襲は成功したが、攻撃が徹底せず無傷の日本機を多く残した。この日本機の雷撃によって「レキシントン」（エセックス級の二代目）は損傷する。

パウノールの指揮に不満を募らせたクラーク大佐は、タワーズや太平洋艦隊司令部にも伝える。一二月末、ニミッツはタワーズ、マクモリス参謀長、F・P・シャーマン作戦参謀（テッドと愛称されたF・C・シャーマン少将とは別人）を集めて協議を行い、パウノールを更迭し、後任にミッチャー少将を充てることに決めた。

パウノールは丁重で上品だが、勇猛果敢な野戦攻城の指揮官タイプではなかった。先祖のクエーカー教徒の血がそうさせたのかもしれない。生命のやりとりを行う厳しい戦場に臨む兵士は、指揮官の態度や顔色を見るものである。九月の南鳥島攻撃作戦では、パウノールは神経質になって、艦長の操艦を叱《しか》ったり、艦長や航海長に「自分はどうして空母なんかに来たんだろう」とこぼしたりした。

これは、真珠湾奇襲のために航行中、南雲忠一司令官が草鹿龍之介《くさかりゅうのすけ》参謀長に、「偉いことを引き受けてしまった。一体出るには出たがうまく行くだろうか」と弱音を吐いたり、心痛のため夜眠ることができず、深夜たびたび部下を私室に呼びつけては些細《ささい》な心配事を訴えたことと類似している。南雲は第三艦隊司令官としてソロモン海で戦ったときには、艦隊指揮に関して、高田利種《としたね》先任参謀から、「南雲さんは案外臆病《おくびょう》で震えていた」と言われたりした。

この南鳥島攻撃作戦で、対空砲火で撃ち落とされた三人の搭乗員がゴムボートで漂流中との報告を受けたクラーク艦長は、全部隊をその方向に向かわせて探すことを進言したが、パウノールは退け、巡洋艦の水上機二機と「ヨークタウン」の八機で捜索させた。発見できないと知ると潜水艦に捜索を依頼し、最後の機が着艦するや全速力で南鳥島から避退した。クラーク艦長によれば、南鳥島の飛行場は破壊され敵機の攻撃の心配はなかったのに、及び腰の指揮を執った、というのである。

九月のタラワ攻撃作戦でも、攻撃最終日に終夜かけて自分が死傷したときの覚え書きをつくったが、これは以前から原則が決まっており、最前線の戦場にふさわしくない無用の作業だった。また、黎明《れいめい》前に航海上重要な艦隊進路変更を行う幕僚の計画を不可とした。そのため先頭の駆逐艦は夜明けに、危うく海岸に擱座《かくざ》しかねないことになった。

キングは開戦以来、艦隊を直接指揮する合衆国艦隊司令長官となり、併せて米艦隊の長期的計画と後方関係を担当する海軍作戦部長も兼ねた。ただし、人・物・金を扱うのは海軍省であって、シビリアンのノックス長官、フォレスタル次官がしっかりこれを握っている。一九四三年五月、キングは、効率的な艦隊の運営には人・物・金の部門へも自分の影響力を強めることが必要と考え、海軍作戦部に作戦、兵備、人事、航空の部を創設し、海軍省の権限を実質的に海軍作戦部に移行しようと図った。ルーズベルトとノックスはこのキングのたくらみを許さなかったが、海軍作戦部に航空部をつくることは許し、従来の海軍省航空局職掌の計画、人事、訓練、飛行、海兵隊航空の各部門は海軍作戦部に移った。これにより、航空局は単なる後方準備部門となった。

海軍作戦部航空部の創立は一九四三年八月。新部長にはキングお気に入りのマッケーンが就任した。航空局長マッケーンの後任はラムゼー少将となった。

当時、空母部隊を指揮する少将クラスは、いずれも中年以降に航空畑に入ったテッド・シャーマン（一九一〇年組）、モントゴメリー（一九一二年組）、リーブス（一九一一年組）で、これらの者より先任となればタワーズ、マッケーン（いずれも一九〇六年組）となる。タワーズの強い個性を嫌うキングやニミッツは、タワーズに虎の子の航空艦隊の指揮を委ねる考えはなく、キングは海軍作戦部航空部の仕事が軌道に乗るまでマッケーンを手離す気がなかった。そうなればテッド・シャーマンかミッチャー（いずれも一九一〇年組）となる。ただし、タワーズを含めてパイロット組は生粋のパイロット育ちのミッチャーを望んだ。

スプルーアンスはパウノールを信頼し、ギルバート作戦の指揮ぶりにも不満を感じていなかったので、パウノールの更迭は心外だった。一二月末、ニミッツはタワーズ、マクモリス参謀長、シャーマン作戦参謀にスプルーアンス、パウノールを加えて会合を持ち、次の三点に関してパウノールの指揮に疑問を呈した。①作戦が慎重過ぎるとの批判がある。②クェゼリン攻撃の効果が不十分。③空母は危険を賭《と》しても最大の能力を発輝するよう使用されるべき。

最終決定は、翌一九四四年一月早々のサンフランシスコでのキング・ニミッツ会談で下された。この会談ではタワーズを太平洋艦隊副司令官とし、主要艦隊の指揮官が水上艦出身者であれば参謀長は航空出身者、指揮官が航空出身者なら参謀長は水上艦出身者という原則が同意された。タワーズの太平洋艦隊副司令官就任は、フォレスタル次官のタワーズを重用せよとの強い要望によるものだった。タワーズはフォレスタル次官にしばしば私信を出していた。タワーズとフォレスタル次官に共通していたことは、同じパイロット出身という仲間意識とパイロット出身者重用の要望であり、さらに大きなことは両者ともアンチ・キングであった。

タワーズとキングはよく似た性格から互いに反発し、ライバルとして激しく航空局長のポストを争ったこともある。航空局長のタワーズをワシントンから放逐し、後任にお気に入りのマッケーンを据えたのはキングだ。フォレスタル次官は、キングが海軍長官や次官を軽んじて情報を伝えないことに怒っていた。雅量の大きいノックス長官ですらキングを前線に出そうと考えたことがあったほどだから、若くて野心家のフォレスタルが怒ったのは当然だった。たとえば、この同じ一月にフォレスタルは、海軍作戦部を廃止し、次長のホーン中将を海軍省の後方兵備局（新設）長とし、キングを太平洋の前線最高司令官という案を考えていた。

パウノールは、太平洋艦隊副司令官に転出したタワーズの後任の太平洋航空部隊指揮官となり、スプルーアンスの要望でマーシャル作戦の航空助言者としてスプルーアンスの旗艦に同乗した。スプルーアンスはパウノールの意見を重視したが、パウノールとタワーズは事毎に意見を異にした。一九四四年、パウノールはペンサコーラの飛行訓練部隊司令官に転出する。なお、太平洋航空部隊のＦ・Ｐ・シャーマン参謀長が太平洋艦隊作戦参謀として転出後の後任は、ラドフォード大佐となっていた。

ニミッツの太平洋艦隊には、シャーマンが着任するまで有力な航空関係参謀はいなかった。タワーズは、パウノールの後釜《あとがま》にミッチャーを強く推した。南太平洋艦隊司令官でワシントンに向かう途中にハワイに立ち寄ったハルゼーも、ミッチャー案に賛成した。

◆評価されたミッチャーの搭乗員救助の姿勢

ミッチャーはニミッツと同様、ドイツ系の三世だ。アナポリスに入学後、成績不良と素行問題により退校処分を受けたが、当時の校長ベンソン大佐の温情で二年後に復学が許された。アナポリス一九一〇年組で、同期にはパウノール、テッド・シャーマン、スプルーアンスの参謀長として活躍したカール・ムーアがいる。

米海軍初の大型空母「サラトガ」に初着艦したのは、生粋のパイロット育ちのミッチャー少佐だった。当時の「サラトガ」艦長はヤーネル大佐。その後、ミッチャーは、一九二九年から一年間、空母「ラングレー」副長、一九三四年から一年間「サラトガ」副長、一九三七年に水上機母艦「ライト」艦長となり、一九三九年から四一年まで航空局次長。開戦早々には新造艦「ホーネット」艦長。東京奇襲のドーリットル陸軍中佐のB25は、ミッチャー艦長の「ホーネット」から発艦した。ミッドウェー海戦にも同じく「ホーネット」艦長として出陣している。

ミッドウェー海戦後はハワイの第二哨戒《しょうかい》指揮官となり、一九四三年二月にはソロモン方面航空部隊指揮官。山本長官機を撃墜したのはミッチャー指揮下の航空部隊だった。しかし、その後マラリアにかかり、七月に西海岸航空艦隊指揮官に転任。一九四四年一月、中部太平洋方面艦隊の航空艦隊指揮官として着任する。

ミッチャーは外見は颯爽《さっそう》としたところがない。内気で無口。話すことはあってもほとんど聞きとれないくらいの低い声だ。小柄で痩身《そうしん》。顔には太いしわが何本も走っている。暴虎馮河《ぼうこひょうが》の大言壮語型とは逆。換言すればハルゼー型とは対照的な提督だ。

ミッチャーの指揮官としての能力が衆人から評価されたのは、ソロモン方面航空部隊指揮官のときだった。部隊は、海、陸、海兵、ニュージーランド軍からなる混成航空部隊だ。摩擦が絶えないし、生活環境は過酷。苦戦が続くと士気も沈滞する。ミッチャーは生活環境の改善、攻撃精神希薄な飛行隊長の更迭、組織刷新と戦術の改善、撃墜された搭乗員の救助努力を次々と実行した。

ミッチャーは、ペーパーワークは参謀長に任せて読まずにサインする。計画に関しては、参謀が練り上げた案に対して自由討論は行うが、文書として完成した作戦計画はほとんど読むこともしない。麾下の任務部隊の司令官には自分が望んでいることを伝え、そのやり方については何もいわない。大声を出したり興奮したりすることは決してない。感情を顔に表したのは、「ホーネット」艦長としてミッドウェー海戦に臨み、雷撃隊が全滅したときと、沖縄戦で旗艦「バンカー・ヒル」が特攻機の攻撃を受けて司令部幕僚を失ったときだけだった。

ミッチャーの指揮の特色の一つは、撃墜された搭乗員への救助活動だった。一九四四年の硫黄島攻撃作戦では、海岸からの砲火のため、ゴムボートで浮かぶ搭乗員を水上機が着水救助できなかった。ミッチャーは暗くなるまで戦闘機で上空を制圧し、暗くなってから潜水艦にゴムボートの救助に向かうように命じた。マリアナ沖海戦（一九四四年六月）でも、薄暮攻撃を行った攻撃機の帰投を容易にするため、全艦隊に点灯を命じている。いずれも搭乗員の心情を考えたものだった。ミッチャーは決断と行動が迅速で、戦闘指導が消極的な指揮官は躊躇《ちゅうちょ》なく解任した（解任された指揮官は、ギンダー少将＝一九一六年組、ハリル少将＝一九一四年組）。

一九四四年三月、ミッチャーは、空母群先任指揮官から太平洋艦隊高速空母群司令官となって中将に昇進。このとき、スプルーアンスは大将に昇進。ソロモン方面の戦闘はほぼ終結し、米海軍の主力は中部太平洋に集まった。そして、この艦隊をスプルーアンスが指揮する場合は第五艦隊と呼び、南太平洋から帰ってきたハルゼーが指揮する場合は第三艦隊と呼ばれるようになる。

第五艦隊の場合はスプルーアンスが司令官で、高速空母部隊はミッチャー中将が率いる。ハルゼーが率いる場合の第三艦隊の高速空母部隊は誰が指揮を執るか。一九四四年五月、キングは独断で作戦部・航空部長のマッケーンを指名する。マッケーンの後任はA・W・フィッチ中将とした。フィッチが赴任する八月までは次長のラドフォード少将が部長心得となり、フィッチ赴任後はラドフォードは再び海上に出ることとなった（第六空母戦隊司令官）。

マッケーン中将は空母群の指揮に慣れるため、スプルーアンスによる六月のマリアナ作戦には旗艦に同乗して観戦した。その後ハワイに戻り、すぐにワシントンに帰り、フィッチと交代して再び太平洋に戻った。一九四四年八月五日付で、ミッチャーは太平洋高速空母任務部隊第一司令官となり、マッケーンは同第二司令官となった。

マリアナ作戦を終えてスプルーアンスはハワイに帰った。七か月間しか海上にいなかったミッチャーは、第三艦隊と艦隊名が変わっても、後三か月航空部隊の指揮を執ることとなり、この間マッケーンはＴＧ三八・一の司令官となった。マッケーンにとって任務に慣れるまでの研修期間ともいえる。三か月後の一一月、マッケーンは第三艦隊の高速空母任務部隊の司令官となった。

マッケーンは、フレッチャーやタワーズと同期の一九〇六年組。五〇歳を超えてから航空畑に入った。性格は恐れを知らない積極派。派手で快活であるが、神経質でよく怒った。態度も作戦もずさんという酷評もある。息子は太平洋戦争中、潜水艦の艦長で、戦後海軍大将となった。孫も海軍軍人となってベトナム戦では捕虜になったが生還した。ガダルカナル戦では初代の南太平洋航空部隊の司令官（ミッチャーの先任）となり、タワーズの後任の航空局長の後、海軍作戦部初代航空部長だったことは前述した。

第三艦隊のスプルーアンスが水上艦出身者で、航空部隊運用をよくミッチャーに委ねたのに対し、第五艦隊はハルゼーが直接、航空部隊を率いることが多かった。その点、マッケーンは影が薄かった。

マッケーンは終戦直後に死に、ミッチャーも終戦の翌々年二月に死んだ。いずれも心臓発作だった。洋上での過酷な戦闘指揮がその生命を縮めたことは間違いなかった。

《コラム》高速空母艦隊の参謀と艦長

◆日米で大きく異なる参謀職

太平洋戦争中の高速空母関連の参謀を三人挙げよといわれれば、①ラドフォード、②ダンカン、③シャーマンということになろうか。アナポリスと江田島の卒業年次を比べると、①は山本五十六元帥の先任参謀の黒島亀人《くろしまかめと》、②は開戦時の軍令部作戦課長（終戦時は作戦部長）の富岡定俊《とみおかさだとし》、③は主要艦隊（含む連合艦隊）の先任参謀を歴任した高田利種《としたね》や、軍令部作戦課長が長くパイロット育ちの山本親雄《ちかお》と同じだ。

アーサー・W・ラドフォード（一八九六〜一九七三）は、ペンサコーラ飛行学校教官、航空局計画課課員、航空艦隊参謀などを務め、開戦直後は海軍省航空局訓練課長。その後、第一空母艦隊司令官、太平洋航空部隊参謀長、海軍作戦部・航空部次長、第六空母艦隊司令官と、大戦中は洋上の重要空母部隊指揮官と陸上枢要部門の参謀ポストにあった。管理能力と戦場での指揮能力を兼ね備えていて、戦後も要職を重ね、統合参謀本部議長となっている。

ドナルド・B・ダンカン（一八九六〜一九七五）はラドフォードと同様、ペンサコーラ飛行学校教官、航空局計画課課員、航空艦隊参謀を務め、開戦直後は合衆国艦隊航空参謀だった。合衆国艦隊のエドワーズ参謀長は潜水艦屋。クック先任参謀は水上艦乗りで、真珠湾奇襲時には戦艦「ペンシルベニア」艦長だった。そういう背景もあったので、キングは航空関係はダンカンに期待し、また評価もした。ダンカンは、パイロットの大先輩タワーズの秘蔵っ子であると同時に、キングに評価された数少ない士官の一人だった。

ルーズベルト大統領の強い要望だった東京奇襲を、実現可能な具体案にまとめたのはダンカン参謀である。アイデアを提供したのは、クック先任参謀の前任者ロー大佐だった。爆撃機はB25。二〇〇〇ポンド爆弾を積み、二〇〇〇マイル飛べるように燃料タンクを増設する。空母は「ホーネット」。ダンカンは陸軍航空隊のアーノルド中将に説明して了承を得るとともに、実行者のドーリットル陸軍中佐、「ホーネット」艦長のミッチャー大佐への説明や訓練指導にあたった。

その後、「エセックス」級空母一号艦の「エセックス」艦長となり、再びワシントンに帰国し、統合参謀長会議に属する統合計画委員会参謀となる。再び海上に出て、第四空母艦隊司令官として終戦を迎えた。

フォレスト・P・シャーマン（一八九六〜一九五一）は、アナポリスの卒業席次が二番という秀才だが、入学試験に一度失敗し、いったんはマサチューセッツ工科大学に入学、翌年再びアナポリスに挑戦して合格している。秀才に多い冷たい性格で、級友の多くから野心家として嫌われていた。同期生にはスプラーグ、クラーク、ブローニングといった、大戦中に空母艦長（大佐）ないし航空艦隊司令官（少将）として活躍した人が多い。

アナポリスを一九一八年に卒業し、二二年にペンサコーラの飛行学校で学ぶ。教官にはラドフォードやダンカンがいた。その後は航空艦隊参謀など、航空畑一筋。開戦前はタワーズ航空局長の片腕として航空機の増産、陸軍航空隊との調整、搭乗員の募集・育成といった課題を担当していた。人事問題は航海局（局長ニミッツ少将）職掌ではあるが、搭乗員関係の訓練・配置などは航空局が当然担当すべしというタワーズの強い意向がある。ニミッツの航海局とタワーズの航空局は激しく対立した。ニミッツはこのときの体験で、タワーズの強烈な個性や連邦議員、新聞などを利用して自分の意思の実現を図ろうとする政治的動きを知り、タワーズ嫌いになっている。シャーマンが航空艦隊参謀時の参謀長もタワーズだった。

一九四二年五月、「ワスプ」艦長。ガダルカナル戦の輸送船団護衛のためソロモン諸島南方を航行中、伊一九潜水艦の魚雷を受けた。艦は沈み、珊瑚海を泳いで救助された。伊一九潜の艦長は木梨鷹一《きなしたかいち》少佐。江田島五一期でシャーマンより五年後輩に相当するが、木梨は卒業席次がびりだった。五一期のクラスヘッドは、前後数クラスに例を見ないほどの頭脳の持ち主といわれた樋端久利雄《といばたくりお》大佐だ。

樋端は生粋のパイロット育ちで、フランス駐在武官補や海軍省、軍令部、艦隊の主要ポストを歩み、山本長官の同乗機で戦死した。戦後、一期下の源田実《げんだみのる》は、「全海軍の作戦を樋端の明快極まりない脳味噌に預けるべきだった」と言っている。風采《ふうさい》はすこぶる上がらず、口を少し開けて放心しているように見えることもあったが、このときが最も頭の冴《さ》えていたときだった。若くしてすでに、将来の海軍を背負って立つといった風格があった。秀才に有り勝ちな冷たいところは全くなく、人の話によく耳を傾け、パイロット間の信望は絶大だった。頭脳鋭敏のパイロット育ちで参謀畑が長いという点では、シャーマンと樋端は共通しているが、性格は大分違うようである。

「ワスプ」が沈んだと聞いて、太平洋航空部隊司令官となってハワイにいたタワーズは、ニミッツの了承を得てシャーマンを自分の参謀長に据える。ニミッツから太平洋艦隊司令部に適切な航空参謀の推薦を求められたとき、タワーズは、ラドフォード、シャーマン、ダンカンの三人を推した。ニミッツが三人のうちで誰が最適かと尋ねると、タワーズはシャーマンと答えた。

一九四三年一二月、シャーマンは、ニミッツの太平洋艦隊作戦参謀となる。シャーマンの後任の太平洋航空部隊参謀長はラドフォードとなった。シャーマンはニミッツの信頼を得、マクモリス参謀長もシャーマンに頼ることが多かった。

シャーマンの、ニミッツへの影響力は大きかった。ニミッツは重大会議には必ずシャーマンを帯同した。人の意見を聞く態度をとらないキングも、シャーマンの意見には耳を傾ける姿勢を示した。以降、一貫して太平洋艦隊の作戦参謀を務めた。戦後、ニミッツは作戦部長になるとシャーマンを作戦部へ引き抜いている。シャーマンは、野心家としての冷酷さを嫌われることが多かった。権門に近付くことも、火中の栗を拾うことも辞さないところがあった。戦後、陸海軍の統合問題で双方が激しく対立したときも、妥協案をつくって海軍関係者の一部から憤激を買っている。その後、作戦部長となった。

太平洋戦争中、空母部隊関係の主要指揮官でシャーマンという人物がもう一人いる。テッドと愛称されるフレデリック・C・シャーマン（一八八八〜一九五七）だ。このシャーマンはミッチャーと同期だから、八期先輩にあたる。

シャーマンの同期生でハルゼーの参謀長を長く務め、ハルゼーの信頼の厚かったのがマイルズ・R・ブローニングだ。ミッドウェー海戦では、病気のハルゼーに代わって指揮を執ったスプルーアンスの参謀長として、航空を知らないスプルーアンスをよく補佐、この海戦を勝利に導いた。ただ陰気な皮肉屋で、管理能力を疑われ、キングとニミッツに、ハルゼーの参謀長の職を解かれた。

◆米海軍パイロットのキャリア・コース

米海軍パイロットの典型的なキャリア・コースは、次のようなものだった。

①ペンサコーラの飛行学校
②各航空基地や空母の飛行士
③水上機母艦艦長（中佐）
④小型空母艦長（大佐）
⑤大型空母艦長（大佐）
⑥空母艦隊司令官（少将）

海軍省航空局や航空艦隊参謀のキャリアを踏む者もいるが、日米両海軍で考え方に大きな差があるのは参謀職務だ。

米海軍の場合、指揮官がすべてを決定し、参謀は指揮官の頤使《いし》に甘んじ、指揮官の意向通りに動く。だから、海軍士官で参謀を望む者はまずいない。キングから電話で合衆国艦隊参謀長をと望まれたウィルソン少将は、不平と不満で泣き出しそうになったし（娘の回想）、同じくキングから先任参謀にと望まれたクック大佐（当時戦艦「ペンシルベニア」艦長）は辞退し続けている。

日本では昔から、指揮官には高貴な血筋の人や人望の厚い者を充て、実際の仕事は裏方の参謀的立場の人が取り捌くという伝統があった（戦国時代は例外）。だから参謀の影響力は大きく、地位も決して低くはない。金色燦然《さんぜん》とした金モールの参謀飾緒を軍服の右肩に吊《つ》るして威厳を示す参謀は、米海軍のように敬遠される職務ではなかった。

パイロット育ちの樋端久利雄、山本親雄、源田実、淵田《ふちだ》美津雄《みつお》といった人々は、いずれも参謀のキャリアが長い。南雲の第一航空艦隊などは、源田艦隊といわれるほど源田参謀の影響力が強かった。源田自身、自分の成案・進言が、そのまま先任参謀、参謀長、司令官と無修正で通過していくので恐ろしくなったと回想している。もちろん例外もあった。小沢治三郎《ちさぶろう》中将は自身で決定するタイプであり、参謀は文字通り小沢の補助者であった。

前述した①から⑥までの典型的なコースを歩んだ者の一例として、ニミッツの参謀となったシャーマンと同クラスのクリフトン・A・F・スプラーグ（一八九六〜一九五二）がいる。

シャーマン、スプラーグと同クラスで「ジョッコー」と愛称されたクラークも、同じようなキャリアを歩んだ異色の空母艦長だ。クラークは大戦中のほぼ全期間、空母艦長ないし空母戦隊司令官として海上にあった。ミッチャーが最も頼りにした航空屋で、チェロキー・インディアンの血をひいており、直情径行、野戦攻城の指揮官タイプだ。クラークは、平時であればとても許されないような上官批判を行い、大戦中期までの航空艦隊司令官フレッチャー中将や次のパウノール少将の更迭原因をつくっている。いずれも、司令官の攻撃精神不足をキングや大統領に直接訴えたのである。

クラークはその後、高速空母を率いる空母艦隊の司令官になってミッチャーの信頼を得る。ミッチャーに心酔するクラークは、マッケーン中将の下で戦うことを嫌い、マッケーンのTF38に所属するようになったときは、空母群指揮官を外してほしいとミッチャーに工作したりした。同期生のシャーマンが冷徹型、スプラーグが温和中庸型とすれば、クラークは熱血偏執型といってよかろう。

戦後、スプラーグは海軍中将、クラークは海軍大将にそれぞれ名誉昇進して退役した。

《コラム》エセックス級空母

◆軍縮条約から制約なしに設計された主力空母

ワシントン軍縮条約（一九二二年）、ロンドン軍縮条約（一九三〇年）による海軍軍備制約は、一九三六年で期限切れとなった。それまでの諸制限から解放されて設計された空母が、日本海軍の翔鶴《しょうかく》型空母（二万六〇〇〇トン、三四ノット）であり、米海軍のエセックス級空母（二万七〇〇〇トン、三三ノット）である。双方とも大きさ、兵装ともほぼ同じであり、翔鶴型空母は太平洋戦争で大活躍し、「エセックス」級は米海軍の主力空母となった。

米空母の第一号は、石炭輸送艦「ジュピター」を改造した「ラングレー」。実験艦といってよく、後に航空機輸送艦として使用された。本格的実用艦として登場するのは、「レキシントン」、「サラトガ」の姉妹艦である。両艦とも、巡洋戦艦として計画されていたのを空母に改造設計されたものだ。日本海軍の「赤城《あかぎ》」、「加賀」も、同じような経緯で空母に改造されている。

米海軍で航空局が創設されたのは一九二一年である。航空局の創設以来、一二年間の長期にわたり局長を務めたのはモフェット少将だった。彼は米海軍航空の将来を、①飛行船、②飛行甲板を持つ航空巡洋艦、③一万三八〇〇トン級の小型空母、と考えていた。小型空母を主力と考えたのは、大型空母の建造費が莫大《ばくだい》なことの他に、ワシントン条約で米海軍空母の総枠が一三万五〇〇〇トンと定められ、この枠の半分を「レキシントン」と「サラトガ」の二隻で占めていることもあった。空母の数を増やそうとすれば小型化せざるを得なかったのだ。かくして、「レキシントン」級空母の次に建造されたのはレンジャー級空母（一万四五〇〇トン、二九・五ノット、「レンジャー」と「ワスプ」の両艦）だった。しかし、これを実際に運用してみると、防御、速力、航続距離の面で問題があることが分かった。

この反省から生まれたのがヨークタウン級（一万九九〇〇トン、三四ノット）である。「ヨークタウン」、「エンタープライズ」、「ホーネット」の三艦だ。「レンジャー」と「ヨークタウン」の進水は、それぞれ一九三三年と三六年。ちなみに、モフェット航空局長は飛行船墜落事故で「レンジャー」進水の年に殉職した。ヨークタウン級の次の空母がエセックス級であり、第一号艦「エセックス」の竣工は一九四二年末である。

アメリカ海軍のヨークタウン級航空母艦「ホーネット」（ＣＶ-８）。排水量１万９９００トン、全長２５１メートル、全幅33．４メートル、速力34ノット（時速64キロ）、搭載機90機

一九三〇年代半ばまでの米海軍の空母建造には、①進水済みの巡洋戦艦の船体利用、②ワシントン軍縮条約での空母トン数総枠（一三万五〇〇〇トン）、という二つの問題があった。②は一九三六年に期限切れとなるが、ヨークタウン級以降の空母へは、次のような諸要求があった。


⑴四個飛行隊（四×一八機）プラス一個予備飛行隊、計九〇機搭載可能。

⑵発艦、着艦、給油、整備ができるだけ迅速にできること。

⑶広い太平洋での作戦には長距離（したがって長期間）航海が必要なため、搭載機の四分の一の完全修理が可能な部品を備えておけること。

⑷しかるべき防御力（対魚雷、対爆弾）。

⑸飛行機の進歩に応じて、艦の拡大の可能性をとっておくこと。

⑹艦の寿命をできるだけ長くすること。


以上の要求を勘案して、一九三九年一二月、ＣＶ９ＡからＣＶ９Ｇの七種類の案が将官会議で検討された。ＣＶは空母を示す略号で、９は空母の歴代番号である。すなわち、最初の空母「ラングレー」はＣＶ-１、二番艦の「レキシントン」はＣＶ-２。当時の最新空母「ホーネット」がＣＶ-８である。七種類の案は二万三〇〇〇トンから二万七〇〇〇トン、速力も三三ノットから三五ノットまでに分かれていた。

　結局、セキストン将官会議議長はＣＶ-９Ｆ（二万六〇〇〇トン、三三ノット、一五万馬力）を基本的な設計案として、翌年一月三一日にノックス海軍長官に答申した。この答申の中で、セキストン議長は二万トン級の「ヨークタウン」級から二万六〇〇〇トン級に大型化する必要性について、次のように書いている。

⑴四個飛行隊の発艦を一回で行うための飛行甲板が必要。
⑵被害を最小限に抑えるための艦底の三重構造化や、機関室の小型化と機関室数の増加。
⑶航空燃料庫の拡大。
⑷五インチ砲の増加（八門から一二門）。
⑸飛行甲板を一〇〇〇ポンド爆弾に耐えられるよう強化。
⑹一二万馬力から一五万馬力への馬力アップ。

　将官会議の答申を受けたノックス海軍長官は、二〇日後の二月二一日に認可する。

　これによって将官会議答申案は、スターク作戦部長を通して海軍省の建艦局、兵備局、技術局、航空局、航海局の各局に配布され、最後の詰めが行われた。ニューポート・ニューズ社との間に正式契約が結ばれたのは七月三日。エセックス級空母の建造費用は公表されていないが、六八〇〇万ドルから七八〇〇万ドルと推定されている。早期完成が強く望まれたので、造船所は昼夜三交代制をとり、竣工までの期間は一三か月から二〇か月であった。

　「エセックス」の建造開始は一九四一年四月で、竣工は翌年の大晦日《おおみそか》。初代艦長はダンカン大佐。アナポリス一九一七年組で、日本海軍の富岡定俊少将の四五期生に対応する。二番艦「ヨークタウン」、三番艦「イントレピッド」の初代艦長はそれぞれジョッコー・クラーク大佐、トーマス・Ｌ・スプラーグ大佐（同期のクリフトン・Ａ・Ｆ・スプラーグとの混同に注意）で、いずれもアナポリス一九一八年組。アナポリスの一九一八年前後のクラスの有為《ゆうい》の飛行将校が、以降続々と「エセックス」級空母の艦長に任命されていった。

　米海軍の戦艦には州名、巡洋艦には都市名、駆逐艦には著名海軍士官名が付けられたが、空母の命名には一貫性がなかった。比較的多いのが、独立戦争時の古戦場名である。「レキシントン」、「サラトガ」、「ヨークタウン」、「タイコンデロガ」、「バンカーヒル」、「アンティータム」、「レイク・シャンプレーン」などがそうだ。

　昔の有名な艦名をとったものも多い。「エセックス」、「エン

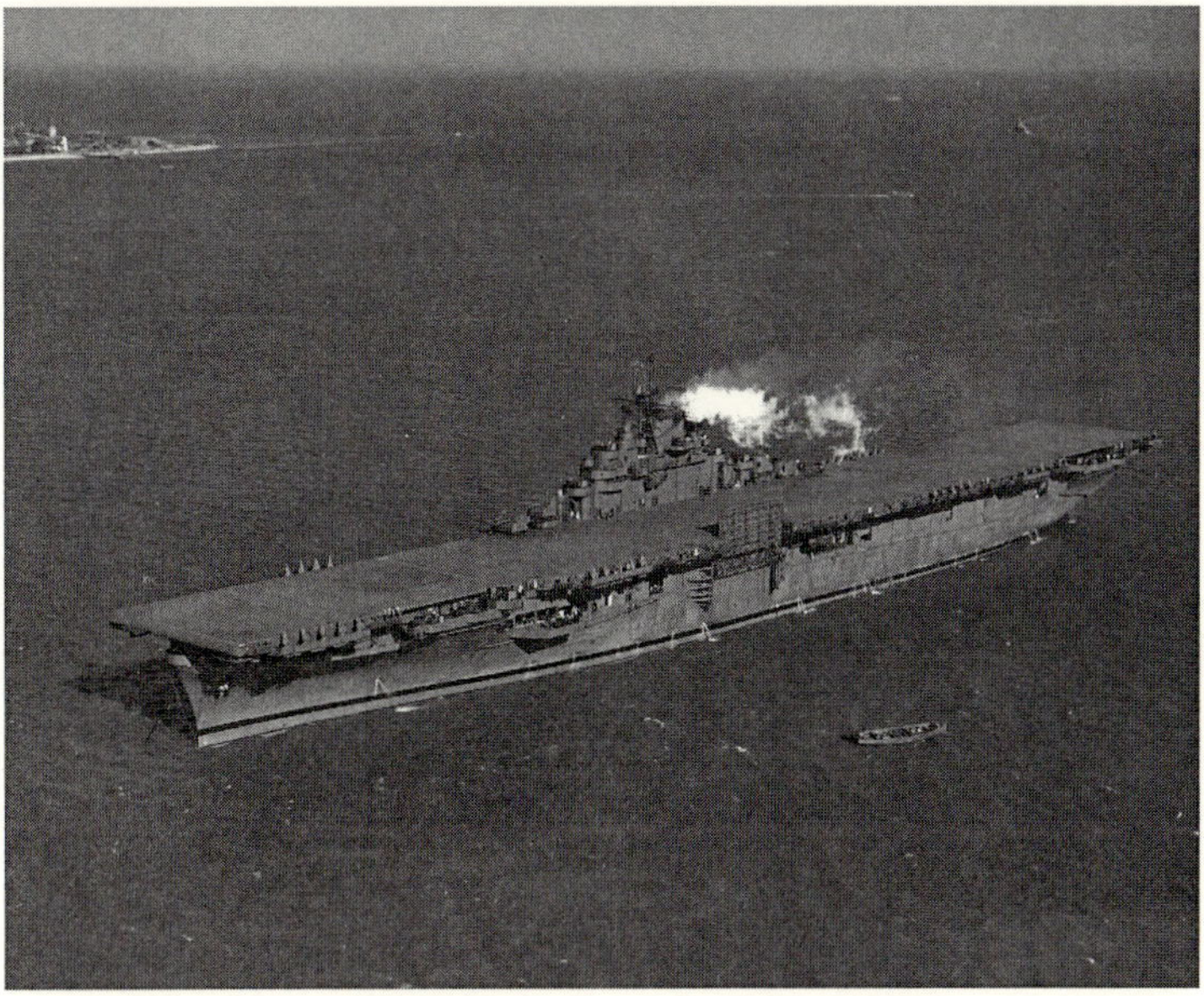

アメリカ海軍のエセックス級航空母艦「ワスプ」（ＣＶ-18）。排水量２万７０００トン、全長２６６メートル、全幅28．４メートル、速力33ノット（時速61キロ）、搭載機90機

タープライズ」、「レンジャー」などがそうだ。「エセックス」は、マサチューセッツ州サレム周辺の住民献金で、一七九九年に政府に献上された艦。第二次英米戦争（一八一二年）で活躍したことで有名。

珍しいのはスズメバチの種類の名を付けた「ワスプ」と「ホーネット」の両艦名だ。

米海軍空母の第一号艦「ラングレー」は、米国の有名な航空物理学者の名前をとったものである。

《コラム》グラマン戦闘機とグラマン社

◆ずんぐりしているが、パワフルで生産性に優れたグラマン製

太平洋戦争中の日米の花形戦闘機は、ゼロ戦（零式艦上戦闘機）とグラマン戦闘機（初期はF4Fワイルド・キャット、後期はF6Fヘル・キャット）だ。両者は姿、形、設計思想が対照的で、製造メーカーの社風、生い立ちも対照的である。

まず、見た目がはなはだ異なっている。ゼロ戦の優雅でスマートな姿に対して、グラマンはずん胴でお世辞にもスマートとはいえない。グラマンの不格好さは伝統的なものだった。

グラマン社が最初に米海軍に納めたFF1型（複座、複葉、初飛行一九三一年一二月）は、その太くて短い胴体から「太っちょマートル（女子名）」と呼ばれた。次のF2F型（単座、複葉、初飛行一九三三年一〇月）も「太鼓腹」と形容されている。F3F型（単座、複葉、初飛行一九三五年三月）は、八一機の大量注文（代価一六七万ドル）を受けて、グラマン社の経営を軌道に乗せた機種だったが、スタイルはF2F型とほぼ同様だ。

グラマン社が開発した、引き込み脚を備えた最初の海軍戦闘機FF1型

Ｆ４Ｆ型以降、俗称に「キャット」がつくようになる。Ｆ４Ｆ型はワイルド・キャット、Ｆ６Ｆ型はヘル・キャット、Ｆ７Ｆ型、Ｆ８Ｆ型はそれぞれタイガー・キャット、ベア・キャットという具合。Ｆ４Ｆ型は「ずんぐりした樽のような」と形容されたし、Ｆ６Ｆ型も見た目は大体Ｆ４Ｆ型と同じだ。我々日本人がゼロ戦の敵役であるがためにグラマンを不格好と考えたのかと思っていたが、米国人もグラマンを「太鼓腹」「ビア樽」と評しているのは面白い。なお、Ｆ５Ｆ型は双発、単座、二三ミリ機関砲二門装備という意欲的なものだったが、母艦への着艦性能、エンジン問題、価格などの点で制式化されなかった。

戦場での飛行機の比較は美人コンテストとは違う。酷使と大量消耗に耐えるためには（性能はもちろん大事だが）、何よりも頑丈で修理しやすく、大量生産型でなければならない。独空軍のユンカースＪＵ52輸送機は、姿は醜悪だったが頑丈で扱いやすく、「タンテ（おばさん）」と呼ばれて大活躍した。

ゼロ戦は、使用可能エンジン馬力に対し、過酷な攻撃力、航続力、スピードを要求されたため、徹底的な空力的洗練と重量の軽減が図られた。このため、防御面の配慮ができなかったのに対し、グラマンは強力馬力のエンジンを搭載させることで、頑丈で大量生産向きの設計がなされている。

太い胴体は、内部工作の容易さを意味する。戦時中、グラマン社のライン・ワーカーの三分の一は女性作業者で、胴体内部のリベット打ち作業は立ったままで可能だった。グラマン戦闘機はＦＦ1型より引込脚方式をとっており、Ｆ４Ｆ型まで大きな、したがって頑丈な車輪の胴体収納式だから、太い胴体とならざるを得ないという事情もあった。

グラマン戦闘機の特色は、前述のように初めから引込脚方式だったことと、Ｆ４Ｆ型とＦ６Ｆ型はともに主翼を折り畳めるようにしたことだ。

空母に飛行機を格納するとき、いちばん邪魔になるのが主翼だ。折り畳むアイデアはグラマン社長自身が考えた。鳥は飛ばないときは翼を体の後に畳んでいるではないか。主翼を付け根近くから後に大きくずらし、向きを九〇度変えて機体と平行にさせ、さらに機体にかぶせるように折り畳むには、複雑な主翼設計と高品質の素材、精度の高い工作技術、それに重量増加を許容する大出力エンジンが不可欠だ。これによって、主翼だけについていえば、二機分の空間に五機格納できるようになった。

これはＦ６Ｆ型の脚の収納方式にもいえる。それまでは胴体に引っ込めるだけの簡単な方式だったが、Ｆ６Ｆ型は脚の向きを九〇度変え、そのまま機体に平行に倒して主翼に収納する方式をとっている。これも複雑な設計と精度の高い工作技術

主翼を折ることができるだけでなく、向きを90度変えて後方に折り畳むことができるＦ６Ｆヘルキャット戦闘機

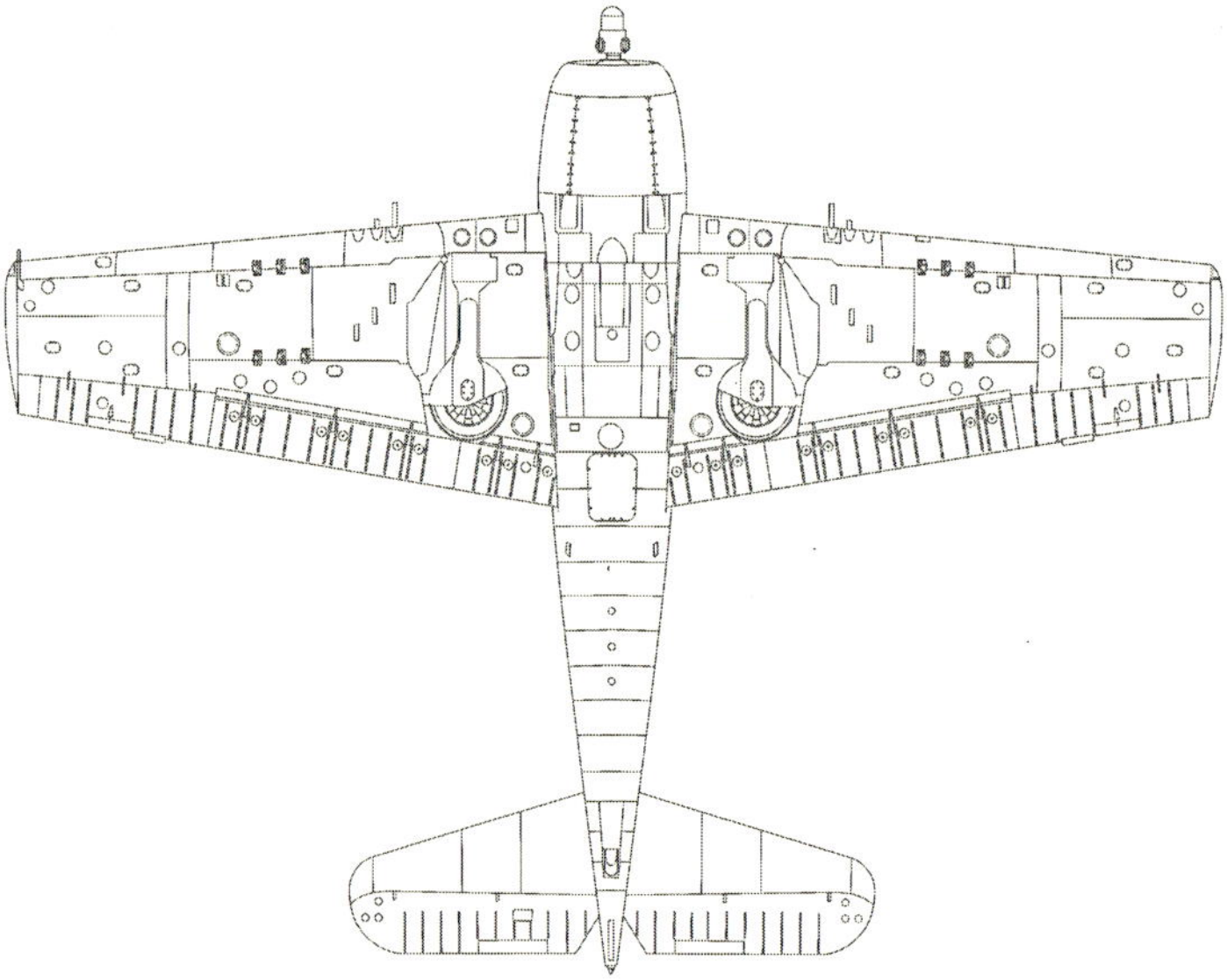

Ｆ６Ｆヘルキャットの上面図。主脚は向きを90度変え、機体に平行に倒して主翼に収納することができる

が必要だ。

　Ｆ４Ｆ型の構想は一九三六年の初めから始まった。最初の構想のＦ４Ｆ１型は複葉だったが、この年の夏に海軍から単葉、九〇〇馬力、一二・七ミリ機銃装備という指示があり、Ｆ４Ｆ２型の構想がまとめられた。その後、欧州の緊迫化に伴いさらに高性能化が求められ、Ｆ４Ｆ３型の設計が一九三八年一〇月に完了した。初飛行は第二次大戦直前の一九三九年八月である。最初の構想と比べて、最終的には九〇〇馬力から一二〇〇馬力、一二・七ミリ機銃二門、七・六二ミリ機銃二門が一二・七ミリ機銃六門となり、前述した主翼折り畳み方式となった。

　英海軍はこのＦ４Ｆ型を購入し、「マートレット（つばめ）」と通称した。初陣とその戦果は、一九四〇年一二月二五日のユンカースＪｕ88（双発四人乗り）の撃墜である。翌年九月には、英海軍空母「オーダシティ」搭載のＦ４Ｆ型がフォッケウルフ二〇〇Ｃ（四発八人乗り）を一機墜とし、さらに後には四機を墜とした。歓喜したチャーチルは、Ｆ４Ｆ型を「大西洋の鞭《むち》」と呼んだ。

　ヘル・キャットと通称された（英空軍ではガネットと呼ばれた）Ｆ６Ｆ型の初飛行は、一九四二年六月。初陣は、一九四三年八月三一日のマーシャル諸島上空の空中戦である。九一機のヘル・キャットと五〇機のゼロ戦が戦い、二八機のゼロ戦が墜とされ、ヘル・キャットの損害は二機だった。太平洋戦争中、米艦載機が墜とした日本機数は六四七七機、そのうち五一五五機はこのヘル・キャットによるものだった。

　グラマン戦闘機は、グラマン社（ニューヨーク州ロングアイランド）とゼネラル・モーターズ社東部航空機事業部（ニュージャージー州リンデン）の両工場で、一九四三年から四五年にかけて三〇か月で一万二二七五機が製造された。一九四五年三月には、グラマン工場（従業員二万二〇〇〇人）のみで一か月に六六四機製造（戦闘機以外も含む）という記録をつくっている。

　ゼロ戦メーカーの三菱重工とグラマン・メーカーのグラマン社は、歴史や社風がかなり違う。三菱重工は三菱グループの中核会社。軍艦、戦車をはじめ兵器の総合メーカーで、航空機製造は四代目当主である岩崎小弥太社長の強い意思で始まった。

　グラマン社は大恐慌の真っ最中の一九二九年一二月、航空機をつくるのが好きでたまらない飛行機野郎数人の出資（七万七二五〇ドル）でできた会社だ。その前は、第一次大戦の飛行機需要にこたえて創設されたレーニング社にまでさかのぼることができる。オーナーの飛行機製造技師グローバー・Ｃ・レーニングは、一九二八年に会社を売却した。この会社にいたグラマンをはじめとする仲間が新しくつくった会社が、グラマン航空機製造会社である。

レロイ・R・グラマンは、一八九五年一月にニューヨーク州ハンチントンに生まれ、コーネル大学を卒業した。その時代の若者の多くがそうであったように、第一次大戦時には米国海軍に入り、飛行教官を経てテストパイロットとなっていた。

戦後の一九二〇年、グラマン大尉はレーニングの招聘《しょうへい》に応じてレーニング社に入り、飛行機製造の道を歩むこととなった。ニューヨーク州で生まれ育ったグラマンは、生涯活躍の本拠地をニューヨーク州から移すことはしなかった。第二次大戦終戦の直前に肺炎になり、ペニシリン注射の副作用で盲目となった。一九四六年に社長を辞任したが、六六年まで会長として留まった。一九八二年死去。この年にはゼロ戦設計者の堀越二郎も亡くなっている。堀越はグラマンより八歳年下であった。

《コラム》グラマン社と三菱航空機

◆エリート集団の三菱、叩き上げのグラマン

工業製品はその時代的背景を抜きにして考えることはできない。戦闘機とて同じことだ。

ゼロ戦（零式艦上戦闘機）を知るためには、その数値的性能も大切ではあるが、それが完成に至った背景（技術水準や購入側の海軍の意向など）を知ることも不可欠である。従来あまりいわれていない事柄に、製造メーカーの社風、個性といったものがある。自動車一つをとってみても、フォルクスワーゲン、トヨタ、フォードの車には、それぞれ一目で気付くような相違点がある。

ゼロ戦は三菱と中島の両社で製造された。同じ図面に基づいて造られるのだから、全く同じものができ上がると考えるのが自然だ。ところが、ベテランパイロットは一目見て、三菱製か中島製かがわかったという。工法――たとえば鋲《びょう》打ちの方法――にその違いが表れるのである。

三菱航空機（後に三菱造船と合併して三菱重工となる）は、日本の代表的企業グループの嫡流として生まれ育った。三菱内燃機（大正九年創設）から三菱航空機（昭和三年創設）、さらに三菱重工業（昭和九年創設）への道程で、強力なリーダーシップを振るったのは四代目オーナーの岩崎小弥太《こやた》社長（大正五年から昭和二〇年までの三〇年間、三菱のトップだった）である。岩崎は日本の進むべき道を重化学工業化と考え、当面の利益を度外視しても、先端産業の会社を創設してその礎を築こうとした。航空機産業もその一つであった。

旧制一高からケンブリッジを卒業し、二八歳の若さで三菱の副社長になった彼を抜きにして、三菱航空機は語れない。その長期的視野と国際感覚を示すエピソードは、日米開戦直後、三菱系各社の首脳を急遽《きゅうきょ》本社に招集して訓示をした内容によく表れている。少し長くなるが紹介したい。

「在来我が三菱と事業に於《お》いて相提携せるものに幾多の英米人あり。彼らは今日に至る迄我らの友人として同一の事業に提携し、同一の利害に終始し来れるものなり。今や不幸にして干戈《かんか》相見ゆるの両国籍に分属す。国家が彼らの事業並びに資産に対して合法的の措置ある可《べ》きは当然なれども、旧誼《きゅうぎ》は之に由りて滅す可きにあらず。されば国法の許す限り、彼らの身辺と権益を擁護す可きは、此亦《これまた》道義に立脚せる我ら日本人の情義にして且《かつ》責務なるべし。他日平和克復の日来らば（略）両者相提携して再び世界の平和、人類の福祉に裨補《ひほ》するの機至る可きなり」

このような三菱に対して、グラマン社は、海軍のテストパイロットだったグラマンが、飛行機造りに夢を託す、いわゆる飛行機野郎数人とともに創設した会社である。米国青年の夢は、事業を興して百万長者になることだ。米国の産業に貢献しようなどとは考えない。成功すれば結果としてそうなるだけだ。これは現在のシリコンバレーで半導体関連の会社をつくり、一攫千金《いっかく》を夢見る青年も同じである。飛行機造りが面白くてたまらない。しかも注文がくれば金ががっぽり懐に入る。

グラマン社のルーツは、一九一七年にグローバー・C・レーニングという飛行機技師がニューヨーク市郊外に創設したレーニング航空機製造会社だった。レーニングは、第一次大戦中に海軍のテストパイロットだったグラマンを、工場長兼テストパイロットとして引き抜いた。一九二〇年のことである。一九二四年には、レーニングはその才覚を見込んで、レオン・A・スワーブル（愛称ジェイク）を工作課長、ウィリアム・T・シュウェンドラー（愛称ビル）を設計技師として雇った。

会社が軌道に乗るとオーナーがその会社を売って大金持ちとなることは、現在の米国でもよくあることだ。レーニングもそうで、一九二八年に会社を売り払ってしまう。自分で飛行機会社を持ちたいグラマンたち飛行機野郎六人は、七万七二五〇ドルの資本金を出しあって、一九二九年末にグラマン航空機製造会社を創設した。出資者六人のうち、グラマンが社長となり、ジェイクが副社長となった。ビルも創立直後に出資者となり、設計責任者となった。

三菱が一〇〇パーセント岩崎家の出資により創設され、有能、剛直、誠実な岩崎家の一使用人たる経営者（たとえば創設期の渋谷米太郎《しぶやよねたろう》常務）によって運営されたのに比べ、グラマン社は七人の出資者によって設立され、その経営は飛行機のテストパイロット育ちや技術屋によって行われた。三菱が三菱内燃機としてエンジンメーカーから出発したのに対し、グラマンはエンジンを他社から買う方針を貫いた。

設計陣はどうであったか。ゼロ戦設計時の設計課長は服部譲次《じょうじ》。大正七年に、東大工学部（機械）を成績優秀の銀時計組で卒業して三菱に入社している。設計主任の堀越二郎《ほりこしじろう》は、一高、東大工学部（航空）をともに首席卒業という天才肌の技師だ。渋谷常務の採用努力で、設計陣には、入学が最難関といわれた東大航空工学科卒業者がめじろ押しである。会社が日本を代表する企業グループの嫡流なら、設計陣も日本を代表するような頭脳集団だ。

堀越二郎に対比されるヘル・キャットの開発設計主任リチャード・ハットンは、飛行機造りの仕事がしたくて機械工としてグラマン社に入社した。夜は定時制の工業学校に学び、徐々に設計の仕事をするようになった。設計責任者のシュウェンドラーはニューヨーク州立大（機械）を卒業しているが、他はいわゆる叩《たた》き上げの色彩の強い設計陣で、三菱が国の最高水準のエリートを集めているのとは大分異なる。

由緒正しい企業の、最高水準の頭脳が知恵を絞りに絞って設計した戦闘機がゼロ戦であり、飛行機野郎の集団が創設した会社の、叩き上げ設計者が頑丈、武骨に造り上げたのがグラマン戦闘機といってもよいのではなかろうか。

第6章　潜水艦の指揮官

ロックウード潜水艦隊司令官
――兵站面から日本を締め上げた「潜水艦乗りの中の潜水艦乗り」

太平洋戦争での日米両海軍の潜水艦作戦には、際立った相違点が見られた。それは、①建艦思想であり、②運用方法であり、③潜水艦関係者の層であった。

①に関して、米海軍はガトー級一種類に絞って建造した。日本海軍は巡潜型七種類、海大型五種類、その他四種類の計一六種類を建造した。どの国でも経験を積んだ技術者は不足勝ちだ。不足勝ちの技術者に何種類もの艦の開発設計を担当させれば、結果はどうなるか。製造工程や工作に技術者を割けなくなるのは明らかである。結果として、製造工程や使用資材の能率化・合理化ができなくなり、建艦能力向上が難しくなる。

②の運用方法に関して、米海軍は独海軍ほど徹底はしなかったが、商船攻撃を潜水艦作戦の第一とした。日本海軍における潜水艦の主要任務は、敵情報告と敵主力艦攻撃だった。

本稿では、③に関して、日米両海軍の相違を以下に略述し、「潜水艦乗りの中の潜水艦乗り」といわれたチャールズ・A・ロックウード中将を紹介したい。

チャールズ・A・ロックウード（Charles Andrews Lockwood）１８９０-１９６７年

◆Uボートの経験から潜水艦を重視していた米海軍

米大統領は国家元首であり、行政府の長であるとともに、陸海軍の最高指揮官である。最高指揮官のルーズベルトは、潜水艦戦の何たるかの理解が深かった。それは、海軍次官時代（第一次大戦時）に、独海軍の潜水艦Uボートの活躍により英国が手を上げる寸前にまでなったことを、骨身にしみて体験させられたからである。

当時の英国の海軍大臣はチャーチルだった。Uボートの動きを抑えるため、スコットランドとノルウェーの間に機雷原を敷設するアイデアを考え出したのはルーズベルト海軍次官で、このアイデアは実行に移された。ルーズベルトは、Uボートが初めてこの機雷原に引っ掛かって爆沈した年月日を後々まで覚えていた。第二次大戦中には対潜水艦用護衛艦に関するアイデアも出している。駆逐艦のように高速、重武装の高価なものでなく、対潜用に特化した量産型で安価な艦のアイデアである。

制服組トップのキングも潜水艦のキャリアがある。コネチカット州ニューロンドンの潜水艦基地司令や潜水艦戦隊司令をやり、世間の注目を集めた潜水艦沈没事故のサルベージ責任者となったこともある。キングは、大西洋では対Uボート作戦がきわめて重要だと考えた、大西洋艦隊麾下《きか》に対Uボート作戦専門の第一〇艦隊を創設して、自ら第一〇艦隊の司令官を兼ねた。

合衆国艦隊参謀長のエドワーズ少将（後に大将）は生粋の潜水艦乗りで、参謀長になる以前は大西洋潜水艦隊の司令官。その前はキングと同様、ニューロンドンの潜水艦基地司令であった。先任参謀のロー大佐も潜水艦乗りで、後に対Uボート作戦を担当する第一〇艦隊の参謀長になった。ロー大佐の後任のクック大佐も潜水艦艦長のキャリアがある。合衆国艦隊司令部のトップ三人が、いずれも潜水艦のキャリアを持っていた。

キングは、自ら対Uボート戦の指導にあたった。護衛船団の編成、対Uボート作戦用艦船の建造、民間人科学者によるオペレーションズ・リサーチ研究班の創設、対Uボート作戦戦術の考案などである。英軍首脳部との会合では、Uボート造船所の爆撃が対Uボート作戦で最も効果的であると主張した。英軍は海上でのUボート攻撃と撃沈を考えていたが、キングはこれを、華やかではあるが根本的な対策にはならないとした。

太平洋艦隊長官のニミッツも潜水艦乗りだった。潜水艦用ディーゼルエンジンの開発担当者として独に留学。ディーゼルエンジン・メーカーから高給で引き抜かれそうになったこともある。真珠湾に潜水艦基地が建設されたときは、責任者として真珠湾に出張して指導にあたった。アジア艦隊長官のハート大将も潜水艦乗り。潜水艦戦隊を率いて、初めて真珠湾からグアム島、さらにマニラ湾へと太平洋を横断する実験的航海を指揮したのはハートだった。ハートは中佐時代、魚雷工廠長の経験もある。

　トップ層に潜水艦乗りが多かっただけでなく、トップ層の子弟たちも潜水艦乗りになった者が多かった。ニミッツの前任の太平洋艦隊長官だったキンメルの二人の息子は、いずれもアナポリス出の潜水艦乗りとなった。兄が潜水艦を沈められ戦死すると、キングは直々に命令を出して弟を陸上勤務に替えている。キンメルの心情を察しての命令だった。ニミッツとスプルーアンスの一人息子も、アナポリス出の潜水艦艦長となって太平洋で暴れた。マッケーンの息子もそうで、戦後、海軍大将にまで昇進している。

　日本海軍の場合、海軍省、軍令部、連合艦隊のトップ層で潜水艦のキャリアのあった者はいない。嶋田繁太郎《しげたろう》海相は、潜水艦学校の校長だったことがあるが、ごく短期間だった。永野修身《おさみ》軍令部総長は戦後、米軍の質問に対して、「潜水艦のことは何も知りませんでした」と答え、米軍関係者を驚かせている。太平洋戦争時の海軍大臣、軍令部総長、連合艦隊司令長官の子弟で、江田島の兵学校なり舞鶴の機関学校なりを出て海軍将校になった者もいない。海軍省や軍令部の主要部課長で潜水艦乗りはいなかったし、連合艦隊司令部の先任参謀以上で潜水艦乗りはいなかった。

　潜水艦勤務は過酷だ。五〇人以上の大の男が、トイレが二つしかない狭隘《きょうあい》な鉄の仕切りの中で、一か月から二か月を過ごす。沈められれば、艦は鉄の棺桶《かんおけ》となって全員一蓮托生《いちれんたくしょう》だから、心理的負担も想像以上だ。日光や水に不自由し、清浄な空気に乏しく、熱帯の海の暑さと湿気は筆舌に尽くし難い。

　戦前の日本海軍では、ぜいたくな生活に慣れている米国青年はとても潜水艦勤務などできないだろうし、希望者も少ないだろうと考えていた。ところが前述の通り、太平洋戦争中の米海軍のトップには潜水艦乗りがめじろ押しであった。また、若いアナポリス出の士官の多くは潜水艦乗りを希望した。

　アナポリス出の士官の夢は、一国一城の主《あるじ》である艦長になることだ。戦争中後期には、アナポリス卒業六年で潜水艦艦長になる者がかなり出た。普通、水上艦では考えられない速さである。給料も五割増しの危険手当がつく。潜水艦は男の中の男の仕事だ。乗組員の士気は、ストレートに艦長のリーダーシップにかかっている。潜水艦ほど艦長の力量によって戦果に差の出る艦種はない。

◆潜水艦艦長として第一次大戦を経験

チャールズ・A・ロックウードは、一八九〇年にバージニア州で生まれた。アナポリスは一九一二年組。同期生には、戦後にニミッツの後任の作戦部長になったデンフェルトがいる。一九一二年組は江田島の第四〇期（山口多聞《たもん》、宇垣纏《うがきまとい》、大西瀧治郎《たきじろう》のクラス）に対応する。

　卒業後は戦艦「アーカンサス」乗組の後、アジア艦隊配属となった。当時の若手海軍士官は例外を除いてアジア艦隊に派遣され、新しく米国の植民地となった比島（一八九八年の米西戦争によりスペインから割譲）に赴任した。

　ここで、ロックウード少尉は潜水艦Ａ２の艦長に任命され、以降ロックウードのキャリアは潜水艦勤務一筋となった。Ａ２は米海軍で四番目の潜水艦である。ホーランド・トーピードボート社製で、ロックウードが艦長になったときは艦齢一〇年だった。全長六四フィート、一〇〇トン。乗組員は士官の艦長が一人、他に下士官、兵が七人。六隻の同型艦がマニラに駐留し、目的は港湾防衛だった。米海軍潜水艦の第一号艦は「ホーランド」、二号艦は潜水艦のアイデアの考案者にちなんで命名された「フルトン」、三号艦はＡ１である。ロックウードはマニラ時代、狩猟、釣り、ハイキングを楽しみ、蒸し暑いマニラを離れ、涼しい山地でのキャンプを好んだ。

　第一号潜水艦の艦名やホーランド・トーピードボート社に名を留《とど》めているジョン・Ｐ・ホーランドは、米国の実用型潜水艦の父ともいうべき人である。一八四一年にアイルランドの寒村で生まれ、第一次大戦開戦直後の一九一四年に死んだ。アルフレッド・Ｔ・マハン大佐（一八四五〜一九一四）と同時代人である。

ジョン・Ｐ・ホーランド（John Philip Holland）１８４１-１９１４年

　アイルランド系のマハンが米国で生まれ、英海軍を理想の手本と考えたのに対し、ポーランドはアイルランドを占領している英国を憎み、アイルランド独立運動に血を沸かす、機械いじりの好きな青年だった。小学校の教師となったが、授業で何時間も機械の話ばかりするので首になり、一八七二年に米国に渡り、潜水艦の実現に生涯を賭《か》けた。

アイルランド独立を願うホーランドにとって、英国の最大の力は英海軍だった。この巨大な英海軍力を従来艦で潰《つぶ》すことは難しい。英海軍を撃破し得るのは新しい概念の水中艦だ。独立のための秘密結社「アイルランド革命兄弟党」がアイルランドで結成されたのは、ホーランド一七歳の一八五八年。同じ年、同じ目的の「フェニアン兄弟党」が米国で結成された。米国に渡ったホーランドが潜水艦造りに熱中し、試作を試み、小規模ながら造船所を持ち得たのは、これらの秘密結社からの資金援助があったからだ。巨大な英海軍への有効な戦力は潜水艦である、とホーランドは考えた。ドイツ海軍の考えも同じだった。ドイツ海軍が第一次、第二次の両大戦において、潜水艦で英海軍を苦しめたことはよく知られている。

初期の潜水艦は、何事にも開発試作品的要素が強かった。引火事故の起こりやすいガソリンエンジンを使用していたから、狭くて閉め切った艦内でのガソリン漏れは致命的な事故になった。においで異変に早く気付かなければならないから、嗅覚《きゅうかく》を鋭くしておくことが大事だった。水上艦と異なるのは、縦揺れと横揺れへの対処だった。水上艦にとっては後者が危険だったが、潜水艦の要注意は前者だった。

ロックウード少尉がA2艦長になった年に第一次大戦が勃発《ぼっぱつ》した。この大戦で、人々は潜水艦の恐るべき威力を知った。開戦一か月後、ウェッジンゲン大尉が艦長の独海軍U9号（四五〇トン、乗組員二六人）は、一時間半の間に一万二〇〇〇トンクラスの英装甲巡洋艦三隻を沈めた。

独海軍の実用潜水艦の第一号は、一九〇七年に完成したU1号（Uはドイツ語のUntersee＝潜水の頭文字）であった。ディーゼルエンジン搭載、五〇〇トンのこの艦は、速力、兵装のバランス、水中運動の試験などがその後六年間続けられ、実用艦を生むための実験艦となった。本格的な実用艦は一九一五年進水のU31型である。水上六五〇トン（水中八七〇トン）、航続距離は水上八ノットで四四四〇マイル（水中五ノットで八〇マイル）、魚雷発射管四門で、五〇センチ魚雷六本を搭載し、一〇五ミリ砲一門を装備。水上最高速力一六・五ノット、水中九・五ノット。乗組員は士官四人、下士官兵五三人だった。

一九一七年に米国が第一次大戦に参戦すると、ロックウードは帰国し、創設されたコネチカット州のニューロンドン基地でG1潜水艦艦長となった。米海軍の潜水艦乗りは、このニューロンドンの潜水艦学校で養成される。戦後はドイツに赴き、UC97号艦を戦利艦として受け取り、米国に航行、この艦は攻撃目標実験艦にされた。

ロックウード艦長の最後の艦は一九二六年就航のV3号（後に「ボニタ」と改称）で、二〇〇〇トン級の大型艦だった。一九二八年、潜水艦隊司令。初期の潜水艦勤務には危険がつきまとっていたため、ロックウードは結婚をためらい、結婚したのは四〇歳のときだった。

潜水艦士官協会ができ、潜水艦協議会が創設されたときは初代の会長になった。この間、航海局で潜水艦乗りの人事を担当した。一九四一年初め、英国駐在海軍武官としてロンドンに派遣された。Uボート関連の情報収集のためである。

◆問題があった魚雷の供給体制と性能

太平洋戦争開戦早々、ハート大将率いる米アジア艦隊は壊滅した。アジア艦隊の潜水艦隊は豪州に移った。大型艦は豪州西海岸のフリーマントルを基地とし、南シナ海、セレベス海、ジャワ島周辺での交通線切断作戦に従事した。小型艦は豪州東海岸のブリズベーンを基地とし、ソロモン諸島やニューギニア方面での作戦に従事した。ハワイの潜水艦隊は、中部太平洋のマーシャル、カロリン、マリアナ、日本近海、東シナ海方面を担当した。

開戦時の太平洋艦隊潜水艦隊司令官は、トーマス・ウィザース少将。珊瑚《さんご》海海戦の後にポーツマス海軍工廠長となり、潜水艦建造の責任者となった。後任はロバート・H・イングリッシュ少将。フリーマントル基地司令官はジョン・ウィルキス大佐、ブリズベーン基地司令官はラルフ・クリスチー大佐だった。

米国が第二次大戦に参戦すると、英国駐在武官のロックウードは前線での仕事を強く希望した。希望が叶《かな》えられたロックウードは、少将昇進と同時にフリーマントル赴任を命ぜられる。ウィルキス大佐が新造重巡「バーミンガム」の艦長となり、ロックウードはその後任として着任する。ロックウードが南西太平洋潜水艦隊司令官としてブラックスワン川河口のフリーマントルに着任したのは、ミッドウェー海戦の直後だった。

着任した当時のフリーマントル基地潜水艦隊は、魚雷問題を抱えていた。

一つは、その量の問題だった。開戦早々、マニラ湾カビテ軍港の魚雷格納庫にあった二三三本の魚雷が、日本軍の空襲により大爆発を起こし霧散してしまった。魚雷は精密兵器で、魚雷技術者は急に養成できるものではない。フリーマントル基地では一か月に平均七五本使用するのに、米本国からは送れるのはせいぜい四八本だ、といってくる。実際に送ってくるのは二〇本弱だった。フリーマントル基地の潜水艦艦長は魚雷不足に泣いた。特に一九四二年一〇月頃に不足はピークに達した。

魚雷の生産が簡単でなかった点は日本も同様だった。真珠湾奇襲時の際に使用された浅深度魚雷は、三菱兵器製作所（長崎）で昼夜ぶっ通しで製作されたが間に合わず、空母「加賀」雷撃機一二機用の魚雷は、技術者が「加賀」に乗り込み、未完成品を艦内で手を加え、必要全魚雷が完成したのはハワイへ向かって千島の単冠湾を出港する前日であった。

魚雷問題のもう一つは質だった。真っすぐに走らなかったり、セットした深度通りに進まなかったり、当たっても爆発しなかったりするような魚雷だと、艦長の苦労は水の泡となる。一例を挙げると、一九四三年七月二四日、米潜「タイノサ」は、トラック島の西方海上で一万九〇〇〇トンの「第三図南丸《だいさんとなんまる》」を見つけた。艦長のダスピット少佐は、魚雷攻撃に最も有効な地点から四本の魚雷を発射した。少なくとも二本は命中間違いなしと思われたが、爆発の様子はない。次に船尾を目標に二本発射、これは命中爆発し、スクリューをやられた「第三図南丸」は動かなくなった。距離八〇〇メートルの真横に行き一本発射したが、カーンという命中の音だけだ。怒った艦長は一本ずつ計八本を発射したが、カーンという音だけで爆発はしない。ぐずぐずしていると「第三図南丸」搭載の砲にやられるので、その場を離れた。

魚雷の信管が敏感過ぎて敵船の五〜六メートル位前で爆発したり、深度調整装置が駄目で深く潜って敵船の船底を通過して爆発しないこともある。乏しい魚雷を使う艦長は、絶対命中という態勢がとれなければ見過ごすのだが、発射する場合は自信を持って撃つ。これで爆発しないことが多いので、艦長は怒って帰港後ロックウードに訴える。

魚雷製造の総元締めはワシントンの兵備局だ。ガン・クラブと俗称される兵備局は、航海局と並んで海軍省の有力局で、鼻息も荒い。ロックウードは何度も兵備局長のウィリアム・H・ブランディ少将に魚雷の疑問点を指摘するが、兵備局は「お前の方の使い方がおかしいのだ」と言うばかりである。ロックウードは、昔から「貴様、俺」の関係だった合衆国艦隊参謀長エドワーズ少将にも魚雷問題の不満を訴えた。エドワーズは作戦関連では権限があるが、海軍の軍需品行政にまでは口出しできない。ブランディ兵備局長も魚雷生産数が少な過ぎることは分かっている。だから、ブリズベーン基地潜水艦隊司令のクリスチー大佐を帰国させ、ニューポート魚雷工廠の監査官にして対処しようとしていた（クリスチー大佐の後任はジェームス・フイフ大佐）。ハワイ潜水艦隊のイングリッシュ司令官は、部下艦長からの不良魚雷の苦情に対しては、「お前たちの使い方が悪いんだ」という態度で真剣に取り合わない。こんなこともあり、潜水艦艦長のイングリッシュ少将に対する評価は良くなかった。

ロックウードは、イングリッシュと異なり行動の人だった。ワシントンの兵備局の連中が動かないことを知ると自分で動き、魚雷の欠陥を実験で実証しようとした。

一九四二年六月二〇日から漁網を使用して実験を開始。この時点までに、太平洋、アジア、大西洋の三潜水艦隊は実戦で八〇〇本以上の魚雷を発射していたが、実験用には一回も発射されたことはなかった。

第一日目は、漁網から八五〇ヤードの地点より深度一〇フィートにセットして発射。漁網は深度二五フィートのところで破れていた。翌日は七〇〇ヤードから一〇フィートにセットして発射したところ、漁網は深さ一八フィートのところに穴があいていた。翌々日はゼロフィートの深度で発射したにもかかわらず、漁網は深さ一八フィートのところで破れていた。

六月二二日、兵備局へ実験結果の電報を打つ。三〇日に、兵備局から「使用魚雷の不整備の可能性があり、信頼性の乏しい実験結果だ」という返事が届いた。怒ったロックウードは、アナポリスで一期下のブランディ兵備局長に「ニューポートでも実験せよ」と返電する。

七月一八日、再び実験を行い、魚雷は平均してセット深度より一一フィート深く潜って走るという結論を得た。ロックウードは結果を兵備局に知らせる。その電報のコピーを読んだキングは、ブランディ兵備局長に、ロックウードからのデータが正しいかどうかチェックせよ、と命じた。ブランディはニューポートで実験を繰り返し、八月一日、セット深度より平均して一〇フィート深く潜って走る、という結論が出た。深度調整装置は直ちに改良が加えられ、以降プラスマイナス三フィートの深さの誤差で走るようになった。

◆潜水艦乗りを理解しないカーペンダー司令官と対立

米海軍では、将官もニックネームで呼ばれることが多かった。ブル・ハルゼー、マッド・スミス、テリブル・ターナーなどは特に有名だ。潜水艦乗りには、厳しい勤務環境や、死ぬときは一蓮托生ということから独特の雰囲気があり、司令官にも艦長にも遠慮なくニックネームがつけられる。ロックウードのそれは「アンクル・チャーリー」。頼りになる伯父さんだ。マッドとかテリブルとは違う親しみやすさが感じられる。

ロックウードは、楽天的で陽気だ。潜水艦乗りのいるところへはどこにでも顔を出す。冗談を飛ばして無駄話をする。気が滅入っていても、アンクル・チャーリーが顔を見せると、沈滞した気分が吹き飛ばされてしまう。それでいて、ワシントンの海軍省の連中には強面《こわおもて》に出て、潜水艦乗りの言い分を遠慮なく伝える。欠陥魚雷問題のときがそうだった。乗組員一〇名、ガソリンエンジンを使用して、危険性の高い、初期のどん亀のような潜水艦で体験を積んできたロックウードは、繁文縟礼《はんぶんじょくれい》や無意味な過剰介入を特に嫌った。

豪州、ニューギニア方面は、南西太平洋軍のマッカーサーの指揮下にあり、このマッカーサーの下の先任海軍士官はハーバード・F・レアリー海軍中将（一九〇五年組。ニミッツと同クラス）だった。レアリーは豪州の海軍地区を東西に分け、東のブリズベーン地区はロックウェル少将の指揮下に、西のフリーマントル地区はパーネル少将の指揮下に置いていた。ロックウードがフリーマントルにやってきてからは、ロックウードが西海軍地区の基地司令官兼潜水艦隊司令官だった。西海軍地区といっても、実際にあるのは潜水艦隊だけだ。

一九四二年七月、アーサー・S・カーベンダー少将がワシントンの人事局より豪州に着任した。カーベンダーは西海軍地区司令官に任命されたため、ロックウードの肩書きは潜水艦隊司令官だけとなった。カーベンダーは人事局出身者らしく、些細《ささい》なことにまで口出ししなければ済まない性格だった。

着任して数日たつと、カーベンダーはロックウードやその部下たちのやり方を批判するようになった。そして、次々とロックウードや潜水艦乗りの癇《かん》に触るようなことをやり出す。飲み屋街のある下町は風紀が良くないとして、潜水艦乗りの宿舎を下町から街の外に移す。米本土から牛肉を運ぶのは無駄だ、豪州には羊肉があるではないかとして、牛肉を羊肉に替える。潜水艦の作戦航海日誌にスラングの使用を禁止する。

潜水艦乗りは危険の多い任務で、環境も水上艦とは比較にならないくらい劣悪だ。だから五割増しの手当がつく。二か月間の危険で劣悪な環境下での作戦航海が終わって帰港すると、徹底的に飲んでストレスを発散させる。食べ慣れた牛肉をたらふく食べるのが陸上生活時の最大の楽しみの一つだ。また、結束の強い団体ほど、仲間同士の間でスラング（隠語）が多くなる。たとえば潜水艦乗りは魚雷をフィッシュと呼び、駆逐艦をブリキ缶、最後任将校をジョージと呼ぶ。

潜水艦に乗ったこともない、人事局育ちの官僚軍人カーベンダーには、こんなことが分からない。規律違反だ、たるんどる、となる。彼にとっては、戦果よりも日常目につく規則違反の方が大事である。おのずと部下たちの小事、細行の瑕瑾《かきん》が目につき、これが気になって仕方がない。もちろん、カーベンダーは間違いを犯しているのではない。潜水艦乗りの過酷な勤務や、戦果に絶対的に必要な士気を考えると、少々のことは大目に見る必要があることが、長らくワシントンの海軍省にいたカーベンダーには分からないのだ。潜水艦乗りから反発されると、小心翼々な性格だけにますます頑《かたく》なになる。ロックウードや艦長たちのやり方を口やかましく叱《しか》りつける。

ロックウードは潜水艦一筋で生きてきた男だ。潜水艦乗りの気持ちは人一倍分かっている。毎日多くの潜水艦乗りが死んでいる。ここはワシントンではない、前線なんだ。危険と隣り合わせで、狭い艦内で二か月も過ごす者の行動は大目に見てやらなければならない、とカーベンダーのやり方を苦々しく思っていたロックウードは、カーベンダーが潜水艦作戦のことにまで口を差し挟んでくるようになると我慢できなくなった。

直情径行の性格は自分でよく知っている。激情を抑えて何回もカーベンダーに説明したが、分かってくれないことが続くと、ロックウードは感情の爆発を恐れて、カーベンダーと会うのを避けるようになった。カーベンダーの出席する会議には理由をつけて欠席し、フリーマントルの港に出て基地視察をした。カーベンダーのオフィスは司令部の二階で、ロックウードやその幕僚のオフィスは三階にあった。ロックウードは決して二階へ行かない。ロックウードの参謀長スチュアート・S・マレー中佐（戦後、海軍中将）の時間の半分は、二階と三階を上ったり下りたりすることで費やされた。ロックウードは些細な仕事に熱中して、カーベンダーを避け続けた。

このような状況を問題視したレアリー中将は、カーベンダーをブリズベーンに召還し、マッカーサー軍の幕僚勤務に替えた。「カーベンダーがマッカーサー司令部に移らなかったなら、いつかはロックウードが爆発して傷害沙汰《ざた》にまでなったに違いない」と多くの者が思っていた。ロックウードは思っていることを胸に納めておくことができなかった。欠陥魚雷問題でワシントンの兵備局とやりあっていたときは、「兵備局が命中しても爆発しないような魚雷しか作れないのなら、艦船局に頼んで敵艦を引き裂けるようなボート・フック（接艦するときに使用する大型の鉤《かぎ》）をつくってもらう」と公言して、兵備局の憤激を買っている。また、後にハワイの潜水艦隊司令官になってからは、艦長問題を巡りワシントンの人事局との間で怒号のような電報の応酬をやっている。

◆艦長の能力に大きく左右される潜水艦

潜水艦作戦の成果は、一に艦長の力量にかかっている。第二次大戦中にUボート艦隊は二七七五隻の連合国商船を沈めたが、その全成果の三割を二パーセントの艦長が上げている。艦長の勇怯《ゆうきょう》勤惰がストレートに艦の行動に表れる。艦長のリーダーシップがストレートに乗組員の士気に影響する。

ロックウードの最も重要な仕事は、艦長の選定や更迭だった。アナポリス卒業年次を基に選考作業が行われた。部下の評判も参考にした。作戦航行が終わって帰港すると、若い士官たちは士官クラブで徹底して飲み、遠慮なく艦長のことをしゃべる。司令官や参謀長の官舎を訪れ、もっと攻撃精神旺盛《おうせい》な艦長の艦へ替えてくれと希望する士官もいる。

ロックウードが何よりも重視したのは攻撃精神と戦意で、戦果を出さない艦長は泣いて馬謖《ばしょく》を斬る思いで更迭した。平時の人事考課表はあまり参考にならなかった。より頑健な体力の若い層がいいとか、フットボールなどのスポーツをやってきた者がいいとかいわれたが、もちろん例外もある。副長時代の評価も当てにならなかった。副長時代に戦意旺盛であっても、艦長となって唯一の責任者となり、孤独の状況下で六〇人の部下の生命を預かると、神経過敏となる者もいる。

結局、艦長のチャンスを与え、以後の行動を見て、失敗すれば外すことにした。艦長としてどうだったかは、その行動で判断するしかなかった。作戦パトロールに二度出たが成果を出せなかった者、二回にわたって魚雷を発射し、五本の魚雷を使って敵商船を沈められなかった者、敵艦船に六回にわたって出会いながら二回しか攻撃しなかった者、敵地深くに侵入せず、小型のトロール漁船攻撃に貴重な魚雷を使い、乗組員の疲労を理由にパトロールを早めに切り上げて帰ってきた者などが艦長職を解かれた。

米国は大戦中、潜水艦はガトー級の一種類に絞って建造した。五大湖沿岸の造船所で船体を造り、いかだに載せてミシシッピ川を下る。こうしてメキシコ湾に出た船体は、ポーツマス海軍工廠やサンフランシスコの海軍工廠へ運ばれ、ここでエンジンを積み込み、電気機器などの内装工事が施された。前線で働いている潜水艦のオーバーホールは真珠湾基地で、レーダーなどの新兵器の取り付けはサンフランシスコ海軍工廠で行われた。

開戦当初、ガトー級潜水艦の乗組員構成の一例は次のようなものだった。

艦長（三八歳の少佐。アナポリス一九二六年組）。副長（一九三一年組）。副長は大部分のペーパーワークや日々の日常業務を担当し、規律に責任を持ち、航海長を兼ねる。水雷長（一九三五年組）。機関長（一九三五年組）。ジョージと俗称される最後任士官（一九三九年組）。下士官は水夫長、艦長副官役、医務担当それぞれ一名、庶務担当二人の計五名。水兵が五〇名弱である。

艦や魚雷の補充はできても、艦長はそう簡単に補充がきかない。関係者は慢性的な艦長不足に悩んでいた。

最盛期には一日一隻の割合でUボートを完成させていた独海軍は、艦長育成にいかにもドイツ風な速成育成方法をとった。兵学校を卒業して少尉に任官すると、キール軍港南のリューベック湾に臨むノイシュタットにある潜水艦学校に入る。九か月の課程を終えると、次は水雷学校での四か月の高等課程。この両課程を終了すると中尉昇進。直ちにUボートに乗艦し、四か月後に副長。副長経験約二年で艦長となる。新造艦の就航直前にキールのゲルマニア造船所に赴任し、艦を受け取り試運転を行う。その後は、ダンチヒ湾のゴーテンハーフェンに司令部を置く第二七潜水艦隊に赴任。約二〇日間、魚雷発射、艦の運航、急速潜航の訓練を行う。次にダンチヒ東北のメーメルに司令部を置く第二四、二五潜水艦隊に所属して、今度は潜水艦勤務が初めてという乗組員の訓練を中心に行う。約三か月の新艦の訓練が済むとキール軍港に帰り、ここから前線に向かうのである。

一九四三年の新年早々、イングリッシュ少将はサンフランシスコの潜水艦隊を訪問しようとして飛行機事故で殉職した。キングは人事局次長のデンフェルト（戦後、ニミッツの後任の作戦部長となる）に命じて、イングリッシュの後任にロックウードを指名した。フリーマントルの潜水艦隊司令官には、少将に進級したクリスチーが就任した。

◆不徹底が目立った作戦面

大戦初期の米潜水艦隊の問題は魚雷数不足と欠陥魚雷問題だったが、作戦面からの問題を指摘する人もいる。その一つは、太平洋潜水艦隊（ハワイ）と南西太平洋潜水艦隊（フリーマントル）の担当区域問題だ。

潜水艦の戦略目的は日本の商船隊だ。南方の資源地帯から日本に向かう商船の大半は、狭いルソン海峡を通過する。ここで潜水艦が待ち伏せすればきわめて効率的だが、この海域には太平洋潜水艦隊と南西太平洋潜水艦隊の境界線（北緯二〇度。一九四四年六月、この境界線は北緯一八度三〇分まで南下された）が走っている。太平洋潜水艦隊は同士打ちを恐れて、この海峡には潜水艦を配置しなかった。

また、ルソン海峡は、南西太平洋潜水艦隊基地のフリーマントルからは距離が離れ過ぎていた。担当地域の境界線を変えて太平洋潜水艦隊をその担当にし、ミッドウェーを補給基地として、日本の制空権域外を水上で高速航行してルソン海峡に向かわせれば、この海域に常時六〜七隻の潜水艦を配備しておくことができ、効率的な海上交通線切断作戦ができていただろう、というのである。

潜水艦作戦の指導をハワイと豪州に分けずハワイ一本に絞っていれば、①燃料、魚雷、スペア・パーツ（エンジン、蓄電池など）の補給が格段に便利となり、②ハワイにある無電傍受局とより緊密なタイアップができ、③幕僚の統合、強化が可能となり、④サンフランシスコの海軍工廠が近いことから最新兵器（レーダーなど）も取り付けやすくなっただろうという意見もある。ただこれは、ニミッツ軍とマッカーサー軍を地域によって分割し、この両者に米軍の陸海軍を統御させる、という原則がある限り難しいことであった。

また、太平洋潜水艦隊をガダルカナル作戦などに使用せず、トラック島からラバウルに至る日本軍の交通線切断に使用すべきであった、そうすればラバウル基地の燃料と食糧が枯渇し、日本軍はガダルカナル戦遂行ができなかったのではないか、と指摘する人もいる。潜水艦が奇襲部隊の輸送に使われたり、敵艦隊の監視といった戦術目的に使われたりもした。これらの戦術運用は、その意味を一概に否定するものではないが、やはり潜水艦は、交通線破壊という戦略目的に使用されるときに、最もその効力を発揮する。潜水艦を戦略目的に絞って運用したのが独のUボートであり、戦術目的のみに酷使されたのが日本潜水艦隊であるとすれば、米潜水艦隊の運用方法はその中間といってもよかろう。

真珠湾に司令部を置く太平洋潜水艦隊司令官となったロックウードは、中将に昇進した。従来、潜水艦隊の司令官は少将が最高位で、ロックウードの中将昇進は、キングやニミッツが潜水艦の活躍を期待している表れでもあった。

魚雷問題は質、量ともにほぼ解決に向かっていた。一九四二年には一四四二本、四三年には一九三七本の魚雷が発射された。四二年には平均八本の魚雷で一隻を沈めたのに対し、四三年には平均一一本で一隻を沈めた。魚雷の欠乏が解消され、艦長が必要と思うだけ撃てるようになりつつあった。一九四四年には六〇九二本の魚雷が発射された。日本商船の被害はうなぎ上りとなり、一九四四年末には日本の外航船はほとんど姿を消した。

魚雷問題は何とか解消したが、艦長不足には悩まされ通しであった。攻撃精神旺盛な艦長でなければ、高価な魚雷や燃料を無駄遣いするだけだ。一九四二年には艦長の三〇パーセントが更迭され、四三、四四年には一四パーセントの艦長が更迭された。更迭された艦長は、陸上勤務の教育や潜水艦建造監督官となった。

艦長不足に悩んだロックウードは、アナポリス一九三八年組まで艦長にせざるを得なくなり、士官室は子供だらけだと嘆いた。予備士官はもっぱら通信や主計関係をやらせていたが、艦長にも任命するようになり、一九四五年には七人の予備士官の艦長が誕生した。予備士官の副長はざらだった。

ロックウードは、人事局の指名で有能な潜水艦隊の幕僚が引き抜かれ、潜水艦関連以外のポストに就いたり、アナポリス出の潜水艦勤務適任者を人事局が出さないことに我慢できなくなっていた。同期の気安さもあって、人事局長のデンフェルト（ヤコブス人事局長の後任）に毎日怒号のような苦情と要求の電報を打った。

ちなみに、太平洋戦争中の潜水艦長の撃沈トン数による、トップ五〇人のアナポリス卒業年次は次の通り。最も戦果の多かった艦長はリチャード・H・オケーン中佐（一九三四年組、日本艦船三一隻を沈めた）である。

一九二六年組　一人
一九二七年組　五人
一九二九年組　三人
一九三〇年組　七人
一九三一年組　四人
一九三二年組　五人

リチャード・H・オケーン（Richard Hetherington O'Kame）１９１１-１９９４年

一九三三年組　九人
一九三四年組　七人
一九三五年組　八人
一九三七年組　一人

ハワイの潜水艦隊司令部の特色は、統合情報センターの暗号解読課や日本商船暗号班との緊密な連絡だった。一九四二年には日本商船の暗号解読にまで手が回らなかったが、四三年末頃になるとヘンリー・M・アンソニー班長らの努力で日本商船の暗号が解読されるようになった。日本商船による①出入港時刻、②正午の位置、③日本機雷の所在地などの発受信は、ここで傍受され、直ちに解読されて潜水艦隊に知らされた。アンソニー班長は一九二〇年に水兵として海軍に入った潜水艦乗りで、三五年から日本商船の暗号解読に携わっていた。

ロックウードがハワイへ移ってからほぼ一年後の一九四三年末、犬猿の仲だったカーベンダーが更迭された。小心で細事にうるさかったカーベンダーは陸軍関係者ともトラブルを続発させ、キングの命によってキンケイド中将と替わったのである。カーベンダーのニックネームは「チップス（木端《こっぱ》）」だった。フリーマントルの潜水艦隊司令官クリスチーは勲章問題でキンケイドと対立し、一九四四年一一月、シアトルに近い北米太平洋岸のブレマートン海軍工廠長に飛ばされた。

◆「補給の戦いだった」太平洋戦争

戦争が終わった。

キングは、「他国はいざ知らず、米国に関する限りこの戦争は補給の戦いだった」と言った。ハルゼーは、対日戦の立役者は、①潜水艦、②レーダー、③飛行機、④ブルドーザーだとし、米検事の質問に、東條英機は日本の敗因を、①米軍（マッカーサー軍）の蛙跳び戦法、②米潜水艦の通商破壊、③「エセックス」級空母群の破壊力、であるとした。米潜水艦の活動により、日本は南方資源地帯からの石油、鉄鉱石、ゴム、食糧などの交通路を断たれ、体力を失って、それが敗戦の一大原因となったことは誰も否定できない。

早くから、米潜水艦の活動が日本にとって致命傷になる、と考えていた人は日本にもいた。

一九四一年一〇月、田中隆吉兵務局長と会った石原莞爾《かんじ》予備役中将は、「石油が欲しいからといって戦争をする馬鹿があるか。南方を占領したって、日本の現在の船舶量では、石油はおろかゴムも米も絶対に内地に持ってくることはできない」と言った。

一九四三年一二月、高松宮海軍大佐の情報収集担当だった細川護貞《もりさだ》（細川護熙《もりひろ》元首相の厳父）は、小畑敏四郎《おばたとししろう》予備役中将を自宅に訪ねた。小畑は次のように言った。

「自分が米国の立場であったら、やはり長期戦をやる。そして今日のような消耗の多い反攻作戦などはせずに、主として潜水艦で我が国の通路を破壊する。最も恐るべきは、彼らが冷静になって潜水艦戦をやることである」

「元来戦争前から、自分はこの船の点を最も心配しておった。戦争に入ってからの船の消耗は、私の予想をはるかに超えたものであった。したがって、この点から見ても戦は決して楽観できない」

石原や小畑らの卓見は日本では少数意見であった。日本潜水艦の任務は、一貫して敵情監視と主力艦攻撃だった。交通破壊戦は敵艦隊撃滅後の仕事とされていた。独海軍の日本駐在武官ベーネッカー中将がどんなに米商船隊攻撃の重要性を訴えても、日本海軍潜水艦関係者の反応は空母攻撃一本槍《やり》だった。

◆太平洋艦隊司令官のポストを辞退して、執筆活動に入る

戦後、ロックウードは戦利品として得たドイツや日本の潜水艦を念入りに調査した。独潜水艦は、速度、聴音機、潜望鏡、ディーゼルエンジン、蓄電池、潜航速度、耐圧深度、いずれの面でも米潜水艦よりも勝っていた。潜水艦の武器である魚雷は日本が格段に勝っていた。

キングの後任作戦部長になったニミッツは、一九四六年一月にロックウードを海軍監察官に任命した。生涯を潜水艦一筋で過ごし、何よりも友情と忠節を重んじる生き方をしてきたロックウードは、この職務を「ゲシュタポ（ナチスドイツの秘密警察）」と自嘲《じちょう》してやる気を失った。

潜水艦関連を一括調整、指揮する海軍作戦部次長（潜水艦担当）のポスト創設をニミッツに進言したが、採り入れられなか

った。ニミッツの後任作戦部長になったデンフェルトにも、このポストの創設を進言したが、デンフェルトも採り上げなかった。ロックウードは、海軍航空隊の運用が通常の水上艦の運用と異なるように、潜水艦の運用も異なっているとし、作戦部次長（航空担当）が海軍航空を統轄して運用の責任にあたるように、潜水艦関連の運用も作戦部次長（潜水艦担当）が取り仕切る体制にすべきだと考えた。

ロックウードには、大戦中、ワシントンの分からず屋の兵備局や人事局に苦しめられ、前線指揮官として作戦に全力投球できず、ワシントンの軍事官僚どもとの戦いに精力を浪費した苦い体験があった。ロックウードは、人事や兵備の問題は潜水艦関連の一元的責任者が捌《さば》いて、前線指揮官は作戦指導に精力を集中できる体制にすべきだと考えた。

デンフェルトはロックウードを海軍監察官で腐らせておくのは惜しいと考え、太平洋艦隊司令官か大西洋艦隊司令官（いずれも大将）のポスト就任を打診した。ロックウードはこの申し出を断り、一九四七年九月、退役願いを出し、受理された。

退役後のロックウードの生きがいは執筆活動だった。戦時中に購入していたサンフランシスコ南郊ロスガトスの広大な土地に家を建て、狩猟と執筆に時を過ごした。『彼らを全部沈めよ』（一九五一年出版）は、彼が一九四二年に豪州に赴任してから終戦までの米潜水艦隊の活躍を描いたものだ。また一九六七年には、自叙伝的な『潜水艦で海を潜る』を出版した。ハルゼーも大戦回顧録を出版し、ハルゼーらしいあからさまな書き方で問題となった。ロックウードは、著作で論争の種になりやすい艦長の昇進や更迭問題、暗号問題などは書かなかった。アダムソンと共著で『海のヘルキャット』、『地獄と深海を通って』、『爆音と潜水艦とゼロ戦』（いずれも一九五六年）、『フィリピン海での戦い』（一九六七年）を執筆した。

戦後の軍縮で、潜水艦関係者の将官のポストは、太平洋と大西洋の潜水艦隊司令官（いずれも少将）の二つだけとなった。飛行機乗りと駆逐艦乗りが重要なポストに就き過ぎる、とロックウードは怒った。ロックウードは、実用潜水艦の揺籃《ようらん》期から一貫して潜水艦乗りだった。そして、第二次大戦では米潜水艦の主力を率いて戦った「潜水艦乗りの中の潜水艦乗り」だった。文字通り「ミスター潜水艦」だった。

ところが、原子力潜水艦の誕生とともに、戦時中に建艦局の技術大佐だったハイマン・G・リッコバーが「原潜の父」と呼ばれ、「ミスター潜水艦」と呼ばれるようになった。ロックウードは苦々しい思いでリッコバーの活躍を眺めた。原子力潜水艦「ノーチラス」が進水したのは一九五四年。ロックウードが死んだのは一九六七年六月だ。

戦後、米国の仮想敵国は大陸国のソ連となった。原子爆弾が誕生し、原爆を運ぶ戦略爆撃機が花形兵器となった。大陸国ソ連には海上封鎖という戦略は成り立たない。戦後一時、潜水艦はその戦力を低く見られるようになっていたが、核弾頭付ミサイルの発達に伴い、これの搭載潜水艦が注目され始め、戦略兵器としてポラリス級潜水艦が米国の主要兵器となった。海軍予算や人材の四分の一が潜水艦関係に回されるようになった。ロックウードがかねてより主張していた海軍作戦部次長（潜水艦担当）のポストも設置された。太平洋、大西洋の潜水艦隊司令官は中将ポストとなり、潜水艦関係の少将ポストも数多くなった。

《コラム》潜水艦艦長列伝

◆多くの著名提督の息子も艦長として出撃

ルーズベルト大統領の長男ジェームズは、開戦早々のマキン島奇襲作戦で副指揮官（海兵少佐）として活躍し、新聞の一面を飾った。三男のフランクリン・ジュニアもアナポリス出（一九四一年組、以降かっこ内はアナポリス卒業年次）の海軍将校になった。著名提督の息子の多くは、アナポリス出の海軍将校となった。キングの一人息子のアーネスト・ジュニアもそうだ。

彼らの中には潜水艦乗りになった者が多い。ニミッツの長男チェスター・ジュニア（一九三六年組）は、潜水艦「ハッドー」艦長として南シナ海で日本商船五隻（一万五〇〇〇トン）を沈めている。スプルーアンスの一人息子エドワード（一九三七年組）は、「ライオンフィッシュ」艦長となって東シナ海方面で活躍した。戦後、二人は大佐で退役（特別立法により少将に名誉進級）している。チェスター・ジュニアは一九六一年までテキサス・インスツルメンツ社で働き、その後、パーキン・エルマー社に移って会長兼社長となった。両社とも半導体関係者の間では知らない者のない有名な会社だ。

マッケーンの息子のジョン・ジュニアは一九三一年組で、「ガネル」艦長として東シナ海と日本近海で四隻（二万トン）を沈め、「デンチューダ」艦長にもなった。戦後は海軍大将（太平洋軍司令官）となる。孫も海軍軍人になり、ベトナム戦争で捕虜になったが生還した。ハズバンド・E・キンメルの二人の息子も潜水艦乗りとなった。兄のマンニング（一九三五年組）は「ガンネル」、そして「ロバロ」艦長として活躍した。「ロバロ」の沈没で戦死。当時、弟トーマスは潜水艦の副長だったが、キングの直接の命令で陸上勤務となった。潜水艦勤務を熱望したが許されず、ようやく終戦直前に「バーガル」艦長となった。キンメルの妻はキンケイド中将の妹で、キンケイドにとってマンニング、トーマス両兄弟は甥である。

また、キングの参謀長だったラッセル・ウィルソンの娘婿ロバート・H・ライス（一九二七年組）は、潜水艦「ドラム」艦長として四隻（四万トン）を沈めている。

戦果の最も多かった艦長はリチャード・H・オケーン少佐（一九三四年組）だ。潜水艦「タン」艦長として延べ五回出撃し、三一隻（二二万八〇〇〇トン）を沈めた。

戦艦「金剛《こんごう》」を雷撃して沈めたのは「シー・ライオン」艦長エリー・T・ライヒ中佐（一九三五年組）。戦後、ライヒは海軍中将となった。また、超大型空母「信濃」を沈めたのは「アーチャーフィッシュ」艦長ジョセフ・F・エンライト中佐（一九三三年組）だった。

一九四五年四月一日、船腹に大きく白十字を描き、夜も電気をつけて航行中の病院船「阿《あ》波《わ》丸《まる》」（一万一六〇〇トン）を台湾海峡で撃沈したのは、「クイーンフィッシュ」艦長のチャールズ・E・ローリン中佐。一七〇〇名の乗員が海没した。ロー

ジョセフ・F・エンライト（Joseph Francis Enright）1910-2000年

緑十字船として航海の安全を保証されていた「阿波丸」を撃沈した潜水艦クイーンフィッシュ（USS Queenfish, SS-393）

リン中佐は軍法会議にかけられ、海軍長官訓戒となった。厳罰に処すべし、と考えていたニミッツは激怒したといわれる。ローリンのキャリアは終わったと考えられたが、戦後、巡洋艦艦長や駆逐戦隊司令を務めて少将にまで昇進し、阿波丸事件を知る人々を驚かせた。

◆一・六％の人員で日本艦船の五五％を撃沈

「翔鶴《しょうかく》」（姉妹艦「瑞鶴《ずいかく》」）は、それまでの日本海軍の空母の建造、運用の経験をすべてとり入れ、さらにロンドン軍縮条約による排水量の制限がなくなったため、その制限に縛られることなく、設計陣が理想の大型空母へと思うままに設計できた空母だった。横須賀海軍工廠での進水は昭和一四年六月で、竣工は進水から二年二か月後。姉妹艦「瑞鶴」は、神戸の川崎造船所でほぼ同時期に完成した。

太平洋戦争開戦直前に竣工したこの姉妹艦は大活躍した。真珠湾作戦、インド洋作戦、珊瑚海海戦、第二次ソロモン海戦、南太平洋海戦、マリアナ沖海戦と戦った（瑞鶴はさらにレイテ沖海戦にも参戦）。「翔鶴」は珊瑚海海戦で三発、南太平洋海戦で四発の米艦載機による直撃弾を受け、マリアナ沖海戦で米潜水艦の雷撃を受けて沈んだ。

「翔鶴」型空母をさらに改良し、飛行甲板全面に九五ミリの鋼板を張って五〇〇キロ爆弾にも耐えるようにした空母が「大鳳《たいほう》」（昭和一九年三月竣工）であった。「大鳳」は竣工三か月後に「翔鶴」と同様、マリアナ沖海戦で米潜水艦の雷撃により沈んだ。

「大鳳」が沈んだ五か月後、六万トンを超える世界最大の空母「信濃」が竣工した。横須賀から呉へ回航のため瀬戸内海方面へ航行中、米潜水艦により撃沈されている。この他、米潜水艦は日本海軍の空母「大鷹《たいよう》」、「雲鷹《うんよう》」、「神鷹《しんよう》」（いずれも二万トン級大型商船の改造型）、「雲龍《うんりゅう》」（「飛龍《ひりゅう》」型正規空母）を沈めた。

「赤城」、「加賀」、「蒼龍」、「飛龍」など、大戦中期までは、いずれも米海軍機の空爆で撃沈された。それが「翔鶴」の米潜水艦による被害以降、日本海軍の虎の子の空母があっけなく次々に米潜水艦の犠牲となっていった。米潜水艦による「翔鶴」の雷撃を中心に、米潜水艦部隊の実態を簡単に眺めてみたい。

歴戦の空母「翔鶴」を沈めたのは米潜「カバラ」艦長ハーマン・J・コスラー少佐だ。コスラーはアナポリス一九三四年組。このクラスは日本の海兵六二期に対応する。一期上の六一期には、伊号二潜などの艦長として活躍した板倉光馬《みつま》少佐がいる。

アナポリスでは三年上に、太平洋戦争中、米機動部隊を率い

ハーマン・J・コスラー（Herman J. Kossler）

て暴れたマッケーン中将の息子ジョン・S・マッケーン・ジュニア、一年下に真珠湾奇襲時の米太平洋艦隊司令長官キンメルの長男マンニング・M・キンメル、二年下にニミッツの一人息子チェスター・W・ニミッツ・ジュニア、三年下にはスプルーアンスの一人息子エドワード・D・スプルーアンスがいた。

いずれも潜水艦乗りとなり、キンメルは潜水艦「ロバロ」艦長として作戦パトロール中に沈められ戦死。ニミッツとスプルーアンスは、それぞれ「ハッドー」、「ライオンフィッシュ」の艦長として活躍し、戦後大佐に昇進して退役。マッケーンは何隻かの潜水艦艦長を歴任し、戦後は太平洋軍司令官（大将）になった。

コスラー少佐は新造艦「カバラ」の処女出撃、しかも艦長として最初の出撃で「翔鶴」を沈めている。それまでは「ガードフィッシュ」（艦長トーマス・B・クラークリング少佐、一九二七年組）の副長として五回の作戦パトロールに出撃し、一一隻（七万六九〇〇トン）の日本艦船を沈めている。

真珠湾を母港とする米潜「カバラ」が、サンベルナルジノ海峡パトロールのためにミッドウェー基地を出発したのは一九四四年六月九日。途中で鯨とぶつかったが、船体に特に異常はなかった。翌日パラオ沖で、マーシャル諸島のメジュロ基地に修理に向かう米潜「ボーフィン」と出合う。

六月一六日深夜、レーダーに四隻の船が映った。翌朝三時四〇分、この四隻のうちのタンカーを雷撃しようとして、日本駆逐艦から爆雷攻撃を受けた。潜航避難し、五時頃浮上してみると何も見えない。真珠湾基地からこのタンカー群を追跡せよとの命令を受ける。真珠湾の太平洋艦隊司令部は、小沢艦隊の出撃を監視行動を続けている潜水艦の報告でつかんでいた。このタンカー群はおそらく小沢艦隊への給油タンカーだろう。つけていけば小沢艦隊にぶつかるだろうし、このタンカーを沈めれば小沢艦隊は給油を受けられなくなる。

タンカーを必死で追っているうちに、六月一七日夜八時頃、小沢艦隊とぶつかった。レーダーのブラウン管に二万ヤード

（約一万八三〇〇メートル）先に空母、戦艦、巡洋艦らしきものが映った。夜一〇時四五分、浮上して発信した。「一五隻以上の戦闘艦発見」。真珠湾より付近の米潜水艦群に、この日本艦隊を攻撃せよとの命令が出された。

マリアナ西部海域には、「カバラ」以外に「アルバコア」、「バング」、「フィンバック」、「スティングレイ」の四隻の潜水艦が配置されており、真珠湾からは「カバラ」の発見位置方面に動くよう指示があった（六月一八日午前八時）。

六月一九日朝八時、「アルバコア」のジェームズ・W・ブランチャード艦長（一九二七年組）は、潜望鏡で小沢艦隊を発見。距離五三〇〇ヤードから魚雷を六発発射し直ちに潜航、一発の命中音とその後何回かの爆発音が響いてきた。これは小沢艦隊旗艦「大鳳」への命中で、「大鳳」はこの一発が原因で気化ガソリンが大爆発を起こして沈む。

「アルバコア」の攻撃から三時間後、「カバラ」のコスラー艦長が潜望鏡を上げると、願ってもない方向と距離に大型空母を見つけた。艦橋にはベッドのスプリングのような形状のレーダーアンテナがあり、艦尾には大きな軍艦旗が翻っている。ちなみに、戦艦「伊勢」に試験的に装備されたものを除くと、対空見張り用レーダーが装備されたのは「翔鶴」が最初である。距離一二〇〇ヤードで六発の魚雷を発射して直ちに急潜航。三発の命中音を聞く（実際は四発命中）。日本駆逐艦からは三時間にわたって一〇〇発以上の爆雷攻撃を受け、そのうち五六発は至近で爆発した。

真珠湾の潜水艦司令部（司令官ロックウード中将）は、暗号解読により「翔鶴」が沈んだことを知ったが、「大鳳」については状況をつかめなかった。「大凬」の沈没を知るのは、この海域で漂流中に救助された日本軍捕虜の証言によってである。珊瑚海海戦、南太平洋海戦で直撃弾を何発も食らいながら生き残った「翔鶴」も、ついに沈んだ。

一九四四年一一月二八日、日本近海をパトロール中の米潜水艦「アーチャーフィッシュ」（艦長ジョセフ・F・エンライト少佐、一九三三年組）は、夜八時四八分に大型空母（「信濃」）を発見。翌朝三時一六分、一五〇〇ヤードの地点から魚雷六発を発射、六発の爆発音を聞いた（命中は四発）。世界最大の空母「信濃」は、一回も出撃することなく熊野灘沖に沈んだ。

太平洋戦争中、米潜水艦関係者（後方関係、事務スタッフなどすべて含む）は約五万人で、米海軍全体の一・六パーセントに過ぎなかったが、この一・六パーセントで日本の艦船撃沈量の五五パーセントの成果を上げている。この期間、米潜水艦の艦長は四六五人に及んだ。そのうち将官まで進んだのは一三パーセントの六一名。このうち大将、中将となった者はそれぞれ三名、九名であった。「翔鶴」を沈めたコスラー艦長は中将で退役している。

第7章　海軍主要参謀

合衆国艦隊・海軍作戦部・太平洋艦隊の参謀

◆参謀に頼ることが多かった日本海軍司令官

日本の古来からの伝統では、大将には高貴な血筋の者や声望の高い者を充て、実務は裏の参謀的な者が取り仕切る。戦国時代の例外を除き、大体においてそうであり、組織のトップが飾り物に過ぎないことも多かった。

江戸時代も、将軍が直々に万機を総攬《そうらん》することはなく、老中や側用人が政務を捌《さば》いた。幕末維新戦争の江戸城攻めでも、皇族の東征総督は飾り物で、実権は参謀の西郷吉之助《さいごうきちのすけ》の手中にあった。明治政府でも、天皇が直接的に政務を判断し、軍隊を指揮するということはなかった。日露戦争時の満州軍のトップは大山巌《いわお》総司令官であるが、実際の作戦指導は総参謀長の児玉源太郎《こだまげんたろう》が行っていた。海軍でも、東郷平八郎大将の参謀秋山真之中佐の存在は大きかった。

戦国時代は例外だが、それでも秀吉の高級参謀の竹中半兵衛や黒田官兵衛は人気が高い。実在は疑問視されているが、武田信玄の参謀山本勘介は講談にはなくてはならない人物である。石田三成の謀臣島左近や、上杉景勝の有力家臣で枢機に深くかかわった直江兼続も、日本人が好むタイプだ。人気が高いのは、強い影響力を持っていたことも原因の一つだろう。

山本五十六長官の下での参謀黒島亀人《くろしまかめと》大佐、南雲忠一長官の下での参謀源田実《げんだみのる》中佐も有名だ。連合艦隊司令部の幕僚会議では多くの場合、黒島先任参謀がイニシアチブを取り、黒島案のほとんどを山本大将は採用した。第一航空艦隊の源田参謀は、自分の案が大石保《たもつ》先任参謀、草鹿龍之介《くさかりゅうのすけ》参謀長、南雲長官と無修正のまま通ることが続いたので、何だか恐ろしくなったと、後に述懐している。一部の人々から、南雲率いる航空艦隊は源田艦隊だと評された。

ミッドウェー海戦時、第二航空戦隊司令官の山口多聞《たもん》少将は、緊急意見具申を「飛龍」艦橋より旗艦「赤城」に向けて発信した。「赤城」との距離は五〇〇〇メートル、直接の光通信である。「赤城」から反応のないことに怒った山口司令官は、「(大型望遠鏡で)『赤城』艦橋の中を確かめろ。源田参謀は見えないか」と、厳しい表情で言った。源田参謀の所在を気にしたのは、山口が南雲司令官自身の決断、決定など当てにしていなかった証拠の一例といえよう。

沖縄戦当時、牛島満《うしじまみつる》軍司令官は、高級参謀八原博通《やはらひろみち》大佐の案をそのまま採用した。内容を見ずにサインをするので、八原大佐は驚いた。

日本海軍では小沢治三郎提督のような例外を除き、幕僚に頼る提督がほとんどだった。日本の文化、風習の伝統かも知れない。善くいえば、若い専門家の頭脳に思い切って任せて、その才能を活用するともいえる。悪くいえば、下僚の努力の上に安住して、大過なく組織のピラミッドを登っていく官僚的やり方ともいえる。幕僚の成案を詳細にチェック、検討する上役は、気が小さい、腹ができていない、器が小さい、と下僚から嫌われる。

永野修身《おさみ》軍令部総長は、「課長クラスがよく勉強しているから俺は文句ないよ」といって判を押し、会議では居眠りが多かった。永野総長は部下の担ぐ御輿《みこし》に乗り、次長の伊藤整一《せいいち》中将は部下の用意するお膳《ぜん》立てにつく。作戦部長の福留繁《ふくとめしげる》少将もまた、作戦課長の富岡定俊《とみおかさだとし》大佐に任せる。その富岡課長は作戦班長の神重徳《かみしげのり》中佐に引きずられていた、という人もいる。

重要な作戦においても、軍令部、連合艦隊、各艦隊間の説明や連絡会は関係参謀間で行われ、トップ間での直接の疑義解明や意思疎通の場は少なかった。

真珠湾作戦、ミッドウェー作戦で、永野総長、山本長官、南雲長官が直接会って、意図、重大事項の理解、意思の徹底を図ることはなかった。いずれも幕僚を使っての説明や疑義解明である。レイテ沖海戦となった捷《しょう》一号作戦でも、実行部隊である栗田艦隊への命令と説明は、軍令部総長及川古志郎《おいかわこしろう》大将、連合艦隊長官豊田副武《そえむ》大将のいずれも、直接栗田健男《たけお》中将に意図を説明することなく、軍令部は作戦課の作戦班長榎尾義男《えのおよしお》中佐、連合艦隊は先任参謀の神重徳《かみしげのり》大佐をマニラに派遣した。栗田艦隊も栗田中将ではなく、参謀長の小柳富次《こやなぎとみじ》少将、作戦参謀大谷藤之助《おおたにとうのすけ》中佐を出席させた。

トップは飾り物的存在となることもあり、作戦計画の立案やその遂行に参謀は強い影響力を持っていた。これは米英軍と対照的だった。

◆補佐者に過ぎず、名も残らない米海軍の参謀職

ルーズベルトとチャーチルは、対日戦期間の三年八か月の間に九回の首脳会議を持って、最高戦略の確定に意を注いだ。そればかりではない。ロンドン・ワシントン間の機密電信装置に

より、連日のように個人親展電の交換を行った。この期間、チャーチルよりルーズベルト宛《あて》書信は九五〇通、ルーズベルトよりチャーチル宛書信は八〇〇通。両巨頭が下僚任せにせず、意思疎通の徹底にどれほど気を遣っていたかがわかる数字である。

キングとニミッツの間でも、直接会談が一六回にわたって行われている。場所は概《おおむ》ね、ハワイとワシントンの中間のサンフランシスコ。キングもニミッツも、決して下僚任せにはしなかった。

米軍において、参謀が影響力を持つことはまずなかった。参謀は、指揮官の意図が忠実かつ迅速に実行されるための補佐者に過ぎなかった。指揮官の頤使《いし》に甘んじて仕える者でなければ、参謀は務まらなかった。情報部門などの特殊な部門を除いて個性を発揮することは許されなかったから、参謀は第一線指揮官と比べると文字通り裏方の仕事だった。したがって、参謀職にあった提督たちは米国民に知られることなく歴史の彼方《かなた》に消えていった。

草鹿龍之介、黒島亀人、源田実といった参謀がよく知られ、実戦の指揮官としての経歴が少ない、有能な官吏型の井上成美《しげよし》が高名な日本とは対照的といえる。井上のようなタイプは、米海軍であれば、まず間違いなく国民の間では無名で終わった提督だろう。

米海軍の将校で幕僚勤務を望む者は少なかった。例を挙げてみよう。

合衆国艦隊司令長官に任命されたキングは、参謀長に当時兵学校の校長をしていたラッセル・ウィルソン少将に白羽の矢を立てた。キングから「参謀長になってほしい」との電話を受けたウィルソンは、失望と不満で一瞬青ざめ、今にも泣き出しそうな顔になった。キングからの電話を取り継いだウィルソンの娘の回想である。ウィルソンは、その直前にハワイのニミッツから「太平洋で暴れてみないか」との電話を受け、欣喜雀躍《きんきじゃくやく》していたときにキングからの電話があったのだ。ウィルソンにとっては、天国から地獄へ急転回ともいえる展開だった。

キングはウィルソンの下の先任参謀に、作戦部戦争計画部のキャリアが長いクック大佐（太平洋艦隊旗艦「ペンシルベニア」艦長）を考えたが、クック大佐はキングの再三の要請にもかかわらず、何度も辞退している。太平洋の第一線の艦長の自分が、何故《なぜ》御殿女中のような連中に囲まれるワシントン勤務をやらねばならんのだ、という考えがクックにあったからだ。

日本海軍の将校で、連合艦隊参謀長や先任参謀のポストを不満に思う者など考えられなかった。これらは花形ポストだ。国民全般も、金色燦然《さんぜん》とした金モールの参謀飾緒をまばゆく感じ、「謀を帷幄《いあく》の中に運《めぐ》らし、勝を千里の外に決する」といった参謀のイメージに高い評価を与えていた。ちなみに、米海軍では参謀飾緒を「のらくら者、怠け者の縄の輪」と俗称した。これは準公刊の米海軍用語集にも載っている。

米海軍では、参謀は指揮官が自分がよく知っている者を選ぶことが多い。日本海軍は人事局の選定だ。

第二次大戦中、ルーズベルト大統領は、マーシャル参謀総長に、ノルマンディー上陸作戦を指揮する連合軍最高司令官のポストを与えてやりたかった。華々しい第一線指揮官に比べて、参謀総長は裏方で目立つポストではない。第一次大戦時の欧州派遣軍司令官パーシングの名前を米国民は知っているが、当時の参謀総長の名前など誰も知らない。結局、全陸軍を指揮する参謀総長はマーシャル以外には考えられない、ということで、連合軍最高司令官のポストはアイゼンハワーに与えられた。アイゼンハワーの名は全国民に知れ渡り、一般大衆はマーシャルの名などほとんど知らなかった。アイゼンハワーの参謀長ベデル・スミス中将（一兵卒から昇進して将官となった）の名を米国民は知らない。同様に、米海軍でも参謀ポストにあった人々の名は、国民に知られることはなかった。

本稿では太平洋戦争中、主要艦隊の参謀職にあった人々を何人か紹介したい。

◆(1)合衆国艦隊司令部

キングの初代参謀長は、前述のラッセル・ウィルソン少将。第一次大戦時、キング少佐は大西洋艦隊司令部参謀で、ウィルソン大尉も参謀仲間だった。このつながりから、兵学校校長だった少将に白羽の矢が立てられたのだ。参謀副長には大西洋潜水艦艦隊司令官のリチャード・S・エドワーズ少将を充てた。キングは前職の大西洋艦隊司令官当時より、エドワーズの平凡だが常識あるセンスを買っていたのである。

キングとウィルソンの間はすぐに冷却化した。反りが合わなかったのだ。ウィルソンが熟慮慎重型であるのに対し、キングは独裁即決型だ。キングは航空艦隊司令官当時から、幕僚に頼る態度は微塵《みじん》も示さなかった。幕僚からの文書にもイエスかノーと書くだけ。理由などいわない。たまに？のマークをつけて返すこともあるが、それだけだ。命令は自分で書いた。読みやすく正確な字だった。

ウィルソンが熟慮に熟慮を重ねた案に対して、キングは即座にノーとだけ書いて返すようなことが続き、これがウィルソンの健康に悪影響を与えた。キングがウィルソンを洋上の第一線に出そうと考えても、そのときにはウィルソンの健康が許さなくなっていた。

一九四一年一二月一七日、キンメル大将が予備役となり、一二月二〇日、キングが合衆国艦隊司令長官に任命された。海軍省ビルの一角に急遽《きゅうきょ》作られた合衆国艦隊司令部で、主要メンバーのキング、ウィルソン、エドワーズ、ロー（先任参謀、後に第一〇艦隊参謀長）が会合したのは一二月二九日。実質的に仕事が始められたのは、翌年になってからである。

第二次大戦は太平洋と大西洋の両洋での戦争であったから、

１９３９年5月26日、ニミッツ少将［右］から戦艦「アリゾナ」を引き継いだときのラッセル・ウィルソン［左］（Russell Wilson）１８８３-１９４８年

合衆国艦隊司令部はワシントンに置かれることとなり、海軍省の建物（通称メイン・ネービー）の三階に司令部が置かれた。

キングと反りが合わず健康を害したウィルソンは、一九四二年八月、統合参謀長会議に属する統合戦略調査委員会委員長ポストに移り、長期的な統合戦略の基本作戦案作成に携わった。合衆国艦隊参謀長の地位にあったのは、実質的には半年間という短期間であった。

太平洋戦争中、ほぼ全期間にわたり合衆国艦隊参謀部の主要幕僚だったのは、前述のエドワーズとチャールズ・M・クックだ。参謀副長のエドワーズは、ウィルソンの後を継いで参謀長となった。先任参謀のフランシス・S・ロー大佐が新設の対Uボート作戦専任の第一〇艦隊参謀長に転任して以降は、クックが一貫して作戦を担当する先任参謀となった。クック大佐はキングの希望にもかかわらず、合衆国艦隊先任参謀のポストをなかなか受けなかったが、キングの三顧の礼をとるような態度や手紙で口説き落とされる。ワシントンの司令部に着任したのは一九四二年六月だった。

一九四二年三月二六日付で、キングは海軍作戦部長も兼務するようになった。このため、キングは、統合参謀長会議や連合参謀長会議（米英軍首脳会議）に、自分の時間の三分の二をとられるようになった。このような激務のキングを、第二次大戦中、参謀として一貫して補佐したのがエドワーズとクックだった。両者はともに大将に昇進したが、ニミッツ、ハルゼー、スプルーアンスといった前線で活躍した提督たちが英雄になったのに比べ、米国民の間では無名の提督で終わっている。

キングはラッセル・ウィルソンの後釜《あとがま》に、アナポリスで同期だったウィリアム・S・パイ中将を考えたこともある。パイは

チャールズ・M・クック・ジュニア（Charles Maynard Cooke, Jr.）１８８６-１９７０年

真珠湾奇襲後、ニミッツの着任まで太平洋艦隊臨時司令官を務め、ニミッツの着任後は戦艦艦隊司令官だった。ノックス海軍長官はウェーク島救助作戦の失敗以来、パイを嫌っていた。キングは級友であったから、パイの長所も短所もよく知っている。欠点は決断力のなさで、パイを「象牙《ぞうげ》の塔の住人」と呼んだこともある。パイは海軍作戦部の戦争計画部に三度(二度は部長として)勤務したキャリアを持つ。野戦攻城の指揮官タイプではなく、帷幄の謀将タイプだった。キングは一時パイを自

ウィリアム・S・パイ　（William Satterlee Pye）　１８８０-１９５９年

分の参謀長にとも考えたのだが、結局パイを採らず、パイはこの年の秋に海大校長になった。

独裁的に振舞ううえに人格上に瑕瑾《かきん》の多いキングの下で、エリート・キャリアを歩んできた級友のパイ中将が長期間我慢できたかどうかは疑問である。その点、潜水艦乗りのエドワーズは暴君に仕えられる柔軟さを持っていた。エドワーズは自分を抑えて上に仕え、事務処理を嫌がらない提督だった。ぶっきらぼうだが率直で、冷静に大量の事務を捌いた。キングがエドワーズを買ったのは、「平凡な常識のセンス」だった。非凡な戦略眼と一家言を持った者ならば、たちまちキングと衝突するのは間違いない。山本五十六の参謀長宇垣纏《うがきまとい》は非常な自信家であった。鉄仮面のように無表情で、配下幕僚など無視して歯牙《しが》にもかけない態度をとる。独善的で傲岸不遜《ごうがんふそん》。キングの下でなら、宇垣は三日ともたなかったに違いない。

◆幕僚が増えすぎることを嫌ったキング

キングは幕僚部門の増大を嫌った。人が多くなればなるほど効率が損なわれる。書類の増加も嫌って、タイプライターと謄写版の半減を命じたりした。部下からの報告書は一枚とし、一枚を超えるものは直ちにごみ箱に投げ込んだ。司令部幕僚は、①前線の空気を取り入れること、②お役所的仕事になるのを防ぐため、極力人員を減らすこと、③ワシントン勤務でのワシントン病（ワシントン・メンタリティ）にかからないうちに前線に戻すこと、といった方針がとられた。

司令部要員のワシントン勤務は一年未満が原則だったが、それでも陣容は六〇〇人を超えるようになった。作戦計画部門の幕僚は週七日間、一日一四時間、仕事をしなければならなかった。健康診断が毎月行われ、司令部に簡易体育館が作られた。キングは言う。「仕事に疲れたら、運動して汗を流し、シャワーを浴びてリフレッシュせよ」。

このような司令部の管理業務を捌いたのがエドワーズだった。幕僚からの相談を嫌がらず、トラブルがあれば進んで出向いてその解決にあたったから、幕僚間の信望は厚かった。キングの机の上は書類やメモで乱雑、未決裁の書類が決裁箱の上にあふれているが、仕事が終わるとそのまま帰ってしまう。重要な任務でしくじった幕僚は容赦なく更迭する。このような司令部で幕僚業務を束ねるエドワーズの仕事は大変だった。文官ならともかく、海将としては割りの合わない仕事だった。エドワーズが第一線の海上勤務を望んだことは当然だった。健康状態が過酷な第一線勤務を許さず、終戦までキングの幕僚長を続けた。

リチャード・S・エドワーズ（Richard Stanislaus Edwards）１８８５-１９５６年

偽悪家のキングは、エドワーズを「便利屋」と揶揄《やゆ》したが、後に繰り返し「エドワーズがいなければ、仕事はとても捌けなかった。エドワーズは自分の関心を殺して私のために働いてくれた」と言っている。また、戦後の自著でキングは、「その名前は米国民の間ではほとんど知られていないが、エドワーズは米海軍中で最も群を抜いた提督の一人である」と書いている。

エドワーズが主として合衆国艦隊司令部の管理業務を捌いたのに対し、作戦計画関係でキングを補佐したのはチャールズ・M・クック・ジュニアだった。

海軍作戦部の戦争計画部でキャリアの長かったクックには、「サビー（知恵）・クック」の別称があった。傲岸不遜《ごうがんふそん》の権化のようなキングが、三顧の礼をとるようにして合衆国艦隊の主要幕僚として招いたのがクックだ。第二次大戦中を通して一貫してキングの主要幕僚だった者は、エドワーズ、クック、それに後述の海軍作戦部のホーン次長だが、キングが彼以外では駄目だと強く固執して手元に引き抜いたのはクックだけだ。

大戦中、ルーズベルトとチャーチルによる米英首脳会議（スターリンや蒋介石が出席した会議も含む）は九回あり、キングは最終のポツダム会議以外はすべて出席した。また、大戦中にキング・ニミッツ会談は一六回にわたって行われた。これらの国外出張やニミッツとの会談に、キングは常にクック参謀を帯同した。エドワーズの健康状態もあったが、キングがクックを深く信頼していたからだ。

キングはクックのキャリアを考え、第一線の指揮官にしてやらなければならない、参謀として埋もれさせてはならないと考えた。しかし、クックは、自分のキャリアよりも米海軍の戦争遂行が重要で、そのためには自分の才能を現在の職務に捧《ささ》げた方が米海軍のためになる、と考えた。キングもエドワーズも、クックの考えを諒《りょう》とした。

クックは、東郷大将の下で日露戦争を戦った秋山真之参謀に比される人物である。山本五十六大将を補佐した黒島亀人参謀と、ほぼ同じようなポストであった。秋山や黒島が高名であるのに対し、クックはエドワーズ同様、米国民の間では無名の提督である。日米間の文化の差、参謀に対する考え方の差といってよかろう。

合衆国艦隊旗艦はワシントンのポトマック川に係留されている旧式艦「ドーントレス」だが、外洋に出ることはほとんどなく、キングの「ベッド・ルーム」艦とも揶揄された。合衆国艦隊司令部は、コンスティテューション通りに面した海軍省の建物の一角に設けられた。メイン・ネービーと俗称されるこの建物は、一九一八年竣工の、ちょっと東京中央郵便局を想わせるような簡素なスタイルのビルだ。

この三階にキングのオフィスがあった。ノックス長官のオフィスは二階。キングの部屋には大きなデスクが一つあるだけで、応接セットもなければ小会議用のセットもない。壁には絵もかかっていない。この部屋に出入りするのは、大体エドワーズとクックに限られていた。他の幕僚がこの部屋に入って、直接キングに報告することは少なかった。ここで両者はキングに報告したり、指示を仰いだりする。キングのデスクの横には二人のための椅子《いす》が用意されていた。

◆(2)海軍作戦部

一九四二年三月二六日、スタークが真珠湾奇襲の責任をとらされ更迭された。スタークは、リーヒ、キンメルと並んで自他ともに許すルーズベルト・サークルの一員だったが、「あのポストにある者としては気が小さ過ぎて役に立たない」(スチムソン陸軍長官)という評もあった。ルーズベルトはキングに作戦部長を兼務させた。

日米間の戦争が避け難くなっていた一九四一年の秋、スタークは、戦争になれば大西洋艦隊はキングをそのまま、アジア艦隊をニミッツ(当時、航海局長)、太平洋艦隊をインガソル(当時、作戦部次長)、という腹案を持っていた。しかし、真珠湾奇襲直後、ルーズベルトとノックスはスタークに意見を聴くことなく、常設の合衆国艦隊司令部を新設し、これにキングを充て、太平洋艦隊にはニミッツと決めた。アジア艦隊は開戦早々に壊滅した。司令官はハート大将だった。

このため、大西洋艦隊には海軍作戦部次長のロイヤル・E・インガソルが振り向けられ、インガソルの後任にはフレデリック・J・ホーン中将が任命された。ホーンは海軍作戦部次長として、戦争中一貫してキングを補佐した。キングは、自分の時間の三分の二を連合参謀長会議や統合参謀長会議関連に、残り

フレデリック・J・ホーン（Frederick Joseph Horne）１８８０-１９５９年

の三分の一の大部分を合衆国艦隊関連に注がざるを得ず、海軍作戦部関連には時間を割けなかった。

合衆国艦隊と海軍作戦部とはどのように関係しているのか。前者は大統領（ルーズベルト）に直属し、全艦隊を指揮する。後者は海軍長官（ノックス）の指揮を受け、大戦中は米艦隊の後方部門を担当した。後者は前者の作戦案に基づき、必要な軍需品や兵力を算出する。この海軍作戦部の算出に基づき、兵員を集め、軍需品を調達するのは海軍省だ。だから、作戦部は人、物、金の関係が多く、議会対策が重要となる。キングは多くの人々の前で話したり、議会関係者を納得させるような仕事は不得意だったから、このようなことはホーンが受け持った。

キングとホーンの間は微妙で、しっくりした間柄ではなかった。ホーンはアナポリス一八九九年組で、キングより二期上である。ホーンもキング同様、大佐になってからペンサコーラの飛行学校に学んで航空畑に入った。水上機母艦「ライト」艦長、航空基地部隊司令官、航空艦隊司令官と、いずれもホーンはキングの前任で、将官会議のメンバーになったのもキングより早かった。大型空母艦長（ホーンは「サラトガ」、キングは「レキシントン」）になったのも、ホーンが先だった。

キングの権限集中を嫌ったノックスや後任のフォレスタルは、キングをワシントンから放逐することを考えたこともある。キングは、このような動きにホーンがからんでいるものと疑った。海軍士官で作戦部長になりたくない者は一人もいない。ホーンは自分が作戦部長になりたいため、海軍長官や次官に迎合しているのではないか、とキングは猜疑心《さいぎしん》に駆られたのだ。

両者は馬が合わなかった。性格も対照的。キングが有名な女好き、大酒飲み、独裁家なのに対し、ホーンは敬虔《けいけん》なクリスチャンで、酒もタバコもやらず、自宅に若い士官を呼んでもてなすのを楽しみにしている。人の話をよく聞くことでも知られていた。キングは後に、「ホーンは仕事のできる有能な人物だが、どうしても好きになれなかった。理由は分からない」と言っている。

徐々にホーンを嫌うようになったキングは、太平洋戦争の趨勢《すうせい》のほぼ決まった一九四四年九月、ルーズベルトを説得して、合衆国艦隊に副司令長官、海軍作戦部に次長の上の副部長のポストを創設して、この両方にエドワーズを任命した。ホーンとの直接の関連をなくし、自分との間にエドワーズを入れたのである。実質的にホーンを降職にしたのだ。戦後、キングは率直に、「奴（ホーン）を楽にしてやったのだ」と嘯《うそぶ》いている。このとき、合衆国艦隊参謀長にはクックが昇格した。

ルーズベルトの虎の威を借り、米海軍史上未曽有《みぞう》の独裁者となったキングだが、米海軍の勝利がほぼ確定し、キングが不必要、ないし邪魔者となってくるにしたがい、その地位が崩れ始める。「狡兎《こうと》死して走狗烹《そうくに》らる」だ。

頼みのルーズベルトが死に、後任にトルーマンが就任した。トルーマンはキングを「古色蒼然の甲殻類のようなこちこちの職業軍人だ」と嘲笑《あざわら》った。人格に問題のあるキングを何とか包容した雅量の大きなノックスが死に、後任はフォレスタルとなった。フォレスタルはキングの独断専行を許さない態度をとり、両者は周知の犬猿の仲となった。トルーマンもフォレスタル同様にキングを嫌った。

キングの戦後は悲惨だった。脳出血で回復の見込みのないまま、海軍病院で一〇年間、寝た切りの状態で過ごした。キングに痛めつけられたフレッチャー、ホーン、ムーア（スプルーアンスの参謀長）といった人々は、キングの哀れな戦後の状況を聞いて溜飲《りゅういん》を下げたに違いない。キングから馬鹿者扱いされていたハルゼーは、退役後はキングの意見を無視する態度に出た。それほどキングは人格に問題があったともいえる。

こんなキングに己を殺してよく仕え、華々しい海戦の指揮を執ることもなく、しかも米国民には名前さえ知られなかったのだから、エドワーズ、クック、ホーンの三提督は気の毒といえば気の毒である。

◆(3)太平洋艦隊司令部

ニミッツの参謀長は、一九四二年五月までミロ・F・ドラエメル少将だった。太平洋艦隊司令官は、ニミッツの前任がキンメル、キンメルの前任はリチャードソン、そのまた前任はブロックである。

ブロックが高く評価したのは、パイ、ドラエメル、ゴームリーといった人々。リチャードソンは、次の太平洋艦隊司令官候補としてキンメル、ゴームリー、ドラエメル、ニミッツの順で推挙している。

結果として、パイ、ドラエメル、ゴームリーといった人々は、太平洋戦争では活躍せずに消えていった。平時、評価の高い武人が、必ずしも干戈《かんか》の緊急時に青史に名を留《とど》める兵家たり得ない好例である。

ドラエメルは、真珠湾の惨状下の数か月の激務で疲労困憊《こんぱい》し、また慎重過ぎる考え方はニミッツと合わなかった。ドラエメルの後任の参謀長はスプルーアンス。一九四三年八月にスプルーアンスが前線に転出すると、後任はチャールズ・H・マクモリスとなった。

指揮官の頤使に甘んじ、個性の薄い能吏というのが米海軍の一般的な参謀像であるが、マクモリスは異色の参謀で、山本の参謀の宇垣や黒島を彷彿《ほうふつ》させる人物だ。アナポリス時代より「ソック（ソクラテス）」のニックネームがあり、頭脳明敏で知られていた。キンメル時代より太平洋艦隊の作戦参謀をやり、ニミッツの作戦参謀でもあった。その後、前線に出て再び古巣に帰ってきた。心臓の強さと激しい性格、過酷さでは右に出る

ミロ・F・ドラエメル （Milo Frederick Draemel） 1884-1971年

チャールズ・H・マクモリス（Charles "Soc" Horatio McMorris）1890-1954年

者がない、といわれた。自分で、「俺《おれ》は生来の頑固者で、一生それを貫く」と公言していた。

一九四三年一一月より終戦までニミッツの作戦参謀を務めたのはフォレスト・P・シャーマン。アナポリスを二番で卒業した秀才だが、野心家として嫌う人も多かったようだ。しかし、人の言に耳を傾けないキングも、シャーマンの意見には耳を傾ける態度を示した。

シャーマンはニミッツの作戦参謀となり、ニミッツ・キング会談や、ニミッツとマッカーサーとの協議には常にニミッツに随行した。マーシャル諸島作戦以後の太平洋艦隊の戦略計画や作戦計画は、すべてシャーマンの手によるものだった。ニミッツは海軍作戦部長になると、シャーマンを次長として引き抜いた。シャーマンは後に海軍作戦部長にもなったので、ここで少し詳しく紹介したい。

◆冷静緻密で、多くの司令官から望まれた参謀シャーマン

フォレスト・P・シャーマンは、一八九六年にニューハンプシャー州で生まれ、マサチューセッツ州で育った。六人兄弟で、父は教科書を小学校や中学校に売る仕事をしていた。八歳のとき、戦艦「ケンタッキー」を見る機会があり、このときから海軍軍人になるのが夢となった。

アナポリスへの連邦議員の推薦がなかなか得られず、一九一三年、いったんマサチューセッツ工科大学に入り、翌年推薦を得てアナポリス入りした。一九一八年組で、日本の海兵四六期（高田利種《としたね》や山本親雄《ちかお》のクラス）に対応する。

アナポリス時代は、一人超然とした孤高タイプだった。成績が抜群（卒業席次は一九九人中二位）のうえ、品行方正。級友の目には、大きくて丸い赤ら顔のシャーマンは、お高くとまっ

１９５０年当時のフォレスト・Ｐ・シャーマン
（Forrest Percival Sherman）１８９６-１９５１年

た野心家に映った。

第一次大戦参戦で卒業が繰り上げられ、一九一七年六月に卒業、すぐに砲艦「ナッシュビル」乗組となり、地中海で船団護衛にあたった。一九一八年、駆逐艦「マレー」乗組。このとき、護衛艦隊司令官ニュートン・A・マッカリー少将に認められ、一九二一年にマッカリー少将の副官となった。

第一次大戦では、新兵器の飛行機が実戦に投入されて活躍した。シャーマンは航空畑への希望が認められ、フロリダ州ペンサコーラの海軍飛行学校に入校した。ペンサコーラ飛行学校は海軍パイロットの故里《ふるさと》で、日本海軍の霞ヶ浦飛行学校と対比される。キングやハルゼーもここで学んだ。六か月のコースを修了して、一九二二年一二月、パイロットの資格を得た。一九二四年から二年間この学校の教官を務め、海軍大学を卒業（一九二七年組）の後、一九三〇年から二年間アナポリスで航空戦術の教鞭《きょうべん》をとった。アナポリスの教官時代には、海軍協会誌に数点の論文を投稿している。

なお、海軍大学卒業からアナポリス教官までの間は、一九二七年、空母「レキシントン」の戦務参謀、一九二九年、空母「サラトガ」飛行士官。アナポリス教官の後の一九三二年から三三年にかけて航空艦隊参謀を務めた。

一九二〇年代から三〇年代初めにかけて、海軍航空を牛耳っていたのはモフェット航空局長（一八九〇年組。秋山真之の海兵一七期に対応）だった。元々大砲屋なのだが、一九二一年に航空局が創設されて以来、三三年に飛行船事故で殉職するまで、一二年間も航空局長のポストに座っていた。モフェットが眼に入れても痛くないほど可愛がり、自分の後任にと考えていたのが、生粋のパイロット育ちのジャック・タワーズ大佐（一九〇六年組。古賀峯一《こがみねいち》元帥の海兵三四期に対応）だった。

当時、航空艦隊の指揮を執っていたのは、ブルと仇名《あだな》されていたジョセフ・H・リーブス少将（一八九四年組）。一九三一年六月、リーブスは交代し、後任にはハリー・E・ヤーネル少将（一八九七年組）が着任した。ヤーネルの参謀長にはタワーズ大佐が同時に着任。このとき、シャーマン少佐は航海参謀となった。航空艦隊旗艦は空母「レキシントン」で、艦長はキング大佐。キング艦長、タワーズ参謀長の二人は野心家で実務に熱心、細かい点までうるさく、しかも個性が強いから、事毎《ことごと》に反発し合う。

モフェット航空局長の後任は、タワーズとキングの激しいつば迫《ぜ》り合いの末にキングに決まった。後任はタワーズだ、と公言していたモフェットが飛行船事故で死んだことが、タワーズにとって痛かった。歴史に「もしも」は禁物だが、モフェットが事故で死ぬことがなければ、タワーズとキングのその後のキャリアが大きく変わっていただろうことは間違いない。

◆「ワスプ」艦長として失態を犯すが、タワーズに拾われる

シャーマン中佐は、キング航空局長の下で一九三三年から三六年まで航空兵器課長。航空兵器課長の後は一年間、空母「レンジャー」航海長。一九三七年から四〇年までは、合衆国艦隊司令長官クラウデ・C・ブロック大将（一八九九年組）の航空参謀を務める。

一九四〇年、スターク作戦部長はシャーマン中佐を戦争計画部へ引き抜いた。日米開戦後は、統合参謀長会議の下の統合戦争計画委員会のメンバーとなる。一九四二年五月には大佐進級と同時に、空母「ワスプ」艦長となった。

一九四二年九月一五日、巡洋艦四隻、駆逐艦六隻に守られてソロモン諸島南方海域を航行中の「ワスプ」は、伊一九潜（艦長木梨鷹一中佐）の放った魚雷六本のうち三本が命中して、エスプリッサント島北西二五〇マイルの地点で沈没した。シャーマン艦長は、珊瑚海を二時間泳いで駆逐艦に救助された。艦を沈めたシャーマンのキャリアはこれで終わりかと思われた。このとき、タワーズから救いの手が差し伸べられた。

海軍のトップとなったキングは、作戦関係のすべての権限を手中にして太平洋戦争をリードしようとした。陸軍のアイゼンハワーは、「太平洋での戦いは、キングのプライベートな戦争だ」とさえ言っていた。このようなキングの眼から見れば、ノックス海軍長官、フォレスタル次官の下で、航空局長として航空行政を取り仕切っているかつてのライバルのタワーズ少将が気に入らない。ハワイに太平洋艦隊航空部隊司令部が創設されるのを奇貨として、タワーズを中将に格上げのうえワシントンから放逐した。一九四二年一〇月、タワーズは、「ワスプ」を沈めて失職中のシャーマン大佐を自分の参謀長に指名した。

タワーズは生粋のパイロット育ちだ。キングやハルゼーのように中年になってから航空畑に入った者とは違う、という自負が強い。パイロット育ちは、タワーズを自分たちのクラウン・プリンスとしてかつぎ上げようとする。タワーズは個性が強く、政治的動きをすることも躊躇《ちゅうちょ》しない。行動力もある。

ニミッツは、航空局長時代のタワーズの政治的動きを苦々しく思っていたから、ハワイへやってきたタワーズが執拗《しつよう》に航空艦隊の指揮を執りたがることに辟易《へきえき》しても、決して航空艦隊の指揮権は与えなかった。タワーズにしてみれば、航空艦隊の指揮を満足に執れるのは自分しかいない。実際、パイロット出身者の多くもそう思っていた。

当然、ニミッツとタワーズは緊張した関係となる。両者の緩衝役となったのがシャーマン参謀長だった。シャーマンは生粋のパイロット出身だが、経歴の大部分は参謀勤務だ。冷静で

頭脳が緻密《ちみつ》、マナーもいいからニミッツにも気に入られた。

一九四三年一一月、ニミッツは太平洋艦隊の作戦参謀としてシャーマンを指名し、同時に少将に昇進させた。このとき、太平洋艦隊の参謀長はチャールズ・H・マクモリス少将、情報参謀はエドウィン・T・レイトン中佐であった。

一九四四年三月に参謀副長兼作戦参謀になったシャーマンは、ニミッツの意向を受けてワシントンの合衆国艦隊司令部へ赴き、今後の作戦協議を行った。

シャーマンと同年に江田島を卒業したクラス（第四六期）に、高田利種と山本親雄がいる。高田はクラスヘッドで主要艦隊の先任参謀として腕を振るい、やり手との評が高かった。山本は卒業席次が二番でパイロット出身だから、シャーマンと同じだ。軍令部の作戦課長などの要職に就いている。

◆戦後、パイロット出身として初の作戦部長に

一九四五年九月二日の戦艦「ミズーリ」艦上での降伏式に、ニミッツはハルゼーとシャーマンを帯同した。終戦に伴い合衆国艦隊は解散となり、制服組のトップは海軍作戦部長となった。キングが作戦部長を退任することになり、後任問題が生じた。キングはニミッツを推したが、フォレスタルは「うん」と言わない。フォレスタルは戦時中、鼻っ柱が強くて、長官の意思に従順でないキングを御すのに苦労し、犬猿の仲となっていた。

戦時はともかく、平時になれば長官の力が復活する。太平洋戦争の英雄ニミッツ元帥ではやりにくい。フォレスタルは、温厚篤実で長官の意向に従順な、使いやすい提督を作戦部長に選ぼうと考えた。海軍作戦部長制度が誕生した一九一五年、時の海軍長官ダニエルズは、先任順位の低いベンソン大佐を作戦部長に指名した。評判の高い提督だと使いにくいからだ。

フォレスタルは第一次大戦時、海軍に志願して飛行学校に入りパイロットとなった。戦争が終わると海軍中尉で退役した。フォレスタルの意中の人はミッチャー中将だった。フォレスタルは某日の日曜日、海軍省で直接ミッチャーと会い意向を伝えた。ミッチャーにその気持ちがないことを知ったフォレスタルは、やむなくニミッツを作戦部長に据える。

ニミッツはシャーマンを引き抜いた。一九四五年一二月、中将に進級したシャーマンはワシントンに赴き、ニミッツ作戦部長の下で作戦部門（戦争計画、艦隊作戦、艦隊訓練、情報）担当次長となった。

戦後の米海軍の重要課題は、空軍の独立と、陸海空軍の統一問題だった。シャーマンは、フォレスタル長官の指示で統一問題の担当を命じられる。終戦の年の冬、大統領補佐官のクラーク・M・クリフォード少将、陸軍航空隊のラウリス・ノーシュ

タット少将、シャーマンの三人は会合を持って、三軍統合に関する問題点をまとめ上げた。

シャーマンは戦後の対ソ戦略に原爆が不可欠とし、空母ミッドウェー級から発艦できる原爆搭載機の開発に力を注ぐべきと考えた。一九四六年には、海軍の対ソ戦計画を作り上げた。ソ連陸軍の強大さを考えれば、①ソ連の西ヨーロッパへの侵攻は容易で、②ブルガリア、トルコ経由、中東の油田地帯への侵攻も可能、という二点からの対処計画である。この報告を受けたトルーマン大統領は、いわゆるトルーマン・ドクトリンを発表し、これは一九四七年のトルコ、ギリシャ援助につながった。

一九四七年一二月、ニミッツの後任作戦部長に就任したデンフェルトは、シャーマンを地中海艦隊司令官に任命した。ソ連と中近東の間に位置するギリシャは内戦が続き、トルコはソ連から圧迫を受けている。ギリシャ、トルコの海岸に接し、黒海からの出口を押さえ、中近東油田地帯に臨む地中海は、重要戦略海域だった。

当時、海軍は三軍統合問題で揺れに揺れていた。一九四九年には、「提督たちの反乱」と呼ばれた、高級将校の海軍当局への不信感が公にされる事件が続いていた。前海軍長官で初代国防長官になったフォレスタルは、これらの重圧で重症の神経衰弱となり辞任。辞任後、ベセスダ海軍病院の一六階から投身自殺をした。二代目国防長官には、ルイス・A・ジョンソンが就任する。ジョンソン長官とフランシス・P・マシュー海軍長官は、デンフェルト作戦部長の後任を誰にするかで悩んだ。トルーマン大統領は、このような混乱時期には自分がよく知っている海軍の大物ということで、ニミッツの再出馬を考えた。ニミッツは、退役士官が平時にもかかわらず現役復帰するのは悪例を残す、として断る。ニミッツはトルーマンに、シャーマン中将と、シャーマンの上官である東大西洋・地中海艦隊司令官のコノリー大将を推薦した。

コノリーが三軍統合問題のごたごたに巻き込まれていたという経緯《いきさつ》もあり、一九四九年一一月、結局、作戦部長はシャーマンに決まった。五三歳のシャーマンは歴代作戦部長の中で最も若く、パイロット出身の作戦部長は初めてだった。ただ、シャーマンが海軍部内で声望が高かったかというとそうではない。一九四五年一一月の三軍統合問題検討委員会のメンバーとして、三軍統合問題に関する答申書を書いたのがシャーマンだ。「三軍統合の元凶」と見る者もいた。「海軍の利益をジョンソン国防長官に売り渡しかねない」、「シャーマンは船乗りというより、ワシントンやハワイの茶坊主だった」と考える者もいた。しかも、シャーマンは自信過剰型、頭が冴《さ》えていて近寄り難い印象を与える。

シャーマンは、ワシントンのごたごたの中で作戦部長になりたい、という気持ちは少なかったが、就任した以上は全力を尽くすのが彼の生き方だった。とにかく、海軍部内の落ちるところまで落ちた士気を上げなければならない。高級将校間の感情や意見の調和、一致が必要だ。

ジョンソン国防長官やマシュー海軍長官に逆らった者たちへの、ジョンソンやマシューからの報復人事にも対処しなければならない。統合問題で長官に反対して盛んに動いたクロムリン大佐は、マシューによって停職処分を受けていたが、シャーマンはそれを解除した。それでも大佐はジョンソンとマシューを非難してやまない。シャーマンは慎むよう指示するが、それでもやめない。やむなくクロムリンの大戦中の功績を考え、少将に名誉進級させて退役させた。作戦部の組織・政策課長だったアレイ・A・バーク大佐のカール・ビンソン委員会(下院)での発言に、ジョンソンとマシューは怒って、バーク大佐の将官昇進にストップをかけた。シャーマンは、トルーマンに事の次第を報告して、バークの将官昇進を実施した。統合問題で歯に衣着せない反対発言を続けていた二期先輩のボーガン中将を閑職へ移し、自発的に退役させた。

一九四九年一二月二日、シャーマンはアナポリスに出向いて、生徒たちに、三軍統合問題の論争は忘れ、シビリアンのリーダーに従うべきことを説いた。

三軍統合問題にかかわる海軍航空隊と陸軍航空隊の争いや、海軍航空関係者の、大統領、国防長官、海軍長官へのあからさまな不信による混乱は、五〇年前の米西戦争直後の、いわゆる「サムソン・シレー論争」による米海軍内の混乱を思い出させるものがあった。当時、アナポリスに入校したばかりのニミッツは、この事件に大きな衝撃を受け、海軍部内の争いが外部に出ることを極端に嫌うようになった、といわれている。

◆将官会議の廃止を提言

シャーマン作戦部長時代の特筆すべき出来事の一つは、一九五一年三月の将官会議の消滅である。

米西戦争直後、時の海軍長官ロングにより長官の最高諮問機関として一九〇〇年三月に創設された将官会議は、初代議長のデューイ大将から始まり、ハート、フレッチャー(太平洋戦争中に活躍したフレッチャー中将の伯父)といった高名の海軍士官が議長を務めてきた。だが、海軍作戦部が一九一五年に創設され、その充実とともに、将官会議が有名無実の存在になっていたことは否めなかった。シャーマンは、この会議への諮問に時間がかかり過ぎることや、一〇分の一ダースもの将官をメンバーにしておくことは人材の無駄遣いだとして、海軍長官に廃止を進言した。由緒ある将官会議は、ちょうど五〇年でその役割を終えて、消えていくことになった。

一九四九年九月二三日、ソ連の原爆実験を知ったトルーマンは、国防費の増額と国防体制の充実を指示する。ソ連が原爆保有を公表したのは、二日後の二五日だった。ハイマン・G・リッコバー大佐のリーダーシップで、原子力潜水艦の建造計画が進められた。

一九五〇年六月、トルーマンはジョンソン国防長官を更迭し、後任にマーシャル元帥を据えた。トルーマンは、有能な行政官のフォレスタルを初代国防長官に据えたが、権限を十分に与えられなかったフォレスタルは、三軍の思い思いの要求に手を焼いた。フォレスタルが思ったように三軍の統御ができないのを見て、トルーマンは大統領選の選挙運動資金を集めてくれたジョンソンを二代目国防長官に指名、その手腕に期待した。ジョンソンは蛮勇を振るったが、識見も人望もないから陸海空軍内部は蜂《はち》の巣をつついたようになった。ソ連の脅威が現実のものになると、やはり軍に睨《にら》みが利き、人望のあるマーシャル元帥に頼らざるを得なかった。マーシャルには、シビリアンとして国務長官をやった実績もある。トルーマンは同様に、海軍内のごたごたをデンフェルト海軍作戦部長が鎮められないのに腹をたて、一九四九年一〇月末にニミッツに会い、作戦部長への再任を頼んで断られている。これは前述した。

シャーマンの作戦部長時代は、ソ連との全面戦争の可能性が高い時期だった。一九五〇年六月には朝鮮戦争が勃発《ぼっぱつ》した。前年一〇月には毛沢東軍が中国大陸を手中にし、中華人民共和国が成立していた。インドシナ半島ではホーチミン軍とフランス軍が戦っていた。太平洋戦争のほぼ全期にわたってキングの下で合衆国艦隊作戦参謀だったチャールズ・M・クック大将は、第七艦隊司令官の後、一九四八年に退役し、台湾の国民政府軍の顧問をしていた。クックはシャーマンに、共産軍の台湾海峡を越えての来襲の恐れを訴えていた。

太平洋戦争中の激務と戦後の作戦部長としての心理的重圧は、シャーマンの健康を蝕《むしば》んでいった。慢性の低血圧症に加え、不眠症の症状が出始めていた。一九五一年七月、NATO関連での米軍基地問題でスペインに飛び、さらにイタリアのナポリに行った。夫人同伴でのオペラ観劇からホテルへの帰りの車の中で、疲れがどっと出たシャーマンは眠ってしまう。翌朝、心臓発作を起こし、急いで医者団が呼ばれた。

小康を保つかと思われたが、午後の再発で死去。五四歳の若さだった。最期を看取ったのは、ドロース夫人とナポリ駐在の第六艦隊司令官カーニー大将（ハルゼーの参謀長。シャーマンの二代後の作戦部長）だった。

レイトン情報参謀を中心とする情報将校

一九七一年、米海軍大学で新たな軍事情報学講座の創設が検討され、その講座名に誰の名前がつけられるかが問題となった。欧米ではよくあることだが、日本では街や街路、あるいは空港や軍艦に人の名前をつけることはまずない。香川県高松市で菊池寛《きくちかん》通りという街路名がつけられたと聞くが、これは例外だろう。安田善次郎《ぜんじろう》の寄付で建築された東大の安田講堂や、松下幸之助の資金援助を記念して名付けられた東北大の松下講堂も、例外的なものである。

米海軍大学の軍事情報学の講座名をつけるにあたって人々の口に上ったのは、一貫して情報畑を歩んだ次のような提督だった。

①エドウィン・T・レイトン少将
②エリス・M・ザカリアス少将
③ルーフス・L・テイラー中将
④ロスコー・H・ハイレンケッター少将

①〜③はいずれも日本語研修士官として日本に留学した経歴を持ち、太平洋戦争中は対日情報戦に携わった。④は欧州情報の専門家。欧州大陸で活躍し、戦後、CIAが創設されると初代CIA長官になっている。

関係者による検討の結果、選ばれたのはレイトン少将。選ばれた理由は次の事項であった。

①太平洋戦争中、一貫してニミッツ元帥を補佐する情報参謀として功績があった。
②駆逐艦艦長のキャリアすらなく、情報の専門家として、現役で少将に昇進した最初の海軍士官である。
③統合参謀本部の統合情報部長としての貢献が大。

◆インテリジェンス担当として初めて少将となったレイトン

エドウィン・T・レイトンは、一九〇三年にイリノイ州の片田舎《いなか》で生まれた。少年時、祖父とミシシッピ川の遊覧船に乗ったことが海への関心の始まりだった。兄がウェストポイントの陸軍士官学校を目指して勉強しているのを見て、ライバル意識もあって、アナポリスを目指すようになった。父の友人の下院議員の推薦を得て、一九二〇年に入学試験を受けた。

エドウィン・T・レイトン（Edwin Thomas Layton）１９０３-１９８４年

第一次大戦直後で、戦時中に膨らんだ軍の急縮小の時代である。イリノイ州のアナポリス志望者は、レイトンを含めてたったの五人。しかも、実際に試験場に現れたのはレイトン一人だった。てっきり合格だと思っていたが、体重不足で不合格となった。もう一度挑戦することを許してほしいと、ワシントンの海軍省に行った。海軍省の担当者から、⑴推薦を受けた下院議員に、海軍省へ何とかしてほしいと電話をしてもらうこと、⑵体重不足を補うため、バナナを大量に食べて身体検査を受けること、という助言を受けた。すぐにイリノイ州の自宅へ電話して⑴の件を依頼し、⑵に関しては一二本のバナナを食べて体重を増やすことにし、幸い合格した。

同期生で情報畑に進んだ者に、トミー・ダイヤー、ダン・マカラム、バーディー・ワッツがいた。一期上に、海軍作戦部長になったアレイ・バークや、ガダルカナル戦当時、第一海兵師団の作戦参謀をやり、後に海兵大将となったメリル・B・トワイニングがいた。

一九二四年にアナポリスを卒業。この年に江田島を卒業した日本海軍士官に高松宮、源田実、淵田美津雄がいる。江田島時代の高松宮のお付武官は田村不顕《ひろあき》中佐。田村中佐（後に少将）はアナポリスを一九〇〇年に卒業している。なお、太平洋戦争中に無線諜報関係で活躍した森川秀也大佐は一九二一年、軍令部で一貫して対米情報を担当した実松《さねまつ》譲《ゆずる》大佐は二三年、連合艦隊の情報参謀だった中島親孝《ちかたか》中佐は二五年の卒業である。

アナポリスを卒業したレイトンは戦艦「ウェストバージニア」乗組となり、一九二五年一月、サンフランシスコで日本海軍の練習艦隊を迎えた。当時は禁酒法の時代、練習艦隊の士官候補生が持参したウイスキーは大いに歓迎された。レイトンたち新米少尉は案内役を仰せつかった。日本の士官候補生は英語を楽々としかも流暢《りゅうちょう》にしゃべり、英語を話せない者は見事なフランス語ができた。案内役の米海軍少尉の中に日本語のできる者は一人もいない。レイトン少尉は、日本人がレイトンの国の言葉で意思を通じられることに強い感銘を受けた。

レイトンは、海軍省に進言書と併せて自分の希望を書いた。米国艦隊が日本を親善訪問する際には日本語を話せる士官がいるべきであり、自分は日本語習得を志願する、と。海軍省は、海上勤務五年を経験した士官を対象とする日本語教育コースがあることを伝えてきた。この制度は、日露戦争後の日本人移民排斥運動に端を発し、日米間の対立、緊張が高まっていた一九一〇年から始まっていた。

第一回日本語研修派遣学生（三年間）は、フレッド・F・ロジャース中尉、ジョージ・E・レーク中尉の二人で、他にウィリアム・T・ハードレー海兵隊中尉が海軍武官補佐（日本語研修生）として大使館に配属された。なお、このときに中国語研修生として北京に派遣された海兵隊のトーマス・ホルコム大尉は、太平洋戦争初期の海兵隊司令官である。ロジャース中尉は、その後一九三三年から三年間、日本駐在海軍武官（大佐）になっている。一九一二年にはラルフ・S・ケーサー海兵中尉、一五年にはウィリアム・L・レドレス海兵大尉が語学研修生として東京に派遣された。

第一次大戦時には、陸上勤務士官の数をできるだけ減らすという海軍省（長官ダニエルズ、次官フランクリン・ルーズベルト）の方針により、語学研修生制度は廃止された。第一次大戦後、再びこの制度が復活し、第一期生として派遣されたのがエリス・M・ザカリアス少佐とハートウェル・C・デービス少佐。当時の海軍情報部長はロング海軍少将。ザカリアスは、その後一貫して対日情報将校としての道を歩む。

一九二二年の日本語研修派遣学生は、日本生まれのアーサー・H・マカラム少尉とトーマス・J・ライアン少尉の二人。マカラムもザカリアスと同様、情報将校としての道を歩む。マカラムのその後のキャリアは次の通り。研修終了帰国後、三年間の海上勤務の後、海軍武官補として二年間東京大使館勤務。一九三三年から三五年まで海軍情報部極東課所属。その後一年間、第一一海軍区（サンジエゴ）の情報部長補佐。太平洋戦争直前から開戦直後（一九三九〜四二年）まで海軍情報部極東課長（海軍中佐）。一九四二年から終戦まで第七艦隊（司令官キンケイド大将）の情報参謀。戦後はＣＩＡの海軍関係管理部長（大佐）。

一九二三年には海兵隊関係者（海兵大尉）が二名。一九二四年は海軍関係者二名。一九二五年も二名。このうちのウィリアム・J・シーベルト中尉は、太平洋戦争中、海軍情報部極東課（一九四二年）と合衆国艦隊司令部の極東関連情報参謀（少佐）だった。

一九二六年も二人。このうちのヘンリー・H・スミスハットン少尉については後述する。

一九二七年も二人。そのうち、エドワーズ・S・ピアース中尉は太平洋戦争中、南太平洋艦隊司令部の情報参謀（一九四三年）を務め、その後、海軍情報部の日本帝国課課長（大佐、一九四四〜四五年）。ピアースは戦後に再来日。アナポリスで同期だったアレー・バーク少将（後に作戦部長）が極東米海軍司令部参謀副長として来日した際には、日本海軍の草鹿任一《くさかじんいち》中将らを紹介している。

一九二八年も二人。一九二九年には、フランク・P・ヒジック海兵少尉、レイトン中尉、ジョセフ・J・ロシュフォート大尉の三人が日本に派遣された。

一九二九年八月、レイトンとロシュフォートは「プレジデント・アダムス」号に乗り込んで日本に向かった。レイトンは独身。海軍情報部の暗号解読班で二年勤務のキャリアがあり、日本派遣の前は駆逐艦副長だったロシュフォートは、妻と息子を同伴した。日本語研修生として三年間の日本滞在中、ロシュフォートは過去に暗号関係の仕事に携わっていたことをレイトンに一言もいわなかった。

レイトンは日本についてはほとんど知らなかった。独身の彼は、髪型で日本人女性の未婚か既婚かが分かることを旅行者用の雑誌で知っていた。東京の米国大使館に着き、海軍武官のオーガン大佐に着任の報告をした。オーガン大佐は訓示した。「日本語の勉強。もめ事に巻き込まれないこと。いかなるスパイ行為にも関係してはならない。月一回の給料日以外は大使館に来るな」。同じことを武官補のマカラム少佐からも注意された。無愛想で日本語の分からないオーガン大佐と比べ、日本生まれで日本語研修生の先輩マカラム少佐は愛想のいい人だった。

日本語は主として日本人の若い学者から学んだ。簡単な会話は大変易しいが、これほど読み書きが難しい言語はないと思った。映画館に行き、無声映画を説明する弁士の活弁を聞いて日本語に慣れるようにした。日本語の習得には、米国人のいない田舎の小都市がいい。基本が分かるようになると、九州の別府で暮し始めた。別府は厳しい演習後の艦隊休養港として適していて、日本艦隊がよく寄港していた。別府湾は一〇隻以上の艦隊を収容でき、一〇〇〇人を超える将兵の宿泊、娯楽設備も整っている。レイトンは日本の海軍士官と同様、芸者遊びの味を覚えた。別府での生活は、当然のこととはいえ、警察の厳しい監視下にあった。

一九三二年六月、駐日大使にジョセフ・C・グルー（太平洋戦争末期の国務長官）が着任した。グルーの妻はペリー提督の子孫だった。

九月には帰国のうえ、海軍情報部に赴任の予定だったが、北京の米公使館付海軍武官補任命の電報が届いた。北京の米公使館が日本語の分かる武官補を必要とする情勢になったためだ。ハルビンや旅順といった重要都市も訪れた。北京では軍閥の張学良とポーカーをしたこともある。

一九三三年二月、米国に帰国。海軍情報部勤務となり、日米開戦ともなれば戦略爆撃計画の資料となる日本の電力供給網の調査を行った。これが済むと、暗号解読を担当する通信部通信保全課（OP-二〇-G）の翻訳要員となった。この課にはアナポリスのクラスメートのトミー・ダイヤーがいた。ダイヤーは太平洋戦争中、ロシュフォートとともに日本海軍の暗号解読に活躍する。

一九三三年夏、戦艦「ペンシルベニア」の砲術分隊長となる。「ペンシルベニア」は太平洋艦隊の旗艦で、艦長は、太平洋戦争開戦初期にキング合衆国艦隊司令長官の参謀長となるラッセル・ウィルソン大佐だった。ウィルソン大佐も情報の仕事をしたことがある。司令官はジョセフ・M・リーブス大将。司令部幕僚に日本語研修生として同じ船で日本へ行ったロシュフォート少佐がいて、作戦副主任参謀と情報主任参謀を兼ねていた。

リーブス大将は、ロシュフォート参謀を「情報の百科事典」と呼んで高く評価し、人事考課表に、「最も優れた士官で、その判断と能力には真に驚くべきものがあり、将来昇進を重ねて重大な責任を伴う高い地位に就くに違いない」と書いた。ロシュフォート情報参謀は、第一一海軍区（サンジエゴ）の情報士官と協力して日本海軍のスパイ行為を警戒し、水兵が地区の共産党細胞から影響を受けないよう配慮していた。

その後、「ペンシルベニア」には、前述のトミー・ダイヤーやウェズレー・A・ライトが通信保全課から転任してきた。レイトン、ダイヤー、ライト、ロシュフォートの四人は、真珠湾奇襲からミッドウェー海戦までハワイで情報関係の仕事をすることになる。

一九三六年、レイトンは「ペンシルベニア」の分隊長から海軍通信部通信保全課（OP-二〇-G）翻訳班（OP-二〇-GZ）の班長となる。解読された日本海軍の通信文を英文に翻訳する部門で、部下はほとんど文官だった。日本海軍の戦艦「長門」の改装後の試験航海報告を無線傍受解読によって知り、長門の最高速力が二六ノットであることが判明した。米国の新型戦艦は二四ノットで設計・建造されている。戦争計画部長ロイヤル・インガソル大佐が、確認のためにOP-二〇-Gまでやってきた。この結果、その後の米戦艦の速力は二七ノットに改造されていった。

当時の情報部長はピュールストン大佐。ピュールストンを補佐していたのは極東課長のザカリアス中佐だ。ピュールストンは陸海軍高級将校用の国防大学設立を提唱し、無電諜報《ちょうほう》戦力の充実に尽力した。ザカリアスは日本関連情報活動のベテランで、日米戦必至論者だった。

一九三七年春、レイトン大尉は駐日米大使館海軍武官補として東京に赴任。この年一二月、日本海軍機による米砲艦「パネー」撃沈事件があり、レイトンら関係者は事実確認や報告業務に忙殺された。

海軍次官の山本五十六中将とは海軍省の次官室で会ったことがある。建造中の海軍タンカー「剣崎《けんざき》」（後に改装されて空母「祥鳳《しょうほう》」）、「高崎」（改装後「瑞鳳《ずいほう》」）のことを尋ねた。建造期間が長すぎると思ったからだが、山本次官からは適当にいなされた。歌舞伎座に招かれて一緒に観劇した。浜離宮《はまりきゅう》の鴨猟に呼ばれたときは山本とブリッジをやった。

海軍情報部が、マリアナ、カロリン、マーシャルの情報を求めてきた。この日本委任統治領は米国と比島との連絡線の脇腹《わきばら》にあり、米国はここが軍事基地化されることに大きな関心を持っていた。国際連盟による委任統治規約では、この地域の軍事基地を禁じている。レイトンはこれらの島々へ渡る切符を取ろうとしたが、船会社から峻拒《しゅんきょ》された。

夏は葉山に別荘を借りて住んだ。横須賀海軍基地から飛び立つ試験飛行の飛行機を間近で見ることができた。

一九三九年春、帰国。掃海艇の艇長となる。サンジエゴで、第一一海軍区情報部長のザカリアス大佐と会った。ザカリアスは、最新の日本の情報を知りたがった。ザカリアスには海軍情報部長になるという野心があり、そのときに備えて人材を探していた。ザカリアスは、太平洋艦隊に専任の情報参謀を置くことを海軍省に進言し、このポストにレイトン大尉を推薦していた。日米戦必至論者の彼は、日米戦になれば日本語のできる情報参謀が不可欠と考えていた。

ザカリアスは第一一海軍区情報部長の後は重巡「ソルトレークシティ」の艦長となり、戦争中は海軍情報部次長。情報参謀補佐役の適任者をザカリアスから尋ねられたレイトンは、ロバート・E・ハドソンの名を挙げた。日本語研修生のキャリアのある者のうちで、ハドソンほど日本人の心理を理解している者はいない、と思ったからである。ハドソン中尉は日本語研修生として一九三六年から三年間日本に留学し、太平洋戦争中一貫して太平洋艦隊司令部でレイトン情報主任参謀の下で情報参謀（中佐）を務めた。戦後は、太平洋艦隊主任情報参謀や海軍情報部の各種情報職務を歴任している。

レイトンの後輩の日本語研修生や、彼らのその後のキャリアは次の通り。

一九三〇年組はレッドフィールド・メーソン中尉。三年間の研修の後、帰国後は海軍情報部、アジア艦隊情報参謀を歴任し、戦時中（中佐から大佐）は一貫して無線傍受職務に従事。

一九三一年組は、レイトンと同期のダニエル・J・マカラム、オールウイン・D・クレーマー、ヘンリー・クレイボーンの三海軍中尉とケネス・H・コーネル海兵中尉の四人。マカラムは開戦直前の駐日海軍武官補。情報部の極東課長を務めたレイトンの先輩（一九二二年組）のマカラム（McCollum）と、レイトンとアナポリスで同級のマカラム（McCallum）は名字の綴《つづ》りが違う。この両マカラムは、同じ日本留学組の情報将校で間違いやすいので要注意。クレーマーは、一九三八年から四三年まで情報部極東課、四四年から四五年までハワイの統合情報センターに勤務。クレイボーンは戦争中、情報部極東課と第七艦隊情報参謀。

一九三二年組は、ランソン・フーリンワイダー中尉とスペンサー・A・ヤールソン中尉。前者は戦争中一貫して太平洋艦隊で無線諜報に携り、後者は比島の無線傍受局（キャスト）で対日無線傍受。比島が日本軍に占領されるとメルボルンに移り、ここで対日無線傍受に携わる。終戦時には太平洋艦隊無線傍受部。

一九三三年組はなし。一九三四年組は三人。

一九三五年組は、ジル・M・リチャードソン中尉とアルバ・B・ラスウェル中尉の二人。戦時中、前者はメルボルンで、後者はハワイで、それぞれ対日無線傍受。

一九三六年組は前述したロバート・ハドソン。一九三七年組は海兵隊士官一名のみ。

一九三八年組は、ジョン・G・レーニク、アーサー・L・ベネディクト、トーマス・R・マッキー、ルーフス・L・テイラー、ウィリアム・R・ウィルソンの五人の中尉。レーニクとベネディクトは、戦時中いずれも太平洋艦隊の情報参謀と艦隊無線局勤務。他の三人は、戦時期捕虜として日本で過ごしたウィルソンを除いて、メルボルンの無線傍受局や太平洋艦隊の無線傍受機関で働いた。

テイラーは研修終了後、大尉として比島の無線傍受局（キャスト）勤務。比島が日本軍に占領されたときは潜水艦で脱出し、メルボルンの無線傍受局勤務（少佐。一九四二〜四三年）。その後、海軍作戦部（中佐。一九四三〜四四年）。終戦時は太平洋艦隊無線傍受部。その後、ワシントンの海軍通信部、情報部を歴任し、一九五五年から五六年まで日本駐在海軍司令部情報部長（大佐）。五六年から五九年まで太平洋艦隊情報参謀。五九年から四年間海軍情報部。六三年に海軍少将に昇進し、六六年まで海軍情報部長と海軍作戦部次長（管理担当）。六六年には中将に昇進して国防省情報部長となり、六六年から六九年までＣＩＡ副長官。テイラー中将は戦前の日本留学組で唯一の中将昇進者で、生涯を情報関係のキャリアで過ごした人である。

一九三九年組は、フォレスト・R・バイアード、キルブン・M・スローニム、ジョン・R・ブロームリーの三人の中尉。前二者はいずれも戦争中一貫して太平洋艦隊無線傍受部で過ごした。ブロームリーは他の二人と同様の勤務を続け、四三年から四五年までメルボルンの無線傍受局で勤務。

一九三九年九月、第二次大戦勃発。翌年九月、日独伊三国同盟調印。

日米間の緊張が高まり、日本語の分かる士官が多数必要となった。一九四〇年一二月、日本語研修生として日本語を学んだ六五人の士官の日本語に関するチェックが行われた。話すことと書くことに堪能《たんのう》な士官は一二人しかいなかった。

ハーバード大学元日本語教授アルバート・E・ヒンドマーシュ予備中佐は、海軍内外の日本語関係者の調査を翌年二月に行った。海軍予備士官に、実用的な日本語の読み書きと会話を教えるコースをつくるためで、五六人の適任者がいることが分かった。中佐は八月に、海軍日本語学校をハーバード大学とカリフォルニア大学（バークレー）の二個所に設置することを進言し、航海局長と海軍情報部長の許可を得た。東京の海軍武官に依頼した永沼日本語修得読本（七巻）五〇部が届いたのは、一九四一年九月。八月末から九月末にかけて、ヒンドマーシュ中佐と情報部日本語専門官グレン・ショーは全国を巡って日本語希望学生を面接し、四八人の学生を選んだ。

ハーバードでの第一期生の開講は一〇月一日。真珠湾奇襲は一二月七日。翌年二月、さらに四七人の学生が選ばれ、バークレーでの研修が始まった。一九四二年五月中旬から一か月間、ヒンドマーシュ中佐とショーは、全国を巡って一五三人の学生を選び、バークレーに送った。開講は七月一日。西部防衛司令部命により、日系人全員が西部海岸地帯より退去を命じられたため、海軍日本語学校（日系人教師が一〇人以上いた）はカリフォルニアのバークレーからコロラド州ボールダー（州都デンバーの北方）にあるコロラド大学へ移った。一九四二年一一月五日から一二月二〇日にかけて三〇二人が入学、その後も二〇〇人近くが入学した。

一九四〇年一二月、レイトン少佐は太平洋艦隊（司令官キンメル大将）の情報参謀となる。就任に際しては、機密保持の宣誓が求められる。厳格な規則によって、機密通信情報を知ることができるのは、司令官と機密保持宣誓をした少数の参謀だけである。その他の参謀へはレイトン情報参謀が作成した特別情報要約を配布する。情報源については一切記述しない。作戦参謀のチャールズ・H・マクモリス大佐に機密情報を説明するときですら、キンメル司令官直筆の許可書が必要だった。

ザカリアスは重巡艦長になっても情報への情熱は冷めず、太平洋艦隊司令部の情報参謀になったレイトンのところへしばしばやってきた。

ハワイ駐在の無線通信傍受班はハイポ支局（一九三六年開設）と呼ばれた。一九四一年五月、ハイポ支局長にロシュフォート少佐が赴任してきた。太平洋艦隊司令部は、潜水艦基地管理部ビルの二階に置かれていた。ハワイ方面を管轄する第一四海軍区司令部ビルは海軍工廠の中にあり、ハイポ支局はこのビルの地下にあった。入口では武装した海兵隊員が出入りをチェックする。ハイポ次長はアナポリスの級友トミー・ダイヤー大尉、それにハキンズ大尉、ウィリアム大尉がいた。

日本海軍関係の暗号解読にあたっていたのは、暗号名ネガト（ワシントン）、ハイポ（ハワイ）、キャスト（比島のカビテ）の三つのセンターだった。ハワイの防諜関係は、海軍第一四区の情報部とＦＢＩのホノルル支局が担当していた。ホノルルの日本総領事館は日本海軍の諜報活動基地である。吉川猛夫《たけお》少尉が森村正と名乗って副領事として赴任し、太平洋艦隊の動静を探ったことはよく知られている。太平洋戦争中の米海軍の日本留学組の有名な情報将校には、古い順からザカリアス、スミスハットン、ロシュフォートがいる。この三人のプロフィールを紹介したい。

◆スパイ小説ばりの謀略を好んだザカリアス

『秘密任務』という著作もあるくらい、エリス・M・ザカリアスは謀略活動を好む海軍士官だった。

語学研修生として滞日中、ワシントン海軍軍縮会議があり、米海軍はこの軍縮会議に対する日本海軍の態度を知りたかった。駐日海軍武官のワトソン大佐の下にはザカリアスとマカラムがいた。ワトソンは、海軍省首席副官の野村吉三郎《きちさぶろう》大佐と昵懇《じっこん》の間柄で、よく新橋の料亭でワトソンとザカリアスは野村と懇談した。このような伝手《つて》で、ザカリアスとマカラムはワシントン会議に対する日本側の態度の感触をつかみ、これらの情報はワトソン武官を通じてワシントンの海軍情報部へ伝えられた。

日本での三年間の研修を終えると、ワシントンの海軍情報部で二年間勤務し、アジア艦隊の情報参謀（一九二五～二八年）となる。アジア艦隊司令部は上海に駐留していることが多い。上海の米領事館の四階には無線傍受部門がある。ザカリアス少佐は、日本海軍の無線電信が多くなっていることに気付き、その年の演習は例年よりも重要だとにらんだ。日本海軍の演習状況を傍受すればいろいろと有益な情報が得られるのだが、

エリス・M・ザカリアス　（Ellis Mark Zacharias, Sr.）
1890-1961年

遠く離れた海上での無線交信の傍受は、上海では困難な点もある。

　そこで、日本を訪問予定の軽巡「マーブルヘッド」に要員とともに乗り込み、神戸への航路の途中、日本艦隊の演習海域を通って傍受した。貴重な情報を得たザカリアスは、神戸に出張してきたコットン海軍武官に概要報告書を手渡す。上海に帰港してからさらに詳しい報告をワシントンへ送り、海軍通信部長から謝辞が届いた。当時の情報部次長（後に部長）はウィリアム・W・ガルブレイス大佐で、無線、有線、電話関係からの情報収集の基礎を築いた人である。

　アジア艦隊を離れて帰国し、海軍情報部極東課長（一九二八〜三一年、一九三四〜三五年）となったザカリアスに、生来の謀略好きの性格が表れる。当時、ワシントン駐在の海軍武官は山口多聞大佐だった。ザカリアス課長は、山口海軍武官の事務所の筋向かいのアパートを借りて終日監視を続けたり、武官室へ電気工に化けた情報部員を忍び込ませたりした。

　当時の海軍情報部長のウィリアム・D・ピュールストン大佐は、マハン（有名な米海軍思想家）信奉者で海軍大学の講師も兼ねており、情報部と海軍大学の交流強化論者だった。レイトンに日本の電力網の調査をさせたり、ザカリアスに日本の空母戦力のレポートを書かせたりした。

　ザカリアスは、米海軍で最も完成され、最も経験に富む情報将校と呼ばれた。他の士官が海上勤務やオフィス勤務を重ねての昇進を望んでいたのに対して、ザカリアスは違った。情報をキャリアにしようと考える海軍士官など誰もいない時代に、情報を生涯の職務にしようと考え、海軍当局に希望した。ユダヤ系の彼は、アングロサクソンが主流の米海軍内での昇進は早くからあきらめていた。特殊な専門分野でしか昇進は望めないことを知っていたのだ。米陸軍で日本関係の暗号解読に奇才を発揮したフリードマンもユダヤ系。一時は陸軍士官だったこともあるが、キャリアの大部分を文官として陸軍省に勤務した。

ザカリアスにはスパイ小説の主人公のようなところもあった。多額の金を賭《か》けるカードを好み、パーティーなどでは機知に富んだ会話で人々を楽しませる。ドライ・マティーニを一本空にするほどの酒豪で、酔った相手から情報を得るのも得意だ。

日本語研修生時代（一九二〇～二三年）より情報活動に関心と能力を示し、帰国後の二年間は海軍情報部の暗号解読班（一九二三～二五年）で勤務しながら、日本の海軍武官を中心とするスパイ対策に携わった。アジア艦隊情報参謀時代（一九二五～二八年）には、前述したように軽巡「マーブルヘッド」に乗り組み、空母を含む日本艦隊の無線交信を傍受した。アジア艦隊情報参謀の後は海軍情報部の極東課長（少佐、一九二八～三一年）。その後、三年間の海上勤務を経て再び極東課長（一九三四～三五年）となる。

一九三八年から四〇年にかけては第一一海軍区（サンジエゴ）の情報部長。カリフォルニア地区の米艦隊、防衛産業への日本やドイツ、共産主義者からの各種の活動、工作に対する防諜関係の責任者である。共産主義者の反海軍宣伝活動や、スタンフォード大学などの日本人学生を核とする日本スパイ組織の活動に目を光らせた。一九四〇年から二年間、重巡「ソルトレークシティ」艦長となった。この時期、海軍情報部長のアラン・G・カーク少将に次のような手紙を書いている。

「ご存じの通り、私はこの組織に長く携わってきました。海上勤務のときも、この組織の親しい一員と考え、入港する度に必ずその海軍区の情報部と接触しています」

ザカリアスを高く評価する者に、元情報部長のピュールストン、日本留学組のマカラムとシーバルト、陸軍情報将校のシドニー・マッシュビア大佐がいた。マッシュビアはザカリアスを、「合衆国の歴史上、最高の情報将校だ」と言っている。駐日海軍武官だったこともあるスミスハットンは言う。「数多くの非凡なアイデアを持つ、きわめて精力的な士官との印象を受けた。ややエクセントリックな点があるが、おしゃべり好きのいい仲間だ」。

快活で腹蔵《ふくぞう》がなく、情報活動に熱中する。保守的、伝統的海軍士官や、彼をライバル視する者をまごつかせることも多い。駐日海軍武官補時代の一九二七年、コーツ海軍武官が胃潰瘍《いかいよう》で入院中に、武官の許しを得ず陸軍武官補マッシュビア（前述）と組んで情報網創設を計画、怒ったコーツ武官に解任されたこともある。第一一海軍区情報部長時代には、ワシントンに出張のうえ、FBIのフーバー長官と会い、西海岸での統合防諜体制の創設を進言している。フーバーはザカリアス案に賛成せず、自分の案に固執するザカリアスを不快に思った。

一九四二年六月、重巡「ソルトレークシティ」艦長から海軍情報部の外国部長。情報部長はセオドア・S・ウィルキンソン少将で、間もなく海上勤務に出る。ザカリアスは、情報部に戻ったのはキング作戦部長が自分を情報部長に据えるためだと考えた。赴任一か月後に人事異動の内示があり、この内示によればウィルキンソンの後任はハロルド・トレイン大佐（少将昇進予定）で、次長にザカリアスだった。トレインには情報活動の経験がただの一日もない。ショックを受けたザカリアスは、部内の政治的動きや個人的感情によるもの、あるいは反ユダヤ感情によるものだと思った。一貫して情報畑を歩み、海軍情報部長がキャリアの最終目標だったから、ザカリアスの落胆は大きかった。

第二次大戦参戦後の情報部は、往時の情報部ではなかった。一九四二年七月時点で、情報部員はワシントンだけでも一五〇〇人の陣容となり、全国の海軍区の情報部関係者は五五〇〇人、海外にも一〇〇〇人を超す関係者がいる。年間予算も五〇〇万ドル近くになっている。情報部長は、何よりもこの大所帯の管理者でなければならない。情報部のトップは、陸軍情報部長はもちろん、FBI長官のフーバー、戦略事務局（OSS）のドナバン局長、国務省情報部長のバールとの間も円滑でなければならない。

傲岸《ごうがん》で短気なザカリアスにこんなことができるだろうか。フーバーを怒らせたことは前述した。一九四二年七月の時点で、ルーズベルトはビシー政権の駐仏大使だったリーヒ海軍大将を帰国させ、統合参謀長会議議長に任命し、この会議を実質的に統合参謀本部化するとともに、この会議の下に統合情報委員会をつくり、統合作戦を行う際の情報部門にした。よりいっそう、陸海軍の円滑な情報共同作業が必要になっている。ザカリアスの陸軍情報部との人的パイプはマッシュビア大佐だったが、マッシュビアはすでに退役している。

これらを考えると、管理能力や他の情報部門との協力という点で、トレインの方が無難なことは間違いない。実際、トレインと陸軍情報部長ジョージ・V・ストロング少将の間は良好だったし、陸海軍情報部、OSS、FBI、国務省情報部が集まって共通問題を討議する統合情報委員会は、大きな破綻《はたん》を起こさなかった。トレインは気難しいFBIのフーバーともうまくやった。

部長のトレインが管理業務に巧みであったのに対し、ザカリアスは受動的情報収集でなく能動的情報活動に熱中した。心理戦、特殊作戦、防諜、宣伝、作戦計画用の情報活動といったものである。そして、特殊活動を担当するZ部門と特殊戦を担当するW部門を創設した。Z部門は捕虜尋問や押収した敵の機器・文書からの情報収集で、W部門は心理戦を担当する。ゴシップ、うわさ、スキャンダル、Uボート沈没数などをラジオ放送で流して、Uボート乗組員の士気低下を狙《ねら》うことなども、W部門が担当した。

能動的な情報活動には、以上のような特殊情報戦の他、作戦部門や指揮官に情報部から積極的に情報を流し続けることもあった。このため、ザカリアスは側近ともいえるマカラムを、南西太平洋軍（司令官マッカーサー）の情報責任者としてブリズベーン（豪）へ派遣した。

一九四三年四月、情報部改編があり、副部長ザカリアスの下に、管理、情報、防諜の三次長制度が設けられた。確かにザカリアスはやり手だったが、情報部長になりたい、将官に進級したいという野心が強過ぎた。トレイン部長はこのようなザカリアスの性癖を危惧《きぐ》するとともに、自分に取って替わろうとする動きに怒った。

人間は有頂天になっているときが危うい。情報部をかき回し、実質的に動かしていると思っていたザカリアスに鉄槌《てっつい》が下った。トレインはキングに問題点を訴え、キングは一九四三年夏、ザカリアス大佐を地方海軍区の情報部長に放逐した。

◆対日インテリジェンスを担ったスミスハットン

ザカリアスが個性が強く特殊情報戦に情熱を注いだのに対して、日本留学組でザカリアスの後輩にあたるヘンリー・H・スミスハットンは、冷静に職務を遂行するタイプの情報将校だった。

スミスハットンは、そのキャリアのほとんどを対日関連の情報将校として過ごした。日本語研修生（三年間）、海軍武官補（三年間）、海軍武官（三年間）として、九年間日本に滞在した。その他、二回にわたってアジア艦隊（マニラ、上海、香港を常時巡航）の情報参謀としてのキャリアがある。開戦時は駐日海軍武官だった。戦時交換船でグルー大使とともに帰国。以降はキングの下で合衆国艦隊の情報参謀。戦後は仏駐在海軍武官（一九四七〜五二年）。

一九三九年四月、ハロルド・M・ベニス大佐の後任として東京の米大使館に着任。在日中にスミスハットン武官は、①日本の駆逐艦の搭載魚雷の直径は、二一インチ型よりも大で二五インチ近く（実際は二四インチ）あり、酸素を燃料としている、②『ジェーン年鑑』に載っている重巡「最上」の主砲は六インチではなく八インチである、と報告した。ワシントンからの反応はなかった。

一九四一年、海軍武官の下に日本語研修生の士官は九人いた。スミスハットン武官は、夏休みに山や海に行く研修生に、命令があれば直ちに日本を離れられる準備をしておくよう伝えた。海軍情報部へ、①研修生には外交官特権がなく戦争になれば逮捕されるから、日本を離れて日本人教師のいるハワイその他で日本語の研修を続けるべき、②米国での日本語学習のため、日本語の辞書、熟語集、文法書などを大量に購入して米国へ送ること、を進言した。七月末に海軍情報部から了承の電報が入った。

武官と武官補のマーチン・R・ストーン少佐は、日本語研修生に東京への集結を命じた。研修生は東京から神戸へ移り、ここから上海行きの船に乗った。上海には九月の第一月曜日に到着。陸軍武官はこのような手配をしなかったので、陸軍の日本語研修生は開戦後六か月間、交換船での帰国まで日本に抑留された。日本語関係辞書などの書籍は数百冊が購入されて米国へ送られ、これは戦時中の海軍日本語学校でおおいに役立った。

一九四一年一〇月、東条内閣が発足。スミスハットン武官は妻と宮島を訪れたが、広島でも呉でも宮島でも外事警察に厳しく監視された。一二月八日朝六時半、上海の米国ラジオ放送を聞いていると、米総領事による上海の米国人向けの注意放送が入ってきた。冷静にして、街路に出ないようにとの注意である。大使館に急いで行き、サンフランシスコ放送を聞くと、日本機による真珠湾攻撃を伝えていた。すぐに、グルー大使に伝えた。

東郷外相に呼ばれたグルーは、急いだためにひげもそらず、黒上衣に縞《しま》ズボンの半公式服装で、七時過ぎに外相官邸に着いた。スミスハットンも急遽《きゅうきょ》、霞ヶ関の海軍省に行き、大臣高級副官の中村少将と会ってサンフランシスコ放送が本当だったことを知る。機密文書は四日前に焼却していたので、暗号機をハンマーで叩《たた》き潰した。

その後、一九四二年六月二五日に交換船「浅間丸」で横浜を出港するまで米大使館は封鎖され、家族と大使館スタッフは大使館内に住んだ。その間、スミスハットンは英字紙「ジャパンタイムズ」と「東京日日新聞」を保管するとともに、主要日本海軍士官の階級、職位、性格などの詳細なリストを作成した。「浅間丸」でポルトガル領モザンビークまで行き、スウェーデン船「グリップスホルム」に乗り換えた。同じ日本留学組で海軍情報部のワッツ中佐が出迎えに来ていた。

スミスハットン中佐は帰国後、一九四三年一月に合衆国艦隊司令部情報保全参謀となり、新しい艦隊情報部（F2）の設立（同年七月）と同時に情報部次長（大佐）に就任した。情報部長はロスクー・E・シャーマン少将。この情報部は大西洋課

ジョセフ・J・ロシュフオート（Joseph John Rochefort）１９００-１９７６年

（F21）、太平洋課（F22）、作戦情報要約課（F23）、保全課（F24）、広報検閲課（F25）で組織された。太平洋課へは海軍情報部極東課から日本留学組のウィリアム・J・シバールド少佐が移ってきて、後に太平洋課長となる。

◆日本の無線傍受と暗号解読を指揮したロシュフォート

ジョセフ・J・ロシュフォートは一八九八年、オハイオ州で生まれた。ロサンゼルスのポリテクニーク工業高校を卒業後、第一次大戦で急膨張していた海軍の海兵団に入り、ここで士官訓練コース（技術課程）に選抜される。ニュージャージー州のスチーブンス工科大学で一年間学び、第一次大戦直後の一九一九年、少尉任官。

アナポリスの海軍兵学校卒者が兵科将校主流の米海軍の中で、ロシュフォートは傍流だった。英海軍士官のほとんどが貴族やジェントルマン層出身であるのに対し、米海軍は庶民層出身者が多い。米国社会では下層視されたアイルランド系のマハン大佐、傍流のドイツ系のニミッツ元帥、ミッチャー大将といった人もいる。南欧系、ユダヤ系、黄色人種、黒人への人種差別は甚だしいが、ドイツ系や北欧系（アレイ・バーク大将など）への蔑視《べっし》は比較的少なかった。それでも、第一次大戦以降の主要提督はアナポリス出身者で占められている。一九九六年に海軍作戦部長だったジェレミー・ボーダー大将は一水兵からのいわゆる「叩き上げ」だが、これは例外的存在。一九一五年に海軍作戦部長のポストができてから、第二次大戦中のキング元帥まで、このポストは全員アナポリス卒者によって占められている。一方、その点、陸軍には第二次大戦中でも、マーシャル、ルメイ、ドーリットルといったウェストポインターでない高級将校がいる。

ロシュフォートは少尉任官後、数年間は海上勤務。一九二五年に海軍通信部の暗号解読班に配属される。この班はできたばかりで、これがロシュフォートの暗号解読分野へのキャリアの第一歩だった。班長はローレンス・F・サフォード大尉。サフォードはアナポリス一九一六年組で、同級には統合参謀本部議長になったラドフォードや海軍作戦部長になったカーニーがいる。サフォードは一貫して日本海軍の暗号解読活動の責任者の一人で、太平洋戦争中もこの班の班長（大佐）だった。

一九二九年から日本語研修生として日本に三年間滞在。帰国後は再びネガトに戻り、一九三三年、太平洋艦隊の作戦副主任参謀兼情報参謀となった。当時、専任の情報参謀は置かれておらず、専任情報参謀が置かれたのは一九四〇年一二月。初代はレイトン中佐である。

ロシュフォート参謀が、司令官のリーブス大将からきわめて高い評価を得たことは前述した。太平洋艦隊で三年間参謀勤務の後、第一一海軍区情報部長で一一年間勤務。前任はマカラム大尉だった。後任をザカリアスに譲って、一九三八年から重巡「ニューオリンズ」の航海長となった。太平洋艦隊の駐留するこのサンジエゴの第一一海軍区に、日本留学組のベテランのマカラム、ロシュフォート、ザカリアスを時期をずらしつつ配置していることは、米海軍がこの地区での日本海軍関係者の諜報活動に神経質になっていたことをよく示している。

一九三九年九月から四一年五月まで、第五巡洋艦戦隊情報参謀。

一九四一年五月、ハワイ駐在の無線通信傍受班であるハイポ支局（一九三六年開設）支局長を務める。

米海軍の主力が太平洋岸に駐留するようになり、日本海軍は情報要員を西海岸に置く必要性に迫られていた。一九三二年、東海岸で語学や米国事情を研究していた中沢佑《たすく》少佐と鳥居卓哉少佐は、西海岸駐在を命じられた。最初、中沢少佐はシアトル（ワシントン大留学）、鳥居少佐はロサンゼルスに駐在の予定だったが、鳥居少佐が自動車事故死したため、中沢少佐はスタンフォード大学に入学して、西海岸の米艦隊の動静、訓練状況、艦隊乗組員の対日感情、艦船の建造・改装状況などを探った。翌年一二月、宮崎俊男少佐がロサンゼルスに着任。一九三四年二月に中沢少佐が帰国すると、藤井茂少佐がやってきてシアトルを本拠とした。その後、米西海岸関連情報士官としてやってきたのは、薫《まゆずみ》治夫《はるお》少佐、大前敏一少佐、大谷稲穂少佐、長沢浩中佐、内田成志少佐、立花《たちばな》止《いたる》少佐である。

開戦間近の一九四〇年の西海岸駐在員は、シアトルに岡田貞外茂《さだとも》少佐（岡田啓介海軍大将の長男）、ロサンゼルスに立花止少佐であった。一九四一年六月、岡田少佐は些細《ささい》なことで警察の留置場に二度ぶち込まれ、持ち物その他を徹底的に調べられた。同じ頃、立花中佐もFBIのおとり捜査で逮捕、起訴されたが、政治的決着で直ちに帰国させられている。立花中佐の情報活動に対するおとり捜査には、太平洋艦隊のレイトン情報参謀が深くかかわっていた。

戦時中一貫して対米海軍情報業務に携わった実松《さねまつ》譲《ゆずる》大佐は、一九四〇年三月からプリンストン大学で学び、翌年一月に大使館の海軍武官補となった。仕事柄、米海軍情報部極東課とは折衝がある。当時の極東課長はマカラム中佐、課員にはオールウイン・D・クレーマー少佐、エセルバート・ワッツ少佐がいる。いずれも日本留学組だ。

マカラムは日本で生まれ、幼時を日本で過ごし、駐日大使館の武官補のキャリアがある。ワッツはレイトンのクラスメートで、マカラムと同じく武官補のキャリアがあり、戦後、駐日大使館の海軍武官（一九五二年~五四年）となった。書記官の中にも日本の私立大学の卒業者がいる。実松が極東課に電話すると、電話を受けた者が流暢な日本語で返答してくる。当時の極東課には海兵隊のロナルド・A・ブーン海兵少佐もいた。ブーンは中国語専門の士官で上海駐在のキャリアがあった。

一九四〇年一月、合衆国艦隊司令長官はクラウデ・ブロック大将からジェームズ・O・リチャードソン大将に替わった。一九四一年二月、ハズバンド・E・キンメル大将がリチャードソンの後任となる。キンメルは、新たに編成された太平洋艦隊司令官も兼ねた。

一九四一年一二月六日、アジア艦隊司令官ハート大将からキンメル宛《あて》に電報が入った。カムラン湾南方に輸送船や軍艦（潜水艦を含む）の集団が見られ、一部はタイに向かっている。キンメルは情報参謀のレイトン少佐にこの電報を持たせて、戦艦「カリフォルニア」にいる戦闘艦隊司令官パイ大将に意見を聴いてくるよう命じた。

パイ大将とその参謀長の意見は、「日本軍はビルマ・ロード封鎖作戦のため、シャム湾の一部占領を目指しているのではないか」というもので、レイトン参謀の考えを求めた。レイトンは自分の考えを述べた。①日本軍がシャム湾で留まるとは考えられない。米国の対日石油輸出禁止に対応するため、この集団の目的はもっと南の油田地帯の蘭印ではないか。②日本海軍は今までに日本の脇腹を空けたことはない。日本の脇腹を狙う位置にある比島をそのまま放っておくことはあるまい。日米戦となる可能性がある。レイトンの考えに対して、パイとその参謀長は頷《うなず》かなかった。日本軍と比べて米軍が巨大で強力なことは自明の理だから、日本が米国を襲うことはあるまいといった。

レイトンは、パイのコメントをキンメルに伝えた。その日の司令部会食で各参謀からハート電について尋ねられたレイトンは、パイ大将へ伝えた自分の考えをそのまま言った。

「明日にも戦争となる恐れがある」

当時の太平洋艦隊の情報主任参謀はレイトン少佐、情報参謀はロバート・E・ハドソン大尉で、下士官が一名いた。一九四一年の参謀職掌によれば、情報参謀の任務は次の通りだった。

①敵情報の収集、評価、配布。
②作戦参謀と、先任参謀の情報認識のために必要な情報を用意すること。
③防諜関連事項。
④偵察、写真情報関係。
⑤外国軍艦、商船の情報。

当時の作戦参謀はウォルター・S・デラニー大佐で、先任参謀はチャールズ・H・マクモリス大佐。マクモリスは頭脳明敏さからアナポリス時代より「ソック（ソクラテス）」の愛称があり、鬼瓦《おにがわら》のような容貌《ようぼう》と気の強さで知られていた。レイトンは、防諜関係と日本艦隊の戦力とその所在の確認に精いっぱいの状況だった。真珠湾が奇襲され、キンメルが更迭された。後任にニミッツが着任した。

一九四一年一二月二〇日、キング大将は合衆国艦隊司令長官となり、翌年三月二六日には海軍作戦部長を兼ねた。従来、合衆国艦隊司令部は太平洋岸ないしハワイに置かれていたが、キングは司令部をワシントンの海軍省の三階に置いた。

参謀長はウィルソン少将で、後にエドワーズ少将に替わった。先任参謀はロー大佐。これも後にクック大佐に替わった。情報参謀（F2）はジョージ・C・ダイヤー中佐で、作戦情報課長（F35）も兼ねた。F35は幅広い情報を扱い、F2は合衆国艦隊司令長官に直接仕える。F35の管理する資料室（War Room）は比較的多くの士官に開かれているが、F2の管理する作戦海図室（Chart Room）には、キング大将以下ごく限られた参謀しか入室できない。

一九四三年一月、ダイヤー中佐はスミスハットン大佐と替わった。大佐は前述したように日本留学組で、東京駐在武官のときに開戦となり戦時交換船で帰国した人である。

一九四三年七月、司令部の編成替えがあり、艦隊情報部（F2）が創設された。艦隊情報部長にはシャーマン少将が就任。スミスハットン大佐は次長となった。艦隊情報部は大西洋（F21）、太平洋（F22）、情報要約（F23）、防諜（F24）、検閲（F25）の五つのグループに分かれた。

この改編により、海軍作戦部情報部（ONI）の無線傍受部門と極東課（Op-16-FE）が艦隊情報部に移った。極東課にいたウィリアム・J・シーベルト少佐（一九二五年組）ら五人の士官がF22に移った。

約三か月後の九月末、シャーマン少将は海軍情報部長も兼ねる。一般的指示や方向を示せるようにするためだった。海軍情報部は大きな組織で、戦闘情報以外の膨大な情報を扱い、人員も多い。艦隊情報部は少数（各グループは士官二名、下士官一名）で、作戦に重要な情報を迅速に扱う。

一九四四年一〇月、シャーマン少将に替わってセバウド少将が就任し、スミスハットン次長はスメッドベルグ大佐と替わった。


キンメル司令官の情報参謀だったレイトン中佐は、キンメルが更迭され後任にニミッツが着任すると、駆逐艦長として海上に出たい、と申告した。ニミッツは答える。

「君は駆逐艦の艦長としてよりも、ここにいた方がジャップをたくさん殺せるだろう」「君に日本海軍の南雲提督になってもらいたい。南雲提督ならどう考え、どのような直観を持つかを教えてもらいたい。日本軍の立場で戦争と作戦を見つめ、彼らが何をしようとしているか、どんな目的、どんな動機で、いかなる作戦を行うかを私にアドバイスするのだ。そうすれば、この戦争に勝つために必要な情報を私は得ることができる」「どんな情報でもよいから、部屋に来て伝えてくれ」

ニミッツは副官のラマー大尉に命じて、レイトン参謀が来たときにはいつでも入室させるようにした。


ロシュフォートが一九四一年五月に、無線傍受と暗号解読を任務とするハワイ支局（ハイポ）長として赴任したことは前述した。ハイポ支局長就任からミッドウェー海戦までの一年半は、ロシュフォートの才能が最も発揮されたときである。彼は鬼才といってもよい天分の持ち主だった。頭脳明晰《めいせき》のうえ、寝食を忘れて仕事に没頭する。これは、日本の外交暗号を解読したヤードレーやフリードマンにも共通する点だった。こういう人物は、自分に恃《たの》むところが大きく、不羈《ふき》奔放で容易に人に屈せず、協調性に乏しい点が多い。ロシュフォートが「扱いにくい人物」とか「お天気屋」と陰口されたのは、こういう点を指したのだろう。こういうタイプは、その才を買う雅量がある上司に仕えると、水を得た魚のように大きな仕事をするが、細行・小事の欠点にうるさく異論異見を嫌う上役の下では、変わり者として冷遇されてしまう。

ハイポ支局長就任からミッドウェー海戦までの上役は、ワシントンのネガト支局長のサフォード大佐で、ロシュフォートの力を昔からよく知っている。サフォードは形式ばらず、有能な情報担当者には思い切って権限を与える。ハイポ支局長の相棒ともいえる太平洋艦隊情報参謀のレイトン中佐は、日本留学組として同じ船で日本へ渡った。二人とも日本語ができるし、ロシュフォートには太平洋艦隊情報参謀のキャリアがある。しかもニミッツ司令官は情報を重視し、レイトン情報参謀を高く評価するとともに頼っている。

開戦後半年間、ロシュフォートの仕事への没頭ぶりは凄《すさ》まじかった。ハイポ支局は入口が二か所しかなく、武装した海兵隊員が入室者を厳重にチェックしている。窓のない地下室同然の部屋だ。一か月に三〇〇万枚のパンチカードを消費するほど、IBM機が活用される。打ち出される電文情報の山は整理する時間もなく、机の下や床などあらゆる隙間《すきま》に積み上げられている。

よれよれの赤い防寒服を着込んだスリッパ姿のロシュフォートは、ほとんどの時間をこの作業場で過ごした。開戦後、ホノルルの街に出たのは二回だけだった。ミッドウェー海戦のあった六月には、簡易ベッドを持ち込み、睡眠時間も二、三時間で、風呂にも入らず、食事もサンドイッチとコーヒーで済ませた。完全主義者で、傍受電報の訳文は一つ残らず自分でチェックした。

このような仕事への没頭ぶりは、山本元帥の先任参謀・黒島亀人大佐を彷彿《ほうふつ》させる。山本司令長官の従兵長だった近江兵治郎氏によると、黒島参謀は自室で香をたき、浴衣《ゆかた》がけで仕事をする。部屋は足の踏み場もない状態で、一面に反古《ほご》の紙が散乱し、灰皿には吸いさしの煙草が山となっていた。

黒島は作戦構想だが、ロシュフォートの場合は暗号解読の推理だ。レイトン情報参謀とニミッツとの間で、無線交信や諜報手段について長い議論を交わすことも多かった。米海軍トップは、ネガトやハイポの暗号解読とその評価に強い関心を示していた。ミッドウェー海戦の直前には、キングがワシントンからハイポのロシュフォートに直接情報分析を尋ねて、ロシュフォートを驚かせている。

戦略的決定を下す際には正確な情報が不可欠と考えていたニミッツは、レイトン情報参謀の働きを高く評価した。あるとき、ニミッツは自分の肖像写真にサインしたうえで、「エドウィン・T・レイトン中佐に。情報参謀として君は、巡洋艦戦隊よりも私にとって貴重である」と書いて手渡し、レイトンを感激させている。

情報の必要性の増大に伴い、レイトンは四〇人から六〇人の情報要員をニミッツに要請した。ニミッツは情報要員の増大は認めたが、艦隊情報部が大きくなることは嫌った。このため、レイトンは海軍第一四区（ハワイ地区）の情報部要員を増やすことで対処した。これは一九四二年七月より太平洋地区情報センターとして発足する。

艦隊情報参謀は敵の陸、海、空関連兵力の配置状況（戦術情報）を主任務とし、構成は次の通り。（　）は日本留学年次。

情報主任参謀レイトン中佐（一九二九年組）

参謀ロバート・E・ハドソン大尉（一九三六年組）

補佐アーサ・L・ベネディクト大尉（一九三八年組）
補佐ジョン・G・レーニク大尉（一九三八年組）
補佐H・B・コールマン大尉（防諜担当）

参謀補佐のベネディクト、レーニクの両大尉は、押収した日本軍の文書（特に沈没した日本潜水艦から引き揚げたもの）の翻訳にあたった。両大尉は一九四二年八月にハイポに移り、後任には予備士官のK・A・ブラウン、A・M・エラビー、R・L・ジャクソンの三人の大尉が補充された。

一九四三年九月、ハイポ支局長がロシュフォート中佐からウィリアム・B・ゴギンス大佐に替わり、ゴギンス大佐は通信情報連絡将校として艦隊参謀を兼ねた。ロシュフォートはワシントンの海軍省内での権力争いに巻き込まれて、ハイポ支局長のポストから外されたのである。ロシュフォートの能力を買っていたニミッツが電報で抗議したが無駄だった。カリフォルニア州ティブロンに建設中の浮きドックの責任者に左遷されたロシュフォートは、その後稀有《けう》の暗号解読の才能を発揮することなく、終戦を迎えた。戦後、ロシュフォートは、彼が見た通信諜報活動の実態を海軍研究所で口述記録したが、その内容は未《いま》だ非公開である。一九七六年死去。

レイトン情報参謀は太平洋地区情報センターやハイポからの各種情報を総合して、毎日八時からニミッツに敵の兵力の動きやその目的について説明する。また、太平洋艦隊麾下《きか》の各艦隊へも各種情報を配布する。防諜関係や謀略宣伝関連も指揮する。日本軍の物資状況や兵站《へいたん》情報も知らせる。太平洋地区情報センターの情報評価部門にも助言を行う。もちろん、艦隊の作戦参謀や先任参謀に対しては必要な情報提供を行う。

一九四五年一月、太平洋艦隊司令部がハワイのホノルルからグアム島に移ったときも、ニミッツはレイトン参謀を帯同した。レイトンは以下の情報参謀補佐を連れていった。レザース陸軍中尉を除いて、いずれも予備士官である。

D・M・シャワー大尉（日本海軍戦闘序列担当）
L・H・マン大尉（地理担当）
L・B・フォウラー大尉（日本空軍担当）
G・M・ページ大尉（日本商船・写真担当）
J・A・ラター中尉（日本経済担当）
H・F・レザース陸軍中尉（日本陸軍戦闘序列担当）

グアム島でレイトンは原子爆弾の秘密を知らされた。一大佐に過ぎないレイトンが陸軍の機密情報を知ったのは、ニミッツの「情報参謀は何が起ころうとしているか、十分説明を受ける必要がある」という発言によるものだった。スチムソン陸軍長官の指示で、特別代表がグアム島に派遣され、原爆の説明を行った。

「ミズーリ」艦上での降伏文書調印式に、ニミッツはレイトン大佐を連れていくことにした。レイトンはニミッツが日本人に襲われることを危惧《きぐ》して、グアム島の司令部用個人射撃場で毎日拳銃（コルト45）の練習をした。ニミッツがハルゼーとともに横須賀に上陸したとき、レイトンは肩に拳銃用ホルスターをかけて常に二人の近くにいた。

終戦後のレイトンの経歴は次の通りである。

海軍情報学校校長（一九四八～五〇年）
太平洋艦隊情報参謀兼太平洋軍情報部長（一九五一～五三年）
一九五三年、少将進級
統合参謀本部情報部（一九五三～五六年）
太平洋軍情報部長（一九五六～五八年）
海軍情報学校校長（一九五八～五九年）
一九八四年、没

著書に『太平洋戦争暗号作戦(上)、(下)』（ＴＢＳブリタニカ）がある。

第8章　海兵隊指揮官

海兵隊の三将軍

◆元々は艦内の警察組織だった海兵隊

海兵隊は日本海軍の陸戦隊とは大分違う。陸戦隊が臨時的組織であるのに対し、海兵隊は海軍長官に所属する独立組織で、一時的なものではない。所属は海軍で、制服や階級称号は陸軍式を採用している。

もともと海兵隊は艦内秩序維持の警察組織だった。帆船時代の水兵は、その生活環境の過酷さもあり荒々しかった。艦長や士官に反抗したり、海上で反乱を起こすこともあった。艦内へのラム酒持ち込みにも目を光らす必要があったのだ。

一八四二年、西アフリカ沿岸を航海していた米海軍練習艦「ソマーズ」で反乱事件が起こった。士官候補生フィリップ・スペンサーを首魁《しゅかい》とする反乱計画が、メンバーの密告により発覚した。士官全員と反乱に同調しない者を殺害して、艦を乗っ取ろうとするものだった。密告によりこの反乱計画を知った艦長のマッケンジー中佐は、即座に緊急軍法会議を開いて、反乱の容疑者三名に死刑を宣告、直ちに三名はマストに高々と吊《つ》り上げられ、絞首された。

スペンサーの父親が時の陸軍長官で、マッケンジー中佐を殺人罪で告訴したから、全米の大問題となった。このとき「ソマーズ」には海兵隊が乗り組んでいなかったこともあり、艦長以下士官は身の危険を感じて未発、未遂のスペンサーたちを早々に処刑してしまった。もし海兵隊が乗り組んでいたらこのような悲劇は起こらなかっただろう、という人もいた。

その後、木造帆船が鋼鉄蒸気船に代わり、水兵の生活環境は大幅に改善された。「板子一枚下は地獄」という危険からの荒々しい水兵気質《かたぎ》も変わっていき、艦内取り締まりの武装集団を常駐させる必要性は少なくなった。帆船時代の海上戦闘では、砲撃戦とともに最後の戦いは、艦を相手艦に横付けして乗り移り、銃や刀で敵を皆殺しにする戦法であったから、狙撃兵の役割を持つ海兵隊の存在価値は小さくなかった。しかし鋼鉄砲の巨大化により、舷々相摩《げんげんあいま》し小銃を撃ち合ったり、相手艦に切り込み隊を送り込むといった戦法は考えられなくなった。こういったことも、艦内に海兵隊を常駐させる必要性を少なくした。

アルフレッド・T・マハン大佐の海軍戦略思想を高く評価し、マハン大佐のパトロンをもって任じていたセオドア・ルーズベルト大統領は、三流の米海軍を一流の海軍に育て上げることに情熱を燃やした。海兵隊の役割にも関心を示し、その機能の見直しを命じて、海兵隊を艦内から撤退させ、その任務を、①海軍基地（国内外とも）の警備、②パナマ運河地帯防備（パナマ運河の開通は一九一四年）、③外交政策の道具としての海外急遽《きゅうきょ》派兵用兵力、とさせた。

ルーズベルト大統領の外交のモットーは、「太い棍棒《こんぼう》を持って静かに話す」で、太い棍棒とは、米海軍の巨砲と問題地点に迅速に派遣される戦闘武力集団としての海兵隊だった。

しかし、長い間、海兵隊の地位はそれほど高いものではなかった。一九世紀後半まで、アナポリスを卒業して海兵隊に入ると直ちに海兵少尉に任官できたが、海軍少尉になるためには少尉候補生としての二年間の訓練・実習期間が必要で、この二年間の成績によって多くの者が振り落とされ、少尉に任官できなかった。任官できなかった者は、海兵隊に入ったり、海運会社に就職したりした。海軍士官と海兵士官とでは、任官の前後に関係なく、同一階級では海軍士官が序列が上で、給与も海軍の方が高かった。

二〇世紀初頭から太平洋戦争まで、海兵隊の活躍は主として前述の③であり、太平洋戦争勃発《ぼっぱつ》後は、日本軍の守る島々への強襲上陸作戦である。

本稿では太平洋戦争で活躍した三人の海兵隊将軍にスポットをあて、その人物を通して海兵隊の働きを眺めてみたい。

太平洋戦争で、海兵隊幹部として最も有名だったのはバンデグリフトだろう。第一海兵師団を率いてガダルカナルで戦い、大戦の後半には海兵隊司令官となり、海兵隊史上初の大将になった。テリブル・ターナーとペアを組み、「マッド・スミス」と仇名《あだな》されたスミス海兵中将も有名だ。バンデグリフトやマッド・スミスと比べると日本では無名に近いが、「レッド・マイク」の愛称で知られるエドソンは、太平洋戦争中一貫して第一線の指揮官として砲火の下で過ごした海兵隊指揮官である。

これらの将軍たちは、いずれも青年士官時代、前述した②の役割を果たすべく、中南米の政情不安定地域で過ごしている。また、バンデグリフトとエドソンは佐官時代、戦乱の中国大陸に駐在した。米国人の生命・財産と米国権益を守るための、いわゆる「砲艦外交」の陸上戦闘兵力の尖兵《せんぺい》であった。

◆果敢な迅速性で島への上陸作戦を担う

一九四一年早々、日独伊の枢軸国と米英が戦争になった場合の戦略会議が、極秘裏のうちにワシントンで開かれた。出席メンバーは米英軍首脳である。この会議で、①独打倒が第一、②太平洋では防衛戦略、③大西洋では攻撃戦略、という基本戦略が定められた。真珠湾奇襲によって米国が枢軸国と戦争になってからも、この基本戦略は変わらなかった。

チャーチルは、自国の危急時に米国の眼が太平洋に注がれることを恐れた。とにかく対独戦に勝ち抜かなければならない。米陸軍のマーシャルも、米陸軍航空隊のアーノルドも、関心はもっぱら欧州戦線だ。これに対し、第一次大戦後の米海軍の眼は太平洋に向いている。米海軍のキングの概算では、米国の戦力の八五パーセントが欧州戦線に送られている。キングは太平洋方面を重視して、米国の戦力の三割がこの方面に向けられるようにしなければ、太平洋の島々は日本軍に占領され、要塞化されてしまうと考えた。しかし英国は太平洋方面などといってられないし、米陸軍も太平洋方面には関心が薄い。結局、キング一人で太平洋方面への戦力強化に立ち向かわなければならなかった。

太平洋の戦いに陸軍が消極的だったから、キングは海軍だけでも戦えるようにしなければならず、海軍所属の陸上戦闘集団である海兵隊を活用するしかなかった。そのためには、中南米や中国といった政情不安定地域での米国民の財産と生命の安全を守るために急遽派遣される、せいぜい連隊規模の従来の海兵隊を、師団単位に大型化し、太平洋の島々に強襲上陸できる機能を持った戦力にする必要があった。

キングは、マーシャルによる陸軍への海兵隊吸収案には強硬に反対した。また、海兵隊司令官ホルコム中将に、合衆国艦隊の下に海兵隊を置かなければ、陸軍に吸収される恐れがあると警告し、従来より海軍長官の作戦指揮下にあった海兵隊を、ルーズベルトの了承の下に、合衆国艦隊の指揮下に置く手続きをとった。合衆国艦隊は、海軍長官ではなく大統領に直属している。また、海兵隊の兵力を四個師団にまで増やし、さらに一個師団を追加させようとした。いずれの場合も陸軍は消極的、ないし反対した。

海兵隊の主任務は上陸作戦となっていった。海岸線に橋頭堡《きょうとうほ》をつくって上陸地点を確保し、海岸一帯を占拠する。そのため、行動には果敢な迅速性が要求される。橋頭堡と海岸線の確保に時間をとられると、沖合に停泊中の防備の弱い輸送船団が、敵の攻撃を受ける恐れが大きくなる。キングは、上陸作戦には海兵隊だけを使用し、陸軍は海兵隊の占領した地域の守備隊とすることを考えた。

一九四二年八月七日早朝、米海兵第一師団がガダルカナル島に上陸を開始した。以降四か月間にわたり、四国のほぼ三分の一の大きさのこの島で日米両軍の死闘が続いた。海兵第一師団長はバンデグリフト少将で、対岸のツラギ島方面の奇襲隊を率いたのがレッド・マイクことエドソン中佐だった。海兵隊の上陸作戦を長年研究し、海兵隊の訓練にあたり、新設海兵第一師団の初代師団長（バンデグリフトの前々任）になったのが、マッド・スミスことホーランド・スミス少将である。

◆“米国の裏庭”の政情安定に努めたバンデグリフト

アレキサンダー・A・バンデグリフトは、一八八七年にバージニア州で生まれた。名前からわかるようにアングロサクソン系ではない。ルーズベルトと同様オランダ系で、一八世紀にオランダから米国へ移住、代々その地の治安判事を出した由緒ある家系だった。祖父は南北戦争時、南軍で活躍した。

バージニア大学で学んだが、祖父の軍での活躍の話やホームドクターの勧めもあり、軍人キャリアを決意、大学を中退し、軍事訓練校に入って、海兵隊士官への試験に備えた。無事試験に合格して、一九〇九年、海兵隊少尉に任官。直ちにサウスカロライナのフォート・ロイヤルにある海兵隊士官訓練隊に派遣され、短期の基礎訓練を受けた。以降一四年間は米国外交の尖兵となって、中南米のニカラグア、パナマ、メキシコ、ハイチと転戦する。

アレキサンダー・A・バンデグリフト（Alexander Archer Vandegrift）１８８７-１９７３年

ニカラグアは米国の戦略拠点であるパナマ運河地帯に近く、米国としては関心を持たざるを得ない地域だった。ニカラグア湖を挟んだ地域に、カリブ海と太平洋を結ぶ運河建設が考えられていたこともある。この地は二〇世紀になって以来、独裁者ゼラヤが君臨していた。ゼラヤ政府は失政が続いているにもかかわらず、隣国のエルサルバドル、グアテマラ、ホンジュラスといった国々と事を構えることが多く、欧州や米国からの借金が累積していた。

一九〇九年に反乱が起こった。この年一二月、国務省は、パナマ地峡駐在の海兵一個大隊（バトラー少佐）とフィラデルフィアの臨時一個連隊（マホーニー大佐）の出動を要請。これらの海兵隊兵力は、西海岸の酷熱の海港コリントに三か月滞在した。海兵隊が引き揚げた直後、カリブ海沿岸の東海岸がきな臭くなった。一九一〇年五月、ゼラヤ軍が反乱軍の拠点都市ブルーフィールズ攻撃を始めたのだ。再び、米国民の財産や生命に危険が生じた。バトラー大隊は砲艦「パドーカ」でこの地に上陸、九月まで駐在した。

一九一二年になるとニカラグア全土が内乱状態となり、首都マナグアの米公使館も危うくなった。当時、米政府はゼラヤ政府を支持していた。バトラー大隊（士官一三名、他三四一名）はコリントに上陸してマナグアに向かい、フィラデルフィアの臨時連隊も再派遣された。反乱軍と交戦を続けた海兵隊は、一九一三年一月までに反乱軍を鎮定する。主要な戦闘は、首都マナグアとニカラグア湖北端の町グラナダを結ぶ鉄道の拠点コヨテペで展開された。この戦闘でバンデグリフト中尉は勇敢な行動を示した。

カリブ海に浮かぶハイチでも内乱騒ぎが絶えなかった。一九一四年までの二八年間で一〇人の大統領が生まれ、うち四人は殺され、他はすべて反乱軍の手で大統領府を追われた。仏、独、米、三国からの借金でどうにもならない状態だった。一九一四年一二月、国務省の要請で砲艦「マシアス」がポルトープランスに入港。上陸した海兵隊がハイチ政府の五〇万ドルの金貨を差し押さえ、米国に持ち帰り、ニューヨークのナショナル・シティー銀行の金庫に納めた。

一九一五年六月、ロザルボ・ボボの乱が起こった。ハイチ北部には、カコと呼ばれるシシリー島のマフィアのような秘密組織があった。ボボはこのカコの力を借りて猛威を振るうようになり、北部の要港ゴナイブを封鎖するまでになった。バトラー少佐指揮の海兵一個大隊が再び派遣され、ゴナイブを救援し、カコ軍を北部に追い詰めていった。ジャングル地帯での銃撃戦が続いたが、一一月にカコの根拠地を急襲、首領で「将軍」と仇名されていたジョセフェッテを射殺した。

その後、何とか平穏だったハイチに再び内乱が起こり、シャルマージ・M・ペラルトに率いられるカコが政府機関を襲い始めた。一九一八年一月のことである。この集団は五〇〇〇人の兵力を有し、首魁のペラルトは神出鬼没である。海兵隊のジェームズ・J・ミード少佐は、ハーネッケン軍曹にペラルト逮捕の秘密プロジェクトを命じた。ペラルトは用心深いうえ、ボディーガードに囲まれて山中に潜み、二夜と同じ場所に過ごさない。ハーネッケンは反乱軍有力者の使者になりすまし、合言葉を使ってカコ反乱軍の山中の根城に単身潜入、深夜ペラルトの寝所に近付いて、四五口径の銃弾二発を一五フィートの距離から撃ち込んだ。部下たちは裏切者が現れたとして逃亡。馬に死体を乗せ麓《ふもと》に運んだが、誰もペラルトを知らない。結局、ペラルトを知っていた僧侶の証言でペラルトに間違いなし、となった。ペラルト殺害作戦にバンデグリフト中尉は深くかかわった。

一九二三年、バンデグリフトはハイチからバージニア州のクアンチコに帰国し、バトラー准将の副官となった。一九二五年、サンジエゴの海兵隊集団に移り、バトラー准将の参謀。一九二六年には米国内郵便が武装強盗に襲われる事件が相次いだ。このため、海兵隊による公安警備隊が編成され、バンデグリフトはこの編成に参画した。

一九二七年には上海へ派遣される。内乱から米国民の生命と財産を守るためだった。また、バトラー将軍の天津占領行動には作戦参謀として参画した。

一九二八年、帰国。ワシントンの海兵隊司令部付となり、陸海軍や海兵隊の各軍にまたがる軍需品供給の効率化に取り組んだ。五年間のワシントン生活で、軍事界の有力者や関係者との人的つながりができ、これは後にバンデグリフトが海兵隊司令官になったとき、役立つことになった。

◆ニカラグアの内乱を平定した「レッド・マイク」エドソン

バンデグリフトより一一歳年下のメリット・A・エドソンは、一八九七年にバーモント州で生まれた。一七世紀中期に、英国からマサチューセッツ州へ移民した先祖までさかのぼれる家系である。父は農業を営んでいたが、第一次大戦前の不況で農場を手離していた。

高校を優秀な成績で卒業したエドソンは、奨学金を得てバーモント大学の農科に入学した。バーモント大学では南北戦争後に軍事学科が設置され、学生は二年間の軍事科目の修得が義務づけられていた。一五ドルの軍服購入義務もあった。週二時間の訓練と一時間の講義があり、学生はバーモント州第一歩兵連隊のC中隊に属して訓練を受けた。エドソンは熱心に訓練に励んだので、学生下士官に選ばれた。

一九一四年、第一次大戦が勃発。米国参戦の気配が濃厚になったため、海兵隊の増強が図られた。一九一六年六月に三四一人だった海兵隊士官は、一年後には八七四人となり、米国が参戦した一七年一〇月にはさらに三〇〇人の士官が必要となっ

メリット・A・エドソン（Merritt Austin Edson）
1897-1955年

た。エドソンは海兵隊士官に応募し、九月に合格。一〇月に少尉に任官し、直ちにバージニア州クアンチコにある士官訓練所に入所した。翌年九月に中尉に昇進し、一〇月には欧州戦線へ派遣された。欧州では米軍基地の警備が主任務だった。

一九一八年に終戦を迎えると、多くの同僚士官は海兵隊を辞め民間に戻っていった。エドソンは実家の経済状況が悪く海兵隊に残った。人事考課表で高い評点を得ていたことも、海兵隊に残る要因となった。

ニカラグアの政情不安は続いた。一九二五年一〇月、エミリアーノ・チャモロ将軍が兵を起こすと、メキシコにバックアップされた反チャモロ派も動き出す。

翌年五月、米国政府は自国民の生命、財産保護のために巡洋艦をニカラグアの東岸主要港ブルーフィールズに派遣し、海兵隊を上陸させた。事態が収束に向かったので、いったんは引き揚げたが状況が悪化、再びこの海港に上陸した海兵隊はしばらく留《とど》まらざるを得なかった。

一〇月には西海岸の海港に巡洋艦と海兵隊を派遣し、米国の仲裁でチャモロ軍と反対勢力の調停を試みるが失敗。このため、米政府はミード中佐指揮の一個大隊をブルーフィールズに上陸させ、常時警戒態勢をとった。ブルーフィールズの奥地の街ラマでニカラグア内乱軍の戦闘があったが、何とか落ち着いたので一個中隊を残してミード大隊は帰国。しかし、それも束《つか》の間、再び東海岸近くの首都マナグア方面がおかしくなる。

米政府がニカラグア内乱に神経質になるのは、次の二つの理由からだった。

第一は、米国の戦略地帯であるパナマ運河地域に近く、またカリブ海地域の安全にニカラグアの平和が不可欠だったこと。

第二は、セオドア・ルーズベルト以来の米国の外交方針として、カリブ海海域に欧州勢力の干渉を許さない代わりに、この海域の安全、平和は米国の力で守るという政策があったことだ。カリブ海は、外国というよりも米国の裏庭である。

一九二七年五月、時の国務長官スチムソン（太平洋戦争時は陸軍長官）はクーリッジ大統領の要請で、内戦調停のためにニカラグアに赴いた。

海兵隊に守られたマナグア近郊の会見場で、スチムソンと内戦両軍の代表が交渉のテーブルにつき、調停は成功した。内容は、①チャモロ将軍政権は一九二八年まで存続させる、②米海兵隊が内戦両軍の武装解除とともに治安維持を行い、武装警察機構の設立と育成に着手する、③一九二八年に米国の監視下で自由選挙を行う、④米国はこの選挙で成立した政府を支持し、武装警察隊が充実するまでその政府を海兵隊の力で守る、というものだった。

これらの調停案は、海兵隊の武力がバックになっていた。調停案遂行のための海兵隊が編成され、（士官一八一名、下士官、兵二八〇〇名）ニカラグアの各地四五個所に駐在、内乱軍双方から一万五〇〇〇挺の小銃、三〇〇挺の機関銃を押収した。

しかし、平和は一時的なものでしかなかった。平和条約調印一二日後の一九二七年五月一六日、この条約に不満を持つアウグスト・サンジーノ率いる暴徒が、ラ・パツ・セントロ駐在の海兵隊を襲った。二時間の戦闘で隊長のブキャナン大尉が戦死、他に隊員一人が死に負傷者も出た。サンジーノは昔、人を殺してお尋ね者となり、メキシコへ逃げた。メキシコでは革命騒ぎを体験。ほとぼりが冷めるのを待って帰国し、米国人所有の金鉱会社の書記として働いた。彼を雇っていた米国人によると、かなり有能な書記だが、腕力がきわめて強く残忍、虚栄心が強い野心家で、鉱山会社の書記よりも山賊の首領に向いていた。

七月になると、サンジーノは八〇〇名の手下を率いて北部の州都オコタルの海兵隊駐屯地を襲った。そのため海兵隊が増強され、第一一連隊と第五連隊による第二海兵旅団が形成された。海兵隊は必死になってサンジーノ軍の行方を探った。うわさではサンジーノは東部のココ河流域に逃げ込んだらしい。ココ河流域は文明の波に最も縁遠い地域で、住民はモスキート・インディアンだ。道はなく、交通路は川だけだ。スペイン系の住民やインディアンとスペイン人の混血の住民が少しいるが、サンジーノの主張する革命派への共鳴者が多い。ジャングルと沼沢と高温多湿のため、熱帯病が猖獗《しょうけつ》を極める地域である。ココ河に沿って所々に部落があり、バナナ園や金の採掘場がある。サンジーノ軍は海兵隊の主力と戦うことはせず、これらの部落を襲って軍資金を供出させる。採掘場を襲って金を奪い、米国人経営者を連れ去ったりする。

エドソン大尉の任務は、このココ河流域の治安維持とサンジーノ軍探索だった。

エドソン大尉は、六〇人の部下を四~五人ずつのグループに分け、借りた小型船にフォードT型自動車のエンジンをつけ、ココ河上流のパトロールを行った。地図がないので、地元民を案内役として雇った。うわさや情報でサンジーノ軍の所在を推定すると、武器、食料、燃料、医療品を積んだ小型船に狙撃手を乗せ、ココ河やその支流をさかのぼる。数人が小型船に乗っての遡行《そこう》であり、夜間の宿営も少人数のため、このパトロールは危険極まりなかった。この頃から、髪やひげの赤いエドソンは「レッド・マイク」と呼ばれるようになる。

サンジーノ軍は、海兵隊により北西部のジャングル地帯に押し込められ、衰退していった。エドソン大尉がココ河パトロールをしていた頃は、サンジーノ軍は七五騎の騎兵と五〇人程度の歩兵に戦力が減少し、山賊化していた。

一九二八年一一月、海兵隊の治安維持下で選挙が行われた。新大統領が選ばれ、内乱や革命によらない初の政府ができた。

サンジーノは再びメキシコに逃げた。米国内の左翼勢力やメキシコの援助を受けたサンジーノは、再度ニカラグアに帰り、反政府軍を組織して米海兵隊と戦いを繰り返す。一九三四年、サンジーノの所在をつかんだ米海兵隊指導の武装警察隊は、偽ってサンジーノを首都マナグアにおびき寄せ、少数のボディーガードに守られたサンジーノを急襲、射殺する。

◆第一海兵師団の初代師団長となった「マッド・スミス」

ホーランド・M・スミスはバンデグリフトより五歳年長で、一八八二年にアラバマ州で生まれた。父は有名な弁護士だった。一九〇一年にアラバマ工大を卒業、その後、二年間アラバマ法律学校で学んだ。弁護士資格を取ったが、法曹界が肌に合わず陸軍入りを考えた。陸軍が難しいと知って海兵隊を目指し、受験して合格。一九〇五年、少尉に任官した。最初の任地は比島、一八九八年の米西戦争でスペインから割譲させた植民地である。一九〇九年にニカラグアに移り、一六年には内乱のサントドミンゴに赴き、銃火の下をくぐった。

イスパニョーラ島の西部がハイチで、東部がサントドミンゴ(現在はドミニカ共和国)である。ハイチと同様、サントドミンゴも政情不安定で内乱騒ぎが絶えることがなかった。欧州各国からの借金がかさみ、これら欧州各国の干渉を避けるため、セオドア・ルーズベルト大統領は、この国を実質的に米大使と米国人の経済支配の影響下に置く方針を実行していた。

一九一六年四月、首都で革命騒ぎが起こり、内戦状態となった。サントドミンゴ政府は何もできない。ウィルソン大統領はブライアン国務長官の進言で、海兵隊の派遣を決定した。ウ

ホーランド・マクテイラー・スミス（Holland McTyeire Smith）１８８２-１９６７年

イルソンは、メキシコ内乱で現職のマデロ大統領を処刑して、自ら大統領になったウエルタ将軍の政権を認めず、一九一四年四月にはメキシコ湾の要港ベラスクスに海兵隊を上陸させ、ウエルタの退陣を強要したこともある。

サントドミンゴ内戦では、ハイチ駐留の海兵隊が主力となり、米国からの一部戦力と併せて九個中隊がサントドミンゴに急派された。首都の反乱軍と銃火を交えて制圧した後は、北部の海岸にも上陸して反乱軍を鎮圧した。

その後、スミスは陸軍参謀学校を卒業し、第一次大戦ではフランスに渡って、海兵第二師団所属の旅団参謀や陸軍第一軍の参謀として活躍。勇敢な戦闘行為により、仏軍から勲章を貰《もら》っている。第一次大戦後は海軍大学に学び、陸海軍統合作戦計画委員会の最初の海兵将校委員となる。一九二五年には再びハイチで勤務し、二七年には海兵隊佐官研修コースを修了した。一九三七年、海兵隊司令部の作戦参謀となり、三九年には司令官補佐となった。

一九三九年の暮れ、第一海兵旅団長（准将）となったスミスは、旅団をキューバに移して猛訓練を実施した。このときの猛訓練ぶりで、「わめき散らす狂人スミス」（ホーリング・マッド・スミス）の異名をとった。上陸演習はもっぱらカリブ海で行われ、スミスは後に次のように言っている。

「ウォータールーの勝利がイートン校の校庭から得られたものならば(ナポレオンをこの戦場で破ったウェリントン将軍をはじめ、多くの英陸軍将校はイートン校出身だった)、太平洋の日本軍基地攻略の勝利はカリブ海の渚《なぎさ》で得られたものだ」

一九三三年、バンデグリフトは、バージニア州クアンチコに駐留する東海岸地区遠征軍のライマン准将の参謀となる。「上陸作戦マニュアル」執筆陣に名を連ね、これは海兵隊の最初の公式上陸戦教範となった。一九三五年から三七年にかけて、北京駐在大使館武官。このとき、英、仏、日軍関係者との外交的職務を体験した。帰国後は海兵隊司令官の参謀となり、後に司令官補佐となる。一九四一年一一月、第一海兵師団付となり、翌年三月、第一海兵師団長に就任。

「レッド・マイク」ことエドソン少佐の次の任地は中国大陸だった。内乱や、日本軍と蒋介石軍の戦闘で危険にさらされる米国人の生命、財産の保護が目的である。海兵隊は、一九〇〇年の義和団の乱で北京が義和団に包囲されたときも活躍している。上海には、すでに一九二七年に第四海兵連隊が派遣されていた。

一九三七年七月、エドソン少佐は家族を伴って上海に赴いた。一週間後に盧溝橋《ろこうきょう》事件が起こり、エドソン少佐は、プライス連隊長の下で作戦参謀の任務に就く。八月一三日、上海で日本軍と蒋介石の国民政府軍が激しい戦闘を開始。八月二〇日、米民間人は、「プレジデント・フーバー」号でマニラに避難した。比島から二個海兵中隊が派遣されるとともに、米本国からも第六海兵連隊が九月一九日に上海に到着。第四、第六の両海兵連隊を併せて、第二海兵旅団が上海で編成された。

一二月には米砲艦「パネー」が日本海軍機に撃沈された。翌年四月、エドソンは砲艦「ルソン」に乗って揚子江をさかのぼり、激戦地の跡を見た。彼が上海戦で見た日本軍は、軍事行動の高度の専門集団で、よく訓練されており、厳しくかつ有能な戦闘マシンであった。

エドソン少佐は、日本軍は内陸部へ進めば進むほど、補給問題で苦しむだろうと考えた。これは、ニカラグアのココ河上流をさかのぼるパトロールで苦心した体験によるものだった。この上海の第四海兵連隊の作戦参謀時代、作戦補佐将校としてエドソン少佐を助けたワレス・M・グリーン大尉は、後に海兵隊司令官になり、同連隊のクリフトン・B・ケーツ中佐も後に海兵隊司令官となっている。

真珠湾奇襲時、バンデグリフトは海兵第一師団付で、三か月後には師団長となった。五か月後の一九四二年五月、第一海兵師団主力の半分にあたる二個連隊が、ノーフォーク軍港を離れてニュージーランドに向かった。六月、ニュージーランド着。バンデグリフトは、急遽編成された第一海兵師団が前線に出るには、この地で六か月間の訓練が必要だと考えていた。

南太平洋艦隊司令部にゴームリー中将を訪れて驚いた。一か月後の八月に、第一海兵師団がソロモンのツラギ方面への攻撃に使用されることを知ったからだ。師団の残り半分の第二陣は、七月にニュージーランドに到着。師団兵力が勢ぞろいした七月二二日、フィジー諸島のコロ島でガダルカナル上陸戦の予行演習が行われた。荒天のため四隻の舟艇が沈み、多くの海没者を出した。八月七日、ガダルカナル上陸。

マッド・スミスは、一九四一年二月に創設された第一海兵師団の初代師団長となり、六月には大西洋艦隊所属の第一軍（上陸軍集団。第一海兵師団、陸軍第一、第三歩兵師団）司令官となった。

バンデグリフトは、第一海兵師団の三代目師団長である。一九四二年五月、第一海兵師団はスミスの第一軍指揮下から離れ、南太平洋方面に派遣される。この時点で、統合参謀長会議は、欧州方面作戦には陸軍を使用し、海兵隊戦力は太平洋戦線に使用することを決めた。

第一海兵師団がガダルカナルに上陸する八月、マッド・スミスは太平洋艦隊所属の上陸軍司令官となった。任務はもっぱら新編成の海兵師団の教育訓練である。スミス少将は、太平洋の最前線指揮官になりたいと海兵隊司令官のホルコム中将に強く希望したが、なかなか叶《かな》えてもらえない。これは、ニミッツが、スミスの人との争いを好む性癖を危ぶんだからだった。

◆混迷のガダルカナル戦を制した「ガダルカナル・マフィア」

上海から帰国した「レッド・マイク」ことエドソン少佐の任務は、海上からの少人数による奇襲を担当する部隊の研究だった。英国ではすでに一九四〇年初めに、敵地深く忍び込んで破壊活動を行う特殊部隊のコマンドを組織しており、この年一二月のノルウェー作戦ではこのコマンドを使用していた。翌年七月、英国駐在武官からはコマンドに関するレポートが海兵隊司令部に届いていた。この年一一月、ホルコム海兵隊司令官は、グリーン大尉（後に海兵隊司令官。上海時代、エドソンの補佐士官）とグリフィス大尉の二人をコマンド研究のため英国に派遣する。

それ以前にコマンド的組織の必要性を説いていた海兵隊士官もいた。エバンス・カールソン大尉である。カールソンは中国大陸奥地で戦っている毛沢東のゲリラ戦術に深い関心を示し、ゲリラ戦部隊の創設を進言していた。カールソン大尉の心強い支援者がジェームズ・ルーズベルト大尉だった。彼は海兵大尉に過ぎないが、大独裁者フランクリン・ルーズベルト大統領の長男だ。

日米開戦直後の一九四二年一月、ルーズベルト大尉は、英国のコマンドや毛沢東のゲリラのような部隊の創設を海兵隊司令部に進言した。ホルコムもキングもその必要性を認め、ドナバン准将（戦後ＣＩＡとなるＯＳＳの創設者）が中心となってコマンド組織がつくられることになった。エドソン少佐もこ

エバンス・カールソン（Evans Carlson）１８９６-１９４７年

れに深くかかわった。結局、二個海兵奇襲大隊が創設され、第一海兵奇襲大隊長にはエドソン少佐、第二海兵奇襲大隊長にはカールソン少佐（副隊長ルーズベルト大尉）が任命された。

第二海兵奇襲大隊は、潜水艦からの深夜上陸によるマキン島奇襲（日本軍の暗号書強奪が目的だったと想像される）を決行し、緒戦の敗戦で意気消沈気味の米国民を興奮させた。もちろん、大統領の長男がこの大胆不敵な決死作戦に参加したことが大きかった。ちなみに、ルーズベルト大統領の次男エリオットは陸軍航空隊に入り、三男フランクリン・ジュニアはアナポリス（一九四一年組）を出て海軍将校になっている。四男のジョンも戦時中に海軍に入った。

米海兵隊のガダルカナル作戦は、ガ島本島への上陸と、ガ島沖合に浮かぶフロリダ島に接するように存在しているけし粒ほどのツラギ島上陸であった。ツラギ島は戦前から、ソロモン諸島の行政庁があったところで、日本海軍の水上機基地があった。

ツラギ島上陸作戦は第一海兵師団副師団長のラパタス准将が指揮を執り、次の四方向からの攻撃であった。

①ツラギ島対岸のフロリダ島上陸。
②ツラギ島への直接上陸。
③ツラギ島周辺の小島であるタナンボゴ島、ガブツ島上陸。
④タナンボゴ、ガブツ対岸のフロリダ島上陸。

エドソン中佐（少佐より進級）指揮の第一海兵奇襲大隊の任務は②で、その勇敢な戦闘指揮により海軍十字勲章を授けられた。ツラギ攻略が終了するとガ島に移り、日本軍上陸地点の探索や、ガ島とフロリダ島との中間にあるサボ島探索を行った。

九月一五日の川口支隊三〇〇〇人の総攻撃に対し、正面から対処したのがエドソンの第一海兵奇襲大隊だった。田村大隊を主力とする一五〇〇人の日本軍が、ヘンダーソン飛行場に突入して三日間頑張ったが、補給が続かず全滅した。このときの戦闘で、エドソン中佐は名誉勲章を得た。

ガダルカナル上陸から一か月後、ホルコム司令官はバンデグリフト師団長に、一か月間の戦闘で戦意不足と見なされた連隊長（大佐）クラス指揮官の本国召還を命じる。米国は陸、海、海兵とも、実戦で指揮を執らせて、戦意不足と判断すると直ちに首というやり方だ。アイケルバーガー陸軍中将は、ニューギニアのブナの戦いで師団長以下全連隊長を更迭しているし、マッド・スミスは、サイパン上陸戦で陸軍師団長を戦意不足として戦闘中の戦場で更迭している。

バンデグリフトは参謀長のカパーズ・ジェームス大佐を本国に帰し、作戦参謀のゲラルド・C・トーマス中佐を大佐に昇進させて参謀長とした。作戦参謀には、作戦補佐だったメリル・B・トワイニング中佐を昇格させる。バンデグリフト、トーマス参謀長、トワイニング作戦参謀、エドソン中佐はガダルカナル戦の中心人物となり、「ガダルカナル・マフィア」と呼ばれた。

トーマス参謀長から見た短躯痩身《たんくそうしん》のエドソン中佐は、類《たぐ》い稀《まれ》な勇敢なリーダーであるとともに、戦術家でもあり、有能な参謀でもあった。激戦下、最前線の剣電弾雨の場に立つエドソンを、部下たちは「死体公示所所長の狂人メリット「Mad Merritt the Morgue Master」と呼んだ（Mの韻を踏んでいることに留意）。エドソンはガ島戦で大佐に昇進し、海兵第五連隊長となった。

◆海兵隊で初めて四つ星の大将となったバンデグリフト

ガ島戦当時の第一海兵師団司令部にいた広報担当のある少尉は戦後、バンデグリフト師団長に関する次のような思い出を書いている。

「五五歳のバンデグリフト将軍は、中背（五フィート半インチ）で、端正な顔立ちをしていた。髪の毛は残り少なくなっており、青い眼をしていた。言葉にはバージニアなまりがあった」

「長い海兵隊のキャリアで、彼は自分を売り込むようなことは決してやらなかった。自分の師団の活躍を新聞に書いてもらうようなことには全く関心を示さなかった」

「私はガダルカナル戦前後の六か月間、ほとんど毎日将軍に会った。必要な場合にしか言葉を交わさなかったが、将軍は若い私にいつも丁寧であった」

「ガダルカナルへの第一海兵師団の派遣に関して、将軍は自分の意見は一切いわなかった。（どんな苦戦や激戦の最中でも）外見上は、自信と楽観を失うことはなかった。彼がしばしば感じていたに違いない落胆や苦悩を、我々は決して知ることができないだろう。彼は退役後も決してそれを口にしなかった」

ガダルカナルへ上陸してから四か月後、日米開戦からちょうど一年目の一二月八日、陸軍第一三二歩兵師団がガ島にやってきた。第一海兵師団は思い出の地ガ島を離れ、豪州のメルボルンに向かった。

一九四三年六月、バンデグリフトは、マッカーサー指揮下の南西太平洋軍の第一海兵上陸軍司令官となり、一一月のブーゲンビル方面上陸作戦を指導した。年が明けて帰国したバンデグリフトは、ホルコム中将の後任の第一八代海兵隊司令官に就任した。海兵隊は急増しつつあり、その後、五〇万人規模となっていく。一九四五年四月、バンデグリフトは、海兵隊関係者として最初の四つ星の大将に昇進した。

マッド・スミスは、太平洋戦争の初期は海兵隊員の育成と訓練にあたり、第三海兵師団が新たに創設されるとその実戦部隊化に励んだ。陸軍第七師団によるアッツ島攻略作戦時には、観戦武官として参加した。

一九四三年五月一一日、陸軍第七師団はアッツ島に上陸。スミスの目から見ると攻撃精神に欠けていた。戦意不足として、第七師団長はキンケイド上陸軍司令官により更迭された。

アッツ戦後、サンフランシスコで開かれたキング・ニミッツ会談にスミスも参加し、今後の太平洋方面の上陸作戦に関して意見を述べた。スミスが大西洋艦隊上陸軍集団の司令官当時、キングは大西洋艦隊司令官だった。キングは、スミスの上陸戦の専門家としての能力と旺盛な戦意を買っていた。当時、海兵師団は第一、第二、第三の三個師団で、第一、第三師団はスミス自らが創設し育て上げた。八月一五日のキスカ上陸作戦も観戦武官として見学した。

七月のキング・ニミッツ会談で、次の上陸作戦にはスミスが起用されることになった。全体指揮は第五艦隊のスプルーアンス、上陸軍指揮は第五上陸軍のターナー、上陸が済んだ後の上陸軍の指揮はスミスが執る。ターナーとスミスは、どちらも人一倍鼻息が荒い。海兵隊司令官ホルコムがスミスを太平洋方面に配置したのは、スミスならどんな海軍高官とでもやり合って海兵隊の考えを貫くだろう、と考えたからだ。

ギルバート諸島上陸作戦では、スミスは連日のようにターナーと怒号を交えた。タラワ上陸時には、日本軍陣地への艦砲射撃の不十分さを吠《ほ》えるように訴えた。ギルバートの次のマーシャルやマリアナの上陸戦も指揮した。マリアナ戦では、サイパン、テニアンに第二、第四海兵師団と陸軍第二七歩兵師団、グアムには第三海兵師団と陸軍第七七歩兵師団が使用された。

◆保身型のニミッツに切り捨てられたスミス

サイパン戦では陸軍第二七歩兵師団長のラルフ・スミス少将

を戦意不足で更迭した。太平洋方面陸軍司令官リチャードソン中将が激怒し、現場に駆けつける。リチャードソンは、ターナーの面前でマッド・スミスを面罵《めんば》した。

「君や君らの指揮官たちは、陸軍将官のように大部隊を指揮する訓練を受けていないし、その能力もない。にもかかわらず、俺のところの指揮官を動かすとは何事だ。君ら海兵隊は波打ち際を走るただの群れではないか。陸上での戦いを知っているのか」

世にいうスミス対スミス事件である。

ガダルカナル戦を終えたエドソン大佐は、ニュージーランドに駐留中の第二海兵師団に参謀長として赴任した。激戦のタラワ上陸作戦では第二海兵師団参謀長として戦い、サイパン戦では第二海兵師団の副師団長として臨んでいる。

スミス対スミス事件は、タイム・ライフ社のロバート・シェロッド記者により、「ライフ」、「タイム」両誌に大きく取り上げられた。共和党の次期大統領候補と目されていたマッカーサーは、海兵隊を憎むこと甚だしく、かねがね海兵隊の戦術のまずさを指摘し、要塞化されている陣地への正面攻撃など然《しか》るべき戦術家は決してやらない、と海兵隊のやり方を公然と批判していた。

世論はマッド・スミスに冷淡だった。明哲保身型のニミッツも、バンデグリフトも、マッド・スミスをかばおうとしなかった。特にニミッツは冷淡だった。サイパン戦以降、ニミッツはスミスを前線指揮官として使わなかった。テニアン上陸戦、グアム上陸戦の指揮を外され、スミスが望んでいた硫黄島作戦、沖縄作戦でも別の指揮官が起用された。

当時、スミスの不機嫌と落ち込みようがあまりに激しいので、自殺の心配をした人があったほどだ。ニミッツは太平洋艦隊海兵隊集団をつくって、スミスをここに配置した。太平洋方面の海兵隊の訓練と後方支援がその任務であった。スミスは参謀長にエドソン准将（大佐より昇進）を望み、エドソンがスミスの参謀長となった。

ニミッツのスミスに対する悪感情がはっきりと公にされた。対日戦勝利の儀式である戦艦「ミズーリ」艦上での降伏調印式に、海兵隊関係将官で呼ばれたのはロイ・ガイガー中将唯《ただ》一人だった。バンデグリフトは、海兵隊のトップとしてワシントンにいたから無理だとしても、太平洋での戦いで常にリーダー的立場にあったのはスミスだった。誰もが、スミスがこの式典の場にいないことを不審に思った。式典参加者の名簿が作られるとき、スミスの名前が載っていないことを知ったある人が、ニミッツにスミスを入れてはどうかと進言したが、ニミッツの答えはノーだった。

バンデグリフトとスミスは対照的だった。

バンデグリフトは、端正な容貌《ようぼう》で激することがない。オランダ系の由緒ある裕福な商人の家の出身。自己主張をせず、淡々と与えられた仕事に励む。どんな場合でも冷静さを保ち、声を荒げることもない。どちらかというとニミッツ・タイプだ。これに対しスミスは、眼鏡《めがね》をかけ、白いのが交じる口ひげ姿。冴《さ》えない田舎《いなか》の老爺《ろうや》然としている。部下に対しては寛大な家父長的態度を示すが、海軍や陸軍の関係者が、少しでも海兵隊を下に見るような言動を示すと、相手が誰であろうと、どんな場所であろうと、破《わ》れ鐘《がね》のような声で反発する。いわばハルゼー・タイプといってよい。上陸戦関係をよく研究し、米軍随一の権威者で、戦意はきわめて高い。

キングはこのようなスミスを買っていた。ただ、あまりにも人と角突き合いの多いスミスを、ニミッツが嫌ったことは前述した。論争を衣食の手段にする弁護士の家で育ったことに原因があるかもしれない。

一九四六年五月、スミスは退役し、大将に名誉進級した。海兵隊では三人目の四つ星の大将であった。一九四八年には、タラワ戦、サイパン戦、硫黄島戦での海軍や陸軍を非難した、自叙伝風の『サンゴと真鍮《しんちゅう》』を書き、この本はベストセラーになった。

一九六七年死去。享年八五歳。

バンデグリフトは、戦時の海兵隊急増強と戦後の縮小を手掛け、一九四七年末に現役を退いた。退役後は世間の関心を集めることはなかった。もともと自己顕示欲の少ない人であった。

一九七三年死去。享年八六歳。

戦後、海軍作戦部長になったニミッツは、配下の計画参謀にエドソンを強く望み、エドソン准将はワシントンで仕事をすることになった。海兵隊司令官のバンデグリフトは、ガダルカナル島戦時の参謀長トーマスを海兵隊司令部の計画部長に据え、その補佐役に同じく作戦参謀だったトワイニングを任命した。海軍作戦部にはエドソンがいる。ワシントンに再びガダルカナル・マフィアが集まった。

◆三軍統合化に反対して運動を行ったエドソン

戦後の海軍や海兵隊にとっての大問題は、空軍の独立と陸海空三軍の統合問題だった。これは陸軍がかねてより主張していたものだが、キングの猛反対やルーズベルトの消極的態度で立ち消えになっていた。

海軍びいきのルーズベルトが死に、海軍嫌いのトルーマンが大統領になった。トルーマンは第一次大戦時に陸軍砲兵将校(少佐)だったこともあり、陸軍に親近感を持っている。上院議員時代には、陸海軍並立による無駄な費用の問題点検討委員会の委員長をやった。

戦後は、膨らんだ軍の縮小をスムーズにやらなければならない。トルーマンはマーシャル参謀総長のかねてからの持論である、三軍の統合による軍政の効率化（国防省の創設）、統帥の整合化（国防参謀本部の創設）に賛意を示した。この三軍の統合化に強く反発したのが、海軍や海兵隊関係者だった。陸軍は、陸軍航空隊主体の空軍に海軍航空隊を吸収し、陸軍に海兵隊を吸収しようとした。

一九四五年一二月、トルーマンは議会で三軍の統合を求める演説をする。

海軍でこの問題を担当したのは、海軍作戦部・企画部戦略企画課長ガードナー少将と、その下に配置されていたエドソン海兵准将だった。海兵隊司令部でこれを担当したのは、作戦部長トーマス准将の下で三軍統合問題の専従となったトワイニング大佐だ。

陸海軍間で大論争が起こった。明哲保身型のバンデグリフトは、ホワイトハウスや陸軍と事を構えるつもりはない。陸軍案に対して妥協で何とか済ませようとし、議会での証言も嫌がって出ようとしない。

海兵隊では、作戦部長のトーマス准将、トワイニング大佐、それに海軍作戦部にいるエドソン准将の三人がこの論争の表面に出て、三軍統合反対の論陣を張った。その論拠は、陸軍案を基本とする三軍統合案は、国防長官と国防参謀総長に権力が集中するドイツ方式であり、軍国主義と独裁主義の色彩が濃く、米国の建国思想に反する、というものだった。多くの海兵隊幹部は、自分の将来のキャリアや昇進のことを考え、この論争に巻き込まれるのを避けようとした。政治的泥試合からは一歩離れるべきだというのが大義名分だった。

このような空気の中で、エドソンは米国内の大学や海兵隊OB会で反対の講演を繰り返し、議会でも積極的に証言した。米国建国の父たちは、三権分立をはじめ国家機構において、権力が集中しないように心を配ったではないか。米国の強さは自由競争にある。ライバルが競争し合ってこそ、進歩と発展がある。陸海軍の関係もそうだ。

銃火の下で生涯を送ってきたエドソンの行動は直截《ちょくせつ》的だった。陸軍航空隊のノースタット少将とシャーマン海軍中将が統合案をつくったときは、シャーマンに対し、「海軍作戦部長になりたいために何でもやる、二つの顔を持つねずみ野郎」として憤った。確かに、後に海軍作戦部長になるシャーマンは、アナポリス時代より冷たい野心家として級友に嫌われており、ニミッツやキングといった権門に取り入ることに巧みだった。

バンデグリフトが、政治的色彩の強い厄介な問題を避けようとするタイプなら、シャーマンは、自分の野心のためには、あえて泥をかぶってもこれを利用しようとするところがあった。

両者と比べると、エドソンは単純な一介の武弁だった。一介の武弁が信念で動くだけに強かった。

退役したエドソンにはバーモント州知事とか上院議員という話もあったが、それを受けず、全米ライフル協会（会員二三万人）会長となった。

一九五五年八月、自宅のガレージで死んでいるのを家人が見つけた。検死官は、ガレージの状況と血液中の一酸化炭素量から自殺と発表した。家族や友人は誰も自殺説を信じなかった。その徴候がなかったからである。しかし、その頃のエドソンの目から炎が消えていたという友人や、疲れたといっているのを聞いた人もいた。享年五八歳。

《コラム》海兵隊の戦力・組織

◆太平洋戦争で20~30倍に巨大化

米海兵隊の人的戦力は、一九世紀には大体士官一〇〇人以内、兵は一〇〇〇人から二〇〇〇人であった。二〇世紀になると士官が二〇〇人台、兵は一万人弱である。これが、第一次大戦に米国が参戦すると士官四〇〇〇人、兵七万五〇〇〇人に急増した。第一次大戦と第二次大戦の間の三〇年間は、大体士官一〇〇〇人、兵二万人弱で推移し、第二次大戦のピーク時には士官三万七〇〇〇人、兵四八万人に膨らんだ。

帆船時代の海兵隊の任務は、艦内の秩序維持や蕃地《ばんち》泊地での警戒だったから、基本的組織は中隊組織（士官一~二人、兵五〇~一〇〇人）であった。実際に陸上で大規模な戦闘があると（たとえば清国の義和団事件、対メキシコ戦争、対スペイン戦争）、臨時的に中隊を数個併せて大隊が編成された。パナマ運河地帯をパナマ政府から租借して、この地帯の警備も担当するようになると、大隊を何個か併せた連隊が例外的に編成された。つまり、海兵隊の組織は通常は中隊単位で、大隊とか連隊は臨時的なものだった。

サイパン戦で陸軍師団長が海兵隊のマッド・スミスに解任されたとき、激怒したリチャードソン太平洋方面陸軍司令官がスミスを面罵して、「君らは波打ち際を走るただの集団ではないか。陸上での戦闘を知っているのか。君ら指揮官は陸軍将官のように大部隊を指揮する訓練を受けていないし、その能力もない」と言ったのは、この辺のことを指している。

リチャードソン中将だけではない。マーシャル、マッカーサーをはじめとして、陸軍関係者は、海兵隊を蕃地で原住民と戦うくらいしか能力のない特殊な武力小集団と考え、見下していた。

第一次大戦までは、海兵隊の武器は小銃と銃剣と機関銃だけだった。第一次大戦後、①武器の多様化、②独立戦闘維持機能の必要性（医務、補給、通信など）の増大、③陸上作戦の研究と演習による各種機能追加の必要性の認識、から小型師団的な大隊を恒常的に設置しておくようになった。恒常的な師団が編成されるのは、第二次大戦になってからである。

したがって、海兵隊司令官の階級も少将が最高位であったが、第一次大戦後に中将クラスとなり、第二次大戦の後期になって大将となった。第二次大戦中の統合参謀長会議には海兵隊司令官は招かれなかったが、戦後の統合参謀長会議では必要に応じて招かれ、後に正規メンバーとなった。

【参考文献】より深く知りたい人への読書アドバイス

第1章

(1) セオドア・ルーズベルト関係

20世紀の米海軍を知るには、この世紀の初頭に米海軍の大増強に尽力した、セオドア・ルーズベルトを知ることが必要である。

(ⅰ) The Rise of Theodore Roosevelt, Edmund Morris, Ballantine Books, 1979
(ⅱ) Theodore Roosevelt and the Rise of America to World Power, Howard K. Beale, The Johns Hopkins University Press, 1987
(ⅲ) Theodore Roosevelt, Henry F. Pringle, Harcourt Jovanovich Publishers, 1984
(ⅳ) The Ambiguous Relationship-Theodore Roosevelt and Alfred Thayer Mahan, Richard W. Turk, Greenwood Press, 1987

(ⅰ) はセオドア・ルーズベルトの生い立ちに詳しく、(ⅱ) はセオドア・ルーズベルトの思想の理解に、(ⅲ) は生涯全体の把握に有益。セオドア・ルーズベルトのブレーン的存在がマハン海軍大佐で、両者の関係は (ⅳ) に興味深い。

(2) フランクリン・ルーズベルト関係

太平洋戦争中の米海軍を知るには、フランクリン・ルーズベルト大統領の生い立ち、個性、政策の理解が不可欠。

(ⅰ)『フランクリン・ルーズベルト伝』ラッセル・フリードマン著。中島百合子訳、NTT出版、1991年
(ⅱ) FDR- A Biography-, Ted Morgan, Grafton Books, 1985
(ⅲ) Makers of Naval Policy, by Robert Greenhalgh Albion, edited by Rowena Reed, US Naval Institute Press, 1980

(ⅰ) は簡明。(ⅱ) はかなり詳しい。フランクリン・ルーズベルトの海軍への独裁ぶりは、(ⅲ) の第17章 The White House and the Chiefs, pp.377-400 に詳しい。セオドア・ルーズベルト・ジュニアの海軍将官会議での発言は、(ⅲ) の pp.230 参照。

(3) ノックス海軍長官関係

American Secretaries of the Navy, Volume II; 1913-1972, edited by Paolo E. Colleta, US Naval Institute Press, 1980

海軍長官の小伝集で、ノックス関係のページと執筆者は次の通り。

Frank Knox; 11 July, 1940-28 April, 1944, by George H. Lobdell, pp.677-727

なお、スワンソン長官とエジソン長官に関しては、pp.654-667, pp.668-674 参照。

(4) フォレスタル海軍長官関係

(ⅰ) Driven Patriot-The life and times of James Forrestal, Tounsennd Hoopes and Douglas Brinkley, Alfred A. Knopf, 1992
(ⅱ) Eberstadt and Forrestal — A national security partnerdhip 1909-1949, Jeffery M. Dorwart, Texas A&M University Press, 1991
(ⅲ) American Secretaries of the Navy, Volume II; 1913-1972, James V. Forrestal; 19 May, 1944-17 September, 1947, by Joseph Zinkmund,pp.729-744
(ⅳ)『米国初代国防長官フォレスタル』村田晃嗣、中公新書、1999年

(ⅰ) はフォレスタルの詳しい伝記。

(ⅱ) は戦後の空軍の独立や、国防省設立に関するフォレスタルの役割と苦労を、親友エバーシュタットの尽力と併せて記述している。

(ⅲ) は歴代海軍長官の小伝集の中の記述。

第2章

（1）リーヒ関係

(ⅰ) Witness to Power—The life of Fleet Adminal William D. Leahy, Henry H. Adams, Naval Institute Press, 1985
(ⅱ) I was there—The personal story of the Chief of Staff to Presidents Roosevelt and Truman based on his notes and diaries made at the time, leet Admiral William D. Leahy, Arno Press, reprint edition 1979
(ⅲ) The Chief of Naval Operations, edited by Robert W. Love Jr., US Naval Institute Press, 1980 の中の William Daniel Leahy; 2 Jan. 1937-1 Aug. 1937,by John Major, PP. 100-117

(ⅰ) は伝記。(ⅱ) は統合参謀長会議議長時代の記録自叙伝的なもの。

(ⅲ) は歴代海軍作戦部長列伝。作戦部長時代の仕事を中心に書かれている。以下、作戦部長歴任者（スターク、キング、ニミッツ、シャーマン）はこの列伝を参考にしている。

（2）スターク関係

(ⅰ) Admiral Harold R. Stark,—Architect of Victory, 1939-1945, B. Mitschell Simpson, III, University of South Carolina Press, 1989
(ⅱ) The Chief of Naval Operations, edited by Robert W. Love Jr. Naval Institute Press, 1980 の中の Harold Raynsford Stark; 1 Aug. 1937-26 Mar. 1942, by B. Mitchell Simpson III, pp. 118-135

（3）キング関係

(ⅰ) Master of Sea Power —A Biography of Fleet Admiral Earnest J. King, Thomas B. Buell, Little, Brown and Company, 1980
(ⅱ) Fleet Admiral King- A Naval Record , Ernest J. King and Walter M. Whitehill, W.W. , Norton & Co. Inc., 1952
(ⅲ)『アーネスト・キング—太平洋戦争を指揮した米海軍戦略家—』谷光太郎、白桃書房、1993年。
(ⅳ) The Chief of Naval Operations, edited by Robert W. Love Jr., US Naval Institute Press, 1980,の中の Ernest Joseph King; 26 Mar. 1942-15 Dec. 1945,by Robert William Love, Jr., pp. 136-179

(ⅰ) は伝記。(ⅱ) は第二次大戦時のキングの記録自叙伝的なもの。(ⅲ) はキングの伝記であるとともに、太平洋戦争中の日米両海軍の提督比較も併せて行っている。

（4）ニミッツ関係

(ⅰ)『提督ニミッツ』E．B．ポッター著、南郷洋一郎訳、フジ出版社、１９７９年
(ⅱ)『ニミッツの太平洋海戦史』C．W．ニミッツ／E．B．ポッター共著、実松譲／富永謙吾共訳、恒文社、１９８２年
(ⅲ) The Chief of Naval Operations, edited by Robert W. Love Jr., US Naval Institute Press, 1980 の中の Chester William Nimitz; 15 Dec. 1945-15 Dec. 1947, by Steven T. Ross, pp.180-191

(ⅰ) は伝記。(ⅱ) はニミッツから見た太平洋海戦史。

（５）タワーズ関係

Admiral John H. Towers — The Struggle for Naval Air Supremacy, Clark G. Reynolds, US Naval Institute Press, 1991

第３章

（１）ゴームリー関係の伝記はないようである。本書では各伝記類その他を参照した。

（２）フレッチャー関係

In Bitter Tempest — The Biography of Admiral Frank Jack Fletcher, Stephen D. Regan, Iowa State University Press, 1994

（３）ハート関係

A Different Kind of Victory—A Biography of Admiral Thomas C. Hart, James Leutze, US Naval Institute Press, 1981

第４章

（１）ハルゼー関係

(ⅰ)『キル・ジャップス』E．B．ポッター著、秋山信雄訳、光人社、１９９1年

(ⅱ) A Sailor' s Admiral—A Biography of William F. Halsey, James M. Merill, Thomas Y. Crowell Co., 1976

（２）スプルーアンス関係

『提督・スプルーアンス』T．B．ブュエル著、小城正訳、読売新聞社、１９７５年

（３）キンケイド関係

Kinkaid of the Seventh Fleet—A Biography of Admiral Thomas C. Kinkaid U.S. Navy, Gerald E. Wheeler, Naval Institute Press, 1996

（４）ターナー関係

The Amphibians Came to Conquer — The Story of Admiral Richmond Kelly Turner, Vol. I, II, Vice Admiral George Carroll Dyer, us Government Printing Office, 1969

第５章

（１）米海軍航空関係　航空関連提督関係

太平洋戦争中の米海軍航空を知るには，「米海軍航空の父」とよばれるモフェットについて知っておきたい。次書は興味深い。

Admiral William A. Moffett—Archtect of Naval Aviation, William F. Trimble, Smithonian Institution Press, 1994

（２）ミッチャー関係

The Magnificent Mitscher, Theodore Taylor, Naval Institute Press, 1991

（３）スプラーグ関係

Devotion to Duty—A Biography of Admiral Clifton A. F. Sprague, John F. Wukovits, US Naval Institute Press, 1995

（４）高速空母部隊指揮官関係

The Fast Carriers —The Forging of an Air Navy, Clark G. Reynolds, Naval Institute Press, 1968

多くの米海軍の航空関連指揮官とその統率ぶりが興味深く書かれている。

コラム：

（1）航空母艦関係一般

Aircraft Carriers of the US Navy, Stefan Terzibaschitsch, Conway Maritime Press, 1980

米海軍の航空母艦の歴史を知るのに適している。写真も多い。

レキシントン、サラトガ型

(ⅰ) The Lexington class Carriers, Robert C. Stern, US Naval Institute Press, 1993

(ⅱ) USS Saratoga (CV-3)—An Illustrated History of the Legendary Aircraft Carrier, 1927-1946, John Fry, Schiffer Publishing Ltd. 1996

エセックス型

Essex-Class Carriers, Allan Raven, US Naval Institute Press, 1988

（2）グラマン艦上戦闘機

Grumman—Sixty Years of Excellence, Bill Gunston, Orion Books, 1988

グラマン艦上戦闘機の歴史やグラマン社を知るに好適。

第6章

ロックウード関係

(ⅰ) Silent Victory —The US Submarine War Against Japan,Volume 1-2, Clay Blair, Jr., J.P. Lippincott Company, 1975

(ⅱ) United States Submarine Operations in World War II, Theodore Roscoe, US Naval Institute Press, 1976

(ⅲ) Men of War—Great Naval Captains of World War II, edited by Stephen Howarth, St. Martin's Press, 1992の中のAdmiral Charles Andrew Lockwood Jr.; Edward L. Beach, pp.405-427

(ⅰ)は米潜水艦作戦やその活躍が詳しく書かれている。(ⅱ)は米潜水艦作戦の公式記録と見てよいもの。いずれもロックウード関係の記述が多い。(ⅲ)は太平洋戦争時のロックウードの活躍をまとめている。

第7章

（1）合衆国艦隊・海軍作戦部・太平洋艦隊の参謀

米国の国民性からか、指揮官には関心が深く人気もあるが、裏方的な参謀は国民に知られることは少ないようである。たとえば、太平洋戦争時一貫してキングの参謀長だったエドワーズや先任参謀のクック、ニミッツの主要参謀が長かったマクモリスらは、当時から国民にはほとんど知られない存在だった。

このためか、彼らの伝記類は見当たらない。主要提督の伝記類や戦記を参考にした。

太平洋艦隊のシャーマン参謀については、

The Chief of Naval Operations, edited by Robert W. Love Jr., us Naval Institute Press, 1980の中のForrest Percival Sherman; 2 Nov. 1949-22 Jul. 1951, by Clark G. Reynolds, pp.208-232を参考にした。

（2）情報参謀関係

(ⅰ)『太平洋戦争暗号作戦（上）（下）』E．T．レートン著、毎日新聞外信グループ訳、TBSブリタニカ、１９８７年

(ⅱ) A Century of us Naval Intelligence, Captain Wyman H. Packard, USN(Retired), US Government Printing Office, 1994

(iii) The Office of Naval Intelligence—The Birth of America's First Intelligence Agency, 1865-1918, Jeffery M. Dorwart, US Naval Institute Press, 1979

(iv) Conflict of Duty—The us Navy's Intelligence Dilemma, 1919-1948, Jeffery M.Dorwart, US Naval Institute Press, 1979

(v)『情報戦争』実松譲、図書出版社、１９７２年

(i)はレイトンの語学研修生としての日本留学時代や太平洋戦争時の記録自叙伝的なもの。(ii)は海軍情報部の公式歴史記録的なもので、年代別の日本語研修派遣学生の名前や、情報関連主要ポストの年代別人名を知るのに便利である。

レイトンに関しては、主として(i)を参考にした。

ザカリアスに関しては、(iv)と(v)を参考にした。特にザカリアスの太平洋戦争中の活躍とキングによる左遷は(iv)の pp.194-206 (The man who wanted to be DNI)を参考にした。

スミスハットンに関して、太平洋戦争直前・直後の日本での活動は、(ii)の pp.71-75を参考にした。

ロシュフォートに関しては(i)と Men of War—Great Naval Captains of World War II, edited by Stephen Howarth, St. Martin's Press,1992 の29節 Captain Joseph John Rochefort 1898-1976, by Rober Pineau, pp.541-550を参考にした。

なお、(ii)に関して参考にしたのは、米海軍大学の軍事情報学の講座名については p.381、米海軍日本語研修派遣学生と彼らのその後の経歴については pp.367-371、太平洋戦争中の米海軍日本語学校については pp.371-372、合衆国艦隊の情報部門関係は pp.204-206、太平洋艦隊の情報部門関係は pp.398-402を参考にした。

第８章

海兵隊のことを知るには次の３冊が便利。

(i) Soldiers of the Sea—The United States Marine Corps, 1775-1962, Robert Debs Heil, Jr., Colonel, USMC, The Nautical & Aviation Pubulishing Company of America, 1991

(ii) First to Fight—An Inside View of the us Marine Corps, Victor H. Krulak, Lieutenant General, USMC (RET.), US Naval Institute Press, 1984

(iii)『アメリカ海兵隊―非営利型組織の自己革新―』野中郁次郎、中公新書、１９９５年

(i)、(ii)は海兵隊の歴史、主要作戦を見るのに便利。

(1) バンデグリフト関係

主として(i)を参考にした。ガダルカナル戦当時のバンデグリフトについては、

Guadalcanal Remembered, Herbert Christian Merillat, Dodd, Mead & Company, 1982を参考にした。

(2) マッド・スミス関係

Men of War—Great Naval Captains of World War II, edited by Stephen Howarth, St. Martin's Press, 1992 の Lieutnant General Holland M. Smith, by Benis M. Franke,pp. 562-586を参考にした。

(3) レッド・マイク・エドソン関係

Once a Legend, Jon T. Haffman, Prisidio Press, 1994

より深い興味を持つ人々への読書アドバイス

（１）著名米海軍提督列伝として、次の３冊がまとまっていて便利がよい。

（ⅰ）Quarterdeck & Bridge—Two Centuries of American Naval Leaders, edited by James C. Bradford, US Naval Institute Press, 1997

これは米国の独立戦争時代からの著名提督20人の小伝記集。

本書に関係あるのは次の通り。

ペリー（幕末に米艦隊を率いて来日。艦の蒸気船化と海軍兵学校設立に力があった）
ルース（海軍大学設立に尽力し、米海軍の整備や高級士官の育成に関心があった）
マハン（海軍戦略家として世界的に高名。日本海軍への影響も大きい）
デューイ（長らく海軍将官会議や陸海軍統合会議の議長だった）
シムズ（米海軍の近代化、大艦巨砲化に尽力した。海軍大学校長も歴任）
モフェット（米海軍航空の父）
キング（太平洋戦争中の米海軍トップ）
ニミッツ（太平洋艦隊長官）
ハルゼー（第三艦隊長官）

（ⅱ）Men of War — Great Naval Captains of World War II, edited by Stephen Howarth, St. Martin's Press, 1992

第二次世界大戦時の日米英独の主要提督の小伝記集。関係のあるのは次の通り。米海軍以外の日英独の主要提督の小伝もあるので関心がある人には薦めたい。

キング（太平洋戦争中の米海軍トップ）、ニミッツ（太平洋艦隊長官）
スプルーアンス（第五艦隊司令官）、ハルゼー（第三艦隊司令官）
ミッチャー（機動部隊指揮官）、キンケイド（第七艦隊司令官）
ターナー（上陸部隊指揮官）、ロックウード（潜水艦隊指揮官）
スターク（太平洋戦争開戦時の海軍作戦部長）
ロシュフォート（日本海軍の暗号解読に携わった情報将校）
マッド・スミス（海兵隊司令官）

（ⅲ）The Great Admirals Command at Sea, 1587-1945, General Editor Jack Sweetman, US Naval Institute Press, 1997

太平洋戦争関係では、英海軍軍令部長カニンガム、日本海軍の山本五十六の他にスプルーアンスとハルゼーの小伝がある。

なお、「日米両海軍の提督に学ぶ」中村悌次、兵術同好会、昭和63年、は海上自衛隊元海幕長中村海将（海兵67期）による著述。キング、ニミッツ、スプルーアンス、ミッチャー、山本五十六、古賀峯一、豊田副武、小沢治三郎の個性、統率、幕僚との関係、部下指揮官との関係が詳しく分析されている。海上自衛隊幹部むけに書かれた著作であるが、一般企業幹部にも有益。

（２）歴代海軍長官

American Secretaries of the Navy, Volume I; 1775-1913, Volume II; 1913-1972, edited by Paolo E. Colleta, US Naval Institute Press, 1980

（３）歴代海軍作戦部長

The Chief of Naval Operations, edited by Robert W. Love Jr., US Naval Institute Press, 1980

初代ベンソンから19代のズンワルトまでの歴代海軍作戦部長の小伝と海軍作戦部長時代の役割・仕事が記述されている。

（４）歴代海軍作戦部戦争計画部長

War Plan Orange—The U.S. Strategy to Defeat Japan, 1897-1945, by Edward S. Miller, US Naval Institute Press, 1991
Appendixes の pp.372-379 には１９０６年から１９４５年までの海軍長官(Secretary of the Navy)、海軍次官(Assistant of the Secretary of the Navy)、将官会議(General Board of the Navy)議長、海軍大学校(Naval War College)校長、歴代海軍作戦部長(Chief of Naval Operations)、歴代海軍作戦部戦争計画部長(War Plans Division)と主要スタッフ、合衆国艦隊司令長官(Commander-in-Chief, U.S.Fleet)、合衆国艦隊先任参謀(Fleet War Plan Officer)のリストが記載されている。
なお、本書には『オレンジ計画―アメリカの対日侵攻50年戦略』エドワード・ミラー著、沢田博訳、新潮社、１９９４年の訳書がある。

（5）米海軍兵学校関係

アナポリスの米海軍兵学校を知るには次のものが便利。
(i) Annapolis Today, 6th edition Kendall Banning, revised by A. Stuart Pitt, us Naval Institute Press, 1968
(ii) Everybody Works But John Paul Jones-A Portrait of the us Naval Academy, Mame Warren and Marion E. Warren, US Naval Institute Press, 1981
(iii) The us Naval Academy—An Illustrated History, by Jack Sweetman, US Naval Institute Press, 1979

なお、アナポリス卒業の日本人は以下の通りで、この他に入学したが卒業していない者が７人いる。戦前最後の１９０６年入校の松方金次郎子爵は在学中病死。

『日本陸海軍総合事典』秦郁彦編、東京大学出版会、１９９１年、p.650参照。

(氏名)	(在学年次)	(最終階級)
松村淳蔵	１８６９～１８７３	中将、男爵
勝　小鹿	１８７３～１８７７	少佐
国友次郎	１８７３～１８７７	大佐
世良田亮	１８７７～１８８１	少将
瓜生外吉	１８７７～１８８１	大将、男爵
井上良智	１８７７～１８８１	中将、男爵
田村丕顕	１８９６～１９００	少将、伯爵
北川敬三	１９８９～１９９３	海上自衛隊幹部

（6）米海軍大学関係

Professors of War—The Naval War College and the Development of the Naval Profession, Ronald Spector, Naval War College Press, 1977

（7）太平洋海戦史

米国から見た第二次大戦の海戦史としては、History of United States Naval Operations in World War II, Samuel Eliot Morison, Little Brown & Co., 1962, 15巻がある。

（8）その他

(i) The History of the Joint Chiefs of Staff in World War II—the War against Japan, Grace Person Hayes, US Naval Institute Press, 1982
(ii) Makers of Naval Policy 1798-1947, by Robert Greenhalgh Albion, edited by Rowena Reed, us Naval Institute Press, 1980
(iii) Dictionary of American Military Biography, Volume I (A-G), VolumeII (H-P), Volume III(Q-Z)
Editor; Roger J. Spiller, Associate Editor; Joseph G. Dawson III, Consulting

Editor; Harry Williams, Greenwood Press, 1984
(iv) Dictionary of Admirals of the us Navy, Volume 1,1862-1900; Volume 2,1901-1918, by William B. Cogar, US Naval Institute Pres s, Volume 1, 1989; Volume 2, 1991
(v) US Warships of World War II, by Paul H. Silverstone, US Naval Institute Press, 1986

(i)は統合参謀長会議から見た対日戦史、(ii)は米海軍戦略策定に関連した人々、(iii)は米軍の主要軍人の抄歴、(iv)は第1巻が１８６２年から１９００年までの、第２巻が１９０１年から１９１８年までの米海軍提督の抄歴、(v)は第二次大戦中の現役艦すべてのトン数、速度、兵装、進水日、建造造船所名がリストアップされていて便利。

著者略歴

谷光 太郎（たにみつ・たろう）

1941年香川県に生まれる。1963年東北大学法学部卒業、三菱電機株式会社入社。1994年同社退社、山口大学経済学部教授。2004年、大阪成蹊大学現代経営情報学部教授。2011年同校退職。

著書に、『海軍戦略家キングと太平洋戦争』『海軍戦略家 マハン』（共に中央公論新社）、『敗北の理由』（ダイヤモンド社）、『青色発光ダイオードは誰のものか』（日刊工業新聞社）、『ロジスティクスから見た「失敗の本質」』『日本陸海軍はなぜロジスティクスを軽視したのか』（小社）、訳書に『統合軍参謀マニュアル』（白桃書房）など多数。

※本書は、学習研究社から発行された『米軍提督と太平洋戦争―世界最強海軍のルーツ』を再編集した内容になります。

米軍提督と太平洋戦争

2017年3月1日　初版第１刷発行
2021年1月25日　四版第５刷発行

著者　谷光 太郎

表紙デザイン　長島亜希子

発行者　松本善裕
発行所　株式会社パンダ・パブリッシング
〒111-0053　東京都台東区浅草橋5-8-11 大富ビル2Ｆ
http://panda-publishing.co.jp/
電話／03-6869-1318
メール／info@panda-publishing.co.jp

※本書は、アンテナハウス株式会社が提供するクラウド型汎用書籍編集・制作サービスCAS-UBにて制作しております。